胎教与早期教育大观

王魁京　侯玉珍◯著

开明出版社

目录

第一部分　早期教育的真正起点——胎教

【学习与借鉴】

【学习体会与育孙实践】

第三部分　早期教育的黄金期——幼儿时期

第四部分 治家文化、家庭教育与做合格的家长

【学习与借鉴】

第一部分

早期教育的真正起点——胎教

学习与借鉴

一、我国胎教文化传统的回顾与精华吸取

从二十世纪八十年代后期开始，随着改革开放不断深入和人才竞争形势日益严峻，国人对教育的重视程度空前高涨。国外一些儿童早期教育书籍趁势被引进、翻译、出版，一些“新鲜”的育儿理念随之在国内传播开来，其中包括了“胎教”。其实，它是我国古人提出的一个很古老的概念，相关的文献资料也相当丰富。

“胎教”一词最早见于《大戴礼记·保傅》“古者胎教，王后腹之七月，而就宴室”。意思是说，古代的王后妊娠七个月，就要住到一个安全舒适的房间里进行胎教。从汉代到清末，许多思想家、哲学家、教育家、大医家都很重视胎教，并有一套系统的理论，但近代以来，由于西方文化对中国传统文化的冲击，源于我国本土的胎教理论不大被人重视了，有人甚至认为是封建迷信。

胎教对象是孕妇腹中的胎儿。胎儿由受精卵发育而成，是神奇的生命体。最初两周的受精卵称“孕卵”，此后受精卵细胞迅速分裂，各种器官逐渐形成，发育成“胚胎”，自六周以后开始呈现人的形态，到八周以后称“胎儿”。① 唐代大医学家孙思邈说：“妊娠一月，名始胚”；“妊娠二月，名始膏”；“妊娠三月，名始胎”。从严格的意义上说，妊娠八周以后，

① 参见辞海编辑委员会编：《辞海医药卫生分册》，上海辞书出版社 1981 年版。

或从三个月开始，胚胎才成为“胎儿”。胎儿成长环境跟出生后的新生儿成长环境不同，胎儿依附于母体，所需营养物质及排出的代谢物，均通过脐带和胎盘的血液循环，与母体血液中的物质互相交换。胎儿在母体内发育成长，跟母亲息息相通，能对母亲的生理、心理等情况做出反应，还能对母亲的行为嗜好、品性特质等予以传承。于是古人认为，孕妇在饮食、起居、言语行为等方面须谨守礼仪，给胎儿以良好影响，这就叫胎教。①胎教对胎儿健康发育成长，乃至孩子出生之后的成长都有很大影响，不可不慎重对待。从教育意义上说，胎教是儿童“早期教育”的真正起点。

（一）我国有悠久的胎教文化传统

我国的胎教文化传统悠久，可上溯到三千多年前的殷商末年。文献中说“大（tài）任育文王”就是最早的胎教范例。大任，殷商末年诸侯国“挚国”挚任氏的二女儿，季历的妻子，周文王的生母，是一位伟大的母亲。“挚仲氏任，自彼殷商。来嫁于周，曰嫔于京。乃及王季，维德之行。大任有身，生此文王。”（《诗经·大雅·文王之什》）《史记·周本纪》称大任为“贤夫人”。西汉刘向的《列女传·周室三母》中说：“大任之性，端一诚庄，惟德之行。及其有娠，目不视恶色，耳不听淫声，口不出敖言，能以胎教。溲（sōu，指小便）于豕牢（猪圈，又指厕所）而生文王。文王生而明圣，大任教之，以一而识百，卒为周宗。君子谓大任为能胎教。”②

意思是说，大任这位女性，品性端庄专一诚挚，一切行为都严守道德规范，怀有身孕之后，目不视色彩恶劣的东西，耳不听淫邪的声音，口不出傲慢的言语，对腹中胎儿实施了良好的胎教。某一天，她到厕所小解时生下了文王。文王天生聪慧圣明，大任教他一，他能知道百，后来这个孩子成了周王朝的开创者。当时的君子都称赞大任很懂胎教。可以这样说，

---

① 参见辞海编辑委员会编：《辞海》，上海辞书出版社 1979 年版，第 1508 页。

② ［汉］刘向：《列女传·周室三母》。见《古列女传译注》，上海三联书店 2014 年版，第 16 页。

大任是我国历史上第一位懂胎教，并认真实施了胎教的伟大母亲。后来，到了周武王的时候，“周妃后妊成王于身，立而不跛，坐而不差，笑而不喧，独处不倨，虽怒不骂，胎教之谓也”①。周武王后妃怀成王，站立的时候不跛着脚，坐着的时候姿势端正，笑的时候不出大声，一个人独处时也不会不拘礼节，即使生了气也不说粗话骂人，严守礼仪规矩，很注意自己的行为对胎儿的影响，这就是胎教。周文王的母亲大任，是我国古代胎教传统的开创者。周武王的后妃则绍续先辈的传统，是“大任胎教”思想的忠实继承者。

1. 汉代思想家、哲学家的胎教论述与“外象内感”理论

到了汉代，贾谊、刘向、王充等著名思想家、哲学家都对胎教高度重视，提出过卓越的见解，概括出了“外象内感”的胎教理论。

贾谊（前200—前168），西汉初年著名政治家、思想家，做过汉文帝的小儿子梁怀王的太傅，在胎教方面有重要理论阐述。他的著作《新书》中的“胎教”一文，对古人的胎教思想、胎教活动作了具体阐述。“胎教”文中说，古人有慎始敬终的传统，要成就好事，必须“谨为子孙婚妻嫁女，必择孝悌世世有行义者。如是，则子孙慈孝，不敢淫暴，党无不善，三族辅之”。意思是说，一个家庭要想成就好事，必须谨慎对待子孙的婚嫁大事。要提升下一代的素质，首先要在婚娶对象选择方面把好关。跟世代孝悌有“义行”的人家联姻，生出来的后代子孙才会有慈孝之德，不敢淫肆暴虐。因为亲族中没有不善良的人，父族、母族亲人共同帮助教养孩子，孩子的品德自然会好。文章还说，古代帝王非常重视胎教之道，记录胎教的资料会“书之玉版，藏之金柜，置之宗庙，以为后世戒”。即把胎教资料刻写在玉石板上，藏到金属柜子里，放到祭祀祖先的宗庙里，告诉家族里的人，胎教是很严肃的事，给后代提供鉴戒。

贾谊的《新书》中还有下边这样一段记载：“青史氏之《记》曰：‘古者胎教之道，王后有身，七月而就蒌室。太师持铜而御户左，太宰持斗而御户右，太卜持蓍龟而御堂下，诸官皆以其职御于门内。比三月者，王后

① ［汉］贾谊：《新书·胎教》，中华书局2012年版，第332页。

所求声音非礼乐，则太师抚乐而称不习。所求滋味者非正味，则太宰荷斗而不敢煎调，而曰不敢以侍王太子。太子生而泣，太师吹铜曰声中某律，太宰曰滋味上某，太卜曰命云某。'"①

《记》是书名，作者是青史氏。《汉书·艺文志》说："青史子五十七篇。古史官记事也。""青史氏"和"青史子"是不是同一个人还有待考证。但从《记》这本书的记载看，古时候的胎教确实有很严格的规矩。《记》这本书中说：古代王后怀孕七个月，要住到一个安全舒适房间里。负责演奏音乐的太师拿着铜制律管乐器，守候在大门左边听候召唤；负责王后饮食的太宰拿着炒菜的勺，守候在大门的右边听候召唤；负责占卜的太卜拿着蓍草和龟甲一类占卜用具，守候在堂下听候召唤；各类人员按不同的职责坚守岗位。在此后的三个月里，王后想要欣赏音乐，就召唤太师来演奏，如果王后点的乐曲不符合礼的规矩，太师会按住乐器说："这种乐曲咱没学过！"拒绝给王后演奏。王后想要吃什么菜肴，召唤太宰给她烹调，如果点的菜味道不正，太宰便拿着炒菜勺说："咱不敢烹调这种菜肴侍奉王太子"。太子出生了，传出第一声啼哭，太师马上吹奏铜管，并宣布说："太子的声音合乎某某音律"。太宰也宣布说："特呈上某种食品，供给太子享用！"太卜随即用蓍草或龟甲占卜，宣布说："太子的命相……"

古代王者对太子的胎教，在王后居住环境安排、文化娱乐项目选择、饭菜味道调配等方面都有具体严格的规矩，且不可逾越。今天看来，那些规矩未免太烦琐，可是，没有严格的规矩，就难以保证胎教实施，难以对胎儿施加积极正面的影响。从王后到其他工作人员，大家都严守规矩，认真负责，最后才能保证高素质的王太子降生。

西汉经学家刘向（约前77—前6），是我国胎教理论的构建者。在其《列女传·周室三母》中，除了记载"大任育文王"的经典胎教案例之外，还介绍了古代孕妇所遵守的胎教行为准则：

"古者妇人妊子，寝不侧，坐不边，立不跸（bì，站立不

① ［汉］贾谊：《新书·胎教》，中华书局2012年版，第329页。

正），不食邪味，割不正不食，席不正不坐，目不视于邪色，耳不听于淫声。夜则令瞽（gǔ，古代的乐官）诵诗，道正事。如此，则生子形容端正，才德过人矣。”

意思是，古时候妇女怀孕之后，睡觉不侧着身子，坐的时候身姿不歪向一边，站立的时候不一只脚正一只脚歪，味道奇怪的食物不吃，切割不合礼制的肉类不吃，席位不端正不坐，邪恶的事物不看，淫靡的声音不听。到了晚上，还要请乐官艺人吟诵诗歌，讲讲正经的故事。这样，孕妇生下来的孩子会形貌端正、才德过人。“故妊子之时，必慎所感，感于善则善，感于恶则恶。人生而肖万物者，皆其母感于物，故形音肖之”①。妇女怀孕后，须审慎对待外部刺激，以及由此而形成的感受。感受到善，孩子生下来就善，感受到恶，孩子生下来就恶。新生儿的特征跟世间万物特征很相像，就是因为母亲怀孕时受到了世间万物的感染。从孩子的长相到声音，都像曾经感染到的那样。孕妇审慎地对待外界事物刺激，以及由此而形成的感受叫“慎感”。孕妇接受到的、对胎儿有影响作用的外部刺激物，以及孕妇自己的言语行为等都叫“外象”。“外象”刺激给孕妇的感受，以及刺激传递给胎儿，给胎儿的感受都叫“内感”。“外象内感”对胎儿的发育成长、对胎儿的健康，以至于对孩子出生后的相貌、品德素质等都有重要影响。这就是我国古代“外象内感”胎教理论的基本内容。

东汉大哲学家王充（公元27—约97），从“气”的角度论证了“胎教”的重要意义。他认为：“气”是万物之源，生命之本。胎儿的“气”，是人从父母那里得到的，是阴阳交合产生的维持生命存在与发展的精华。“人禀气而生，含气而长”。胎胚禀气的厚薄、优劣直接关乎孩子的“性命”，对孩子的寿夭起决定作用。

“禀得坚强之性，则气渥厚而体坚强，坚强则寿命长，寿命长则不夭死。禀性弱者，气少泊而体羸窳（léi yǔ，瘦弱，体质差），羸窳则寿命短，短则早死……凡人受命，在父母施气之时，

① ［汉］刘向：《列女传·周室三母》，参见《古列女传译注》，上海三联书店2014年版，第16页。

已得吉凶矣。”①

孩子生下来的时候基本素质好，说明他秉得的“气”是厚渥的，将来会长寿而不夭。如果孩子生下来的时候羸弱，说明他秉“气”不足，将来会短命。“父母施气”（阴阳交合，孕妇受孕）生命开始，孩子将来的吉凶就被注定了。影响孩子生命质量的，一是自然因素，如恶劣的气象刺激。王充认为，如果在父母“施气”之时遭遇到雷电、暴雨等恶劣气象的刺激，胚胎所禀之“气”会受到伤害，生出的孩子就会有缺陷，或为聋哑，或为跛盲。二是人文环境因素，如：“性命在本，故《礼》有胎教之法：子在身，席不正不坐，割不正不食，非正色目不视，非正声耳不听。……受气之时，母不谨慎，思妄虑邪，则子长大，狂悖不善，形体丑恶。”②

性命之本在于胎儿所禀之“气”，要使胎儿禀气厚渥，禀性坚强，品质优秀，父母“施气”除避开恶劣的天气之外，妇女受孕之后还需要按照《礼》去规范自己的行为，给胎儿积极正面的影响，包括思想情感、言语行为等方面影响。如果在“受气之时”不谨慎，或有不符合“礼”的不正行为与邪念干扰，生出来的孩子会“狂悖不善，形体丑恶”。

王充的生育哲学思想的核心是“优生”，他强调了生命本源“气”的作用，告诫那些准备孕育孩子的父母“施气”必须谨慎，避免恶劣气象因素给新生命造成影响。受孕后还要给胚胎施加积极正面的作用，避免不合礼的思想情感、行为举止等因素给新生命造成影响。从根本上保证胎儿的品质。王充思想，不单单是对传统胎教理论的继承，也使该理论的内涵更为深化。

2. 隋唐时期的大医家对“外象内感”胎教理论的继承与发展

隋唐时期，大医家巢元方、孙思邈都高度重视胎教，都有详细阐述。巢元方（生卒年不详），隋大业年间太医院博士，在他奉诏编撰的《巢氏诸病源候论》中的“妊娠候”说：“妊娠一月，名曰始形……二月，名曰始膏……三月名曰始胎。”妊娠三月时，胚胎开始向人体变化了，但还

① ［汉］王充：《论衡》，中华书局1979年版。

② ［汉］王充：《论衡》，中华书局1979年版。

“未有定仪，见物而变”。“欲令子美好端正者，数见白璧美玉，看孔雀、食鲤鱼，……欲令子贤良盛德，则端心正坐，清虚和一，坐无邪席，立无偏倚，行无邪径，目无邪视，耳无邪听，口无邪言，心无邪念，无妄喜怒，无得思虑，食无到脔（luán）……”

在胚胎开始向人形发展变化时，孕妇应该多见美好事物，如，多看赏心悦目的璧玉、孔雀，多看形貌端庄的人。形貌丑陋的人不要见，甚至猿猴等动物也都不要见。孕妇要想让孩子贤良盛德，自己要“端心正坐，清虚和一”。坐、站、行走姿势不邪怪，视觉、听觉、言语、心念、情感、思虑、饮食等都要正，避免自己的不良行为对胎儿的发育造成负面影响。

妊娠三个月，是胎儿发育的关键阶段，孕妇应该遵照传统的规矩实施胎教了。妊娠四个月，胎儿“以成血脉”，孕妇宜食稻米类食物、鱼雁类羹汤。妊娠五个月，胎儿“以成其气”（这里所说的“气”指胎儿自身的维护生命发展的气），孕妇要“卧必晏起，洗浣衣服，深其屋室，厚其衣裳，朝吸天光，以避寒殃”，宜食稻麦和牛羊肉羹汤，以定五脏。妊娠六个月，胎儿“以成其筋”，孕妇“身欲微劳，无得静处”，应该出游野外，观看犬奔马走，使胎儿“以养其爪，以牢其背膂（lǚ，脊梁骨）”。妊娠七个月，胎儿“以成骨骼”，孕妇要多活动肢体，不要静静地待着，居处必燥，饮食避寒。食物以稻米类为宜，以密胎儿腠理。妊娠八个月，胎儿“以成肤革”，孕妇要和心静气，使胎儿腠理紧密、颜色光泽。此时也是胎儿九窍皆成的时段。妊娠九个月，胎儿“以成皮毛，六腑百节莫不毕备”，孕妇要“饮醴（lǐ，甜酒）食甘，缓带自持”。妊娠十月的时候，胎儿“五脏俱备，六腑齐通，纳天地气于丹田，故使关节，人神咸备”①。孕妇要准备好，该分娩了。

巢太医，以妊娠月龄为序，对胎儿发育过程中的血脉、器官发育，孕妇的饮食衣着、接触外界事物、言行坐立，以及精神活动等方面的注意事项作了具体细致的阐述，比前人所讲的胎教内容更为丰富具体。他的胎教

① ［隋］巢元方等撰：《巢氏诸病源候论》卷十一，影印《四库全书》第734册，第842~844页。

理论，对后代大医家，如唐代的孙思邈、宋代的陈自明等都有重要影响。

唐代大医学家孙思邈（581—682），在其《备急千金要方·养胎》篇中，对妊娠的月龄阶段，胚胎发育成长特点，孕妇营养保健、生活起居、精神活动等，也作了具体细致的阐述，基本观点与巢元方太医大体一致，也有不少地方讲得比巢太医更为深入细致。

孙思邈说："妊娠一月，名始胚。"这个时段，阴阳新合，孕妇会出现喜食或厌食现象，饮食要精熟，宜食大麦，不要食用腥臊辛辣食物。孕妇体内血液运行有时会不通畅，要注意避免做重体力活儿。睡眠必须安静，不要受到惊吓。"妊娠二月，名始膏。"精成于胞里，开始结胎。孕妇不可食用辛燥食物，行动要小心，不要惊扰腹中胚胎。"妊娠三月，名始胎。"胎儿人体形状开始形成，要注意胎教了。此时，胎儿"未有定仪，见物而化。欲生男者操弓矢，欲生女者弄珠玑。欲子美好，数视璧玉；欲子贤良，端坐清虚"，这就叫"外象内感"。这个时候，孕妇不能有悲哀情绪，不能思虑过分惊动胎儿。

妊娠四个月，是胎儿"以成血脉"时段。孕妇宜食稻粳主食，鱼雁类羹汤，使胎儿血气旺盛，以通耳目、行经络。为顺应胎儿六腑成形，孕妇应当"静形体，和心智，节饮食"。

妊娠五个月，胎动了。这个时段，孕妇睡觉可以晚些起，要常沐浴浣衣，穿厚一些，早上多晒晒太阳，避免寒气对身体造成伤害。宜食稻麦食物，宜饮牛羊肉羹汤，调以五味，以定五脏。胎儿的四肢已成形，孕妇要"无大饥，无甚饱，无食干燥，无自炙热，无太劳倦"。

妊娠六个月，是胎儿"以成其筋"时段，孕妇要做些轻体力劳动，不可静静待着不动；可以到野外观看犬走马奔；可以吃一些肉类食物，以营养胎儿力气，坚实胎儿背膂。胎儿的口目已成形，孕妇在饮食上可以"调五味，食甘美"，但不可吃得太饱。妊娠七个月，是胎儿"以成其骨"时段。此时，孕妇应该"劳身摇肢，无使定止，动作屈伸，以运血气。居处必燥，饮食避寒，常食稻粳，以密腠理，是谓养骨而坚筋齿"。要注意"无大言，无号哭，无薄衣，无洗浴，无寒饮"。

妊娠八个月，胎儿九窍皆成，处于长肤革阶段，孕妇要平心静息，情绪不要有巨大变化，饮食要有规律，不要吃干燥食物。妊娠九个月，胎儿“以成皮毛”，六腑百节皆已齐备，谷气能够入胃了。孕妇可以饮醴食甘，衣服要宽大，不要到寒冷阴湿地方去。妊娠十个月，胎儿“五脏俱备、六腑齐通，人神皆备”，各方面的发育皆成熟，只待适时出生了。

孙思邈论述道：“凡受胎三月，逐物变化，禀质未定。故妊娠三月，欲得观犀象猛兽，珠玉宝物；欲得见贤人君子，盛德大师；观礼乐钟鼓俎豆、军旅陈设；焚烧名香，口诵诗书、古今箴诫；居处简静，割不正不食，席不正不坐，弹琴瑟，调心神，和性情，节嗜欲，庶事清净，生子皆良，长寿忠孝，仁义聪慧，无疾，斯盖文王胎教者也。”① 这段议论的观点跟巢太医近似，内容比前者更加丰富。孙思邈特别强调了“受胎三月”胎儿的生理特点，这是一个很关键的时段，根据传统开展胎教具有极为重要的意义。

孙思邈的胎教理论，以继承传统“外象内感”为基础，涉及从妇女妊娠一个月到胎儿“日满即产”的全过程，从胚胎发育不同时段的生理特点、孕妇营养保健、身心调理，再到胎教。在没有任何仪器用来观察的情况下，能说得如此具体细致全面，令今人叹服。他将孕妇营养保健、养胎、胎教三个方面融为一体，对传统胎教理论不是一般的继承，而是重要的发展。

3. 南宋大医家的胎教论述与“外象内感”理论的充实完善

到了南宋，著名医学家陈自明（生卒年不详）对胎教格外重视，在其《妇人大全良方》一书中还把胎教专列为一个门类“胎教门”，并从“妊娠总论”“妊子论”“受形”“论胎教”等方面作全面论述。陈医生说，有关妇女妊娠十月的论述，古书有不同的见解，他参考的是隋代太医巢元方《巢氏诸病源候论》的观点，称：妊娠一月名始形；二月名始膏；三月名始胎。妇女妊娠三个月，“当此之时，血不流行，形象始化，未有定仪，见物而变，欲子端正庄严，当令母见贵人，不可见状貌丑恶之人也。欲生男，宜操弓矢、乘牡马；欲生女，宜着珥珰施环佩；欲子美好，玩白璧，

① ［唐］孙思邈：《备急千金要方》，影印《四库全书》第735册，第45~46页。

观孔雀；欲子贤能，宜读诗书，务和雅”①。很明显，陈医生也把妊娠三个月视为胎教关键时段。有关胎教措施和禁忌等，陈医生与大医家巢元方、孙思邈大体相同。此后，随着妊娠月龄的增加，胎儿在母腹中的发育情况是：四个月的时候“以成血脉”；五个月的时候“以成其气”；六个月的时候“以成其筋”；七个月的时候“以成其骨”；八个月的时候“以成肤革”；九个月的时候“以成毛发”；十个月，五脏六腑关节都发育好了，人神皆备，该出生了。陈医生在《妇人大全良方·娠子论》论述道：“夫至精才化，一气方凝，始受胞胎，渐成形质，子在腹中，随母听闻。自妊娠之后，则需行坐端严，性情和悦，常处静室，多听美言。令人讲读诗书，陈礼说乐，耳不闻非言，目不观恶事，如此则生男女福寿敦厚，忠孝贤明。不然，则男女既生，则多鄙贱，不寿而愚，此所谓因外象而内感也。昔太任娠文王，目不视恶色，耳不听恶声，口不谈恶言，世传胎教之道，是谓此也。”②

意思是，精卵结合发生变化，生命之“气”就凝为一体，形成了胞胎，并渐成一定的形质。这时候，胞胎在母亲腹内就有了“随母听闻”的信息接收能力。于是，妇人自妊娠之后就要遵照一系列胎教规矩行事，否则生出来的孩子就会有问题，这就是“外象内感”。“太任娠文王”就是这么做的，社会上流传的“胎教之道”也是这样。

陈医生在继承传统胎教理论，对前朝大医家的理论观点有借鉴与吸收之外，对胎教理论的贡献是：现实生活中，往往有“附赘（zhuì）垂疣、骈拇枝指、侏儒跛躄，形气所赋有如此者；疮疡痈肿、聋盲瘖症、瘦瘠疲瘵（zhài，痨病），气形之病有如此者”。即有畸形残疾的、有病的孩子生出来。他认为，畸形残疾的孩子属于“形气所赋”一类，孩子的先天形气禀赋就是这样。用现代科学术语来说，就是孩子的遗传基因有问题。而有病的孩子则属于“气形之病”一类，是非遗传的其他因素（如卫生条件、

① ［宋］陈自明：《妇人大全良方》卷十，影印《四库全书》第742册，第609页。

② ［宋］陈自明：《妇人大全良方》卷十，影印《四库全书》第742册，610页。

药物使用、特殊刺激、饮食营养等）给孩子造成了伤害，是“保卫辅翼”的问题。由此陈医生强调：“胚胎造化之始，精移气变之后，保卫辅翼固有道矣。”① 从胚胎形成开始，就要谨慎地按一定的规律和规则（道）去“保卫辅翼”。要想避免畸形残疾孩子或病孩子出生，达到优生的目的，要特别注意的是：

（1）夫妇双方年龄要匹配，身体要健康，身体不好要设法补救。“父少母老产女必羸，母壮父衰生男必弱，古之良工首察乎此，气受偏瘁（cuì，病弱），与之，补之。补羸女则养血壮脾，补弱男则壮脾节色，羸女宜及时而嫁，弱男宜待壮而婚。”②

（2）谨慎对待阴阳交会、妇女受胎。“大风大雨大雾，大寒大暑，雷电霹雳，天地昏冥，日月无光，虹霓地动，日月薄蚀。此时受胎，非止百倍损于父母，生子或瘖哑聋聩，顽愚癫狂，挛跛（luán bǒ，手臂伸不直，腿瘸）盲眇，多病短寿，不孝不仁。又避日月火光，星辰之下，神庙佛寺之中。井龛溷厕之侧，冢墓尸柩之旁，皆悉不可交会。……若不如法，则有薄福愚痴恶人来托胎中，则令父母性行凶险，所作不成，家道日否，殃咎屡至。”③

（3）妇女妊娠之后，要注意劳逸适度，调控好情欲，保持良好体质，提高抗风邪能力。在“胚胎造化之始，精移气变之后”，对胎儿的保卫辅翼是有“道”可循的，如孕妇保养身体，调理心神。“调喜怒、寡嗜欲、作劳不妄而气血从之。皆所以保摄妊娠，使诸邪不得干焉。苟为不然，授受之时，一失调养，则内不足以为中之守，外不足以为身之强，气形弗充，而疾疢（chèn）因之”④。孕妇调喜怒，寡嗜欲，劳作不妄，气血才通畅，胎儿才有一个平和安宁的发育成长环境。如果孕妇身心失去合理调养，对内不足以保护胎儿，对外不能抵御外邪干扰，疾病就会随之而来。

---

① ［宋］陈自明：《妇人大全良方》卷十，影印《四库全书》第742册，610页。

② ［宋］陈自明：《妇人大全良方》卷十，影印《四库全书》第742册，第610页。

③ ［宋］陈自明：《妇人大全良方》卷十，影印《四库全书》第742册，第602页。

④ ［宋］陈自明：《妇人大全良方》卷十，影印《四库全书》第742册，第610页。

（4）妇女妊娠除了遵守有关的禁忌之外，要注意保护好重要器官的血气。“心气大惊而癫疾，肾气不足而解颅，脾气不足而羸瘦，心气虚乏而神不足之属，皆以血气不调之故也。”① “心气”“肾气”“脾气”出了问题，后果都很严重。如：心气受到大惊吓，孩子会发生癫疾；肾主骨髓，脑为髓海，肾气不足则脑髓不发达，小儿出生后囟门会长时间不闭合，或出现头缝开解现象。小儿“脾胃不和”，营养得不到保证，就会很瘦弱。心气虚乏不足，孩子就会精神萎靡。总之，孩子身上发生的很多问题，都是孕妇气血不调造成的。

另外，针对社会上流传的胎教和生孩子一类图书，陈医生论道：“胎教产图之书，不可谓之迂而不加信，然亦不可狎泥之。方今俚俗之家，与不正之属，将息避忌略不如仪，或药毒不侑，或产于风露，既无产厄，子母均安固有之。”②

社会上有不少胎教和生孩子之类图书流传，其中有精华的东西，也有荒诞不经的东西。不可把那些图书都当作迂腐的东西而不予相信，也不能庸俗地拘泥于图书说教。在民间，确实有不怎么守规矩的，妻子怀孕、生孩子，不遵守避讳禁忌仪轨，或不顾药毒伤害，或把孩子生在风露中，但并没有导致灾难发生，母子也都平安无事。由于人体素质千差万别，这种情况的出现也不奇怪。

总之，陈自明医生作为儿科、妇产科大家，在继承传统的外象内感胎教理论的同时，对该理论的发展做出了自己的突出贡献。从对男女婚配对象的关注，到阴阳交合妇女受胎；从胚胎在母体内的发育成长的阶段性特点，到孕妇的身体与精神保健；以及其他与胎教相关问题，讲得都很全面、很深刻。对胎教涉及的范围，为什么要开展胎教，什么时候开展胎教，达到优生应注意的事项等，都作了具体深入的阐述。可以这样说，到南宋时期，我国的胎教理论已经相当充实完善了。

---

① ［宋］陈自明：《妇人大全良方》卷十，影印《四库全书》第742册，第612页。

② ［宋］陈自明：《妇人大全良方》卷十，影印《四库全书》第742册，第614页。

4. 清末维新派代表人物的胎教设想

到了清朝末年，变法维新派领导人康有为（1858—1927），基于“世界大同”的设想，从正本清源、优化人种的角度出发，在继承我国胎教文化传统，总结前人经验基础上，对早期教育中的胎教也特别重视。他在《大同书》中说：“生人之本，皆在胚胎，人道之始，万化之原也……故反本溯源，立胎教之义，教之于未成形质之前。令人人如此，普天如此，则受气之先，魂灵之始，已无从染恶浊矣，源既清矣，流自不浊。必如是乃至性善，乃可至太平。”意思是，人生根本在胚胎时期。胚胎时期是人道开始、人生源头。返本溯源，树立胎教之义，从胚胎未成形质之前就要开始教育。在“受气”之前，或魂灵开始之时，就要让准妈妈们无从感染恶浊的东西。水的源头清澈了，后边的水流就不会恶浊。人性一开始就善，天下就可以太平。

基于这样的考虑，康有为设想：可专门为孕妇设立一种名叫“人本院”的公益性机构，所有孕妇都要进人本院接受包括胎教在内的全方位、全过程监护指导。人本院要选在风水好的地方，孕妇居室环境要很讲究，各类工作人员要经过考查、筛选配备齐全。孕妇入院之后，生活起居、营养保健，有专职医生监护。每个孕妇身边要配一位名叫“女傅”的工作人员，“随之出入，同其起居，以傅其德义，化其气质，令孕妇目不视恶色，耳不听恶声，口不道恶言，鼻不闻恶臭，身不近恶人，心不知恶事。使耳目之所染，心知之所遇，无非高妙，仁慈、广大、和平、安乐之事……凡有异形、怪事、恶色、恶声、刑人、恶言皆走避，无使有丝毫入于孕妇之耳目以感动其魂知。此为胎教第一要义。”

此外，在人本院每日还要有“女师”给孕妇“讲人道之公理，仁爱慈惠之故事，高妙精微之新理”，以涵养孕妇之仁心，发扬其智慧。孕妇自己也要在人本院内通过学习，提高道德文化素养，主动展开胎教。之所以要这样做，是因为“感染之大，未有若胎孕之易者”“盖物感于外，即情动于中，情志既动，血气从之，故周于肢体，达于营卫，铭于魂魄，发于梦寐”。

康有为认为：人最容易感染的时候莫过于胎孕时期。孕妇受到外界事物感染，其情志必有所动，血气也会随之流动。情志与血气相伴而动，周流于肢体，达于营卫，最后会在胎儿魂魄中留下印记。铭于胎儿魂魄中印记，如同储存在潜意识里的东西，有时会呈现于梦寐之中。孩子出生后，一旦受到某种刺激，这种印记就会显示。康有为举例说：晋太子遹“其母谢贵嫔为屠家子，于是太子也好屠肉，宫中作市自卖之，亲自论斤播两”①。他还亲眼见到过，有的孕妇嗜烟（鸦片），生下来的孩子也喜食烟。如果强行制止，孩子会生病，三月而烟瘾日重。晋太子遹的那些嗜好、新生儿的烟瘾，是从哪里来的？显然是从娘胎里带来的，是从孕妇胎妊时受感染而得来的。“胎妊之时，感入最易”，胎教之重要不言自明。

康有为的建立人本院的设想，以及对胎教的许多措施设想，带有理想主义的色彩，具体实施起来，在当时很难，即便在当今也不容易做到。但就其胎教思想而言，很明显，是对我国胎教文化传统的继承。关于孕妇如何感染胎儿，胎儿所受到的感染通过什么渠道保留下来等，讲得发人深省，对后人实施胎教很有启发。

5. 近代教育家的胎教设想

在我国近现代，外敌入侵，战乱频仍，中华民族到了生死存亡的危急关头，广大民众连起码的生存条件都得不到保障，谁还有余力顾及胎教？虽然有为数不多的教育家提出过胎教的设想，但在当时，设想也只能停留在文字上。1935 年，蔡元培在他的《美育实施的方法》一文中说：教育可分“家庭教育”“学校教育”和“社会教育”三个范围。他不相信“家庭有完美教育的可能性”，于是把希望寄托在社会兴办“公立的胎教院与育婴院”这样的公益性机构上，由这样的机构来实施胎教和婴幼儿教育。他的设想是，把胎教和婴幼儿教育从家庭教育范围内剥离出来，归到社会教育范围之内。蔡元培的设想与康有为的设想很相像。蔡元培说：

> “要作彻底的教育，就要着眼最早的一步，虽不能溢出范围，推到优生，但至少也要从胎教起点……公立胎教院是给孕妇住的，要设在风景佳胜的地方，不为都市中混浊的空气、纷扰的习

① ［清］康有为：《大同书》，中华书局 2012 年版，第 193~202 页。

惯所感染。建筑的形式要匀称，要玲珑，用本地旧派……四面都是庭院，有广场，可以散步，可以作轻便的运动，可以赏月观星。园中杂莳（shì，种植）花木，使四时均有雅丽之花叶，可以悦目。选毛羽秀丽、鸣声谐雅的动物，散布花木中间；须避去用索系猴，用笼装鸟的习惯。”

从胎教院的建筑样式选择，到院内植物花草动物养殖布局，再到室内物件陈设、图画装饰等文化氛围营造等，都要为胎教服务。胎教院内过度的刺激色彩，要避去。

“备阅览的文字，要乐观的、和平的；凡是描写社会黑暗方面的，个人神经异常的，要避去。每日可有音乐，选取的标准与图画一样。刺激太甚的，卑靡的，都不取。”

总之，孕妇生活在胎教院优美环境中，吸收的是平和活泼的空气，避去各种不良因素对胎儿的影响，“这是胎儿的美育”①。从理论上说，蔡元培的胎儿美育设想，仍然是传统外象内感胎教理论的传承。鉴于当时国家的政治、经济、文化等条件，蔡元培的胎教设想只能是设想而已。不过也应该承认，我国的延续了三千年之久的胎教文化传统并未中断，到此时仍受到教育家的推崇，这很难得。

在民间，仍然有许多懂胎教、有智慧的母亲，如著名科学家钱学森之母章兰娟就是其中的一位。她自身数学天赋极高，心算与记忆力极强，怀孕期间，注意给腹中的胎儿以积极正面的影响。钱学森儿时极为聪慧，两三岁时便显现出来了，能朗朗上口背诵唐诗、宋词和《增广贤文》《幼学琼林》等启蒙读物，还能心算加、减、乘、除，让周围邻里惊讶不已。可见，钱学森后来能成为伟大的科学家，与母亲实施良好的胎教有密切的关系。有学者说：“中华文化五千年，是靠女人、靠母性维持的。所以每个圣人、英雄后面，一定有个好的妈妈，母教很重要。”② 懂得教育之道的母亲，对孩子的教育往往从胎教做起。

---

① 蔡元培：《美育实施的方法》，上海商务印书馆1935年版，第4页。

② 转引自苏建军：《钱学森成才10方略》，华夏出版社2013年版，第20页。

（二）我国胎教文化值得吸取的精华

我国的胎教文化传统，肇始于殷商末年，延续到清末民初，为历史上诸多著名思想家、哲学家、医学家继承与发展，有明确的理论，有具体的方法，影响深远。

我国古人重视胎教，根本目的是为了提升人口素质。对胎教的认识，难免不受古代礼教的影响。倡导与实施胎教的文献也大多反映了上层社会情况，但上层社会重视胎教，精心培育下一代，会引领社会风尚，为大众仿效。关于胎教，除文献记载之外，在民间仍有一定程度被民众所遵循的、有关妊娠妇女的禁忌及行为规范等，这也属于我国传统文化的重要组成部分，值得有关专家学者认真调查研究总结。总的来说，我国的胎教文化历史悠久，特点鲜明，值得吸取的精华很多，大体上可概括为以下几方面：

1. 胎教是服务于优生的重要方面

“优生”是现代人用语，是运用科学方法生出素质优良的孩子。生出来的孩子素质是否优良，跟孕妇腹中胎儿的素质是否优良有直接关系。孕妇腹中胎儿素质优良与否，跟父母家族遗传、父母身体素质、阴阳交合形成“孕卵”的品质有直接关系，也跟妇女怀孕之后对胚胎、胎儿施加的胎教影响有关。优生和胎教虽不完全属于同一个范畴，但关系密切。优生以提高人口素质为目的，属于遗传学、医疗技术范畴的名词。胎教是对胎儿施加积极正面影响的早期教育，是服务于优生的重要方面，关系到新一代人的素质，关系到政权接班人的素质，关系到国家和民族的未来。

慎重选择婚配对象，审慎对待施气，使胎儿品质优良，是优生前提。王充说：“人禀气而生，含气而长……凡人受命，在父母施气之时，已得吉凶矣。”① 父母在施气之时遭遇到雷电、暴雨等恶劣气象因素刺激，胎气受到伤害，生出来的孩子就会有缺陷，或为聋哑，或为跛盲。陈自明医生说，婚配男女双方年龄不相配、健康有问题，受胎环境有问题，生出的孩

① ［汉］王充：《论衡·命义篇》，中华书局 1979 年版。

子都会有问题："父少母老产女必羸，母壮父衰生男必弱。古之良工首察乎此，气受偏瘁，与之，补之。""羸女宜及时而嫁，弱男宜待壮而婚。""补羸女则养血壮脾，补弱男则壮脾节色。""大风大雨大雾，大寒大暑雷电霹雳，天地昏冥，日月无光，虹霓地动，日月薄蚀，此时受胎，非至百倍损于父母，生子或痦哑聋聩，顽愚癫狂，挛跛盲眇，多病短寿，不孝不仁。"①

以安全受胎与精心呵护阴阳初合的孕卵为起点，从胚到胎，直到胎儿足月待产的全过程，每个时段，每时每刻都需要审慎保卫辅翼，这就是胎教的基本内容。优生、优育是我国的一项基本国策，其内容不可缺少胎教。当今的人们，如果都能在慎选婚娶对象前提下，在妇女怀孕之后，对胎儿实施良好的胎教，新生代的素质一定会得到大幅度提升。

2. 胎教的前提条件是孕妇身心健康

孕妇是胎儿生命的依托，是胎教首要责任人，她身心健康了才有可能使胎儿身心健康。孕妇的健康，包括与胎孕相关的身体器官的生理机能健康，也包括良好的道德心性和精神文化修养。对于后者，我国的传统胎教理论格外重视。陈自明医生说："胚胎造化之始，精移气变之后，保卫辅翼固有道矣。……调喜怒、寡嗜欲、作劳不妄而气血从之。皆所以保摄妊娠，使诸邪不得干焉。苟为不然，方授受之时，一失调养，则内不足以为中之守，外不足以为身之强，气形弗充，而疾疢因之。"

从"胚胎造化"生命开始，孕妇就要注意"调喜怒、寡嗜欲"调理精神，劳逸适当，不过劳，不过逸，气血充盈，保持良好体质，各种邪气不能侵犯孕妇和胎儿，这是"保卫辅翼"胎儿的正道。如果孕妇失去精神和气血等调养，就不足以安全地守护养育胎儿。孕妇身体不强壮、气形不饱满，不足以抵御外部邪气侵害，不同的疾病就会趁虚而生，对胎儿的生长发育无疑是有害的。

大医家认为，孕妇要保持健康的精神，还要保护好肾、脾、心等重要器官。孕妇的这些器官与胎儿的器官发育是相应的。肾主骨髓，脑为髓海，孕妇肾气不足，胎儿脑髓不发达，出生后会出现长时间囟门不合或头

① ［宋］陈自明：《妇人大全良方》卷十，影印《四库全书》第742册，第602页。

缝开解的现象。孕妇脾胃不和，饮食不调，营养得不到保证，生出来的孩子就会羸弱多病。孕妇气血不充盈，生出来的孩子精神、体质都会有问题。孕妇身心健康、气血充盈，是很好地养育胎儿与实施胎教的前提。孕妇身心健康了，才能使胎教行为具体落实到责任人的视觉、听觉、以及言语行为规范之中，体现在对胎儿精心辅翼之中，才能给胎儿以积极正面的影响，生出高素质的孩子。

3. 外象内感胎教理论的现实意义

我国传统胎教有明确的理论外象内感。外象包括自然界的、社会生活中的、对孕妇有刺激作用的种种物象。如，孕妇生活的自然环境、社会环境中的事物物象，孕妇的饮食起居、嗜欲爱好、思虑情感、运动劳作、言谈举止等等。这些外象不论以物质形式呈现，还是以精神形式表现，都会对孕妇产生影响，并进而将影响传递给胎儿。胎儿在母亲腹中，对母体以及母体以外的种种“象”的刺激的感觉、感受等就是内感。外象刺激能产生内感，原因在于胎儿是母体一部分，与母体息息相通，且胎儿自身就有异常敏锐的信息接受能力。在外象刺激下，不断地积累感受，渐成形质，这是胎儿的本能。至于胎儿靠什么机制受外象刺激感染，康有为的解释是：“盖物感于外，即情动于中，情志既动，血气从之，故周于肢体，达于营卫，铭于魂魄，发于梦寐。”最终导致胎儿的素质发生变化。这种解释，符合外因是变化的条件，内因是变化决定因素的哲学道理，有参考价值。不管怎么说，孕妇有意识地接受外界正面信息，正确调理、把控自己的情绪和行为，提升自己的道德情操水准，给胎儿以健康良好的刺激，让胎儿得到良好的感染感受，就是好的胎教。由此不难看出，外象内感胎教理论虽然很古老，但其科学性、合理性和实用价值不可否认。

4. 胎教机不可失，时不再来

我国古人之所以重视胎教，因为它具有不可逆性，时机一旦错过，永远无法弥补。从这个意义上说，胎教不能被任何其他形式的教育所替代。古代大医家一致认为妊娠三个月是胎教重要时段，如前文巢元方、孙思邈、陈自明所述。

胎儿各个器官的发育都有一定的时段性，哪个器官应该在哪个时段发育，都是基因设定好的。比如妊娠超过三个月，才可以做三个月时应做的胎教之事，若超前，就无效。

要孕育高素质的新一代，在处理好婚配、受胎问题前提下，要把握好胎教这道关。胎教责任人虽然是孩子的母亲，但孩子的父亲，乃至整个家庭都有责任。胎教的事做好了，对提高新生儿的素质确实有重要作用，以至于对国家整体人口素质提升的作用都不可小觑。据国家“卫计委”有关研究报告显示，从2010年起，不完全统计，每年有弃婴十万之多。被遗弃的婴儿有不少是先天残疾。这个数字给我们的警示是：每个到了婚配生育年龄的男女，从个人做起对优生高度重视，都能从慎选婚娶对象、谨慎对待受孕做起，都能从精心辅翼胎儿发育成长、做好胎教做起，令父母和家人头痛、给社会带来重负的畸形残疾有病婴儿的出生率一定会有所降低，对新生代的素质提升一定能起到积极推动作用。每个孕妇或准备怀孕的女性，都能把好胎教关，对个人、对家庭乃至国家和民族都是福音。

二、外国教育家的胎教经验、理论与方法

近年来，从引进、翻译、出版的许多外国学者有关早期教育的著作中能够发现，他们对胎教的重视度很高。有的研究者通过描述自己的胎教实践经历，向后人传递自己的胎教经验与教训；有的则吸收遗传学、胚胎学、心理学等研究成果，揭示了由孕卵细胞到胎儿的发育过程中的某些奥秘，为胎教提供了一定的科学依据；有的则向世人宣传胎教理念和具体方法，使孕妇获益颇多。外国学者的研究与发现、理念与方法，对国人反思我们的胎教文化，深入认识胎教的意义，更好地开展胎教都有启示作用。

（一）德国老卡尔·威特的胎教经验和教训

19世纪德国著名早期教育专家卡尔·威特（1748—1831年），给儿子起名也叫卡尔·威特，为行文方便，本文称父亲为“老卡尔·威特”（简称老卡尔），称其儿子为“小卡尔·威特”（简称小卡尔）。

老卡尔是一位乡村牧师，家境贫寒但很博学。有关孩子的教育，当时德国社会盛行“天赋论”，认为“对于孩子来说，最重要的是天赋而不是教育。教育家无论怎样拼命施教，其作用也是有限的。”老卡尔与众不同，他坚定地认为只要教育得法，即使是普通的孩子也可以培养成不平凡的人。首先，他对婚配对象选择很慎重，认为男人不应该将金钱、美貌作为婚配对象选择的条件，应该选择善良、勤劳、知书达礼并能理解支持丈夫、身体健康的女士为妻。在对母亲和胎儿关系的认识上，老卡尔很赞赏意大利著名画家达·芬奇的一段话：“同一个灵魂支配着两个躯体……母亲的愿望对其腹中的胎儿不断产生影响……母亲的意志、希望、恐惧以及精神上的痛苦对胎儿的严重影响，大大超过对母亲本身的影响。”

为了生出健康的孩子，老卡尔在妻子怀孕前，就对自己的家庭生活与胎教作了规划。后来，他还将胎教经验教训如数家珍般的告诉给自己的快要当爸爸的儿子。老卡尔对儿子说，你母亲一怀上你，我们就制定了严格的作息时间计划，尽量早睡早起，使生活更有规律。为此，我改掉了深夜祈祷和读书的习惯。为了你的健康，我和你母亲经常去野外散步，呼吸新鲜空气。我们生活很节俭，但饮食上一定要保证你母亲能有足够的营养。妇女怀孕是一件很辛苦的事，你母亲经常感到很烦躁。作为丈夫，我尽力给予你母亲更多的关怀和体贴。她情绪不好的时候，我就耐心地开导她，让她能够很快摆脱不良情绪。你母亲也非常坚强，在怀孕期间，无论遇到多么悲伤的事，她几乎从不哭泣，竭力保持乐观开朗的情绪。因为我们知道，怀孕期间的母亲如果心情不快乐，经常哭泣，那么会直接导致未来的婴儿发育不良，而发育不良是形成软弱无能者的原因之一。自从怀上你，你母亲经常轻轻地歌唱……让你在母体内能听到她优美动听的歌声……每天，我都会从外面带回好看的鲜花和图画给你母亲看，或推荐一些好看的书给她读。我还会在临睡前给她朗诵一首德语名诗。“我们所做的这一切，儿子，都是为了你，为了让尚在母亲腹中的你提前感受到什么是美。”①

① ［德］小卡尔·威特著，刘恒新译：《卡尔·威特的教育（续篇）》，京华出版社 2002 年版，第 8 页。

老卡尔这么做是有原因的。原来在小卡尔的前边，老卡尔夫妇还生有一子，但那个孩子出生没几天就被一场席卷而来的伤寒夺去了性命，于是，他对第二个孩子小卡尔倍加珍爱。可是没想到小卡尔早产，生下来就四肢抽搐，呼吸急促，反应迟钝，有些痴呆。咨询医生后才知道，有一种弓形寄生虫对胎儿危害特别厉害。这种虫子常寄生在猫的粪便或生肉中，如果不注意，受到感染，会对胎儿造成严重伤害。老卡尔想起来了，妻子怀小卡尔时，为了让她心情愉快，除了自家养了猫之外，还从邻居家抱养了一只小狗，给妻子解闷。孩子生下来就这样，原来是妻子妊娠期间与宠物为伴惹的祸。小卡尔的身体状况让夫妻二人很悲伤，但老卡尔没有绝望，他下决心要尽到父亲的责任，用自己制订好的教育方案去培养儿子。在老卡尔百般努力之下，在众人眼里近乎白痴的小卡尔，最终被培养成了轰动整个德国，乃至全欧洲的神童，让当时的维斯特法利亚国王杰罗姆（拿破仑一世的弟弟）惊喜不已，国王亲自召10岁的小卡尔进入著名的哥廷根大学学习，这是后话。

老卡尔在胎教方面，有值得借鉴的经验，也有值得吸取的教训。比如，婚娶对象选择要慎重，夫妻双方身心要健康。妻子怀孕后生活有规律，常外出散散步、观赏自然美景，唱歌、吟诗、读些好书，愉悦孕妇心境；通过不同途径给胎儿良好的传导与感染，这都是很可取的做法。遗憾的是，由于缺乏有关知识，没注意到环境中的有害生物会对胎儿的伤害。这一教训值得后人认真吸取。

老卡尔重视胎教是基于他不迷信天才的教育理念。老卡尔认为：“潜在能力就是天才。”“天才并不是我们平常所认为的那种只有少数人才具有的禀赋，而是人人内心都潜藏着的。”“只要充分发挥出这种潜在能力，我们便能做出不平凡的事业。”他说：“由于教育不得法，人们的这种潜在能力大都未能得到应有的发挥。这就是天才极少的原因所在。如何造就更多的天才呢？最重要的就是及早挖掘、诱导孩子自由地发挥出这种潜在的能力。”①

老卡尔的早教与胎教理念，对后人影响很大。约一百年之后，美国著名心理学专家鲍里斯·塞得兹认真阅读了《卡尔·威特的教育》一书，借鉴了老卡尔的经验，也从“慎选婚娶对象”开始，娶了意志坚韧、勤奋善良、多才多艺、自学成才的莎拉·曼德尔鲍姆为妻。夫妻二人都是由俄国移民美国。塞得兹自己高中阶段靠自学，后来上了大学，最终取得心理学博士学位。妻子莎拉怀孕之后，塞得兹用自己的才智与妻子一起全力呵护胎儿，实施胎教。孩子出生后，夫妻二人又精心地养育，孩子从小就显示出极高的智商。塞得兹夫妻是老卡尔胎教思想的推崇者与实践者，但也有与老卡尔不同的地方。在孩子早教方面有可借鉴的经验，也有值得后人吸取的教训。(见本书第二部分)

（二）意大利蒙台梭利的理论与胎教

蒙台梭利（1870—1952）是意大利首位儿科女博士，后来成了著名儿童教育家。她吸收了现代胚胎学、生命科学的最新研究成果，对胚胎孕育过程中的细胞活动和细胞各自的职能作了深入的理论阐述。这些论述与胎教有密切关系，对深入认识胎教很有意义。

胚胎是由受精卵发展而来的，受精卵是有生命的细胞。蒙台梭利在《有吸收力的心灵》一书中说，凭借着科学仪器，胚胎学对生命从无到有这一过程的研究，科学家们发现：“在这个小得看不见的生殖细胞里，包含着一代又一代积累下来的遗传信息。这个小小细胞里面包含着所有人类经验。在我们能用肉眼看到这个细胞发生变化和开始成长之前，基因已经排好了序列。这些基因的排序也存在着竞争和优胜劣汰，因此，并不是所有的基因都在未来人体的成长中发挥作用。只有在竞争中取胜的基因才能

① ［德］卡尔·威特著，刘恒新译：《卡尔·威特的教育》，京华出版社 2001 年版，第 19~20 页。

发挥作用，它们承载着具有显性的遗传特征。”①

在竞争中取胜的基因，在未来胚胎的成长中能够发挥的作用是：一个单细胞，经过不断分裂，有规律地产生数百个细胞，然后这些细胞自行分成三个界限分明的层次，外胚层、中胚层、内胚层，它们共同组成一个细小的延伸个体。每个胚层会产生一个复杂的器官系统。最外面的一层会逐渐长成皮肤及感觉与神经系统。最里面的细胞会发育长成各种器官，如肠、胃、消化腺、肾、胰、肺等，形成消化系统和肺呼吸系统，为人体提供营养。中间一层会长成骨架，支持整个身体的肌肉。

“为了满足未来器官的工作需要，这些细胞都向专业化的方向发展。虽然这一‘专业化’的过程是为了满足器官未来的特殊功能需求，但在这些功能开始发挥作用之前，这些细胞就已经适应未来器官的需求了……神经细胞是最发达也是最重要的细胞。它们是无可替代的。”②

蒙台梭利还说：“实际上，胚胎可能受到影响。也就是说，人们可以通过在实验中对胚胎施加影响，改变人生的进程。已经有人做过这方面的实验。”

“胚胎研究的重要性在于在胚胎还没有长成各种器官之前，我们可以很容易地对其施加影响。人类目前已经掌握了这一秘密。”

对胚胎施加影响的实验研究，目前在其他生物身上做过很多，这已经不是什么新鲜事。由此我们也可以这样理解：人类胚胎在母体内就对其施加影响，比如胎教，自然是可行的。如果施加的影响是积极正面的，对保证胚胎健康发育自然会起到好作用。如果施加的影响是消极负面的，对胚胎的发育便会起到不好的作用。蒙台梭利还从胚胎说到人的心理：

---

① ［意］玛利亚·蒙台梭利著，高潮、薛杰译：《有吸收力的心灵》，中国发展出版社 2003 年版，第 49 页。

② ［意］玛利亚·蒙台梭利著，高潮、薛杰译：《有吸收力的心灵》，中国发展出版社 2003 年版，第 52~53 页。

“人类心理世界的发展与身体发展一样，也会遵循同样的规律，从没有差别逐渐发展为有差别。就好像人类的原始生殖细胞里面没有人一样，新生儿也似乎没有形成固定的心理个性。我们发现，人类的心理平台最初仅仅是一个物质的堆砌，也就是说仅仅是一个细胞的组合。这一过程是由我所称的‘有吸收力的心灵’来完成的。在这一平台上，在感觉中心点的周围依次逐渐形成了心理器官。”①

其他科学家也发现：“大脑的神经中枢比接受它指令的器官发育得早。”蒙台梭利强调说：“人类是首先发展其心理。器官的发展在心理发展之后开始，并由心理所控制。但器官能够运动之后，心理还会进一步发展。这种心理发展是在运动过程中从周围环境中获取经验得来的。因此，如果一个儿童的运动器官长成之后被限制运动，他这方面的心理发展就会受到阻碍。”②

蒙台梭利的意思是：胚胎细胞从一开始形成就伴随着“有吸收力的心灵”，以此为中心点逐渐形成心理器官。这些理论阐述，使儿童教育理论向前延伸到胚胎时期。由于在胚胎还没长成各种器官之前，对其施加影响更容易，这便意味着对胚胎实施胎教也是可行的。由于胎儿的大脑神经中枢比其他器官发育早，或者说“人类是首先发展其心理。器官的发展在心理发展之后开始，并由心理所控制”。这就意味着，胚胎具备了在中枢神经支配下的，接受母体的以及其他的外界刺激，并有做出一定反应的能力。

“人是通过妊娠来孕育生命的。如果父母二人不酗酒或没有其他疾病，他们所生的婴儿就应该是健康的。儿童是否健康也取决于胚胎在妊娠期间是否受到了影响。后期的胎儿也可能受到影

① ［意］玛利亚·蒙台梭利著，高潮、薛杰译：《有吸收力的心灵》，中国发展出版社2003年版，第63页。

② ［意］玛利亚·蒙台梭利著，高潮、薛杰译：《有吸收力的心灵》，中国发展出版社2003年版，第87页。

响，但这种影响只能来自环境，也就是母亲在妊娠期间的生活环境。如果胚胎的生活环境良好，出生的婴儿就会强壮而健康。因此妊娠和受孕都会对出生后的婴儿有影响。”①

对怀孕妇女来说，她们的日常生活、七情六欲无时不在地对孕卵细胞乃至胎儿产生影响，事实上这也是有意或无意地进行胎教。

了解一下蒙台梭利的理论阐述，反观我国古人的胎教理论，会令人惊讶地发现：受研究工具的限制，我国古人虽未能像现代细胞学、胚胎学研究者那样，深入到揭示胚胎细胞基本结构和细胞基因功能奥秘层次，但很早就发现对胚胎或胎儿施加积极正面的影响是可以的，对胚胎或胎儿实施合理的胎教是可行的。可以这样说，蒙台梭利所说的现代细胞学、胚胎学研究成果，为我国古代的外象内感胎教理论的科学性、实用性提供现代科学证据。

（三）日本七田真的胎教理论、方法及影响

七田真（1929—2009），日本著名早期教育专家。他研究早期教育的主要目的是想开发人的右脑功能，而尽早开发人的右脑功能自然地涉及胎教。他说，早在三千年前的东方就有胎教一说。他说的“东方”无疑是指中国，三千年前正是我国的殷商末年，即“大任育文王”时代。

七田真积极主张育儿始于胎教，认为胎儿能够接受母亲的所有想法。胎儿是怎么接受母亲的想法的？七田真的解释是：母体内的胎儿是无意识的，无意识是一种巨大潜能，具有极大的信息搜集能力。无意识的信息线路和别的信息线路不同，胎儿能利用这种无意识信息线路学习所有的知识。没有语言的胎儿，也能搜集信息和学习知识。胎儿获得的知识，在无意识中形成的庞大印象，成为人格形成的背景和材料。以前人们认为，人出生之后才开始适应生存环境，其实，在妇女受孕的一刹那（“孕卵”形成之时）胚胎适应生存环境的活动就开始了。无意识是胎儿适应生存条件

---

① ［意］玛利亚·蒙台梭利著，高潮、薛杰译：《有吸收力的心灵》，中国发展出版社2003年版，第154页。

的自然的形式。

七田真花了五十多年的时间，用众多的实例去证明，“思考和行动都是在大脑的指令下进行的”，这种传统认识其实是错误的，真实的情况应该是：“在大脑中，发挥作用的是细胞和细胞之间的网络，细胞的功能取决于基因的指令。也就是说，我们必须重新认识人类智慧的根本并不是大脑，而是细胞具有的基因的功能。一旦了解每个细胞都有知性后，就不难了解两三个月大的胎儿虽然大脑还没有形成，就已经‘听’懂母亲的话的原因了。”①

七田真认为，胎儿的“每个细胞都有知性”。实施胎教最简单有效的方法就是多跟胎儿说说话，用有声或无声的语言跟胎儿多沟通，向胎儿传递希望、要求等信息，请胎儿给予配合。七田真的胎教方法又叫“心灵感应”（或“心电感应”）。这样的叫法听起来有些神秘，但笔者认为，“心灵感应”是用最简单的语言形式对胎教活动，对异常复杂的细胞基因功能作用下的信息传递活动的独到的命名。

七田真的胎教理论与方法，后来被许多西方国家的学者欣然接受。他对胎教理论的贡献是：承认古代传统胎教理论的合理性。在接受了古代胎教理念前提下，将现代科学研究最新成果融入自己的胎教理念中。认为胎儿的无意识信息接收线路具有极大的潜能，这种潜能存在于胚胎细胞网络中，细胞的功能又取决于基因发出的指令。认为，胎儿能够接受外界（包括母体）传递来的信息并做出反应，根本原因就在于胚胎细胞基因的功能。这种观点的提出，显然受到了蒙台梭利所阐述的细胞学、胚胎学理论的影响。七田真的胎教方法简单易行，能得到意想不到的效果，有不少案例证明（具体案例介绍见后文）。

---

① ［日］七田真著，蒋蓓译：《最新胎教》，华东师范大学出版社 2010 年版，第 4~8 页。

学习体会与育孙实践

三、了解胎教基本知识，正确实施胎教

“教育不能输在起跑线上！”是二十个世纪八十年代以来我国许多重视孩子教育的家长们的口头禅。所谓“起跑线”，不少家长认为是孩子上幼儿园阶段。要想使孩子将来有出息，必须首先进一流幼儿园，然后上一流小学、一流中学、一流大学。幼儿园教育，对孩子将来成长与发展的重要性不可否认，但在家庭环境中、以孕妇为主要责任人的、从“零岁”开始的早期教育胎教更需要引起重视。所谓“零岁”，原本指不到一周岁的孩子的年龄，但大多数家长不会用零岁称孩子年龄，而是直说其“月龄”。随着人们对胎教认识的深化，一些早教专家用零岁特指未出生的胎儿。刚出生的“月子里”的孩子称新生儿；满月之后到1周岁的孩子称婴儿；2~3岁的孩子称婴幼儿；3~6岁孩子称幼儿。本书也采用这样的称谓。

对零岁孩子的教育属于胎教。胎教主要责任人是孕妇；胎教的主要内容是从德、情、智等方面给胎儿以正确、适度的传导感染，提升胎儿基本素质。胎教与优生关系密切，优生是基本国策，为了孕育高素质下一代，胎教观念也容易被大众接受。我国有悠久的胎教文化传统，一般来说，大多数妇女怀孕之后或多或少懂得一些保胎、养胎基本常识。比如，不要干重体力活，不要受风寒邪气侵袭、不能生大气、饮食方面增加营养，以保证肚子里的宝宝健康成长。至于胎教应该从什么时候开始，应该怎么开展，包括哪些内容，诸如此类的问题，许多孕妇还不太清楚。

（一）胎教活动从什么时候开始

胎教什么时候开始比较合适？这大概是许多孕妇，或其他关心胎教者很想了解的。下文通过文献梳理，对这一问题作回答。

外国学者，如蒙台梭利，曾明确指出："胚胎还没有长成各种器官之前，我们可以很容易地对其施加影响。"这意味着胎教是可行的，但胚胎发育到什么时间段对其施加影响最适宜，蒙台梭利没有具体回答。老卡尔虽然是胎教的实验者，但他也没有明确指出胎教从什么时候开始最合适，只是说"对儿童的教育，应该与儿童的智力曙光同时开始，至于智力的曙光何时出现，也许是从第一声啼哭就出现了吧"①。这显然不是胎教开始的时间。受老卡尔早教理念影响的早教实践者，美国教育家维尼弗里德·斯特娜说，从孩子一出生就应该进行早期教育，这也不是胎教。只有七田真明确地说，从"恭喜你怀孕了"那一刻起胎教就应该开始了。

查看我国古代文献则可以发现，胎教从何时开始，古人的说法似乎也不完全一致。《大戴礼记》里说："古者胎教，王后腹之七月，而就宴室。"意思是妇女怀孕七个月要进行胎教。王充说："性命在本，故《礼》有胎教之法。"但没有具体说明胎教开始时间。隋太医巢元方，唐大医家孙思邈，宋大医家陈自明，从胚胎发育成长的过程与特点的角度，对胎教从什么时候开始最合适，提出了比较一致的见解，认为妊娠三个月是胎教的关键时段。

康有为认为：妇女有了身孕，皆应进入人本院。"其孕之月数多少乃入院，随时由医生公议。然世愈太平，则教养愈密；其始平世或六月乃入，其中平世则三月乃入，其极平世则有孕即入，略可因世之进化，养资之足否以定之。"② 仅就孕妇进人本院开展胎教的时间而言，有孕即入最理想，条件不足时怀孕三个月到六个月也可以。胎教活动何时开始也是

---

① ［德］小卡尔·威特著，刘恒新译：《卡尔·威特的教育（续篇）》，京华出版社2002年版，第6页。

② ［清］康有为：《大同书》，中华书局2012年版，第197页。

这样。

我们知道，胎儿由受精卵发育而来，最初两周的受精卵称孕卵，以后各种器官逐渐形成，称为胚胎。我国古代医家认为，在胚胎形象始化未有定仪的时候，受感染最容易，此时是妇女妊娠三个月。据此，可以这样说：妊娠三个月名始胎，胎儿渐成性质，会随母听闻，胎教应及时开始。依照外象内感胎教理论，这个时候对胎儿实施的信息传导、感染与影响，效果会很明显，是胎教开始实施的最重要时间段。

总之，胎教主要是指孕妇对腹中胎儿施加积极正面影响的活动，不是一般意义上的教育。胎教从何时开始为宜，还可以作进一步研究，但可以这样说，如果从受孕一开始就开展胎教，孕卵尚未向人形变化而形成胎儿，这时候对生命体的影响还不能构成严格意义上的胎教。如果开始得太晚，胎儿的发育成熟了，胎教效果会打折扣。综合大医家巢元方、孙思邈、陈自明的观点，可知胎教从妇女妊娠三个月开始最合适。

（二）胎教活动从哪些方面做起

胎教应该从哪些方面做起？不少人会觉得：胎教只不过是给胎儿听听音乐，读读诗歌，讲讲故事什么的。至于为什么要这样做，对胎儿有什么用，胎儿能否听得懂，很多人都不甚了了。或者说，当今很多年轻的准妈妈对胎教还是一知半解。在这种情况下，要使胎教达到良好效果恐怕很难。那么，胎教应该怎样开展？从哪些方面做起？带着这些疑问，我们在梳理有关胎教文献基础上，在分析研究前人胎教经验与方法的情况下，概括出以下几条，供参考。

1. 孕妇要遵守相关禁忌，保护自身和胎儿健康

胎教主要责任人是孕妇。孕妇身体健康是胎儿健康发育的前提，也是胎教实施的前提。没有肥沃的土地，长不出茁壮的秧苗；没有健康的母亲，孕育不出健康的胎儿。孕妇要有好体质，劳逸必须适度，身体所需营养必须得到保证，对胎儿有影响的疾病必须预先严加防治，不适合孕育的必须终止妊娠。这是医学、孕妇营养保健学等相关学科研究解决的问题。

古代大医家，在这方面有丰富的临床经验，也有众多的具体措施。有关孕妇的禁忌，孙思邈在其《备急千金要方·养胎》中说："儿在胎日月未满，阴阳未备，腑脏骨节皆未成足，故自初迄于将产，饮食居处皆有禁忌。"合理的饮食、足够的营养，是孕妇身体健康的保障，也是维护胎儿健康发育成长的必要条件。孕妇饮食不合理，该禁忌的不禁忌，孕妇自身受伤害的同时也必然会殃及胎儿。下文节取的孕妇食物方面禁忌，当今的人们看来有点奇怪，但那是临床经验十分丰富的大医家的警示，需要审慎对待。孙思邈说：

> "妊娠食羊肝令子多厄，食山羊肉令子多病；妊娠食驴马肉令子延月，食骡肉产难；妊娠食兔肉、犬肉令子无音声并缺唇；妊娠食鸡肉、糯米令子多寸白虫；妊娠食鸡子及干鲤鱼令子多疮；妊娠食椹并鸭子令子倒出、心寒；……"①

陈自明医生对这些禁忌未提出不同意见，他说："若食兔唇缺，食犬无声，食杂鱼而疮癣之属皆以食物不戒之过也。"他特别强调了孕妇的"心气""肾气""脾胃"对胎儿健康的影响，"心气大惊而癫疾，肾气不足而解颅，脾胃不和而羸瘦，心气虚乏而神不足之属，皆以血气不调之故也。"② 通过合理营养、精神调理、劳逸适度，使心、肾、脾的血气达到协调，最需要孕妇重视。

2. 孕妇要调喜怒、寡嗜欲，保持良好的心态和形体动作姿势

在生活中，人都会产生"喜、怒、哀、惧、爱、恶、欲"这些情绪（古人称"七情"）及相关心理状态。妇女怀孕之后，身体发生了变化，其心理状态或情绪也会发生程度不同的变化，会具体表现在言谈举止、起居坐卧、饮食嗜好等诸多方面。孕妇的这些行为，又跟体内血气运行直接相关。如果孕妇心态不平和，情绪不乐观，身体动作态势不妥当，生了气窝在心里，或跟别人发生争执举止有失理性，都会造成体内气血运行的紊乱，给胎儿正常发育造成极大伤害，严重者会导致胎儿发育不良，甚至

---

① ［唐］孙思邈：《备急千金要方·养胎》，影印《四库全书》第735册，45~46页。

② ［宋］陈自明：《妇人大全良方》卷十，影印《四库全书》第742册，612页。

流产。

巢元方太医说，孕妇要遵照胎教之道，“欲令子美好端正者，数见白璧美玉，看孔雀、食鲤鱼，……欲令子贤良盛德，则端心正坐，清虚和一，坐无邪席，立无偏倚，行无邪径，目无邪视，耳无邪听，口无邪言，心无邪念，无妄喜怒，无得思虑，食无到脔……”①

孙思邈说，妊娠妇女要照“文王胎教”之法“口诵诗书、古今箴诫；居处简静，割不正不食，席不正不坐，弹琴瑟，调心神，和性情，节嗜欲，庶事清净……”②

陈自明医生说，孕妇怀孕之后要“调喜怒、寡嗜欲、作劳不妄而气血从之”。要防止受大惊吓。孕妇受到大惊吓，孩子出生后会发生“癫疾”。

在大医家们所讲的这些胎教规矩中，最重要的是孕妇要调控好自己的情绪，保持良好心态。孕妇情绪好、心态好，体内气血运行就好，胎儿的生存发育环境就安全平和，胎儿就会依照自身的发育成长规律朝良好的方向发展。

人的情绪或心态，会具体表现在身体动作姿态等方面。古代妇人妊子，睡觉的时候不侧着身子，坐的时候不歪歪扭扭，站的时候不一只脚正一只脚歪，说明孕妇的身体动作姿势不合适也会给胎儿造成伤害。孙思邈说，妊娠七个月是胎儿成其骨骼、皮毛时段，孕妇应该“劳身摇肢，无使定止，动作屈伸，以运血气”，为了胎儿的健康发育，孕妇的身体动作姿势等都要谨慎。总之，妊娠妇女“调喜怒、寡嗜欲，作劳不妄”，保持良好心态和良好形体动作姿势，对良好的胎教开展，对胎儿的健康发育成长都很重要。

德国的老卡尔也说过，妇女怀孕后容易情绪不稳。他的妻子怀孕后，情绪不好的时候，老卡尔就耐心开导，让妻子尽快摆脱不良情绪困扰，想办法让妻子乐观开朗。妇女怀孕期间，心情不快乐，经常哭泣，会导致胎

---

① ［隋］巢元方：《巢氏诸病源候论》卷四十一，影印《四库全书》第734册，842页。

② ［唐］孙思邈：《备急千金要方》，影印《四库全书》第735册，45~46页。

儿发育不良。

日本研究者宗像恒次，在研究报告说，他30多年成功地治疗抑郁症、癌症的实践经验证明：胎儿在母亲子宫内能直接地感受到母亲紧张或恐惧的情绪。某位母亲的紧张或恐惧感又是从自己的母亲怀孕时继承下来的。这种紧张感或恐惧感，被存入到了母亲大脑“杏仁核”记忆里，会一代一代地传递下去。他的治疗方法就是，把这些不良记忆的开关关掉，阻止紧张恐惧情绪产生，使正面的、愉悦的情绪占据主导地位。① 这就是说，如果孕妇有这类家族遗传病史，须及时作阻断治疗，不要一代又一代地传递给胎儿。

总之，妇女怀孕期间，调控好自己的心态、情绪，做到“庶事清静”，使言语、身体姿势等皆有利于胎儿的发育成长，是生出聪慧无疾孩子的重要条件之一。

3. 营造舒适美好的生活环境，给胎儿良好的感染

营造舒适美好的生活环境，也是胎教的重要方面。环境，有自然的、社会的；内部的、外部的；大的、小的。彼此相互联系，互相影响。最贴近胎儿的小环境是母体的子宫，向外是母亲的整个身体。胎儿依附的子宫，是受母体全面滋养的温馨的小世界。然而，胎儿所在母亲子宫，不是绝对封闭的，胎儿会随时受到母体，以及母体以外的环境的影响。历史文献中说的“古者胎教，王后腹之七月，而就宴室”。“宴室”是指孕妇的居室小环境。“宴”有安逸舒适的意思。居室安适美好，可躲避外界风邪侵袭，能使孕妇感到安适愉悦。孕妇安适愉悦，胎儿在子宫内也会安适愉悦。胎儿在母体子宫内不能安适愉悦，就不能按基因设定的程序健康地发育成长。

孙思邈说，妊娠六七个月时，是胎儿成其筋骨的时段，孕妇要做些轻微的劳动，不要静静地待着不动。可以到野外走走，观看犬走马奔等自然景象。

---

① ［日］宗像恒次著，杨文洁译：《SAT治疗法治疗抑郁症和癌症——挽救家庭的爱之疗法》，清华大学出版社2012年版，第6~9页。

康有为认为：胎孕多感地气，胎儿发育成什么样子，跟孕妇所处的环境有密切关系。他设想，建立公益性胎教机构人本院，让孕妇在那里接受美好的影响。人本院要建在风水好的地方。孕妇的居室环境要阴阳和谐，空气新鲜；居室之外要园林广大，水池环绕，花木扶疏。这都有利于孕妇的身心健康和胎儿良好的发育成长。

蔡元培从美育的角度，事实上也是从传统的外象内感胎教理论的角度，设想建立公立胎教院，给孕妇提供有利于胎教的环境。胎教院“要设在风景佳胜的地方，不为都市中混浊的空气、纷扰的习惯所感染。建筑的形式要匀称，要玲珑，用本地旧派”。胎教院内有广场，可以散步，可作轻便的运动，可以赏月观星。园中种植花草树木，花叶雅丽，可以悦目。选毛羽秀丽、鸣声谐雅的动物散布园中，但不可用绳子系猴、用笼装鸟。还要引水成泉，汇水成池，池子里养些美观活泼的鱼。房间内地毯、壁纸、器物和绘画等艺术品的陈设都要有讲究。孕妇阅览的书籍，内容要乐观、和平，揭露社会阴暗面的，讲精神异常的，都要避去。每天还要播放动听的音乐，刺激性太厉害的或卑靡的音乐则一概不选。孕妇生活在安全、和平、能愉悦身心的优美环境中，就不会有不好的东西影响到胎儿，这就是胎儿的美育。① 其实，美好的环境对孕妇，进而对胎儿产生的影响，不仅仅限于“美育”范畴，它对胎儿的器官发育、形气禀赋，以及出生之后的人格形成等，都会有积极影响。

七田真认为：“要在胎儿时期让宝宝充分感受到母爱，改善胎儿的生活环境。因为人的肉体条件、性格和才华，乃至人格形成都和胎儿期有着极大的关系。”②

环境在胎教中的作用和意义不难理解。拿学校教育作比方，一个学校的校园环境如果很恶劣，满眼枯树荒草，空气污浊，墙垣颓败，险象环绕，很难设想学生们能在那儿安心学习，也很难设想学生们的生理、心

---

① 蔡元培：《美育实施的方法》，上海商务印书馆1935版，第1~4页。

② ［日］七田真著，蒋蓓译：《最新胎教》，华东师范大学出版社2010年版，第3页。

理、智力发展不受其影响。其实，我国民间对孕妇的居室环境也很重视。一般来说，都会保持其安静整洁，布置得尽可能温馨、色彩尽可能亮丽。有的人家会将充满喜庆与活力的小娃娃图画贴在墙上，让孕妇随时能看得到，愉悦精神。除了居室及周围小环境之外，还有社会大环境，自然界的大环境。这跟孕妇的活动及胎教关系也很密切。社会环境暂且不谈，仅就自然环境而言，老卡尔在妻子怀孕后，经常带她到自然界看看鲜花，就是在利用自然界的大环境，吸取自然界的活力，给胎儿以良好的传导与感染。从居室小环境到自然界大环境，不仅是每个成人赖以生存之地，也是孕妇腹中的胎儿赖以健康发育的条件。

4. 选取积极正面的信息，给胎儿良好的刺激与传导

选取积极正面的信息，给胎儿以良好的刺激与传导，是胎教实施的核心内容。哪些信息是积极正面的，哪些不是，需要胎教责任人去判断、去选择。判断信息是否积极正面，既需要一定的标准，也需要一定的知识。判断标准依据胎教责任人的道德修养；判断所需知识不完全是书本上的，有许多来自生活经验。选择信息，需要胎教责任人管控信息接收通道，调控好自己的情绪，积极正面的信息要多接收，不良信息尽可能不接收。

某些不良信息刺激，会使胎儿脑部产生一种名叫“儿茶酚胺”的物质，脑科专家称它为“不安荷尔蒙”。这种“荷尔蒙”会让胎儿感到极度不安，甚至会在母腹中发生痉挛。如果孕妇经常发出负面信息，或经常受到负面信息刺激，必然会给胎儿的心灵造成创伤。心灵受到创伤的孩子出生后，精神脆弱，胆小怕事，容易哭闹，或出现“自闭”现象。如果胎教责任人无知，道德水平有限，分不清信息好坏，管控不好信息通道，很难设想她能给胎儿以良好的刺激和传导，胎儿受伤害也就难以避免。

我国胎教传统开创者大任，妊文王于身，“目不视恶色，耳不听淫声，口不出敖言”，是道德品性使她这样做的。有高尚的道德品性，才会自觉地约束自己的行为，才能避免不良的刺激给胎儿造成伤害。王充说：“性命在本，故《礼》有胎教之法：子在身，……非正色目不视，非正声耳不听。……受气之时，母不谨慎，思妄虑邪，则子长大，狂悖不善，形体丑恶。”也是在告诉怀孕妇女或准备怀孕的妇女，积极正面的信息刺激对胎儿的重要性，负面的信息刺激对胎儿的危害性。孩子出生之后，发现有这样那样的疾患，如果不是细胞基因本身有问题，那就是胎儿时接受到的不良信息刺激形成的。那么，哪些信息才是积极正面的信息呢？孙思邈说，受胎三个月时候，胎儿禀质未定，会逐物变化，“欲子美好，数视璧玉；欲子贤良，端坐清虚”。“口诵诗书、古今箴诫，……弹琴瑟，调心神，和情性，节嗜欲”。陈自明医生说的，妇女自妊娠之后，“则须行坐端严，性情和悦，常处静室，多听美言，令人讲读诗书，陈礼说乐，耳不闻非言，目不观恶事”。

在我国古人看来，赏心悦目的艺术品，愉悦心神的诗书声、琴瑟声，启迪智慧的古今箴言，孕妇嗜欲不妄的清虚心态等，都是有利于胎儿健康发育成长的积极正面的信息。

老卡尔说，妻子怀孕之后，经常轻轻地歌唱，让胎儿在母体内能听到优美动听的歌声。每天都会从外面带回好看的鲜花、图画给妻子看，或推荐一些好看的书给妻子读，在临睡前给妻子朗诵一首名诗，让母腹中的胎儿感受到什么是美。这都是在给胎儿提供积极正面的信息刺激。

当今社会是信息化的社会，积极正面的信息不可计量，消极负面的信息也五花八门，关键是看胎教责任人如何判断、选择。给胎儿提供积极正面的信息刺激，不仅能使胎儿受到美的感染，对其德、智等也有启迪作用。

综上所述，孕妇良好的体质，平和的心态，温和的语言，适度的动作姿态，令人愉悦的环境，及其所提供的积极正面的信息，都是胎教所需的。为了取得良好的胎教效果，信息的选择与提供，需要胎教责任人及其他有关人员审慎对待。做好胎教是胎儿母亲、父亲，以及整个家庭对新生命的爱心和责任心的体现。如果缺少对胎儿极大的爱心和责任心，能否提供良好的胎教信息就难说了。

（三）胎儿有信息接受能力

了解了胎教从哪些方面做起比较合适，人们还会有很多疑问。比如：胎儿有没有感觉、知觉、记忆、思维和情感？有没有智能？诸如此类的问题，至今还没有人给出很圆满的回答。有人会说，连新生儿都只知道吃了睡、睡醒了吃，孕妇肚子里的孩子只不过是按照他自身的规律，长器官，睡大觉而已。妊娠五个月，感觉到胎动了，才知道那个小生命有运动能力。有人还说，胎儿在其大脑没有完全发育完善之前，大脑皮层无法发挥各种功能，诸如记忆、情感、意识及其他智能活动怎么可能有呢？

以上问题归结到一起就是，胎儿究竟有没有心理活动及智慧？更简单地说，胎儿有没有接受胎教的能力？如果有，胎教不成问题；如果没有，胎教就是无稽之谈。我国古代思想家、哲学家、医学家有关胎教的论述，现代胚胎学、脑神经科学研究成果报告都可以表明，胎儿是神奇的生命体，其能力比我们想象的要大得多，完全有能力接受胎教。

我国古人说："人者，天地之德，阴阳之交，鬼神之会，五行之秀气也。"① 意思是说人是天地化育的结果，阴阳交合的产物，是最神奇、最有灵气的物种。"人禀气而生，含气而长"，气是生命的本源，人禀赋这种气而生而长。"夫至精才化，一气方凝，始受胞胎，渐成形质，子在腹中，随母听闻。"在阴阳交会精卵结合微微发生变化，气凝结到一起，开始成为胞胎，生命的旅程就开始了，并渐渐成为一定的形质。古人所说的气不是一般意义上的气，而是生命的根本。正因为胎儿禀有这种灵秀之气，胎儿在母亲腹中，才有了"随母听闻"接受外界信息并做出反应的能力。

现代胚胎学科研成果表明，从胚胎成形之时，就有接受外界影响的能力。蒙台梭利说："胚胎还没有长成各种器官之前，我们可以很容易地对其施加影响。"对胚胎施加影响，当然可以包括胎教。胚胎具有接受胎教能力从哪里来的？现代科学的解释是：

"大脑的神经中枢比接受它指令的器官发育得早。""人类是首先发展其心理。器官的发展在心理之后开始，并由心理所控制。但器官能够运动之后，心理还会进一步发展。"② "人类的心理平

① 《礼记·礼运》，世界书局 1936 年版。

② ［意］玛利亚·蒙台梭利著，高潮、薛杰译：《有吸收力的心灵》，中国发展出版社 2003 年版，第 87 页。

台最初仅仅是一个物质的堆砌，也就是说仅仅是一个细胞的组合。这一过程是由我所称的‘有吸收力的心灵’来完成的。”①

我们的理解是：胎儿初始状态孕卵细胞，会不停地分裂为一个个细胞组合，在细胞组合中首先发展的是大脑中枢神经部分。根据基因的指令，细胞组合最先形成的是人的大脑神经中枢系统，或者叫“心理平台”，而后在基因指令下，按人体的需要逐步长成各个器官。各个器官基本成熟之后，胎儿就足月出生了。发出指令的基因，是人的心理平台的核心，是“有吸收力的心灵”，是人类智慧的本源。或者说细胞里的基因（特殊的细胞基因）是具有发出指令和接受外界信息的功能的。

美国迈阿密大学教育心理系教授 Doris Bergen 和神经生理学专家 Juliet Coscia 合著的《大脑研究与儿童教育》一书对胎儿接受能力讲得更具体。她们说：在胎儿发育期间，神经系统和大脑基本结构就逐渐形成了。人体中约 60% 的基因专门用于大脑发育。大脑由神经管发育而成，自脑干开始，结束于脑皮层。而神经元从孕卵发育的几周后便开始分裂繁殖，轴突开始形成基本联系。专家将其称为“神经元网络”。神经元网络连接点越多，密度越大，将来孩子越聪明。“这是胎儿发育的第一个‘关键时期’”。神经元网络结构及功能情况，两位作者是这样阐述的：

“神经元在大脑中负责交流功能；每个神经元由一个细胞体，一个轴突（发送单元）和若干树突（接受单元）组成。每个神经元的轴突和树突之间的缝隙则称为突触。神经元之内靠电脉冲将信息传至轴突，然后通过化学物质（神经递质）‘跃过’轴突与树突之间的突触的间隙，将信号传递给下一个神经元。一次脉冲通常在接受地点要激活 100 多个神经递质。”② 在第一个关键时期，“神经元开始了它的迁徙，它们从侧脑室向头盖骨转移，并开始

① ［意］玛利亚·蒙台梭利著，高潮、薛杰译：《有吸收力的心灵》，中国发展出版社 2003 年版，第 63 页。

② ［美］Doris Bergen、Juliet Coscia 著，王爱民译：《大脑研究与儿童教育》，中国轻工业出版社 2006 年版，第 18 页。

形成层，随着迁徙的秩序，旧层摞新层，胎儿从很早就有运动和感觉活动的迹象”“在胎儿早期就开始发育的大脑部分包括：躯体感觉系统（触觉、痛觉、温度敏感性）；前庭系统（平衡和运动）；以及视觉、听觉、嗅觉和味觉等。甚至像语言、记忆这些高级顺序系统也在胎儿时期在大脑中初步形成”①。

研究还证实，胎儿的听觉比其他感觉形成得更早些，并贯穿于整个孕期。胎儿能够感知来自周围环境中的各种信息。能够听见周围的声音，尤其是母亲的声音。七田真说：“从医生对你说‘恭喜’的那一刻起，就可以开始胎教了。”这就意味着，在胚胎开始形成之时，它就有了接受胎教的能力。七田真还说：

“一般认为，思考和行动都是在大脑的指令下进行的，但其实在大脑中发挥作用的是细胞和细胞之间的网络，细胞的功能取决于基因的指令。也就是说，我们必须重新认识到，人类智能的根本并不是大脑，而是细胞具有的基因的功能。一旦了解每一个细胞都有知性后，就不难了解两三个月大的胎儿虽然大脑还没有形成，就已经‘听’懂母亲的话的原因了。”②

“七田幼儿教室”的实验还证明：胎儿在两三个月的时候就已经能够靠心灵感应理解母亲的想法了。美国零岁教育权威学者巴顿·怀特，曾一度认为“新生儿不具备思考能力”。后来在大量实例面前，改变了看法，承认胎儿确实具有非凡的信息接收能力。

（四）胎儿有辨识信息能力

正常胎儿都有一定的辨识信息、接受胎教能力。这种能力来自胎儿最先形成的心理平台，来自细胞的基因功能。由于细胞基因功能的作用，胎

① ［美］Doris Bergen、Juliet Coscia 著，王爱民译：《大脑研究与儿童教育》，中国轻工业出版社 2006 年版，第 28 页。

② ［日］七田真著，蒋蓓译：《最新胎教》，华东师范大学出版社 2010 年版，第 7～8 页。

儿很早就有运动和感觉活动的迹象。胎儿的视觉、听觉、嗅觉和味觉，甚至像语言、记忆这些高级智能系统，也在胎儿时期就已经有了。胎儿通过自己的智能系统，感知外部信息，接受胎教已不是问题。

有人或许会提出这样的疑问：研究者所说的这些道理也许是对的，但怎么知道胎儿有这些能力呢？具体地说，怎么知道胎儿能辨别、识记信息的呢？

先拿胎儿的听辨识别能力来说，胎儿在母亲子宫内，能否听到外边的声音，能否在记忆里留下那些声音的印记？日本医科大学的研究者室冈一针对这个问题做过实验，他把胎儿在子宫内可能听到的声音，如母亲的心跳声、血液流动声录了下来，在孩子出生后让他听。他发现，刚出生的正在哭的婴儿，听到录音后，不哭了。这说明，这个新生儿在胎儿时期，听到过这种声音，而且还记住了这种声音的模式。因为对这种声音很熟悉，让他感到有像在母亲子宫内那样的安全感。①

胎儿确实具有听辨信息的能力，我们也有这样的例证：

例证（1）：儿媳怀孕期间，由于胎动很活跃，她常常感到很累。有时候她会生气地说：“宝宝，别踢我了！”宝宝反而踢得更欢了，没办法，只好变换语气语调温和地对胎儿说：“宝宝，妈妈求求你了，别踢我了，妈妈很累了。”此时，宝宝便安静下来。类似的情况，在别的孕妇身上也发生过，说明胎儿确实能听到妈妈说话的声音，而且还能分辨不同的语气语调，还会以不同的胎动形式做出反应。温柔的语气语调胎儿愿意接受；语调、语气不温和胎儿不愿意接受，甚至做出反抗。胎儿竟然还有逆反心理？有过这类经验的准妈妈们都觉得很惊奇。

例证（2）：许多胎教书上说，听莫扎特的音乐可以开发胎儿的智力。我的儿媳妇也买来了光盘给腹内的孩子听，可是每当放这种音乐时，胎儿就不耐烦地踢妈妈。后来只好换成中国民间乐曲，孩子很安静，不再踢妈妈。这说明，孩子喜欢听民乐，而不喜欢别的，这让我们感到很惊奇。胎儿对不同的音乐声响确实有分辨力，并且有自己的好恶。他喜欢的，会安

① 井深大著，欧文东译：《零岁教育》，商务印书馆国际有限公司2001年版。

静地接受，不踢妈妈；他不喜欢的，就踢妈妈。其他孕妇也这样说，给胎儿听一首乐曲，过一段时间再听，胎儿会有节奏地动起来。如果听一首新音乐，他喜欢，就很安静；不喜欢，就使劲踢妈妈。给胎儿听故事，反应也如此。

例证（3）：我们曾做过这样的实验，给出生不久的婴儿听他胎儿时喜欢的音乐，他会很活跃，手舞足蹈，显出很高兴的样子。如果给他听胎儿时曾经听过若干次的故事或诗歌，不一会儿，看孩子的眼神，好像是对大人说：我听过了！还会把脸转向别处，有点心不在焉。此时，我们问他："你早就听过了，不想听了是吗？"孩子会转过脸，冲你微笑。如果给他讲以前没听过的新故事，孩子的眼神会很专注地看着你，好像在说这个故事没听过。

实验还能证明，胎教确实可以培养胎儿的记忆力。如果在胎儿出生前的几个星期里，母亲给他讲一个故事，他出生后就能迅速地辨别出那种声音是母亲的声音。曾经听过的故事，如果是他喜欢的，他会手舞足蹈；如果是他不喜欢的，只听开头，他就会将眼神转向别处（观察新生儿的眼神很重要）。如果父母不知道这一点，继续让孩子听他不喜欢的故事，孩子还会以哭的方式表示拒绝。

另外一例是：电视少儿节目中，一个四岁小女孩和爸爸同台唱地方戏，唱得非常棒。主持人惊奇地问爸爸："孩子唱得这么好，谁教的？"回答说："没人教，只是在胎儿时经常给她听，出生后她也很喜欢，后来不知不觉学会了。"原来，小女孩的爸爸是某地方电视台戏曲节目主持人，由于工作原因，在家里经常播放地方戏录音，孩子在胎儿时期受到感染，出生后不知不觉获得了唱地方戏的能力。可以设想，如果胎儿没有听辨、识别、记忆等能力，如果未受到戏曲感染，小女孩肯定不可能在不知不觉中学会唱地方戏。若换成胎儿时没受过戏曲感染的同龄孩子，即使有专人教也不一定能像那个小女孩唱得那么好。

需要注意的是：胎儿时期的听辨、识记与学习，跟出生后成为独立的个体的听辨、识记和学习不一样。胎儿的听辨、识记与学习，不完全是自主的，也不完全是有意识的。七田真认为，胎儿辨识信息、接收信息或学习，都是通过“无意识的信息线路”进行的。

> “无意识的信息线路和意识的信息线路不同，胎儿利用这个信息线路，学习所有的知识。无意识具有惊人的信息搜集能力，还没有学习语言的胎儿可运用这种信息搜集力学习知识。这些在无意识中得到的为数庞大的印象就成为人格形成的背景和材料。这是使人格适应生存条件的自然方法。以前一直认为人在出生后才开始适应生存环境，其实在受孕的那一刹那，就已经开始了。”①

可以这样理解：胎儿对信息的听辨、识记与学习是一种本能，是细胞基因功能的发挥，不需要别人特意去教就会这么做，而且胎儿并非意识到自己是在听辨、识记外部信息，也不会意识到自己是在学习。

总之，胎儿在母体之内，还不具备独立自主意识。另外也应该承认，不同胎儿的胚胎细胞基因特质存在差异，同样的信息刺激，不同胎儿的反应也会不完全一样。比如，听莫扎特的音乐，有的胎儿会很安静，有的可能很烦躁。受到过同样的戏曲感染的胎儿，出生之后，长大了，不一定都能像上文说到的那个小女孩那样唱戏唱得那么好。也就是说，内容和形式相同的信息刺激，对基因特质不同的胎儿所产生的效果也会有很大差异。

（五）多跟胎儿说说话有好处

胎儿通过“无意识的信息线路”听辨、识记外界信息，进行学习，以适应生存环境的能力实实在在存在着。这种能力潜藏于胚胎细胞基因之中。换句话说，人类应该有的各种能力的潜质，都在胚胎细胞基因中按一定的程序设定好了。七田真说的“每个细胞都具有知性”就是如此。胎儿的发育成长，既受细胞基因设定好的程序管控，也需要包括胎教在内的外部力量的影响。外力恰当，基因设定的程序会正常发挥作用；外力不恰当，基因设定的程序会发生变化或扭曲。因此，胎教的方法需要做出恰当

---

① ［日］七田真著，蒋蓓译：《最新胎教》，华东师范大学出版社 2010 年版，第 4 页。

选择。

七田真认为，胎教最简单易行的方法是准妈妈、准爸爸们要多跟胎儿说说话，语气要亲切、声调要温柔。比如，可以对宝宝说："爸爸妈妈爱你"；"爸爸妈妈期待你健康生长"；"你听，这是爸爸的脚步声，爸爸下班回家了"；"妈妈现在正在做××事，你一定要好好配合哦"。在临近分娩的时候，还可以对宝宝说："一定要靠自己的力量生下来哟！"等等。说话时，要把胎儿当作一个懂事的孩子看待。这样做，让胎儿熟悉父母的声音，让胎儿感受到父母的深爱，在父母与孩子之间建立起良好的互信关系。这种良好的互信关系建立起来之后，胎儿会按基因设定好的程序去发展，能将他的潜能发挥到极致。妊娠期间如果发现有什么偏差，跟胎儿说话沟通，胎儿也会自我调整，甚至能使一些不合适的状态得到改善。七田真的这种办法真的有效，下边是几个实验例证：

例证 1：一位名叫池龟容子的孕妇，起初对七田真的方法半信半疑。一次产前检查，医生告诉她说"胎位不正"。得知这一情况后，该孕妇便试着按七田真方法对胎儿说："宝宝，你的头部位置反了，拜托你自己纠正过来吧！"下一次产检时，头部胎位竟然正常了。她还尝试着对胎儿说："宝宝拜托你，出生的时候体重最好在 2 800 克到 3 000 克之间，最好在白天出生（好让爸爸陪妈妈进产房），让妈妈阵痛时间短些。"试验结果一切如愿，宝宝真的是白天生了出来，体重 2 970 克，阵痛时间很短，分娩过程顺利。怀第二个孩子的时候，她不再怀疑七田真的方法，有什么想法就跟胎儿交流，结果都能如愿以偿。

例证 2：另一位名叫甲田的孕妇，妊娠四个多月，孕检时发现胚胎着床位置在输卵管上方，而不在子宫内，即医学上说的"宫外孕"。若这样继续孕育，将来会有极大的危险。该孕妇就运用七田真的"拜托胎儿帮忙"的办法，跟胎儿交流沟通，让胚胎进入子宫，她还动员丈夫和四岁的儿子一起跟胎儿说话，提出希望。妊娠六个月，去医院做超声波检查，找不到胎儿头部影像，只看见两只脚，胎盘已经到了子宫下方，呈前置胎盘状，医生让她两周后再检查。该孕妇继续用七田真的方法，拜托胎儿移动到正常位置，再度检查时，医生看到了奇迹，胎盘到了正常位置，胎位也正常，子宫口已经紧闭。医生对此很惊讶，不得不承认，从医学上看来不可能的事情，该孕妇运用七田真方法竟然做到了。①

有这样的例证：笔者一位朋友，多次怀孕，多次流产，年龄越来越大，习惯性流产让她忧心忡忡。问怎么办？笔者建议她用七田真的理念方法试一试，并告诉她，“下次计划怀孕，一定要放松精神，心里一定要坚信这个孩子就是你想要的。怀上后要多跟胎儿说说话，让他感受父母的关切与自信，要告诉宝宝‘你一定能健康成长，一定能顺利地生出来’”。笔者还告诉朋友，“孕卵细胞也有知性，要尊重这个小生命，从语言到心理跟胎儿建立起良好的沟通关系”。同事听从了这样的告诫，再次怀孕时，认真按照建议去做了。结果保住了胎儿，并生出一个健康的宝宝。

另一个例证是：一位朋友，博士毕业后工作了若干年，三十多岁了，极想要个宝宝，但前后三次怀孕都流产了。她一直担心自己年龄大，怀孕困难。怀上了又害怕自己年龄大影响胎儿健康，害怕孩子将来的智力有问题，整天处在怕这怕那的焦虑不安之中。笔者告诉她：“不自信的妈妈，胎儿是不喜欢的。你不相信自己、不相信孩子，他就会迅速离开你。你不能调整自己的心态，建议不要怀孕，习惯性流产也会损害自己的健康。”半年后，她欣喜地告知“怀上了”。此时我立即提醒她，“一定要好好跟小宝宝沟通，一定要相信自己能把孩子孕育好”。她答应了。可是不到两周，又有不好的信息传来，“又流掉了”。她诉说了原因：“这次怀孕之后，了解了有关知识，怕自己将来和孩子发生‘溶血’现象，便去验了一次血，确定一下自己的血型，把产前该做的准备工作都做好。没想到，验血第二天就流产了。”

以上实例说明胚胎也是有情感的。许多脑科专家的研究成果表明：当母亲的感情发生变化时，她所分泌的化学物质会作用于胎儿的大脑。母亲血液中分泌的化学物质会通过脐带对胎儿产生巨大的影响。所以，日本的

---

① 参见［日］七田真著，蒋蓓译：《最新胎教》，华东师范大学出版社 2010 年版，第 121~122 页。

室冈一先生认为：胎儿的感情来源于母亲，他们能够和母亲一起喜怒哀乐。①

妇女在怀孕初期，胚胎细胞中的主管大脑功能的基因，也会对母亲的情感指令做出灵敏反应。于是，多跟胎儿亲切温柔地说说话，在语言、心理、情感上跟胎儿多沟通，不断地向胎儿传递积极正面的信息，给胎儿以正能量，在胎儿与父母之间建立起良好的沟通和互信关系。这种关系的建立，不仅能起到正胎位、安胎、保胎的作用，还能达到其他意想不到的效果。跟胎儿沟通，要达到良好的效果，关键是想怀孕者或已怀孕者要有健康良好的心态，要相信胚胎细胞的巨大潜能，要有保护孩子、关爱孩子的坚定意志，要给胎儿积极正面的信息刺激。

如果从中国传统文化角度对上述情况做解释，如康有为所说的那样："盖物感于外，即情动于中，情志既动，血气从之，故周于肢体，达于营卫。"孕妇在跟胎儿说话沟通的时候，其情志也会活动起来。情志在活动，孕妇的血气也以不同于往常的形式在运行。血气周流于肢体，到达营、卫二气。"营气"运行于血脉之中，具有营养周身的作用；"卫气"运行于血脉之外，具有捍卫肌体的作用。捍卫肌体生命的"营""卫"二气充实，孕妇健康得到保护，腹内孩子也得到保护。孕妇跟胎儿说说话，多沟通，就是要向胎儿传递正能量。正能量的传递，有利于安胎、保胎。如果孕妇说的话（或在心里嘀咕的话）向胎儿传递了负面信息和负能量，安胎、保胎的"正气"会受干扰，胎儿会承受不住，会导致流产。上边说的那位朋友怀孕后多次流产，就属于这种情形。

从现代科学的角度作解释，如七田真所说：人的一生中，胎儿期是基因最能够发挥力量的时期，通常都可以达成母亲的要求。一般人都以为分娩是母亲的事，和胎儿没有太大的关系，其实不然。胎儿制造副肾皮质刺激荷尔蒙的能力是母亲的10倍，胎儿可以靠脑下垂体的功能调节荷尔蒙，对母亲产生作用，决定分娩时间，控制分娩的进行。胎儿是在无意识的情

① 参见［日］井深大著，欧文东译：《零岁教育》，商务印书馆国际有限公司2001年版，第14页。

况下完成这一切的，当母亲拜托胎儿时，宝宝就会有意识地完成这些工作。

七田真向孕妇们传授的胎教方法，理论根据在此。由此可以这样说：跟胎儿多说说话，多沟通沟通，是胎教的重要方法之一。这样做，目的是向胎儿传递积极正面的信息和正能量。怀孕者或准备怀孕者，一定要了解胚胎细胞基因的巨大潜能，一定要对这种潜能的作用高度重视。孕妇如果心态有问题，有声或无声的言语刺激不是积极正面的，不是向胎儿传递正能量，就会对基因设定的程序形成干扰，或者说，对维系胎儿生命的"气"形成干扰，其结果会对胎儿造成伤害，严重者造成流产或难产。积极正面的信息刺激，正能量的传递，是对孩子大爱的体现，胎孕者不可不慎重对待！

四、胎孕期间的禁忌和相关注意事项

禁忌包括不能接触某些事物，避免去做某些事情。胎教中的禁忌和妇女怀孕期间的禁忌大体一致，都是以保证孕妇身心健康为前提，都是为胎儿的健康发育成长服务。在前文谈过胎教应该从哪些方面做起，并概括出了四条基本原则：其一是胎教主要责任人孕妇要有健康的身体；其二是胎教主要责任人孕妇须保持良好的心态；其三是提供好的环境条件，给胎儿好的感染；其四是选取积极正面的信息，给胎儿良好的刺激。

总之，凡有悖于这四条原则的事物和行为，都在胎教禁忌之列。具体地说就是："儿在胎，日月未满，阴阳未备，脏腑骨节皆未成足，故自初迄于将产，饮食居处皆有禁忌。"① 在胎教方面也有很多讲究，如孕妇要把握这个时机，给胎儿施加多方面的积极影响，具体做法是：

---

① ［隋］巢元方：《巢氏诸病源候论》卷四十一，影印《四库全书》第734册，845页。

（一）有害于孕妇身体健康的事物和行为要规避

孕妇身体健康是胎教实施的前提。为了引起怀孕者和准备怀孕者的重视，现将最主要的禁忌列举如下：

1. 疾病。孕妇罹患某些疾病，对胎儿的健康发育影响极大，如风疹、性传播疾病、高血压、糖尿病等。

2. 药品和毒品。孕妇服用镇静剂和治痉挛的药品，或大剂量服用阿司匹林，都会对胎儿的发育造成伤害，会导致婴儿畸形。吸食海洛因、吗啡等毒品，既毒害大人也毒害胎儿，会造成孩子早产、体重不足、呕吐、发抖、尖声哭泣、呼吸急促、多动、抑郁，甚至夭折。

3. 酗酒和吸烟。孕妇如果有酗酒、吸烟等不良嗜好，会直接伤害到胎儿，会导致死胎、流产，或孩子出生后突发死亡，或虽生而疾患缠身。比如，因母亲酗酒而患“胎儿酒精综合征”的婴儿，面部、心脏、四肢、大脑都可能有缺陷。如脑发育滞后，智商低下，语言困难，行为异常，活动过度，心烦意乱，全身摇晃震颤等。

总之，凡是有害于孕妇身体健康，给胎儿带来危害的某些疾病、药品和所有的毒品，都必须严加管控和杜绝。罹患某种疾病，不宜怀孕而怀了孕的妇女必须尽快终止妊娠。

（二）孕妇调整好自己的精神状态很重要

脑科专家的研究成果表明，孕妇的感情发生变化，其血液中分泌的化学物质会通过脐带传输给胎儿，作用于胎儿的大脑，对胎儿的情感产生巨大的影响。“胎儿的感情来源于母亲，他们能够和母亲一起喜怒哀乐。”①如果孕妇有焦虑情绪，胎儿会随之躁动不安，出生后哺乳和睡眠会有问题。如果孕妇精神抑郁，胎儿会随母亲而抑郁，生下来之后会继续抑郁或烦躁不安，长大之后与他人交往会大有问题。研究者还发现，如果妊娠六

① ［日］井深大著，欧文东译：《零岁教育》，商务印书馆国际有限公司 2001 年版，第 14 页。

个月孕妇不抑郁了，生出来的孩子也不再抑郁。

大人视觉觉察不到的东西，如情绪、意识等精神层面的东西，在胎儿的“潜意识”中都有。父母在与胎儿沟通时，精神无论是乐观的还是悲观的，都会传递给胎儿，影响到胎儿。胎教主要责任人，应该清醒地认识到，自己的精神面貌是胎教活动需要注意的。如果胎教责任人的精神状态不佳，传递给胎儿的精神压力大，当压力达到胎儿不可承受的程度时，会导致流产或难产，即使不发生流产或难产问题，孩子出生后也会经常哭闹，哺乳困难，或出现其他精神问题。

（三）孕妇要避开不利于胎儿身心健康的环境

环境包括自然环境和社会人文环境，环境有好坏之别。孕妇如果受到不良环境的感染影响，会把不良信息传递给胎儿，会给胎儿的身心带来伤害。就自然环境而言，妇女怀孕期间，遇到狂风骤雨、电闪雷鸣的天气，应赶快进入室内躲避；遇险峻陡峭的山峰，孕妇不可去攀爬；遇人迹罕至的荒郊野地，孕妇不可独自进入。从社会人文环境方面说，空气污浊、光线昏暗、声音嘈杂的娱乐场所，孕妇不可进入。规模浩大的群众集会，孕妇应避免参加。让人情绪哀伤的悼念逝者的场合，孕妇更应该远离。孕妇即使年轻体壮，也不可无所顾忌，任性而为。总之，要给胎儿提供一种温馨的、被爱的、欢乐美好的环境，悉心维护胎儿的心理健康。蒙台梭利曾指出：“作为心理胚胎的孩子，只能靠自己的力量，在他所处的环境里求生存。事实上，正如生理胚胎一样，心理胚胎也需要外在环境的保护，他需要爱的温暖，需要人们尊重他的存在，需要一个能完全接受他、永远也不会阻碍他的环境。”①

（四）不要让不良信息刺激伤害胎儿

母亲或父亲给胎儿期的孩子积极正面的信息刺激，能够使亲子之间建

---

① ［意］玛利亚·蒙台梭利著，胡纯玉译：《发现孩子》，中国发展出版社 2006 年第 2 版，第 16 页。

立起良好的“心电感应”。七田真认为，胎孕时期，“亲子间靠心电感应建立彼此的关系，心电感应是不需要运用语言的沟通能力。如能在这个时期建立良好的母子关系，就会为孩子的心灵和性格奠定良好的基础，以后的育儿就会十分顺利。”①

有学者调查表明：婚后“彼此反目、口角频发的夫妻所生的孩子，在精神上与躯体上出现缺陷的概率，比彼此关怀、和睦相处的夫妻所生的孩子高出 1.5 倍”；“婚后生活不和睦的夫妻所生的孩子，因恐惧心理而出现神经质者，比婚后生活美满的夫妻所生的孩子高出 4 倍”。② 家庭不和睦，夫妻经常吵架等，传递给胎儿的都是不良信息，这些信息都有害于亲子之间良好关系的建立。胎儿受到不良信息的强烈刺激，会感到极度不安全，其心灵会受到创伤，容易导致流产，或出生之后性格怪僻。孕妇及其他家庭成员，不管遇到什么情况，都应该心平气和，要多为胎儿着想，绝不可一时气盛，做出有害胎儿的行为。

在我国民间，妇女怀孕之后的相关禁忌也有很多。孕妇年轻，可能不太懂，长辈们会悉心教导，或积极协助孕妇处理相关事宜，目的都是为了新生命的健康成长。

（五）孕妇的家人需要注意的有关事项

在胎教活动中，主要责任人和相关责任人除了遵守相关禁忌之外，总体上还需注意如下相关事项：

1. 思想上高度重视胎孕，行动上充分体现对胎儿的关爱。胎教是早期教育的真正起点，是孕妇和其他相关责任人有意识地对胎儿施加德、智、体、情等方面的感染与影响的活动。胎教对孩子的健康发育成长及将来的发展影响重大，胎教责任人必须在思想上给予高度重视，在行动方面要充

---

① ［日］七田真著，蒋蓓译：《最新胎教》，华东师范大学出版社 2010 年版，第 85 页。

② ［美］托马斯·伯尼著，盛欣等译：《神秘的胎儿生活》，知识出版社 1985 年版，第 19 页。

分体现对胎儿的关爱。

2. 按科学规律行事，竭力防止给胎儿造成伤害。胎儿发育成长有自身的规律，胎教必须跟胎儿发育成长规律相向而行。责任人对胎儿的感染传导，要考虑胎儿的接受能力特点和个性，把握好分寸，不一定照搬某种模式，不可置胎儿的天性于不顾，胎儿毕竟是胎儿，还不是完全独立的能抵御外界干扰的个体成人。

3. 胎教方法可根据不同的情况去选择。到目前，人们对胎儿的认识还很有限，有关胎教的方法也在不断摸索之中，加之胎儿的个性差异，不好说哪种方法一定好，哪种方法一定不好。胎教责任人，可根据自己的感觉和胎儿反应情况去选择，但都要以保障胎儿健康成长为前提。

第二部分

早期教育的关键期——婴幼儿时期

学习与借鉴

胎教是早期教育的起点，是提升新生儿品质的重要环节。七田真发现，胎教好的孩子出生之后有六大特征：情绪稳定，经常面带笑容；晚上不会哭闹；不怕陌生；学习能力很强；较早开口说话；右脑发达。① 这样的孩子，好带，不给家长添麻烦。良好的胎教确实能起到提升新生儿素质的作用，也为婴幼儿阶段的教育打好了基础。本书这一部分，将主要讨论从出生到 3 岁的婴幼儿的早教问题。

一个新生儿降临人世，标志着他从依附于母体的非独立生命体，变成一个相对独立的个体人。在离开母体的那一刻，尽管孩子还不适应，还有依恋母体的心理问题，会大声哭喊，但这种哭喊声，似乎是在向家人宣告："我已经是家庭一员了，我要有自己的名号！我也将成为社会大众的一分子！"然而，孩子从出生到成为真正意义上的独立的个体还有相当长的时间，在这段时间里，不仅需要家长精心养育，使孩子身体健康发育，还需要家长为孩子的心智发展提供良好的滋养，给孩子以科学合理的早教。许多儿童教育家都认为，对儿童的早教越早越好，俄国著名生理学家巴甫洛夫甚至说："从出生的第三天开始教育，就已经迟了两天。"②

从出生到 3 岁，是人生的初始阶段，是孩子在家庭环境中接受养育的

① 参见［日］七田真著，蒋蓓译：《最新胎教》，华东师范大学出版社 2010 年版，第 4~5 页。

② 转引自［美］维尼弗里德·斯特娜著，方舟编译：《斯特娜夫人的自然教育（教育 1+1 白金版）》，朝华出版社 2010 年版，第 3 页。

阶段，是孩子的基本生活习惯逐步养成的阶段，是孩子的语言及其他多种核心能力萌生并得到迅速发展阶段，也是为后来的品德、情感、智能、体魄发展打基础的阶段。这个阶段的孩子，心智处于从无意识（或潜意识）向有意识发展状态。孩子凭自已遗传来的心智力量在向周围环境学习，且学习兴趣极高，几乎是接触到什么就学习什么，从身边的事物开始，逐步扩大范围，从家庭进而扩展到社会。

对出生后到3岁的婴幼儿的早教，仍然不是一般意义上的教育，而是为孩子的本能发挥和潜能激发提供必要的帮助与保护。孩子在这个阶段的发展对其以后的发展意义重大，可以说是早期教育的关键期。

一、我国古代婴幼儿早教简单回顾与精华吸取

（一）我国有婴幼儿早教传统

婴幼儿早教，我国也有悠久的传统，也有值得吸取的精华。对这方面情况作简要回顾，可以知道古人如何重视早教，遵循哪些规则，这对当今的婴幼儿早教有重要的参考与借鉴意义。据文献记载，早在商周时期，圣明的君王为了政权延续，对婴幼儿阶段的太子的教育与培养就非常重视，具体实施情况首先表现在以下两个方面：一是举行特定的仪式传达教育精神；二是建立“保傅”制度，保证教育思想、教育内容的具体落实。

1. 举办仪式，向婴幼儿时期的太子传达教育精神

在举行仪式，向太子传达教育精神方面，贾谊《新书·保傅》这样介绍说：“古之王者，太子初生，固举以礼，使士负之，有司斋肃端冕，见之南郊，见于天也。过阙则下，过庙则趋，孝子之道也，故自为赤子而教固已行矣。”① 意思是，古代君王在接班人太子出生不久，就专门为他举行一种仪式，有专门人士背着（或抱着）他参加。在斋戒沐浴之后，在冠冕堂皇、礼服整肃的执事人员簇拥下，先到都城南郊向上天祷告；路过君王

① ［汉］贾谊：《新书》卷五“保傅”，中华书局2012年版，第153页。

的宫阙要下车，表示对父母的孝顺；路过祖宗的庙堂，要小步快走，表示对祖先的恭敬。举行这种祭天地、敬祖宗、孝顺父母的仪式，是向天地神祇、祖宗先辈禀告：新接班人是合格的、合法的。有天地、祖宗、君王宫阙作见证，太子的名分和地位得到确立。举行这种仪式也是想让太子知道（当时不一定知道，以后会知道），其责任就是遵从孝子之道，承担起继承王权的重任。

这样的仪式，现代人谁也没见过，不太容易理解其意义。但可以联想我国民间给孩子“做满月”“过百日”的传统习俗。给孩子“做满月”或“过百日”也是一种仪式。孩子生下来满月了，或出生百日了，亲友们都来庆贺，家长抱出孩子，与大家见面，公布孩子名字，亲戚朋友都给孩子赠送礼物，祝福孩子健康成长。这样的民俗活动同样意味着，在众人的见证下，孩子的名称、身份得到确认。对孩子而言，他长大之后要担负起家庭及社会责任。

在古代，除王权继承人太子之外，其他贵族子弟在很小的时候，家里人也会教他很多东西，让孩子懂得应遵守的规矩。据《礼记·内则》记载：“子能食食，教以右手。能言，男唯女俞。男鞶（pán，一种装东西的小口袋）革，女鞶丝。六年教之数与方名，七年男女不同席、不共食。”孩子能自己吃饭的时候，就教他用右手。能说话、能对大人的话语作应答时，男孩子要发出直率的“唯”的回答声，女孩子要发出发委婉的“俞”的回答声。男孩子要佩戴皮质口袋，以展示阳刚之气；女孩要佩戴丝绸口袋，以表示温婉淑雅。从应答声音，到身上的饰物，男孩女孩各有不同的规矩。六岁时要学习数字与方位名称，七岁时男女不同席共食。由此可见，当时的贵族教育孩子，礼仪规矩都很严格。一般平民是怎样的情况，文献很少记载。

2. 设立保傅制度，对年幼的太子实施早教

在古代，君王对婴幼儿时期的太子的早教，除举行隆重的仪式之外，最重要的举措是设立保傅制度，以保证具体的教育思想得到贯彻、具体的教育内容得到落实。贾谊《新书·保傅》这样说：“昔者周成王幼在襁褓之中，召公为太保，周公为太傅，太公为太师。保，保其身体；傅，傅之德义；师，道之教训：三公之职也。于是为置三少，皆上大夫也，曰少保、少傅、少师，是与太子燕者也。故孩提有识，三公，三少固明孝仁礼义，以道习之，逐去邪人，不使见恶行。

于是，皆选天下之端士，孝悌博闻有道术者，以卫翼之，使与太子居处出入。故太子初生而见正事，闻正言，行正道，左右前后皆正人也。习与正人居之，不能无正也，犹生长于齐之不能不齐言也……故择其所嗜，必先受业，乃得尝之；择其所乐，必先有习，乃得为之。孔子曰：'少成若天性，习惯如自然'。是殷、周之所以长有道也。"①

这段文献记载让我们知道：周武王的太子（后来的周成王）还在襁褓中的时候，朝廷就选派好了专门负责教育他的官员。召公奭任太保，周公旦任太傅，姜太公任太师。这三公都是周王朝的开国元勋、德高望重的前辈，由他们担负早教重任，可见朝廷对太子的教育是多么得重视。

太保，主要负责太子的日常生活安全，及健康保障方面的事务；太傅，主要负责太子的基本品德、道义规矩方面的教育；太师，主要负责治国理政方面的仪轨和基本知识的传授与训导，这是三公的职责。此外，朝廷还为教育太子配置少保、少傅、少师这三少，他们都是上大夫级别的高官。三少近似于三公的助理，他们的职责是，围绕三公教授的内容做辅导，陪太子游戏玩耍，让太子在游戏玩耍中理解三公所教的道理。太子有了一定认知能力，三公、三少就要坚持让太子逐步明白"孝仁礼义"之道，引导太子形成良好的行为习惯。如果太子身边有不正派的人，则坚决予以驱逐，不能让太子见到任何邪恶的或行为不正的人。

三公、三少似乎还不够，于是，朝廷还要从普天之下选拔孝顺父母、友爱兄弟、品行端正、见多识广、有道德、有学问的杰出人士，卫翼在太子身边，跟太子一起居处出入。这样，太子出生不久，前后左右接触到的都是最优秀的行正道的人，见到的都是正经的事物，听到的都是正经言论。通过耳濡目染、潜移默化，随时受到正面感染，随时得到道德品质教化。这样，太子就不可能不正派了，如同生长在齐国的人，不能不说齐国

---

① ［汉］贾谊：《新书》卷五"保傅"，中华书局 2012 年版，第 153 页。

话。然而，太子毕竟还小，教育方法必须符合幼儿特点。于是，施教者便从细微之处做起，结合日常生活进行教育。比如，太子想要吃某种喜欢吃的食物，老师一定先教他点什么，而后才可以吃到；太子想要玩某种喜欢玩的玩具，一定要先温习功课，而后才能够玩到。由此达到的效果就像孔子所说的“少成若天性，习惯如自然”。《礼记·文王世子》记载说：

“凡三王教世子，必以礼乐。乐所以修内也，礼所以修外也。礼乐交错于中，发形于外。是故其成也怿，恭敬而温文。立太傅、少傅以养之，欲其知父母君臣之道也。太傅审父子君臣之道以示之，少傅奉世子以观太傅之德行而审喻之。太傅在前，少傅在后，入则有保，出则有师，是以教谕而德成也。师也者，教之以事而喻诸德者也。保也者，慎其身以辅翼之，而归诸道者也。《记》曰：‘虞夏商周有师、保，有疑、丞，设四辅及三公，不必备，唯其人。’语使能也。”

世子是古代天子、诸侯王的嫡长子，是中央政权和地方诸侯国政权的法定接班人。古代圣明君王教育世子，都会把礼乐作为最重要的内容。乐教，可以从内在精神层面影响世子的素质；礼教，可以从外在行为举止层面影响世子的素质。礼乐教育交互作用于内部，世子就能表现出乐观向上的精神风貌，恭敬而温文的人格风范。“是故其成也怿，恭敬而温文”就是这个意思。

文献讲，“立太傅、少傅以养之，欲其知父母君臣之道也”。安排太傅、少傅去教育培养世子，首先要让世子明白父母君臣之道。这个道是家国的根本，由一系列具体的行为规范与准则去体现。这个道对小孩子而言很抽象，要让在婴幼儿年龄段的世子明白父母君臣之道绝非易事。作为世子教育者太傅，先要审察哪些行为符合道的规范，哪些不符合，且以身示范，把道的具体表现形式演示给世子看。世子还小，不能一下子明白，少傅就奉陪世子观看演示、作辅导。而辅导小孩子，必须采取他能接受的方式方法，比如陪世子做游戏等。最终就是要让世子弄明白家国之道是怎么回事。

文献中说的，“师也者，教之以事而喻诸德者也。保也者，慎其身以辅翼之，而归诸道者也。”作为世子早教的主要责任人太师，要通过治国理政方面的种种实际事例，让世子明白作为政权接班人应该具备怎样的德行。作为世子生活管理的责任人太保，要审慎地保证世子身体健康，精心护卫世子的安全，最终也要归于道。换句话说，如果培养教育出来的世子德行出了问题，那是太师的失职；如果世子的身体健康状况和安全方面都很好，却在父母君臣之道习得方面出了问题，那是太保失职。太师、太保、太傅、少傅等官员各负其责，大家都围绕道与德这个核心展开教育，培养世子，使世子的道德、修养与行为表现达到最高水准。

让那些功勋卓著、地位显赫的朝廷重臣，担负教育婴幼儿年龄段的世子的任务，且要求还那么高，真的是难为他们了。不过，从当时的教育活动细节看，可以想象得到，三公、三少除了学问品德一流之外，还都是很有能耐的婴幼儿早教专家。从文献中我们还知道，虞夏商周都有早教制度，有师、保、疑、丞、三公、四辅这些专门负责世子早教的官员。有时候官员不一定都能配备得很齐全，但“语使能也”，意思是一定要能胜任。

总之，道、德教育，是早教活动的核心。这个道是父母君臣之道，是家庭伦理、国家政治伦理的根本。德是道的具体体现，表现为一系列行为规范和准则。世子从小就明白这些最根本的规范和准则，逐步养成良好行为习惯，将来才能真正承担起执掌国家政权的重任。道、德教育与礼、乐教育相辅相成，缺少了道、德教育，礼、乐教育就没有意义；缺少了礼、乐教育，世子的精神面貌、人格风范就难以完美。古代圣王对世子的早教，虽然不是一般平民能够做到的，但早教的核心指导思想，具体的教育方法，对一般民众教育孩子也会有积极正面的影响，起到了引领世风作用。

3. 贾谊有关太子早谕教的见解

汉代著名思想家贾谊，做过长沙王、梁怀王的太傅，有教育王子的经验。出于对历史经验教训的深刻洞察，最先提出了对太子“早谕教最急”的观点。他曾向汉文帝谏言：“夏为天子十有余世，而殷受之。殷为天子二十余世，而周受之。周为天子三十余世，而秦受之。秦为天子，二世而亡。人性不甚相远也，何三代之君有道之长，而秦无道之暴也？”

秦朝的寿命跟之前的朝代寿命长短，为什么差别那么大？是天子的人性差别大吗？不是的，而是太子接受的教育情况不一样。夏、商、周三代历史长，是因为有道的国君多；秦的寿命短，是由于国君残暴无道。

“天下之命悬于太子，太子之善，在于早谕教而选左右。夫心未滥而先教谕，则化易成也。”① 在父传子家天下的封建社会里，国家命运的确悬在太子手中。要让太子为善，关键在于“早谕教”，得给他选好身边的人。在太子纯真的童心未被扰乱的时候做好“早谕教”，其良好品质和作风容易形成。要让太子从小见正事、闻正言、行正道，就可以达到孔子所说的“少成若天性，习惯如自然”的效果，他将来掌权之后不至于昏庸无道，整个国家可以避免重蹈秦王朝短命的覆辙。

《礼记·学记》说：“发然后禁，则扞（hàn）格而不胜；时过然后学，则勤苦而难成；杂施而不孙，则坏乱而不修；独学而无友，则孤陋而寡闻；燕朋逆其师；燕辟废其学。此六者，教之所由废也。”意思是，等到孩子有了自己的思想，行为习惯也形成了，再去禁止他做这做那，就像在冰冻的田地上耕种那样困难，教育者与孩子之间会矛盾重重、格格不入；时机错过了才去教孩子学什么，教育者的辛勤劳苦等于白搭；小孩子不按一定规矩、不能谦逊地学，他的调皮捣蛋的坏习惯就得不到纠正；一个人独自学而没有朋友互相补益，孩子就会孤陋寡闻；孩子们在一起只知道玩、玩得欢实，就不愿意听家长与老师的教诲；在一起玩闹久了，形成癖好，就会荒废学业。这六点是儿童教育失败的原因。

文献告诉人们：抓住时机，在孩子还没有形成一定的思想和行为习惯的时候，在良好的人文环境中，按一定的规矩给孩子以积极正面的教育，才能达到理想的培养效果。这是古人对婴幼儿家庭教育经验和规律的总结与概括。

4.《颜氏家训》中有关儿童早教的论述和作者见解

南北朝时期，著名学者颜之推（531—约 595）在其《颜氏家训·教子》中也谈到了古代的婴幼儿教育：“古者，圣王有胎教之法：……。生子咳提（指小儿开始啼哭笑闹时），师保固明孝仁礼义，导习之矣。凡庶

① ［汉］班固：《汉书·贾谊传》，中华书局 2008 年版。

纵不能尔，当及婴稚，识人颜色，知人喜怒，便加教诲，使为则为，使止则止。比及数岁，可省笞罚。父母威严而有慈，则子女畏慎而生孝矣。……孔子云‘少成若天性，习惯如自然’是也。俗谚曰：‘教妇初来，教儿婴孩。’诚哉斯语！”①

意思是说：古代圣王有胎教之法。在太子出生之后，尚在襁褓中的时候，太师、太保就要向太子传递孝、仁、礼、义方面知识和道理，引导太子学习。平民百姓固然不能像帝王那样教育接班人，但也应该在自己的孩子年纪幼小，且能看懂大人脸色、知道大人喜怒的时候，就对他进行教诲。什么事可以做，才让孩子去做；什么事不可以做，一定不能让孩子去做。这样，孩子大一点的时候，表现会很好，家长就可以省去笞杖惩罚。做父母家长的，对孩子有威严、有慈爱，这样，孩子对父母才会有敬畏，孩子做事才会谨慎，由此也能对父母产生孝敬之心。民间谚语说的：“教妇初来，教儿婴孩。”对媳妇的教育，在她刚嫁到婆家的时候就要开始；对孩子的教育，应从他婴幼儿时期抓起。

《颜氏家训》是我国历史上第一部完整的家庭教育教科书。书中有关婴幼儿早教论述虽不算太多，但从上边的文字表述可以看出：第一，作者继承了“少成若天性，习惯成自然”的传统早教理念。认为对孩子的教育以早为好，应该从婴幼儿时期抓起。“人生小幼，精神专利，长成已后，思虑散逸，固须早教，勿失机也。”② 孩子在幼小的时候，精神是专注的，长大之后会心思散逸，受到的干扰多，教育起来就比较困难。第二，教育方法应该严慈相济。在孩子“识人颜色，知人喜怒”的时候，就让他知道什么事情能做，什么事情不能做。父母家长教育孩子要严，也要慈爱。这样，在保障孩子安全健康的前提之下，从婴幼儿时期开始，让孩子逐步形成正确的思想观念和行为规范，养成对父母家长的孝敬之心。第三，对待年幼的孩子，家长不给予正确的引导教育，后果会很严重。《颜氏家训》还举出了不少丧失时机的教育失败案例。第四，从“教妇初来，教儿婴

---

① ［隋］颜之推：《颜氏家训》卷一，中华书局 2007 年版，第 8 页。

② ［隋］颜之推：《颜氏家训》卷三，中华书局 2007 年版，第 110 页。

孩”这一民间谚语也能看出，当时的普通民众对早教的重要意义也很了解。然而，真正做好婴幼儿早教并不容易，需要家长认真对待。

在我国历史上，自《颜氏家训》问世之后，跟儿童家庭教育有关的《家训》《家范》《家规》等文献十分丰富。其中有关家庭教育的理念和规矩，虽然都是封建时代的产物，有不适合当今家庭教育的地方，但由此而延续下来的重治家、重早教的文化传统，对现代家庭教育有很重要的启示和借鉴意义。尤其是钱学森老祖钱镠（liú）制定的《钱氏家训》，为我们中华民族培养了200位院士（分布于世界五十多个国家），这个家庭改变了大半个中国。

5. 康有为对儿童早教的设想

清代末年，康有为在其《大同书》里对婴幼儿的早教也有具体的设想和设计。比如，怀孕妇女都要住到公益性的人本院里。孩子一出生，人本院要为新生儿举行隆重的仪式：“由管院人报知人口吏，每七日人口吏来视新生儿一次，院内群医众母抱子于户内，与官行礼，执事人皆集，奏乐诵吉词而为之名。”以“重人之生也”。这一设想，明显是从古代早教的礼仪形式那里借鉴来的。康有为还设想，在婴儿断奶（多则六个月，少则三个月）之后，要离开生母，送进育婴院养育。

育婴院自然环境要好，社会人文环境、居住条件等都要有讲究。“当择与婴儿最相宜之式，大约楼居少而草地多，务令爽垲而通风，日临池水以得清气，多植花木，多蓄鱼鸟，画图雏形之事物，皆用仁爱慈祥之事以养婴儿之仁心。凡争杀、偷盗、奸诈种种恶物，皆当屏除，无使入婴儿心目中。其为歌乐及教婴儿歌乐者亦然。”

通过营造良好的环境，给婴幼儿以仁爱感染。对不良事物、不道德行为坚决屏除，防止给孩子造成不良影响。在婴幼儿知识逐日开化之时，更要注意防止不良环境因素对孩子的污染。“故设院之地不可近戏院声伎之地，葬坟火化之旁，作厂、市场、车场哗嚣之所，以慎外感之染而保清明纯固之神。”

育婴院里要配备专门的医生和女性保育人员。保育员“其名曰保。”“凡女保皆由本人自愿，而由总医生选其德性慈祥、身体强健、资禀敏慧，有恒性而无倦心、有弄性而非方品者，乃许充选。盖孺子既离产母，则女保有代母之任，其责最大，人类所关，不可不重其选也。”育婴院里的保育员，必须是德性、身体、智力禀赋、工作态度、性格等皆优秀者才能担当。因为这些保育员将代理孩子妈妈，责任重大，不可不慎重筛查选择。育婴院的责任是：在保证婴幼儿身体健康的前提下实施教养，不让任何不良行为及信息影响孩子。育婴院内，婴幼儿用品及玩具“无不具备，务令养儿体，乐儿魂，开儿知识为主”。

育婴院对婴幼儿的早教，包括语言教育、音乐教育和基本知识与技能等诸多方面：“儿能言时教以言，凡百物皆备，制雏形或为图画，俾其知识日增”；“婴儿能歌，则教仁慈爱物之旨以为歌，使之浸渍心耳中”；“知识稍开时，将世界有形各物，自国家至农工商务，皆为雏形，教之制作，则习惯若性。及其长也，贫而谋生，贵而监督，皆熟悉工艺，多能鄙事，行之自然矣”。①

康有为的婴幼儿早教设想、环境设计，带有理想主义色彩。他设想、设计的为新生儿举办庆生仪式，为婴幼儿严格选配保教人员，建立各项规章制度，安排各种适合婴幼儿的教育教学内容，选择合适的教育教学方法等等，既有继承我国传统婴幼儿教育的成分，也有借鉴吸收新派的或西方的早教理念与方法的成分。对后来幼儿园教育教学都有参考价值。康有为作为变法维新首要人物，最后在政治上沦为保皇党，但在儿童教育方面，他的设想和设计的积极意义不应该抹杀。

（二）古代婴幼儿早教可吸取的精华

由于时代不同，古代君王对婴幼儿时期的太子的教育，跟今天我们所说的婴幼儿早教在教育对象、教育方法、教育内容等方面大不一样，但其中也有值得吸取的精华和可参考借鉴的地方。

1. 重视为孩子的成长营造最佳人文环境

孩子的健康成长离不开良好的环境。环境可分自然环境和人文环境。

---

① 康有为：《大同书》，中华书局2012年版，第208，210~212页。

自然环境的作用暂且不论，就人文环境而言，它是婴幼儿能否健康成长的重要条件，古人对此早有深刻的认识。保傅制度是对太子实施早教的最重要的举措，其核心内容就是精心选派合适的人到太子身边，给太子的成长营造最佳人文环境。太子在这样的环境中生活，有健康和安全方面的保障，能随时随地接受保傅引导、教诲，在耳濡目染、潜移默化之中，让政权接班人得到全方位培养。

当今，孩子同样是民族与国家的未来，同样是接班人。孩子将来会成长为什么样的人，跟他们在婴幼儿时期所处的人文环境同样有密切的关系。家庭人文环境中最重要的成员是父母。环境优良，孩子就会朝好的方向发展；环境恶劣，孩子的身心发展就会出现问题。婴幼儿时期的孩子，没有一个是坏孩子，他们还不具备分辨是非的能力，但长大之后情况就不同了，有的的孩子会变坏，甚至走上犯罪道路，从根本上说都跟家庭环境、家长教育有关。

怎么给孩子营造最佳人文环境？不可能像古代圣王对太子那样，精心安排孩子身边的人，也不可能让孩子生活在与社会隔绝的真空里。做父母家长的，要从严格要求自己做起，给孩子树立好的榜样，要时时处处想到给孩子积极正面的影响。同时，不可对孩子宠爱、溺爱。宠爱、溺爱是家庭教育的大忌（见本书第四部分）。

2. 以道和德为教育核心内容

古代君王设立保傅制度，对太子（或世子）实施早教，核心教育内容是父母君臣之道。这个道，是家庭伦理、国家政治伦理之本。没有这个本，家庭秩序、社会秩序就得不到保障，家的和谐、国的安宁就无从谈起。在封建社会，让太子从小懂得这个本，从国家政治的角度看，是积极的、有远见的。政权接班人的太子，懂得了这个本，以后才能担当起执掌国家政权的重任。

对太子的早教，道和德是最基本的内容，两者之间是怎样的关系？贾谊《新书》中这样说："'道者，德之本也。'德生物又养物，则物安利矣。安利物者，仁行也。仁行出于德，故曰：'仁者，德之出也。'德生理，理立则有宜，适之谓义。义者，理也，故曰：'义者，德之理也。'德生物，又养长之而弗离也，得以安利。德之遇物也忠厚，故曰：‘忠者，德之厚也。’德之忠厚也，信固而不易，此德之常也，故曰：‘信者，德之固也。’德生于道而有理，守理则合于道，与道理密而弗离也，故能畜物养物。”①

在古代，道和德是两个概念，道可以说是宇宙万物总体规律和法则，是德的本源。德是从道那里来的。德能生养万物，使万物安定受益。而使万物受益，属于仁的行为。仁行出自德，所以说仁是从德那里来的。德能生成常理，常理确立还有与之相宜的准则义。所以说义是德的准则。德生养万物、对万物不离不弃，使万物安定受益。德对待万物是忠厚的，所以说忠是德厚道的表现。信是德持久稳固不变的常态。所以说信能使德持久稳固。总之，德是从道那里来的，并有它的常理。坚守常理就符合道。德和道关系密切不分离，德畜物又养物的原因就是这样。（参见下图）

道——→德
- ——→生成常理=准则　【义】
- ——→生养万物，使万物安定受益　【仁】
- ——→对待万物忠诚厚道　【忠】
- ——→对待万物忠诚厚道，且坚定不移　【信】

太子从小就在少傅指导下，观察仿效太傅的德行，逐步体会什么是父母君臣之道，什么是美德，怎么行仁义之事。太子要是没学好，到了掌权的时候，不懂得父母君臣之道，没有好德行，没有仁、义、忠、信这些观念和原则，国家就危险了。贾谊说：赵高是秦二世胡亥的太傅，他教给胡亥学的都是些什么？“非斩劓人，则夷人之族也。故胡亥今日即位而明日射人，忠谏者谓之诽谤，深计者谓之妖言，其视杀人若刈草菅然。岂惟胡亥之性恶哉？彼其所以导之者非理故也。”② 秦王朝短命，只是胡亥的天性恶劣吗？看看他身边的人赵高，对胡亥的引导教育和影响，尽是些不道德

---

① ［汉］贾谊：《新书》，中华书局2012年版，第271页。

② ［汉］班固：《汉书·贾谊传》，中华书局2008年版。

的、违背道德根本的东西，胡亥执掌政权，国家怎么能好得了？

中国传统文化把道和德作为两个相关的概念去理解。道和德在婴幼儿的早教中都不可忽视。家长不注意让孩子从小开始逐步懂得家、国之本和做人之道，不注意培养孩子的美德，不注意让孩子懂得与美德相关的理义和规则，孩子长大后会很危险。

另外，前文已说过，古人很重视礼乐教育。礼的教育不是简单地让孩子学习懂礼貌，乐的教育也不只是让孩子懂点音乐。礼乐教育本质是让孩子逐步明白，并形成一定的制度与规则观念，养成良好的精神风貌和人格特质。这对当今儿童教育也有重要参考意义。

3. 教育内容形象化和日常生活中的耳濡目染、潜移默化

让太子（或世子）从婴幼儿时期开始逐步懂得父母君臣之道并不容易，因为这个道是抽象的。需要选取适合于儿童的教育方法。早教责任人对太子的道和德的教育不能是说教式的，说教是徒劳的。他们的做法是，详察道的具体表现形式，通过太傅亲身示范，把体现道的德行演示给太子，让太子观看学习。少傅在引导太子观看太傅德行演示的时候，教他模仿，再加上陪伴太子游戏玩耍，将抽象的道德内容融化在日常生活中，融化在游戏玩耍中，逐步养成符合道德要求的行为习惯。文献称，达到这样的目标叫德成。

其实，古人对婴幼儿教育很注重化抽象为形象，身教重于言教。这对当今的父母教育孩子更有启发意义。在早教活动中，单纯给婴幼儿讲抽象的道理没用，家长们必须给孩子做出示范，让孩子观察模仿。模仿也不是机械的，要通过游戏玩耍耳濡目染，潜移默化。

家长或其他育儿者，要充分意识到身教胜于言教。小孩子的观察、模仿能力超强。让小孩子在日常生活中，观察、模仿大人的行为，在游戏玩耍中接受道和德的教育，是符合婴幼儿特点的教育方法。从文献中还可以看到，太子想要吃某种喜欢吃的食物，老师先要教他学点什么，他才能吃到；太子想要玩想玩的玩具，先要温习功课，他才能玩得到。这种教育方法简单、有趣，很值得今人参考。只不过古人没有像现代人那样把它概括成某某教学法而已。

4. 有明确的教育思想指导，把握时机，尽早开展早谕教

对婴幼儿时期的太子早教，圣明的君王都知道把握时机的重要性。从太子早教的一系列举措，到孔子说的“少成若天性，习惯如自然”思想，再到贾谊的“早谕教最急”的观点，都不难发现，古人的婴幼儿早教有明确的指导思想，那就是在孩子还没有形成自己一套思想和行为习性之前，就要不失时机地进行教育。

《颜氏家训》说，一般民众虽然不能像帝王那样，给孩子创造那么优越的教育条件，但从婴幼儿抓起，尽早展开教育，勿失时机。“人生小幼，精神专利，长成已后，思虑散逸，固须早教，勿失机也。”从“教妇初来，教儿婴孩。”的民间谚语所透露的信息也能看出，一般民众对孩子的教育也都知道，应该从婴孩抓起。

另外，古人认为，孩子学习玩耍要有朋友伙伴，“独学而无友，则孤陋而寡闻。”（《礼记·学记》）在婴幼儿早教活动中，有小朋友相伴，孩子高兴，各方面的发展会很快，家长或其他育儿者也会从中获益。

二、外国教育家有关婴幼儿早教的经验、理论与方法

（一）老卡尔·威特的婴幼儿早教经验、理论与方法

德国老卡尔·威特，在胎教方面有成功经验，在婴幼儿教育方面也有成功的经验。他的儿子小威特是早产儿，生下来四肢抽搐，呼吸急促，好多天不会主动吮吸母乳，母亲只能用滴管喂孩子。父母逗孩子，孩子反应迟钝。一般人看来，要把这样的孩子培养成人才简直是异想天开，但老卡尔没有绝望。他和妻子先从孩子身体健康入手，精心养育。一周之后，小卡尔·威特就像正常的新生儿那样，能有力地吮吸母乳了。五十二岁才有了这个宝贝儿子的老卡尔，觉得给孩子最大的爱莫过于给他最好的教育。

老卡尔了解许多著名人物，如但丁、达·芬奇、米开朗基罗、拉斐尔等，都得力于婴幼儿时期的良好早教。他们的智力、心理素质都优于缺少

良好早教的孩子。于是，他在借鉴前人经验，在对当时教育现状、教育思想、流行观念做了认真反思后，为儿子制定了周密的早期教育方案，决心将儿子培养成优秀人才。《卡尔·威特的教育》一书中这样说：

“近来我对现在的教育作了认真的反省。越是反省，我越是对时下流行的教育思想不表同情，不仅不表同情，我还挺反对那些被视作权威的教育信条。比如，什么教育必须开始于七八岁啦，太早教育有损儿童健康啦，或者人的天赋能力决定一切啦，这些被教育家们奉为金科玉律的观点在我看来都是毫无道理可言的。我认为，早期教育也许是更加合乎孩子的成长规律的教育。看看古代留下来的文献就可以知道。早在古希腊时代，雅典人就有了早期教育的传统了。这大概就是雅典的天才为何多如天上的繁星的原因吧。为了孩子不受愚蠢的现行教育的戕害，我决心抛掉旧有的教条，自己探寻出一套更利于孩子成长的教育方法来。”①

对老卡尔的早教做法，他的儿子小卡尔·威特是这样回忆的：“听父亲说，在我刚出生不久，还只有十五天时，他就有意识地训练我了。”“听父亲说，是从训练我的五官开始。我父亲认为，人在婴儿时期的一切能力，如不尽早地开展和利用，就永远也不会得到发展。所以在我刚出生不久，父亲就开始用各种方式训练我的五官。在我出生刚刚两周，父亲以为我朗读诗歌的方式训练我的听觉，用能发出好听声音的小钟让我形成辨别不同声音的能力。他还用各种五颜六色的玩具来刺激我的视觉，使我形成敏锐的观察力。父亲告诉我，在那时他为我朗读得最多的诗就是威吉尔的《艾丽绮斯》，也朗读坦尼森的《他的梦想》。……至今为止，我仍然能够很流利地背诵出《艾丽绮斯》的某些段落。”②

---

① ［德］小卡尔·威特著，刘恒新译：《卡尔·威特的教育（续篇）》，京华出版社2002年版，第6页。

② ［德］小卡尔·威特著，刘恒新译：《卡尔·威特的教育（续篇）》，京华出版社2002年版，第31~34页。

五官（耳朵、眼睛、舌头、鼻子、皮肤）是人类感知、认识客观世界的五种感觉器官。通过五官去认识世界，是人的本能，每个正常的孩子都有这种本能。如果家长能够有意识地、恰当地对孩子的五官进行刺激，会使孩子的感觉更敏锐，孩子潜在的能力发挥更有效。如果不这样，单靠孩子自然地去发挥，在客观条件受限制的时候，有些能力有可能会被屏蔽。或者说，如果不通过恰当的教育方式去激发，人的本能中存在的某些东西会逐渐消减。老卡尔总结自己的育儿经验时曾这样说："儿童虽然具备潜在能力，但这种潜在能力是有着递减法则的。比如说生来具备100度潜在能力的儿童，如果从一生下来就给他进行理想的教育，那么就可能成为一个具备100度能力的成人。如果从5岁开始教育，即便是教育得非常出色，那也只能成为具备80度能力的成人。如果从10岁开始教育的话，教育得再好，也只能达到具备60度能力的成人。这就是说，教育开始得越晚，儿童的能力实现就越少。这就是儿童潜在能力的递减法则。"①

出于这样一种教育理念，老卡尔在对婴幼儿年龄段的儿子的早教着重于以下几个方面：（1）听觉。从儿子出生后两周开始，轻声地朗读一些诗歌给孩子听；敲击七种不同音响的小玩具钟，让孩子辨别不同的声音，以此训练孩子的听觉辨别能力。（2）视觉。拿五颜六色的小玩具给孩子看，拿不同颜色的图画给孩子看；孩子会走路时，带他外出散步，让他注意天空、树林、花朵、原野的不同颜色，以此训练孩子的视觉辨别能力。（3）味觉。给孩子不同味道的刺激，考虑到糖和盐吃多了对身体有害，饮食尽量坚持清淡，以保持孩子的味觉的敏锐。（4）肤觉与触觉。拿光滑的和粗糙的纸片、木片给儿子摸摸，让他形成不同的触觉感受，以此训练孩子的肤觉与触觉辨别能力。（5）语言。在教儿子辨别事物的同时，用和缓、清晰的语调跟孩子说话，以训练孩子的语言听辨能力和词汇识记能力。老卡尔认为，3岁以前，是儿童语言发展的最佳时期。讲故事给孩子听、让孩子复述生词、鼓励孩子用与众不同的方法玩玩具，可以将语言能力的激发

---

① ［德］卡尔·威特著，刘恒新译：《卡尔·的教育》，京华出版社2001年版，第20页。

与孩子的记忆力、想象力和创造力的激发结合在一起。（6）在游戏中学习。在儿子稍大一点的时候，老卡尔通过陪孩子一起玩游戏，激发儿子的学习兴趣，引导孩子接受多方面的知识和技能，以形成良好的学习习惯。（7）重视品德与心理。老卡尔对儿子的早教，在为人处世、道德品质、心理健康方面的指导很严格，目的是提高孩子的综合素质。

由于婴幼儿时期受到父母良好的早教，小卡尔成长健康、知识渊博、理解力强，为后来的学业发展奠定了坚实基础。四五岁时，各方面的能力大大超过了同年龄孩子；7 岁半时出了名；9 岁时具备了十八九岁年轻人所不及的智力和学力；10 岁进入德国著名的哥廷根大学；14 岁进入海德堡大学，专修法学；14 岁时获得哲学博士学位；16 岁获得法学博士学位；同时被任命为柏林大学法学教授。

小卡尔出类拔萃，跟父母正确的早教无疑有很大的关系，但跟孩子自己的天赋有没有关系呢？老卡尔持否定态度。他坚信后天的科学培养，尤其是早期教育对孩子后来的发展最重要。他说："所谓的天才，并不是只有少数人才拥有的禀赋，而是人人内心都潜藏着的能力。"①"即使是普通的孩子，只要教育得法，也会成为不平凡的人，这是爱尔维修的话。我在儿子没生下来之前就坚信这一说法，并常常向别人宣传。"② 他还说："对孩子的成长来说，最重要的是教育而不是天赋。**孩子最终成为天才还是庸才，也不取决于天赋的大小，而取决于他从出生到 5 岁的教育。**"老卡尔很坚定地认为，当时社会上流行的天赋论是不对的，只要教育得法，普通的孩子，也会成为不平凡的人。

小卡尔回忆说，我父亲的观点是，教育的威力远比普通人想象得强大。如果在孩子从出生起，就对他进行恰如其分的教育，就能把他培养成智力优秀、才能卓越的孩子。因为在潜能方面存在着一个递减法则。**零岁**

① ［德］小卡尔·威特著，刘恒新译：《卡尔·威特的教育（续篇）》，京华出版社 2002 年版，第 13 页。

② ［德］小卡尔·威特著，刘恒新译：《卡尔·威特的教育（续篇）》，京华出版社 2002 年版，第 1 页。

到6岁期间的教育将决定孩子才能的高低，从而决定着孩子未来的前途。

总的来说，老卡尔对婴幼儿阶段的小孩子的早教理念和具体的教育方法都有值得我们借鉴的地方，概括地说有以下几个方面：

（1）**指导思想**。强调科学的早期教育对人才培养的重要作用，不顺从天赋论。

（2）**时机把握**。认为孩子一出生就会放射出智力的曙光，教育应该“与儿童的智力曙光同时开始。”①。认为儿童潜在能力存在递减法则，教育开始得越早，取得的效果就越好。教育开始得越晚，儿童能力实现就越少。对早期教育要把握好时机，错过了时机，儿童潜在能力发挥的效果就会大打折扣。

（3）**教育方法**。以小孩子的天性和兴趣为根据，在游玩中开展教育。玩，是孩子的天性；兴趣，是孩子认识世界、发展各种能力的驱动因素。老卡尔坚决反对“填鸭式”教育。他认为，唤起孩子的兴趣最重要，而唤起小孩子兴趣的最佳方式是游戏。要让孩子在玩游戏中玩出各种能力。老卡尔还认为，给孩子太多玩具不好，玩太多的玩具不一定能学到什么。老卡尔的方法是：在儿子会走路以后，经常带孩子外出散步、游玩，在游玩的过程中随时给孩子以引导，让孩子在不知不觉中学习植物、动物、地理、历史、天文、建筑、数学、物理等知识。与此同时，训练孩子的语言。小卡尔从3岁开始学习认字、阅读。会用母语阅读后，还学习了其他语言，如法语、意大利语、拉丁语、英语、希腊语等。这些语言都是在孩子感兴趣的情况下轻松地学到的。

（4）**培养目标**。重视孩子的思想品质和综合素质培养。老卡尔说：“一个人的品质如何，很大程度上是取决于幼年时期所受的教育如何。所以说国民的道德如何，取决于这个国家的人民对其子女的教育如何。”② 他

---

① ［德］卡尔·威特著，刘恒新译：《卡尔·威特的教育》，京华出版社2001年版，第18页。

② ［德］卡尔·威特著，刘恒新译：《卡尔·威特的教育》，京华出版社2001年版，第17页。

对儿子的教育不局限于智力，在思想品德、心理素质的培养方面更为用心。他说，自己最大的愿望是让儿子“成为对世界有所贡献的人，而不是那种只会读书的所谓的学者，更不是所谓的一鸣惊人的神童。”① 儿子能成为一个完美的人，比其他什么都重要。于是，老卡尔对孩子的教育是，严而有理，爱而不宠。教育孩子懂礼貌，学会与人相处。他主张不能过多地表扬孩子，以防孩子骄傲。设法杜绝种种恶习在孩子身上发生。教育孩子，要有独立意识，自己的事自己解决，要有勇气，要学会面对失败，犯了错误要及时纠正。让美好的东西在孩子身上形成自觉。

(5) **教育原则**。老卡尔对儿子的早教，所遵循的基本原则是：尊重孩子，充分认识孩子的能力，保护孩子的积极性和创造性。根据自己的经验，老卡尔忠告其他家长：不要以为孩子太小就不懂道理，不可蒙蔽孩子的理性；不可损害孩子的判断力；对孩子要平等相待；不能错误地批评孩子，不能伤害孩子的自尊心；要让孩子提出问题，保护孩子积极性和创造性；因为孩子的天赋是方方面面的。

总之，老卡尔·威特对婴幼儿阶段的儿子的教育是德、智、体、美兼顾，其教育思想在今天看来仍具有很高的参考价值。他的婴幼儿亲子教育方法，不神秘，简单实用，值得家长借鉴。当然，老卡尔的早教理念和方法，也还有进一步探讨的地方，比如：(1) 老卡尔极力反对当时社会上流行的天赋论，但真正意义上的天赋不应该完全否认。(2) 老卡尔看到了早期教育对人才培养的重要作用，但也应该承认，早教的作用也是有限的，不是万能的。一个人的成长与发展，起作用的因素有多个方面，家庭早期教育只是因素之一。(3) 老卡尔对儿子的早教，花费了巨大的心血，取得了成功。而一般的家庭、一般的父母，受各方面条件限制，很难像他那样去做。(4) 老卡尔提出的“儿童潜能递减法则”还需要更多的事例证明。

美国儿科科学研究者威廉·比尔·凯瑞教授曾指出：“婴幼儿的大脑及其功能具有较大的可塑性。早期经验的剥夺将导致中枢神经系统发育停

---

① ［德］卡尔·威特著，刘恒新译：《卡尔·威特的教育》，京华出版社 2001 年版，第 90 页。

滞，甚至萎缩，并构成永久性损害。”①

另外，对婴幼儿早教需要正确理解，对过度的或不科学的早教也要警惕与防止。不管怎么说，给孩子科学良好的早期教育，关键在家长。

（二）鲍里斯·塞德兹的早教理论、实践与教训

美国心理学家鲍里斯·塞德兹博士（1867—1923），是老卡尔·威特的后辈。他的导师，哈佛大学著名心理学家威廉·詹姆斯，在学校图书馆看到了老卡尔·威特的《早期教育与天才》德文版孤本之后，亲自修改、翻译出版了英文版《卡尔·威特的教育》。在老师的影响下，塞德兹认真研究老卡尔的育儿理念和方法，用自己的心理学专长，将有关研究成果运用到了儿子小塞德兹的早教实践中，由此形成了自己的儿童早教理念和方法。他撰写了《俗物与天才》这部受后人推崇的儿童教育学著作。从《俗物与天才》一书中能够看得出来，塞德斯对老卡尔的早教理念与方法很赞赏，在许多方面都有所借鉴。他的许多观点和见解与老卡尔有相似之处，但也有差别。

鲍里斯·塞德兹也很赞赏古希腊的早期教育，认为古希腊众多杰出人才的出现，都跟当时非常重视早期教育的习俗有关。“天才都是由正确的、先进的教育方法培养出来的，而错误的、落后的教育方式只能训练出一些俗物来。”②

在塞德兹的观念中，那些按照一定规格培养起来的、行动受到限制的、循规蹈矩、内心压抑的儿童，长大成人之后必然成为俗物。俗物的特征是，很听话，总是唯命是从，害怕批评，竭力使自己的举动不出格、不违反礼俗、不出现过错。俗物只会狭隘地唯命是从，见人低头哈腰，但又恃强凌弱。培养这样的俗物只会使世界变得更糟糕。塞德兹曾对儿子小塞德兹说：“我们生存的这个世界是一个被俗物充塞的世界，人们浑浑噩噩

① 邹小兵，静进主编：《发育行为儿科学》，人民卫生出版社2005年版，第10~11页。

② ［美］塞德兹著，柏桦译：《俗物与天才》，京华出版社2001年版，第16页。

地活着犹如毫无思想的木头和石块一样，没有个性，没有生机，随波逐流。并告诉他，要想成为一个有成就和对世界有贡献的人，必须首先要建立起自己独立的人格和优良的品质，因为每一个人都是整个国家和社会的一员，所以在很大的程度上可以说就是个人的品质决定着整个国家和世界的命运。”①

也许是出于改变世界现状的良好愿望，塞德兹以极大的努力去培养儿子。他认为，能改变世界的天才尽管各有不同的特点，但共同点都是幼年时期完全是自由的儿童，不受拘束和压抑，尽情地发展自己。和老卡尔一样，塞德兹也认为天才并不是我们平常认为的那样，只有少数人才有的，而是人人皆有的潜能。多数人由于后天的教育不得法，致使这种潜能大都未能发挥出来。“这种潜能具有一种神秘性，愈接近零岁时，其能力愈高，但随着年岁的增长，这种能力就会急速地流失掉。大多数人在潜能发展的高峰时期都受不到有效教育，或受到错误的教育，致使自己的天才白白枯死，所以最后只能成为庸碌之辈。”②

要培养真正的天才，需要从早期教育做起。塞德兹认为，当时的学校教育是指望不上的。因为那里已成了庸人汇集的场所：“它们用陈旧的教育方式培养出一大批俗物，这些俗物又占据学校，把学校变成一个个兜售学问的零售店，而教员仅仅是其中的一个店员，尽管他们大多数都在尽职尽责地‘销售’名为心理学、教育学、物理学等等的知识产品，但你从他们的授课中丝毫也感受不到创造力，感受不到追求知识的乐趣。”

学校教育管理者是：“只管制定出严格的规则，并以此为准则培养了一大批中规中矩的人来。所以，现在的学校里就只能培养出清一色的‘平均’人才，从中很难发现有特点的人。这些学生的观点和思想没有一点新颖之处，和他们老师的思想如出一辙。先生未能看到社会上的弊病，徒弟们同样如此。我们怎能指望他们挑起拯救社会的大梁呢?”

---

① ［美］塞德兹著，柏桦译：《俗物与天才》，京华出版社 2001 年版，第 121~122 页。

② ［美］塞德兹著，柏桦译：《俗物与天才》，京华出版社 2001 年版，第 61 页。

学校的考试制也有重大的弊端："以考分的高低和所学学科的数量来评定学生的学力。伟大的心理学家詹姆斯博士曾把这种制度称为'白痴'的制度。这真是一针见血。须知，单凭考分和学科数量这些指标，是绝不可能衡量出学生的学力的。"①

从上述言论可以看出，塞德兹对当时的美国教育现状极为不满，极为失望。出于改变社会现状的美好愿望，出于培养有鲜明特点的、有益于改变世界现状的英才考虑，挖掘、激发、保护小孩子的潜力，发现和培养天才，应该成为父母真正的使命。

塞德兹借鉴了老卡尔的教育理念与方法，在儿子小塞德兹出生不久，就精心地展开了早教。比如：在儿子出生不久就给孩子看不同形状、不同颜色的物体，以训练孩子的视觉对物体形状和色彩的辨识能力；不断地以标准的语音跟孩子说话，以训练孩子的语言听辨能力；精心地为孩子布置生活环境，给孩子提供丰富多彩的刺激，使孩子尽可能多地获取外界信息；了解音乐对儿童智力开发的重要意义，给孩子听音乐，注重孩子的兴趣，让孩子在轻松愉快的情况下学到东西，等等。

在塞德兹夫妇的努力之下，儿子小时候很争气，智力发展迅速，成了世界上少有的智商极高的天才之一。小塞德兹 3 岁能运用英语自由阅读和写作；5 岁时接触生理学，并很顺利地通过了行医开诊的初级考核；6 岁入小学后，一年内完成了小学的学业。由于小塞德兹的情况太特殊，当时没有哪一所中学愿意接收他，孩子只好在家自学高等数学和语言学知识。8 岁时终于上了一所中学，这期间他还编写过天文学、英语语法、拉丁语语法教科书，让老师们感到非常惊讶。由于中学的教学水平不适合小塞德兹，9 岁、10 岁时又只好在家自学。11 岁时进入哈佛大学学习，擅长高等数学、天文学等；还爱好比较语言学、神学、伦理学、古代史、美国史；通晓美国的政治和宪法。1914 年小塞德兹 15 岁时，以优等生从哈佛大学的毕业，而后进入研究生院继续学习。用现在的流行语来说，小塞德兹是一个不折不扣的"学霸"。老塞德兹很自豪地跟别人说："这个天才是我培

① ［美］塞德兹著，柏桦译：《俗物与天才》，京华出版社 2001 年版，第 21~24 页。

养出来的!”

当年,类似于小塞德兹那样的小天才在美国还有若干个,他们共同的特点是家长或多或少受到过《卡尔·威特的教育》一书的影响,或者是家长对早期教育有自己的一套想法,很早就对孩子用心地加以培养。总之,传统的学校教育是培养不出那样的小天才的,这也是事实。在《俗物与天才》一书中,塞德兹讲述了自己对儿子的培养情况。他说:

> “我从儿子刚刚能够睁开眼睛的时候就开始对他进行训练了,在我看来,这种最早的训练便是教育的开始。……由于儿子一出生就见到许多不同形状、不同颜色的东西,使他对形象以及色彩有了最早的认识,而这种认识是许多其他孩子所没有的。”听觉的训练就是“不停地与儿子说话,也要求他的母亲这样做”。①

塞德兹还说道,由于儿子小塞德兹在人生的起点上学到的东西要比别人多得多,他的感知能力和接受能力远远超出了同龄孩子。孩子的求知欲望也随着这种能力一天天增长。塞德兹断言:“每一个健康、正常的孩子都是天才。”也就是说,每个健康、正常的孩子都具有成为“天才”的条件,但需要通过教育培养。“天才都是由正确的、先进的教育方法培养出来的,而错误的、落后的教育方式只能训练出一些俗物来。”②“作为父亲的我最清楚,我那创造出超凡脱俗成绩的天才儿子,也是一种先进的教育方法的必然结果。”③ 塞德兹还强调说:“家庭环境以及家庭教育对孩子的一生极其重要,它的重要性远远超过了孩子将来的中学以及大学教育。”④

塞德兹还有一个观点是:幼儿天生就有一种“究理精神”,他认为这种精神从两三岁萌生,如果不对孩子进行教育,不去挖掘、激发孩子的潜力,这种精神就会“白白枯死”。他所说的“究理精神”,就是对不清楚的

---

① [美]塞德兹著,柏桦译:《俗物与天才》,京华出版社2001年版,第33~34页。

② [美]塞德兹著,柏桦译:《俗物与天才》,京华出版社2001年版,第16页。

③ [美]塞德兹著,柏桦译:《俗物与天才》,京华出版社2001年版,第5页。

④ [美]塞德兹著,柏桦译:《俗物与天才》,京华出版社2001年版,第218页。

事情要探究清楚的打破砂锅问到底精神。这种精神是小孩子对世界感到好奇，总想探究清楚的潜意识的精神动力。笔者认为，这种精神动力在小孩子出生后不久就有，不是到两三岁才萌生，只是因为小孩子起初不会说话，没有引起大人的注意而已。儿童的这种精神动力需要保护，需要通过早教使之健康发展，不能扼杀，如果教育方式不当，或错过了时机，小孩子的这种精神力量会大大减弱。

总的来说，塞德兹的早教理念、方法等，也有值得令人借鉴或引以为戒的地方：

（1）**教育理念**。塞德兹指出了当时的家庭教育、学校教育的种种弊病，坚信正确、先进的早期教育对人才培养能起重大作用。认为每个健康、正常的孩子都有成为天才的条件。“天才是后天教育的结果，而非天生。”天才的发现与培养需要正确的、先进的、不失时机的早教，而实施早教的关键责任人是孩子家长。这跟老卡尔的教育思想基本一致。

（2）**教育方法**。基本上借鉴了老卡尔教育儿子的做法。从孩子一出生就开始从听觉、视觉等感官入手，训练孩子对事物的感知能力和接受力。教育效果是，使他的儿子在儿童时期、少年时期，智力远远超出其他同龄孩子。

（3）**培养目标和如何看待天才**。塞德兹与老卡尔有较大差异。老卡尔很注重对孩子的综合素质培养，曾说儿子“是不是天才并不重要”，只希望他全面发展。老卡尔经常教育儿子，要谦虚不要骄傲。当儿子真正有了令人称赞的突出成就时，老卡尔并没有沾沾自喜。在这方面，塞德兹要逊色得多，他虽然也曾告诫儿子说：“要想成为一个有成就和对世界有贡献的人，必须首先要建立起自己独立的人格和优良品质，因为每个人都是国家的一员，所以在很大程度上可以说就是个人的品质决定着整个国家和世界的命运。”但从塞德兹的早教思想和实践方面看，他过分看重天才。比如，在儿子智力超群，小小年纪就表现出非凡才能时，作为父亲塞德兹很得意，沾沾自喜地说：“这个天才是我培养出来的！”

（4）**对其他家长批评欠公允**。塞德兹是心理学博士，潜心研究过老威特的教育思想与实践，而一般的家长，没有他那样的学历，没有和他一样的学术专长，如何教育孩子并不都是很内行。也许由于塞德兹有愤世嫉俗的个性，他把当时一般的家长、一般的家庭培养出来的孩子都称为庸人或俗物，话说得很尖刻，批评也有失公允。

（5）**值得吸取的教训**。塞德兹对儿子的教育和培养可谓竭尽全力，目标就是要培养天才，他曾说："真正有意义的教育，应该着力于对孩子本身的培养，应该以合理的方式开发出他们潜在的能力。那种为了使孩子一鸣惊人的做法，只会让孩子的成长坠入到畸形发展的轨道。片面或着眼于一处的教育只能使孩子成为俗物，甚至比一般的俗物还要糟糕许多。"①

让老赛德兹没料到的是，儿子智商虽然很高，但情商问题很大。在天才光环笼罩下，性格上特立独行，生活上自理能力极差，与他人相处时格格不入。再加上当时教育机构将这样的天才视为异类，无法接受。种种原因使得小塞德兹在成年之后，才能未能真正发挥，未能真正做出被世人称道的成就，生活上很不如意，年仅 46 岁时就因脑溢血去世。小塞德兹这样的人生结局，跟老塞德兹过分看重天才的教育思想和教育行为不无关系，他没有预见到儿子身上潜伏的危机，未能对儿子的人生给以正确引导。小塞德兹的教训很深刻，给那些过分看重天才，过分看重智商而不关注情商，不关注教孩子如何做人的综合素质培养的家长们一个重要警示。

（三）蒙台梭利的儿童潜能与敏感期理论

0~6 岁是人生最重要的发展阶段。属于人类智慧的东西在这一阶段基本形成，人的心理也在这一阶段基本定型，孩子的人格特质也基本上由这一阶段的发展所决定。为什么人的婴儿期那么漫长，且充满艰辛，而其他动物却不需要，这里一定有什么奥妙，一定有某种创造力在起作用。带着这些疑问，蒙台梭利做了深入研究，提出了自己的理论观点。

1. 孩子一出生就有巨大潜能，教育须将激活儿童潜能作为目标。

蒙台梭利认为，婴幼儿具有与成人完全不同的大脑，他们的大脑有非常巨大的创造力，不但能完成语言创造，同时完成了发音器官的成长，还

---

① ［美］塞德兹著，柏桦译：《俗物与天才》，京华出版社 2001 年版，第 58 页。

时时刻刻为智力等因素的发展做身体方面的准备。这种创造力是一种潜意识的“心智力量”。这种力量“并不是在受有意识的‘意志’所主宰，而是由潜意识的心智来完成的。它是一种不可思议的智慧，孩子那奇妙的创造工作就是借这种潜意识心智完成的。我们发现，在某种时候，环境中的某些方面会引起孩子强烈的兴趣，它表现出一种穿透整个生命的热诚，这就是一种潜意识的力量。”①

潜意识的心智力量简称潜能，“这种力量可以引导我们进入美好的未来。如果我们真的想革新这个世界，教育就必须将发展儿童的潜能作为目标。”即，如果能帮助儿童将这种潜能发展好，世界将会被革新。蒙台梭利严正指出：“如果我们要改变一个国家的风俗习惯，或希望加强某一民族的某些性格，我们必须以孩子为突破口，从小孩开始，因为在成人身上所能做的太有限了。要改变一个民族或一个国家，变好也罢，变坏也罢，要唤醒宗教或提升文化，我们都必须仰赖孩子，他们才有无比的能力。”②

意思是，从小孩子一出生就对他进行良好的教育，意义重大无比。教育需要从婴幼儿阶段抓起，帮助孩子发展其巨大的潜能，这关乎国家和民族的未来，也关乎世界的未来。然而，长久以来“这种潜能就一直被忽视。直到最近才有人提及这种潜能的存在。例如，卡瑞尔说道：‘婴儿阶段无疑是非常值得研究的。我们应该通过任何可能的和现实的教育途径对这一阶段进行开发。一旦错过这一阶段就无法进行弥补。我们不应该忽视这一阶段，而应该努力对它进行挖掘。’”

儿童潜能的激活与发展，必须从教育方式的改革入手。教育必须以儿童潜能的发展为目标。可是，一说到教育，人们往往理解成传统的、一本正经地给学生上课的教育，通过语言向学习者传授知识等。然而，对于刚出生的婴儿来说，传统的教育方法行不通。“在婴儿出生的早期阶段，所

---

① ［意］玛利亚·蒙台梭利著，胡纯玉译：《发现孩子》，中国发展出版社 2006 年第 2 版，第 19~20 页。

② ［意］玛利亚·蒙台梭利著，胡纯玉译：《发现孩子》，中国发展出版社 2006 年第 2 版，第 28~29 页。

谓教育是指，为婴儿与生俱来的精神力量的发展提供帮助。这就是说，我们不能使用正统的说教式的教育方法”。[①] “我们发现婴儿的心理与成年人的完全不一样。我们不能通过语言指导和直接介入这一过程来达到目的，于是整个有关教育的理念发生了变化。教育成了向儿童心理发展提供帮助的手段，它不再是一个灌输语言和观点的过程了。”[②] 蒙台梭利认为，儿童教育的新的发展方向就是“向儿童的心理发展提供帮助，向儿童的这种能力提供帮助，并提高儿童的这种潜能”[③]。

蒙台梭利这种教育理念被称作以人为本。以这种理念作指导，给儿童的心理发展及创造力发挥提供帮助就是教育。对家长和儿童教育工作者来说，怎么给儿童的潜能发展提供帮助呢？蒙台梭利指出：教育者首先要了解人类发展的规律，了解儿童潜能的特点，了解儿童是需要帮助的，但又不是处处需要帮助的。不能只关注儿童的身体健康发育，要注意教育的方式改革。比如，要让儿童发挥自己的潜能，孩子能自己做的事就让他自己努力去做，不要去阻碍。孩子自己的活动就是劳动，要给予尊重，要给予孩子不停劳动的自由。环境中不应该有影响孩子发展的障碍，应该用很多有趣的东西，激发孩子兴趣并让他获得生活经验，如此等等。如果不让孩子按自然的规律去发展，他的本能里的能力就会衰退。

总之，要把握时机，给孩子提供良好的环境条件（自然的和人文的），给孩子提供促进潜能发挥与发展的机会，如果错过时机，儿童的某些潜能就有可能发挥不出来。

2. 儿童的潜能激活与周围环境的关系及敏感期理论。

儿童拥有巨大的发展潜能和创造力。这种潜能和创造力在一定的生活

---

① ［意］玛利亚·蒙台梭利著，高潮、薛杰译：《有吸收力的心灵》，中国发展出版社 2006 年版，第 3 页。

② ［意］玛利亚·蒙台梭利著，高潮、薛杰译：《有吸收力的心灵》，中国发展出版社 2006 年版，第 22 页。

③ ［意］玛利亚·蒙台梭利著，高潮、薛杰译：《有吸收力的心灵》，中国发展出版社 2006 年版，第 22 页。

环境中才能得到发展，或者说以周围环境为依托才能得到发展。在潜能的作用下，学习新事物，吸收新知识。“儿童对学习知识具有一种本能的超然态度。他通过从周围环境中学习知识塑造自己的性格。”① 而所谓儿童教育，首要条件是给小孩子提供良好的环境，以保证大自然赋予他们的能力能够得到发展。儿童的潜能发展跟小孩子的成熟有关。成熟表示调节机制的成长。调节机制确保了各个器官的平衡和发展方向的正确。成熟过程不仅仅是基因作用的总和，还要受环境影响。比如一个小孩子，从一生下来就让他离开人类生存的环境，只给他提供充足的吃穿条件，这个孩子也可以长大，但他的智力等会跟生活在人类正常环境中的孩子完全两样。环境在儿童成熟过程中的举足轻重的作用，有很多的事例可以证明。

蒙台梭利对儿童与周围环境的问题，极为关注，做了很多调查研究。她发现儿童对环境极为敏感，存在一个环境秩序敏感期。小孩子的这种敏感，在他出生后第一个月就出现了，并持续两年，这是一个非常神秘的时期。家长如果能对孩子的敏感期给予重视，让孩子在环境中逐步建立起良好的“内在秩序”，孩子的智能结构会因此而逐步建构起来。反之，破坏了孩子熟悉的秩序，他就会哭闹，发烧，甚至生病。蒙台梭利曾举过许多典型的例子，下边选取其中的三个作简单介绍。

例1：有一天，孩子妈妈的一位女同事来访，恰巧下雨，女士手拿雨伞进了家门。妈妈怀里半岁大的小女孩，睁大双眼盯着这位陌生人。妈妈对孩子说，她是谁谁，孩子继续盯着客人看，看着她将雨伞放到桌面上。过不多久，孩子突然大哭起来。来客以为孩子想要这把伞，就把伞递给孩子。可是，孩子哭得更厉害了，情绪更加焦躁不安。懂得孩子心思的母亲，接过女士手里的伞，放到了另一间屋里，孩子这才不哭了。事例表明，小孩子对环境秩序敏感的表现是，她发现环境秩序有异常，物品放置

① ［意］玛利亚·蒙台梭利著，高潮、薛杰译：《有吸收力的心灵》，中国发展出版社2006年版，第46页。

的秩序被打乱了（桌子上不应该有一把伞），顿时感到焦虑，甚至恐惧。①

例 2：一位妈妈因身体不适，躺在客厅里的躺椅上，后背垫了两个枕头。20 月大的女儿要求妈妈给她讲故事，妈妈艰难地讲着，孩子聚精会神地听着。后来，妈妈因病痛加剧无法继续讲下去，就让仆人扶她离开客厅进入卧室，小女孩大哭起来。表面上看，孩子好像是因为妈妈不舒服而哭，大家都安慰孩子，女孩还是哭个不停。当仆人将妈妈垫过的枕头拿起来送进卧室时，小孩子突然大叫："不对，不是枕头……"可是，谁都不知道孩子究竟想要表达什么。妈妈忍着病痛在卧室里继续给孩子讲故事，孩子仍然不停地哭，还对妈妈说："妈妈，椅子！"妈妈这才悟出来，孩子的意思是："妈妈，你还是躺在椅子上，后背垫上垫子给我讲故事吧！"孩子之所以哭，是内心的秩序被打乱了。不了解孩子的"秩序敏感"，就不能理解孩子哭个不停的真正原因。②

例 3：一对夫妇带一岁半的孩子去旅行，每到一处住旅馆时，房间都有带栏杆的婴儿床供孩子用，一路相安无事。后来，一家三口入住一所公寓，公寓没有婴儿床，孩子只能跟妈妈一起睡大床。从这一天起，孩子就开始失眠、胃不舒服、不断地哭闹，还必须让妈妈抱在怀里。去医院检查，查不出原因，采用多种方法治疗毫无效果，孩子甚而还增添了痉挛、抽搐、高烧不退等症状。无奈之下，孩子的父母只好向儿童神经科专家求助，正好遇到了蒙台梭利。她了解了孩子的情况，立即按照孩子曾住过的旅馆的房间格局和小床的样式，给孩子的居住环境做了安排布置。此时，小孩子停止了哭闹，到小床上不一会儿就睡着了，睡得很香。蒙台梭利认为：环境突然变化，让孩子睡大床，没有栏杆围挡，失去了安全感。孩子由此产生了身体内在感觉系统失调的痛苦症状。

以上事例说明，婴幼儿阶段的孩子，对周围环境十分敏感。环境因素

---

① 参见［意］玛利亚·蒙台梭利著，李浩然译：《蒙台梭利教育法》，中国商业出版社 2009 年版，第 31 页。

② 参见［意］玛利亚·蒙台梭利著，吴启桐、金海涛编译：《蒙台梭利教育全书（典藏版）》，广西科学技术出版社 2013 年版，第 256 页。

直接影响到孩子的情绪和心智结构。心智结构是依托环境建立起来的，环境秩序被扰乱了，孩子的心智结构随之被扰乱。心智结构被扰乱了，孩子的表现就是情绪或健康状况的反常。如果环境因素是积极稳定的，孩子的心智结构也会是积极稳定的，孩子会健康快乐，在学习上也会表现出兴趣和耐心。

不过，笔者认为，小孩子对环境秩序敏感的强与弱，也会因人而异。环境变化，并不意味着所有的孩子都会有强烈反映，有的孩子反映强烈，有的孩子反应不怎么强烈。有的孩子对这种环境敏感，有的则对另外一种环境敏感。不同的孩子，对环境的敏感程度、对环境的适应能力，应该是有差异的，不能一概而论。

3. 儿童的潜能激活及语言学习理论

儿童潜能必然涉及语言。蒙台梭利认为："语言是超越自然的东西，是人类思想、智慧的产物。语言像一个无边无际的网络一样向各个方向发展，可以表达任何事物。……语言是如何被人所掌握的？对这一现象的疑问使我们开始对儿童学习语言的过程进行研究。儿童对语言的吸收和学习是一件非常深奥和难以理解的事情，我们以前没有给予足够的重视。我们总是说：'儿童只要与会说话的人在一起，他们很自然就会学说话了。'但是稍微了解语言的复杂性就会知道，这种观点是多么肤浅。"① 蒙台梭利在其《有吸收力的心灵》一书中，对儿童的语言吸收与学习问题作了深刻的理论阐述，她认为儿童学习语言，是机制的作用，是在大脑无意识状态下开始并完成的。

成长到一定年龄段的儿童，都会开启语言学习进程。蒙台梭利说："儿童学习语言的心理机制是在大脑完全无意识状态下开始，发展完成之后就成为大脑的一部分。毫无疑问，是一种机制导致了这一现象的发生。"儿童学习语言的整个过程，给人深刻的印象是，各种语言的发音，都是一代代传下来的，具有连续性。儿童也能区别母语的阴性和阳性、单数和复

① ［意］玛利亚·蒙台梭利著，高潮、薛杰译：《有吸收力的心灵》，中国发展出版社 2006 年版，第 87 页。

数，时态和语态、前缀和后缀等语法特征。儿童学习母语“是一种自然的机制，或者说是超越自然的机制，它与有意识的学习无关。我们不能通过肉眼观察来看到它”。①

儿童的母语不论是简单的还是复杂的，他们都不会觉得学习它是一件困难的事，而成年人学习其他民族语言（第二语言或外国语）跟儿童完全不同，只能有意识地去学习。

蒙台梭利的儿童语言学习理论认为：儿童的语言学习过程，是在自然的或超自然的机制作用下无意识地进行的。这种机制发展完成之后就成为大脑的一部分。儿童的语言学习机制是其语言学习潜能的源泉。这种机制，跟生物遗传特性密切相关。当代著名语言学家乔姆斯基也承认有一种语言习得机制存在，他认为语言的生成过程，或者说语言习得过程，似乎是被生物的天赋属性严格控制着。“语言似乎是人类特有的能力，基本上与智力无关。”②“人的语言能力很像生物学已知的其他器官。”③于是，乔姆斯基把自己提出的普遍语法理论看成是心理学的一部分，最终是生物学的一部分。

有关儿童的语言学习或者说语言习得问题，到目前仍然是一个未能完全破解的谜。从儿童教育家蒙台梭利，到语言学家乔姆斯基，都认为儿童的语言学习或语言习得是生物遗传来的机制在起作用。儿童的语言学习过程也明显地呈现出无意识的特点。这样的解释，到目前为止，虽然仍属于假说，还有待科学进一步验证，但这可能是最贴近儿童学习语言真实情况的理论解释。

儿童语言发展的自发性、阶段性和爆发现象。

---

① ［意］玛利亚·蒙台梭利著，高潮、薛杰译：《有吸收力的心灵》，中国发展出版社 2006 年版，第 88 页。

② 徐烈炯、尹大贻、程雨民译：《乔姆斯基语言哲学文选》，商务印书馆 1992 年版，第 100 页。

③ 徐烈炯、尹大贻、程雨民译：《乔姆斯基语言哲学文选》，商务印书馆 1992 年版，第 180 页。

蒙台梭利说："语言是自然发展的，是自然创造的。同时，语言发展对所有儿童来说都遵循一个固定的规律。不管儿童生活在什么地方，不管他们所说的语言是简单还是复杂，他们的语言发展阶段都基本相同。"① 也就是说，儿童语言是自然地、自发地发展起来的，是有固定规律的，是有阶段性的。到了一定的时间段，还会有爆发现象。蒙台梭利和其他心理学家都认为：儿童学习语言，不是慢慢地一字一句地学，而有爆发现象发生。比如，儿童会在某一时期突然准确地说出很多单词，这种现象不是由教授者促成的，而是自然发生的。爆发现象通常发生在儿童满两岁的时候，到了这个时段，除了母语词汇突然增多之外，儿童也能够使用比较复杂的句子，能够使用不同的时态和语态的词，包括连词等。儿童也已建立起自己种族和社会阶段特有的心理结构和语言表达机制。这时，儿童的语言学习，也从无意识的状态过渡到了有意识的状态。完全具有了语言能力的儿童，会不停地说话。

据笔者观察，对一般儿童而言，2 岁之后会出现语言爆发现象。有的儿童的语言爆发现象会推迟到 3 岁左右，甚至更晚一些。由于受生物遗传因素的差异，人的语言机制存在一定差异，但跟智力关系不大。

儿童长到 6 岁，他们的语言表述已经相当准确了。能够比较准确地使用母语的基本语法规则，并且完全忘记了自己在此之前，在无意识状态下所做的那些工作。他们已经像一个独立完成了语言学习过程的成年人。如果儿童没有这种自觉，没有自然地学习语言的能力，人类在历史上就不会取得如此众多的辉煌成就。儿童语言的自觉是文明进步的标志。②

不过，蒙台梭利说过的有些话也有可商榷的地方，比如她说："有一件事情是明确的，那就是儿童出生时，既不能听也不能说。那他们究竟能做些什么呢？什么都不能做！但他将来什么都能做。这两个中枢最初没有

---

① ［意］玛利亚·蒙台梭利著，高潮、薛杰译：《有吸收力的心灵》，中国发展出版社 2006 年版，第 88 页。

② 参见［意］玛利亚·蒙台梭利著，高潮、薛杰译：《有吸收力的心灵》，中国发展出版社 2006 年版，第 90~91 页。

任何语言功能，没有任何遗传的影响，与语言没有任何关联。但他们却有学习某种语言的能力，具有完成表述语言动作的能力。他们是整个语言机制的一部分，自然界就是利用他们来发展语言的。”①

笔者认为：小孩子刚出生时，是不会说话，但他真的连听的能力都没有吗？其实不是。小孩子的听觉能力在胎儿5个月胎动时就有了，已经有辨别母亲的声音和其他声音（比如乐音和非乐音等）的能力，对母亲说话的声音很敏感。另外，不能说新生儿的听和说“这两个中枢神经最初没有任何语言功能，没有任何遗传影响，与语言没有任何联系”。其实，在新生儿的神经中枢中，语言的听、说功能都存在。这方面的遗传来的潜能也存在，不能说新生儿还不能听。只是新生儿还没到达发挥这种能力的阶段，语言器官的发育还不成熟。蒙台梭利也承认，婴儿对语音的反应，比成人对音乐的反应要强烈得多。我们认为，婴儿听辨语音的听觉功能成熟比较早，这种功能也在为说的功能发挥做准备。先听后说，是儿童语言发展的基本规律。

蒙台梭利强调说：“每一种降临到这个世界上的动物，它不光具有外在的形体，还具有天生的潜在本能。”“儿童不是‘记住’了语言如何发音，而是形成了发音能力，并将其发挥至极。”② “语言不是儿童天生就会的，而是儿童通过周围环境、在一定规律支配下逐渐学习吸收的。……儿童可以区别不同语言的发声。正是由于这种潜能，儿童才逐渐学会语言，并且以同样的方式学习吸收社会习惯和传统，使他成为其所生活的群体的一个部分。”

儿童的潜能“并不决定儿童一定要学习某种特定语言，它要求儿童学习出生后生活环境中的语言。世界各地儿童学习语言的时间和程序差不多。”“很显然，儿童不是遗传了某种语言模式而是遗传了通过某种潜意识

---

① ［意］玛利亚·蒙台梭利著，高潮、薛杰译：《有吸收力的心灵》，中国发展出版社2006年版，第94页。

② ［意］玛利亚·蒙台梭利著，高潮、薛杰译：《有吸收力的心灵》，中国发展出版社2006年版，第50页。

的活动吸收学习语言的能力。这种潜能有如生殖细胞中的基因，可以精确地控制细胞长成一个复杂而精密的器官。”①

笔者对上述理论观点的理解是：特定的民族语言，不是儿童天生就会的。比如，中国汉族儿童不是天生就会汉语，但儿童天生都有学习语言的机制，这种机制跟生物遗传有关，但还需要环境的触发，在不同的语言环境中儿童可以很快学会环境中的那种语言，像我国古人所说的那样，“生于齐不能不齐言，生于楚不能不楚言”。

综上所述，笔者认为，蒙台梭利的儿童教育理论（尤其是语言学习理论）虽然还有可商榷的地方，但最值得参考与借鉴的基本观点是：（1）强调儿童有一种潜意识的心智力量，即潜能的存在。这种潜能是遗传来的。（2）认为儿童对环境秩序有个敏感期。对环境秩序的敏感，不仅影响到孩子的情绪及健康，也影响到孩子的心智。不过，也应该承认敏感程度因人而异。（3）儿童的潜意识的心智力量或创造力的发挥，必须从教育方式的改革入手。而教育方式的改革，应首先为孩子提供良好的环境。通过良好的环境所提供的积极正面的刺激，激发孩子的学习兴趣和创造力。（4）儿童学习语言是自发的、自觉的、无意识的行为，是在特定机制的作用下呈阶段性发展的，在某个阶段还会出现爆发现象。对小孩子而言，只要在特定的语言环境中生活，哪个地域的语言都能学会，不受遗传因素影响。

（四）其他外国学者的婴幼儿早教理论与方法

日本儿童教育专家七田真，从1966年开始，潜心于0~3岁婴幼儿的右脑开发研究，1978年成立了“七田真教育研究所”。为实施儿童早期教育，还专门建立了“七田幼儿教室”，希望将婴幼儿那种与生俱来的、不可思议的能力巧妙地激活出来。他对0~3岁和3~6岁之间的孩子，每天花三十分钟的时间，用游戏方法跟孩子互动，培养婴幼儿良好的资质。通过实验研究，把蒙台梭利一再提到的“儿童具有神秘的力量”的科学预见变

① ［意］玛利亚·蒙台梭利著，高潮、薛杰译：《有吸收力的心灵》，中国发展出版社2006年版，第62页。

成了可以看得见的事实。1987年以后，七田真的右脑开发实验与婴幼儿教育理论在日本受到了广大年轻父母的赞许，在国际上也产生了较广泛影响。七田真将早期教育分为四个阶段：1. 胎教阶段。他认为胎儿在母腹内，全部运用右脑（本书作者注：准确地说，是指胎儿的大脑发育起来的神经元细胞）。胎儿能够听明白并理解父母的想法，能够听懂音乐、儿歌等，能够听懂大人讲的绘本故事内容（参见本书的胎教部分）。2. 右脑主导阶段（从出生至3岁）。在该阶段，家长可以给婴幼儿输入各种信息，孩子借助右脑极强的接受力，能够获得信息。3. 右脑的作用向左脑转移的阶段（3~6岁）。在这个阶段，可以帮助孩子将右脑中闪现的事物图像用语言表达出来，让主管语言的左脑发挥作用。4. 左脑起主导作用阶段，则是在6~7岁以后。

尽管七田真的理念还需要进一步去验证，但通过几十年的教育实验研究，他发现："所有的儿童都是天才，没有一个孩子不是天才。儿童的天才指的是什么呢？是指他们与生俱来的在任何方面都可以充分发展的能力。"① "婴儿一出生就拥有无限的可能性和无穷的潜力，如果我们不采取任何引导办法，既不给予其帮助，也不与其对话，那么婴儿与生俱来的优秀潜质就将随着时间的流逝而消失。"② 七田真也断言，儿童的成长有个关键期，是在0~6岁这个年龄段。"在这个阶段，如果家长对孩子不管不顾，只任其自由玩耍，那么就会使孩子与生俱来的那些优秀素质消失殆尽。"③

笔者认为，七田真的断言可能有些绝对化，事实上不一定完全如此，但从总体上看，七田真跟老卡尔·威特、蒙台梭利等专家学者的观点基本一致。七田真很赞同老卡尔的早教观念，以及老卡尔的"儿童智能递减法

---

① ［日］七田真著，张慧译：《学龄前儿童智力开发的秘密》，科学技术文献出版社2006年版，第26页。

② ［日］七田真著，贺迎译：《七田真0~6岁育儿法》，南海出版公司2008年版，第12页。

③ ［日］七田真著，张慧译：《如何培养儿童的右脑》，科学技术文献出版社2007年版，第11页。

则”。很赞赏蒙台梭利的基本观点，认为“儿童具有神秘的力量”，“婴儿一出生就拥有无限的可能性和无穷的潜力”。七田真也认为：儿童成长有一个关键期，是在0~6岁。他通过自己的教育实验研究，做出了令众人信服并具有一定国际影响力的成绩。七田真告诫大家，要正确理解教育的概念含义，不要一提到教育，就把它仅仅理解为“教授知识或技术”。所谓教育，其重要义项是“培养人，使其具有一定的智力”，《广辞苑》里就是这么解释的。①

美国学者斯特娜（1870—1931）曾经主张“自然教育”，后来改变了观念，成了老卡尔·威特早教理念的赞同者，并身体力行地拿自己的女儿做实验。女儿一出生，她就开始对孩子实施早教，具体方法是：选择色彩鲜艳的卡片、气球布置在孩子的房间里，刺激孩子的视觉；给孩子播放优美的音乐，刺激孩子的听觉；为女儿朗诵一些著名诗人的诗篇，讲解一些著名画家的作品的含义，让孩子在脑袋里深深烙下美和善的印象。早教的效果是，女儿在各个方面的发展都比同龄的孩子高许多。女儿2岁时，智商就可以和6岁儿童媲美。她认为：“孩子小的时候不懂得拒绝，你给他什么，他就会接受什么。当然，如果你什么都没有给他，那他就会一无所有。”②

20世纪，英国格拉斯哥大学数学教授詹姆士·汤姆森，也可能是受了老卡尔·威特的影响，也坚定地认为：孩子很小的时候就开始对其进行教育是十分必要的，从“摇篮”时就开始对孩子进行教育，一旦孩子对你的施教产生兴趣，他就会对世界产生兴趣，学习就不会成为负担，孩子的健康也不会受到伤害。早期教育得法，孩子在将来的学习中也不会感到劳累。他按这样的教育理念，对自己的两个孩子实施了早教，结果都很成功。大儿子詹姆士12岁时、小儿子威廉10岁时，都以正式学生的身份被

① 参见［日］七田真著，贺迎译：《七田真0~6岁育儿法》，南海出版公司2008年版，第12页。

② ［美］维尼弗里德·斯特娜著，方舟编译：《斯特娜夫人的自然教育（教育1+1白金版）》，朝华出版社2010年版，第3页。

大学录取。大学期间，两兄弟的学习成绩始终名列前茅，大四的时候二人包揽奖学金第一、第二名。后来，老大詹姆士成了工程学领域的杰出权威；老二威廉成了19世纪杰出的物理学家，在科学编年史上拥有一席之地，成就与牛顿、法拉第等著名科学家相媲美。①

从德国的老卡尔·威特，到后来的其他专家学者，几乎都承认每个孩子都是天才。严格地说，他们所说的天才，实际上是指孩子的天赋和潜能。美国学者霍华德·加德纳博士在其《多元智能新视野》一书中对天赋和天才这两个概念作了自己的界定，认为不能把这两者混为一谈。他说："天赋是早期发育形成的生物心理潜能的标志。"而天才是指那些"既是杰出的专家，又有非凡的创造性，同时其作品或理论具有广泛的或相当广泛的重要意义的人"。他还说："我只能简单地设想：天才是最具有创造性的人。他们的见解奇特、新颖，能跨越不同的文化背景打动人们的心弦。仅仅在个人的领域内取得进展已经够困难的了，要取得能够影响整个人类社会进步的进展，简直就是奇迹！也许将莫扎特、孔子、莎士比亚视为奇迹并不过分，他们是人类和宇宙之间存在着不可思议的共鸣的证据。"②

在弄清楚天赋和天才这两个概念含义不同的情况下，我们认为，应该承认所有的孩子都有一定的天赋（先天禀赋）和巨大的潜能。要让孩子的潜能得到很好的发挥，科学地开展早教是有必要的。早教的目的是，是把孩子培养成将来对社会真正有用的人才。然而，孩子将来会成为怎样的人，受多方面的因素的影响，早教只是其中的因素之一，早教的作用也是有限的，不应该过分地夸大。

比如，小塞德兹的天赋很好，家长对他的早期教育与培养也竭尽全力，他在少年时期的表现也的确出类拔萃。可是，成年之后并没有做出令世人瞩目的成就，40多岁就很孤独地走完了人生。从这个意义上说，老塞

---

①　参见［德］卡尔·H.G.威特著，东方笑译：《世界上最伟大的教育课·英文版序》，陕西师范大学出版社2009年版，第12~13页。

②　［美］霍华德·加德纳著，沈致隆译：《多元智能新视野》，中国人民大学出版社2008年版，第44、46、53页。

德兹对儿子的早教最终结果是失败的。家长对孩子早教只重视智商而忽视情商，只重视智力而忽视如何做人都会有潜在的危险性，人的社会性不可忽视。小塞德兹的教训很深刻，很值得那些一心一意想把孩子培养成天才的家长们吸取。

科学的早教，给孩子提供智慧性的、刺激丰富的环境条件，对激发孩子的潜能，对孩子将来的发展有重要作用。理论依据是："当大脑接受到任何刺激时，就会激活细胞之间的通讯过程，刺激越新异和越具有挑战性（高到某种程度），就越有可能激活一条新的通路。如果该刺激对大脑没有任何意义，则信息将受到较小的重视，留下弱的痕迹。如果大脑认为某件事情足够重要，应该进入长时记忆，就会出现记忆潜能。""如果一个孩子生下来就有天才基因，但养育在不够丰富的环境中，他或她实际成为天才的机会是低的。换句话说，一个拥有平凡基因的孩子，养育在一个支持性的、智慧刺激的环境中，会因丰富的环境功效而取得成功。"① 霍华德·加德纳感叹道："怎样才能培养或教育天赋优秀的人才？有时会听到伤感多于诙谐的嘲讽：摧残天赋优异而具创造力的年轻人，比鼓励他们开花结果容易得多！正因为我们对他们探求的奇异现象所知太少，对于家长和教师们，最重要的就是'请别伤害他们！'"② 父母家长或老师，在教育活动中首先要做到不伤害、不摧残孩子优秀的天赋，尽可能给孩子发挥发展其潜能创造条件和机会，这本身就是很好的教育。

---

① ［美］E.詹森著，梁平译：《基于脑的学习——教学与训练的新科学》，华东师范大学出版社2008年版，第2页。

② ［美］霍华德·加德纳著，沈致隆译：《多元智能新视野》，中国人民大学出版社2008年版，第54页。

学习体会与育孙实践

三、婴幼儿的认知核心能力特点与能力提升

对婴幼儿早教，许多家长都有意愿，但不知道从何处做起。笔者认为：作为早教责任人的父母家长，首先要了解婴幼儿有哪些核心能力，核心能力的特点是什么，在此基础上，适时、恰当地开展早教，使孩子的能力得以提升，就能达到良好的早教效果。

所谓核心能力，是指任何一个发育正常的婴幼儿都具备的能力，是人类生存不可缺少的能力。婴幼儿的核心能力都是潜在的、以本能为基础的。一般来说，具体表现在认知、动作、语言和社会性等若干方面，并各有自己的特点和发展规律。

人对世界的认识，都需要通过感觉、知觉、记忆、思维、想象等活动去实现，这些活动都属于认知范畴。新生儿也需要靠自己的感官去感知身外的世界，并了解自我。感官的敏锐性强，孩子的认知能力就强；感官的敏锐性弱，孩子的认知能力就弱。感官的敏锐性强弱，是判断孩子认知能力水平高低的重要指标。感官的感觉包括听觉、视觉、触觉、嗅觉和味觉以及本体感觉——动觉、静觉。对孩子的感官，适时、恰当地给予刺激，有意识地训练小孩子的感官，可以使感官的潜能得到更好的激活，可以使感官敏锐性得到增强，孩子的认知能力水平会随之提高。

儿童的认知潜能能否得到有效激活，对孩子日后的听觉、视觉、触觉、味觉、嗅觉、动觉、静觉等方面能力的发展都会有影响。比如，有的

孩子跟同龄孩子相比，认识事物迟缓，反应不够敏锐，行动不够灵活，说话含混不清。这些情况的发生，除了和遗传因素有关以外，也与早期教育的缺失或者不当有一定关系。如果家长能及时予以关注，并通过恰当的训练，让孩子尽早得到矫正与改进，对孩子以后正常的学习，如听课、阅读、做算术等都会有好的作用。

下文对婴幼儿的听觉、视觉、触觉、嗅觉和味觉这几方面的认知能力特点，以及与此相关的早教问题作讨论。

（一）婴幼儿的听觉能力特点与能力提升

听觉是人辨别外界物体声音特性的感觉，是人类获得知识的重要途径。在人们的日常生活中，听觉的运用频率比视觉运用频率高得多，婴幼儿也不例外。婴幼儿的听觉感知能力发展相对较早，其特点主要从听觉敏感度（简称“听敏度”）、听觉定位、语音和乐音听辨这三个方面去体现：

听觉敏感度俗称听力。指人对声音刺激的精细程度的分辨能力。胎教好的孩子，出生后就对语音、乐音有敏锐的感知力。所有的新生儿都喜欢听温柔平缓的话语声音，都讨厌嘈杂喧闹的声音，最受不了的是刺耳的噪声。听到温柔平缓的语音，孩子会睁大眼睛，或皱眉，或微笑，还会停止正在做的动作，表现出安静倾听的样子。如果母亲用温柔平缓的语音跟孩子说话，或给孩子听悦耳的铃铛声，到了孩子能发声的时候会以“哦”“啊”的声音给予回应。如果听到突如其来的喧闹声或噪声，孩子会很惊恐，甚至出现全身颤抖的动作。

听觉定位能力指个体对声源方向的判断能力。有些教科书认为，婴儿的听觉定位能力差不多半岁以后才有。但据笔者观察，受过良好胎教的新生儿，由于在胎儿时就有听辨母亲的语音和某些乐音的经验，出生不久就对特定的语音和乐音有定位能力。对来自不同方向的声音，会通过头部转动动作去寻找声源方向。比如，醒着的时候，听到他熟悉的声音，会转动眼睛和头去寻找。听到温柔友善的声音，或抚育他的人的声音，会停止哭泣。满月之后，听觉灵敏度增强很快，尤其对高频声波。孩子的父母如果有意识地用微笑的表情、和蔼可亲的说话声，给孩子听觉方面的刺激，孩子判断声源方向的听觉定位能力会发展很快。总之，听觉定位能力的强弱，对孩子日后的空间方位感觉能力的发展会有直接的影响。

语音和乐音听辨能力指个体对语言、音乐的声音节奏、音色的听觉分辨能力。一般来说，胎教好的孩子，在胎儿时期已形成对母亲的语音和某些乐音的听辨能力基础。出生后十来天的婴儿，随着接触到的人多起来，对不同的人的语音的区分辨别能力也显现出来。据笔者观察，受过胎教的新生儿，对母亲的语音及胎儿时听过的乐音最敏感，对其他育儿者的语音也有不同的反应。可以说，孩子出生不久就有语音和乐音的分辨能力。孩子到半岁时，已经能够习惯地感知语言的声音，比如，知道什么人在叫他的名字。根据婴幼儿的听觉认知能力特点，家长在早教活动中需要了解：

1. 听觉感知内容丰富，能促进孩子的语言及相关智能的发展

多数母亲或育儿者往往认为，刚出生不久的孩子，只对饥饱、冷暖、干湿、静闹等有感知能力，有排大小便和会哭的本能表现，有吃奶、睡眠的本能需求，除此之外就没有别的了。其实，新生儿还有与大人交流，并希望父母或其他家人跟他说说话的欲望和需求。如果细心观察便不难发现：大人面对孩子说话时，孩子会睁大眼睛看，对大人说话的口型很关注，对大人说话的动作和表情很好奇。孩子醒着的时候，会以期盼的目光看着大人，等待大人跟他说话。七田真的研究证明："婴儿的确从出生的那一刻开始，就已经在学习语言了。父母对孩子展露的笑脸、表情、动作都在教导孩子如何进行沟通。"①

婴儿的听觉感知能力的不断提高，与经常听大人说话有直接关系。小孩子学习语言，就是从听大人说话的声音开始的。婴幼儿在学说话之前，只要大人跟他说话，他会一边听，一边观察大人的面部表情、口型动作，并做出相应的反应。孩子这种反应，也是在与大人进行情感交流。缺少这种交流，孩子将来的语言发展、情感表达、性格形成都会有不良影响。多给孩子听大人说话的机会，对婴幼儿潜能发挥意义重大，概括地说有以下

---

① ［日］七田真著，蒋蓓译：《最新胎教》，华东师范大学出版社 2010 年版，第 140 页。

几点。

（1）听大人说话能使孩子的听觉敏感度、听觉定位能力、语音分辨能力较快地得到提升。（2）听大人说话是儿童的本能，也是接收外界信息的途径。这种本能虽然孩子在胎儿时期就得到一定程度的显示，但真正面对大人，直接听大人说话，则只能在出生之后。（3）听大人说话，是孩子提高自己的语言听辨与理解能力水平，发挥语言潜能的根本途径。听大人说话经验不足的孩子，其语言能力的发展会受限制。我们平常见到的情况是，有的孩子开口说话晚，除了家族遗传因素之外，就是听大人说话经验少。（4）听大人说话，试着对大人所表达的意思进行理解，对小孩子而言是极为奇妙有趣的事。感到奇妙有趣，会进一步促使孩子去听，直到自己试着说。对新生儿来说，虽然还不会说话，但从听大人说话中吸收营养，激活话语听辨与理解方面潜能，进而形成自己的“内在语言”，这是开启儿童语言健康发展进程的关键。

总之，小孩子听大人说话，跟孩子饿了想吃奶，渴了想喝水一样，是本能需求，也是能量储备活动，是孩子为将来说话所做的必需的准备，是能量储蓄和相关素材储备必需的。婴儿阶段的孩子，听大人说话多，感知到的信息多，储备的东西就多，将来学说话时表达能力就强。

大脑生理学研究者认为，大脑的优劣，关键在于孩子出生后信息获得情况的优劣。给婴儿良好的启发性的刺激，可以接通大脑中的信息通道。婴儿在出生后的1~2个月内，大脑发育速度惊人，只是我们看不见罢了。有的婴儿说话早，是此前获得的信息多，潜在能力发挥得好。婴儿在其能力范围内接收到的信息越丰富，智力的发展也就越好。孩子大脑反应灵敏与否、聪明与否，秘密就在于此。大人跟孩子说话，孩子听大人说话，都是语言信号的刺激。外界语言信号的刺激，是孩子的语言学习机制发挥作用的外部条件。外界语言信号刺激少，孩子获得的信息少，孩子会出现语言“营养”不良问题。一旦出现这种情况，再好的机制也不能保证小孩子的语言和智能健康发展。

2. 美好的语言能愉悦孩子情感，能激发孩子听觉潜能发挥

人天生就有爱美的心理。大人们的悦耳动听的话语，和蔼可亲的表情，能愉悦孩子的情感，能使孩子更乐意听大人说话，更乐意观察大人的动作。例如，我家孙子出生之后，我们聘请到一位很有经验的月嫂，她几乎每天都会面对宝宝和蔼可亲地说：“宝宝，你的大眼睛真漂亮！”“你的亮亮眼，今天更亮了！”“阿姨给你捏捏小鼻梁，啊，更挺直了，帅极了！”“宝宝，你的小嘴可不小，以后唱歌一定特棒！”这些表扬和赞美的话孩子特别爱听，听的时候会显现出很愉悦的神情，常常两眼专注地盯着阿姨，甚至对她走路的脚步声也很敏感。

如果孩子觉得大人的话不够友善，或是批评他的，他就不爱听，甚至以“哭”表示反抗。孙子满月后，我们抱他去医院做例行体检，一位陌生的妇女看了看我家宝宝说：“哦！是个秃瓢。”语音比较生硬，小家伙立马大哭起来，让那位妇女很尴尬。也许是孩子觉得，那个人说话声音很陌生，不够友善；也许是觉得，那个人说的话是批评性的。孩子哭的原因究竟是什么？我们还不能做出十分准确的判断，为了安抚孩子，我们给宝宝解释说：“‘秃瓢’不是骂人的话，是指男孩，阿姨说你是一个男孩。”孩子听了之后，忽闪着亮亮眼，不哭了。

婴幼儿听大人说话时，如果大人的表情和蔼可亲，或伴有亲昵动作，孩子会很高兴。孩子的妈妈常这样说：“宝宝，你的头发太少了，妈妈给你胡噜胡噜，多多长头发。”这时，孩子会闭上眼，享受胡噜动作带来的愉悦。另外，婴幼儿一般见到陌生人都会盯着对方看，如果那个人给孩子笑脸，孩子会很高兴，手脚也活动起来；如果那个人给孩子做个鬼脸，或说些批评的话，孩子便难以接受，会哭起来。

孩子再大一点的时候，大人跟他说话，他会“咿咿呀呀”地回应。这种回应，是建立在孩子语音听辨能力提高的基础上，是孩子语言潜能初步发挥的表现。这种回应能力的发展，对孩子以后的社交能力开发也很有利。孩子在婴儿时期经常接受不同成人的语言刺激，到会说话的时候，不管遇到熟悉的人还是陌生的人，他都不怕说话。

3. 节奏明快、语义积极的儿歌，能给孩子美感，满足孩子精神需求

不少婴幼儿早教辅导材料中都说，听儿歌对孩子有好处。但好处在哪儿？解释不够。婴幼儿喜欢听哪些儿歌？不喜欢听哪些儿歌？能讲出道理的人不多。于是，我们在这方面做了实验。实验对象是我家孙子，实验开始时间是他出生后的第五天。早晨喂完母乳后，孩子很清醒，奶奶把他抱在怀里，孩子亮亮的眼睛专注地看着大人。奶奶说："宝贝，今天给你背一段儿歌，希望你喜欢。"于是背了一首《小青蛙》："小青蛙，呱呱呱，水里游，岩上爬。吃害虫，保庄稼，人人都要保护它。"

孩子听完之后，手脚动起来，像是很喜欢。于是奶奶又背诵了一遍，小孩子仍然很安静地听着，两眼专注地看着奶奶的脸。听完之后，手脚又舞动起来。当背诵到第三遍时，奶奶发现，孩子把脸转向一边，不再看奶奶了。奶奶马上问他："宝贝，你已经记住了，不想再重复了是吗？"小家伙似乎听懂了，脸转向奶奶，舞动双手。奶奶及时表扬他学习得很快，然后拍他睡觉。另外一次是，奶奶给他背诵《两只羊》："东边来了一只羊，西边来了一只羊，一起走到小桥上。你也不肯让，我也不肯让，扑通一声掉进河中央。"

当背到"扑通一声"的时候时，孩子身体抖动了一下。奶奶观察到了这个细节，马上问宝宝："是害怕了吗？奶奶不背这一首了！"小家伙将脸侧向一边。于是给他换了一首《小蝌蚪》："小蝌蚪，圆圆头，排着长队去春游。小尾巴，摇摇摇，不用妈妈自己走。"孩子又开始认真地听。

在实验中发现：除《两只羊》之外，像《大白鹅》《会叫的鞋子》这样的儿歌婴儿也不喜欢听。《大白鹅》全文是："大白鹅，嘎嘎叫，走一步来摇三摇。见到小猪头一扭：看你一身黑毛毛！看见小鸭头一扬：看你个子矮又小！大白鹅，尾巴翘，人人笑它太骄傲！"《会叫的鞋子》全文是："我的鞋子真好笑，走起路来吱吱叫，小猫把我当老鼠，跟在后面喵喵叫。"

从孩子的反应情况看，他喜欢听《小青蛙》和《小蝌蚪》，不喜欢听《两只羊》《大白鹅》《会叫的鞋子》。为什么会这样？我们的推断是：《小青蛙》和《小蝌蚪》都是三字句，句子简短，句末是"a"韵和"ou"韵，节奏明快，清晰悦耳，感染力强，能愉悦婴儿的精神。《两只羊》和《大白鹅》，句子结构比较复杂，句末用了"ang"韵和"ao"韵，声音节奏不够明快，悦耳性较差。再加上句子中有"扑通""嘎嘎"这类读音刺耳的象声词，不能给人愉悦。说得深一点，也许是这几首儿歌带有讽刺和嘲笑的意味，正面的感染作用较差。《会叫的鞋子》也有这样的问题。

小小的婴儿对哪些儿歌好听，哪些儿歌不好听，肯定还不能做出理性的判断，但靠其本能和直觉，对不同的儿歌有了选择的倾向，这就够让人惊叹的了。由此我们认为，在早教活动中，家长要是给孩子听儿歌，要对作品做选择，尽量选那些韵律节奏明快、读音悦耳、语义积极，能给孩子美的感受，能愉悦孩子的精神的儿歌作品。

此外，我们也发现，婴儿也有听觉疲劳问题。比如，有的儿歌孩子喜欢听，他的眼睛会很专注地看着大人。可是，听了两三遍之后，他会把目光转向一边，不再看大人。我们推断，这是孩子不想听的表现，是听觉疲劳的表现。如果复习学过的儿歌，只需一遍，重复第二遍时，他也会用蹬脚提醒你，意思是说“我会了！不想再听了！”给稍大一点的婴幼儿读诗歌、讲故事，也有类似的情况发生。孩子熟悉的、喜欢的作品，可以重复诵读，但重复次数不可多，否则孩子会疲劳，甚至感到厌烦。

总之，由于婴儿的听觉十分敏感，对有声的儿歌、诗句、故事的反应很敏锐。家长在给孩子听儿歌或其他作品的时候，要随时观察孩子反应，这是和孩子沟通的方法之一。这种沟通很微妙，需要成人用心灵去感悟，需要细心观察孩子的眼神和肢体动作，以了解孩子的喜好与需求。随着孩子月龄的增加，我们给孩子听觉刺激也由每天一次（30 秒以内），逐渐增加到每天三次，由每次 30 秒，逐渐递增到将近 1 分钟，但从来不会超过 1 分钟。否则孩子会有听觉疲劳反应。然后，我们就让孩子听听轻音乐，或给他哼一些歌曲。当孩子睡完觉，清醒时，学习的内容可扩大到让孩子看看窗外的风景，看看室内的物品，告诉孩子物体的名称，让孩子熟悉环境，调剂孩子的精神需求。

4. 优美的音乐能愉悦孩子精神，有利于孩子多方面智能发展

无论哪个国家的人，都可以根据自己的审美体验去欣赏不同国家的音乐。不同年龄段的人、不同国别的人，可以对同一首乐曲产生共鸣。音乐对孩子(尤其是胎儿、婴幼儿)的健康发育有着独特的、不可替代的作用。

我们知道，人的听觉官能是最先发展起来的。医学研究证明，胚胎从第8周起，听觉神经就开始发育了，等胎儿发育到5~7个月的时候，听力就完全形成了，并能分辨出不同的声音，在母体内做出相应的反应。胎儿时期听不同的音乐，孩子的反应也会不同，许多妈妈对此都有深切的感受。优美的音乐，有利于胎儿的各种细胞健康地分裂组合，然后生长成各类脏器、腺体，直至形成各类系统（消化系统、呼吸系统、神经系统、循环系统、心血管系统、血液系统、内分泌系统）。与此同时，音乐对孩子将来的性格形成也会产生重要的影响。我国古人在早教中就很重视乐教，《礼记·文王世子》中说："凡三王教世子，必以礼乐。乐所以修内也，礼所以修外也。礼乐交错于中，发形于外。是故其成也怿，恭敬而温文。"

乐教虽然不只是听听音乐，但听音乐确实能使孩子精神愉悦、乐观开朗，对孩子的性格能起重要影响。小婴儿都喜欢听欢快的音乐，到一周岁之前，大都能够随着音乐声响，有节奏地舞动自己的小手。苏联儿童文学家和教育家丘科夫斯基，在其《从2岁到5岁》一书中指出："孩子都是如此，越是接近零岁，越具有神奇的能力。这并不仅仅表现在音乐和语言才能方面，如果教育得当，在各个方面都会出现奇异的增长。事实上，这些本应神奇地增长的能力，如果得不到适当刺激和训练的话，就会迅速地消失，而这一点却几乎不为人们所知。"

给婴幼儿阶段的孩子以优美的音乐熏陶，潜在作用是：能启动孩子大脑反应的灵活性，增强思维反应的敏捷性，提高记忆力和想象力，使耳、眼、心、口、手、脑的活动的协调性更为完善。日本早教专家井深大说，学音乐的孩子，气质都会改变，音乐能改变孩子的容貌——表情、动作。与不听音乐的孩子比，有听音乐经验的孩子，表情动作要活泼、生动，眼神也不一样。另一位日本研究者认为：由于婴幼儿大脑中，左脑的β推论脑波尚未形成，所以要选择旋律单纯、柔和、简短，节奏轻松的乐曲给孩子作音乐教材。他还根据婴幼儿生活起居的不同情况，分别选出早晨起床、吃饭、游戏、睡觉等不同时间段可供聆听的音乐，并根据孩子成长的过程，大脑的成熟程度，为0~6岁的婴幼儿选出了不同的乐曲。有的日本心理学专家还用特殊技巧，搜集大自然中的流水声、瀑布声、雨滴声、风声、鸟鸣虫鸣声……再配上婴幼儿专用音乐声，制作成给婴幼儿听的音乐，以此来启动右脑的α学习脑波。

斯特娜夫人，在其女儿还在摇篮里的时候，就精心选择了简单而又动听的，有声音的玩具训练孩子的听力。她后来又将音乐和游戏融合在一起，训练女儿的听力。比如，将书写好的音符藏在某个地方，让女儿去找，孩子快要找到的时候，就在钢琴上弹出这个音符。久之，女儿不仅喜欢这个游戏，而且能很快分清钢琴上的高低音调，为女儿日后学习弹奏歌曲打下了扎实的基础，建立起了良好的乐感，也启动了更多的潜能。当女儿刚会走路的时候，母亲准备教他一些简单的舞蹈动作，没想到，只要音乐一起，小家伙很快就能捕捉到每个动作之间的节拍，自己翩翩起舞，让母亲感到格外喜悦。斯特娜夫人告诉家长们："作为一门情感艺术，音乐对幼儿来说是十分重要的。即使是一首最简单的童谣，也包含着情感，并表达出一定的思想内容。因此，学习和欣赏音乐，对孩子情操的陶冶、情绪的控制、思维的开拓等方面都有很大的益处。"①

老卡尔对婴幼儿阶段的儿子实施早教时就很注意音乐、绘画、文学作品的感染作用。音乐教育由孩子的妈妈负责，妈妈每天给小卡尔唱一首悦耳的歌谣，一边唱，一边有节奏地轻轻地摇摇、拍拍怀中的儿子。儿子听到悦耳的歌谣，会变得很乖，会全神贯注地听，有时候还会"哼哼"地学，或手舞足蹈，以表达自己的喜悦。小卡尔后来在自己的书中这样说：

> "音乐完全是抽象的、不可捉摸的东西。然而，正是这种抽象的东西中蕴藏着生活中无穷的思想和智慧。"②

需要家长注意的是，给婴幼儿听的音乐，一定是轻松愉快的、能陶冶孩子性情且有感染力的、为这个年龄段的孩子能接受的作品。

（二）婴幼儿的视觉能力特点与能力提升

视觉是人类获得知识的重要途径。差不多70%至80%的知识靠视觉获

① ［美］维尼弗里德·斯特娜著，方舟编译：《斯特娜夫人的自然教育（教育1+1白金版）》，朝华出版社2010年版，第182页。

② ［德］小卡尔·威特著，刘恒新译：《卡尔·威特的教育（续篇）》，京华出版社2002年版，第71页。

得。婴儿的视觉特点，主要从视觉集中和视觉追随、视觉辨别敏感度、颜色视觉这三个方面去体现：

视觉集中与追随。视觉集中是指个体将视觉集中在一定对象上的活动。视觉追随是指个体双眼跟踪物体移动的活动。视觉集中与追随能力，可以使孩子很好地观察事物，为他以后的立体知觉、运动知觉的形成和发展打基础，对孩子大一点之后的阅读活动也大有好处。有研究表明，出生半个月后（或不到半个月）的新生儿仰卧时，将悬挂的物体（如彩色气球或玩具）从距离宝宝脚部上方 10~15 厘米处向其头部移动，至脸部上方 25~30 厘米时，宝宝会对进入其视野的物体跟踪注视。若将物体从宝宝头部的一侧慢慢移动到头部的另一侧（180 度），在物体移动到中央时，宝宝的两眼会跟随着看，但他的视觉追踪范围会小于 90 度，还不可能追随 180 度。当眼睛受到光的作用时，宝宝的瞳孔会缩小，触及他的眼睛时，宝宝会眨眼或眯眼，眼睛会出现不协调的运动。婴儿长到 2~3 个月的时候，其视觉集中能力表现在追随着看他喜欢的成人、图像、实物，会自发地微笑。3~4 个月的时候，见到他喜欢的东西，无论是摆在面前的还是吊挂在脑袋上方的，他都会尝试着去拿。这说明婴儿双眼近物复合能力相当不错。8 个月前的婴儿，视觉追随的范围和眼球追随的平稳性都还存在局限性。8 个月后的婴儿，视觉集中与追随能力已基本达到成人的水平。

视觉辨认敏感度(简称视敏度)。俗称视力。指个体的视觉辨别物体细微差别的能力。出生不久的新生儿，晶状体还不能变形，对视觉对象还不能有效聚焦，其视觉辨别敏感度差一些。也就是说“视力”低一些，大约只能看清眼前 20 厘米左右的东西。

颜色视觉。指个体对色彩的辨别能力。小孩子对事物的颜色有极大的兴趣，并有对某种颜色的偏好。新生儿的视觉发展虽然比听觉稍晚一些，但在视觉发展的敏感期内，恰当地训练新生儿的视力，也是开发孩子智力的重要一步。根据新生儿的视敏度和颜色视觉的特点，室内环境布置或张贴图画要注意色彩鲜艳些，家长可以经常拿不同颜色的小玩具给孩子看，以锻炼孩子的颜色视觉能力。家长面对着孩子，一边叫宝宝小名，一边移动自己的脸，孩子的视觉集中和视觉追随能力会得到提升。一般来说，新生儿在月子里就会注视成人的脸庞，满月的时候会出现反应性的微笑。有的孩子反映性微笑在出生后的十到二十天内就会出现。育儿者可以每天抱宝宝片刻，让孩子看看室内环境，看看不同色彩的物品或图画，给孩子讲讲墙上挂着的图画是什么意思，等等。这样做，既可以提高宝宝的视觉敏感度，同时也使其听觉得到训练。一般说来，孩子出生两三个月时，目光才能够随物移动、关注物体。不过，笔者发现，自家宝宝在月子里就能看物体，并一定程度地表现出视觉追随与视觉集中能力。

我们的观察实验是：宝宝未满月的时候，奶奶抱他到窗台边，隔着玻璃让他看窗外的建筑物，测试孩子的视觉情况。刚开始的时候，孩子没有任何表情流露。几天以后，我们发现，邻居家屋顶上的一个转动着的风斗引起了孩子的注意。宝宝的双眼亮闪闪的，手脚不停地动。孩子的视觉集中到了转动着的风斗上了。奶奶便乘机对宝宝说："那是风斗，转动的时候会把家里的浊气排出来了。"孩子能一直看到他不乐意看为止，大约有2分钟左右。以后只要抱他到窗台边，他就会很习惯地往外看，只要看到风斗转动就很高兴。有一天，风斗不转了，孩子马上转过脸看着奶奶，并露出一丝疑惑的神色，似乎在问："风斗为什么不转了？"我们把"月子孩儿"当大孩子对待，告诉他："今天没有风，风斗就不转了。风大，就转得快（并做出快转的手势）；风小，就转得慢些（做出慢转的手势）；风没了，风斗就不转了（做出不动的手势）。"这时，再看宝宝的神色，他似乎是听懂了。当时，还不敢肯定孩子是否真的听懂了，等到他会说话以后，给他解释风与物体转动的关系时，孩子会用手模仿奶奶曾做过的动作。由此可见，孩子当时是听懂了，并留下了深刻的印记。可能是因为月子里观看风斗转动印象太深刻，孩子后来对所有旋转的东西都很感兴趣，所玩的玩具，只要能转动的他都很喜欢。即使不能转动的，他也会先放在地上试着转一转。

我们还发现，出生二十天左右的婴儿，如果拿不着色的小物体靠近他的眼睛，往往不易被发现，但对红色、橙色、绿色等色彩亮丽的玩具却很关注。漂亮的、能发出声响的玩具孩子会更喜欢。这说明，婴儿的颜色视觉能力已经发展起来了。孩子两个月的时候，我们用移动玩具或移动其他物品的方式，训练孩子转动眼睛、跟踪物体的视觉追随能力。到户外活动时，宝宝自己还会目视、跟踪小鸟飞行的轨迹。这样的训练，对孩子以后的观察能力发展打下了良好的基础。到三个月大的时候，孩子对挂在墙上的图画很感兴趣，并有选择性。有一天，我们抱孩子看图画时发现：有的画，他不喜欢，便把头扭向一边，不看了。而对一张色彩靓丽、形状各异的小汽车挂画却情有独钟，目光停留在哪里，还“咿咿呀呀”跟它们说话，手足挣扎，身子前倾，希望用小手能抓到。抓不到，很着急，久久不肯离开。这说明小孩子的视觉追随与集中、视觉辨认敏感度和颜色视觉综合能力的发展已经比较完善了。

在早教中，对婴儿的视觉追随与集中、视觉辨认敏感度和颜色视觉训练，主要是为孩子提供可作视觉训练的物质条件，把条件的提供当作孩子生活的部分内容。至于视觉能力发挥，则主要靠孩子遗传来的本能。通过有意识的练习，可以激发孩子潜能发挥，提高孩子的视觉敏感度。对有视觉能力缺陷的孩子，家长可以及时发现、及时采取矫正措施。

需要家长注意的是：给婴儿时期的孩子的玩具，可挂的要挂在孩子目光所及的前方或小床两侧，不要挂在孩子头顶上方，以防止斜视或对眼。除了玩具、图画，家里的家具、摆设物件等，都可作为训练孩子视觉的道具。孩子能到户外活动时，自然界中的各种动植物都可以作为视觉训练材料。视觉训练可以跟听觉、触觉、嗅觉以及语言等能力训练结合起来，使婴幼儿每天都有新鲜知识获得。

（三）婴幼儿的触觉能力特点与能力提升

触觉也就是接触物体的一种感觉，是指人对受刺激的方向、温度、强度等外来因素的分辨能力。新生儿的触觉能力特点，主要从口腔触觉和手的触觉两个方面得到显示。

口腔触觉，新生儿认识世界的重要感觉手段。母乳喂养的新生儿，母乳不够时让他用奶嘴儿从奶瓶中吮吸合成奶，他会拒绝。因为母亲的乳头柔软，奶嘴儿比母亲乳头硬，孩子的口腔触觉会很敏锐地感到不适应。孩子稍大一点，凡是小手能抓握到的东西，他会往嘴里塞。通过口腔触觉去认识事物，这是婴儿特有的认知方式。

手的触觉，新生儿也非常敏感。一般情况下，孩子的手都是本能地握着，或自由地挥动着拳头。若大人用手指或用拨浪鼓等玩具触碰宝宝的小手，他会紧紧地用手将玩具握住，停留片刻，再松开。一般来说，婴儿5个月大的时候，手的触觉和视觉能够协调地做出反应。7个月大的时候，双手和视觉协调起来，一起开展探索事物的活动基本上不成问题。家长多给孩子可抓握的玩具，以锻炼手的活动机会，这对婴儿手的触觉敏感性提高会有好处。

口腔触觉和手的触觉的练习，不仅仅限于口和手的认知作用，也跟孩子大脑的智能发展密切相关。口腔和手这两个部位，孩子自己可以本能地、不断地给予刺激。比如，小孩子凡能抓到的东西都会往嘴里塞，以此感知物品的性质。婴儿阶段的所有的小孩子，几乎都会把自己的手或脚趾头塞进嘴里，津津有味地咂摸。在保证孩子的手指和脚趾干净卫生的情况下，对孩子的这种活动不要阻止。

孩子身体的其他的部位，如前胸、后背的皮肤，也需要给予刺激，但小孩子自己力所不能及，这就需要家长的帮助。比如，适时轻柔地抚摩孩子的前胸后背，让这些部位的皮肤受到轻柔舒适的刺激，这对新生儿的健康发育很重要。有资料显示，在国外的某些妇产医院里，新生儿脐带还没有剪断前，医生就将孩子放在母亲腹部，让母亲看看孩子、抱抱孩子、抚摩孩子，而后才由医生剪断脐带。15分钟后再将宝宝送到母亲怀里，让宝宝吸吮母乳。孕妇分娩后，医院一定要让母婴同室，让母婴之间进行肌肤接触。专家认为，刚降生的新生儿立即与母亲有亲密的皮肤接触，能体会依偎母亲的感觉，会增强母婴感情，能使新生儿顺利、健康地发育成长，也能使新生儿的智力和语言得到很好发展。

研究者在谈及肤觉刺激中的抚摩对新生儿的重要性时，会以非洲国家乌干达妇女婴儿情况为例。乌干达的孕妇，临产之前照旧干活，快要生产时才找一个没人的地方自个儿蹲下来生孩子（或找人帮助接生）。产后大约一小时便去串亲戚，让亲戚看自己刚生下来的孩子。新出生的婴儿，光着身子被放进母亲胸前的吊袋里，紧贴着母亲的身体发育成长。由于孩子跟母亲的肌肤紧挨在一起，出生后第二天的婴儿就能用前臂支撑身体，后背能伸直，头不歪斜，目光能集中到一处。研究者通过对300名出生刚六七周的婴儿做调查发现，几乎所有的婴儿都能自己爬行，自己坐立，甚至还会在镜子前长时间注视自己的模样。而在欧美国家出生的婴儿，则需要经过24周（6个月）的时间，才能将这些能力显示出来。①

以上情况说明，婴儿出生后身不离母体，肌肤不断地受到刺激，对孩子的迅速成长确实有作用。然而，由于地理、气候、人种、生育者的体质，以及生育文化传统等方面的差异，上文所说的情况，不会被他国妇女普遍接受，乌干达妇女的育儿方法也不可盲目照搬。我国的传统是，刚生完孩子的产妇都要坐月子，而其他许多国家的产妇就没有这一讲究。另外，我国的传统是，婴幼儿一般都穿开裆裤，孩子的臀部皮肤暴露在外，接受的是天然的刺激，孩子大小便清理起来也很方便，其他国家的人则不以为然，甚至觉得很奇怪。

尽管生活在不同地域的人，由于气候、人种、生育文化、育儿传统等方面存在差异，但感官刺激中皮肤抚摩对新生儿健康成长是有益的。因为，皮肤感觉是所有感觉的基础，对皮肤进行适度刺激，可以促进孩子身体其他器官的发育。专家认为，抚摩皮肤，使皮肤得到刺激，刺激会很快传递到大脑的间脑部位，而间脑是控制新生儿正常发育的部位。倘若忽视对皮肤的刺激，间脑就无法发挥正常功能，自律神经的调整和荷尔蒙分泌的调整就会发生紊乱，新生儿就无法正常发育。七田真说："缺少皮肤刺激时，会影响智能的发育。皮肤刺激可以成为大脑的营养。""只要正确地进行皮肤刺激，就能传递到间脑的视床下部和脑下垂体，当两者发挥正常功能时，就可以确保婴儿的正常发育。……皮肤刺激不足，会导致大脑中枢功能受到破坏，同时也会影响其他感觉的发育。于是，就可能出现自闭

① 参见［日］井深大著，欧文东译：《零岁教育》，商务印书馆国际有限公司，2001年版。

症倾向，感官也可能出现异常。”[①] 七田真还说，“对刚出生的婴儿来说，什么最重要？是爱抚和对话。”[②]

我们在实验中也发现：用抚摩的方法刺激婴幼儿的皮肤，激发孩子的肤觉敏感性，对孩子的健康发育成长确实有好处。孙子出生之后，他爸爸、妈妈及月嫂都注意抚摩孩子。妈妈在给孩子喂奶之后，经常用脸轻轻地蹭蹭宝宝的脸，抚摩孩子的额头、鼻子、下巴，胡噜胡噜小脑瓜。爸爸喜欢小心翼翼地抚摩孩子的前胸、后背和四肢。月嫂给小家伙洗完澡后，也轻柔地给他全身抚摩一遍。抚摩之后，可以明显地观察到，月子里的孩子会流露出舒服、满意的神情。孩子会睁大眼睛，安静地看着大人。有时候抚摩完，孩子会露出笑容。爸爸有时候还会依照婴儿按摩书中的指导，对一些有益于调节孩子某些状态的穴位，进行力度适宜的抚摩。在整个月子里，宝宝喝奶、大小便、睡眠一切正常，几乎没有哭闹过，日子过得出人意料的顺利。

抚摩可以使孩子感受亲人爱抚，还能形成敏锐的触觉，促进大脑神经系统健康发育，良好的亲子关系也能在这种看起来很不起眼的活动中建立起来。不过，抚摩对新生儿身心健康的好处容易被年轻的父母所忽略。需要特别注意的是：抚摩跟新生儿的皮肤卫生保健最好结合起来。每天可以给宝宝洗个热水澡，之后轻轻地揉搓宝宝的皮肤。皮肤不仅能将感觉迅速传递给大脑，它还担负着将血液运行中产生的垃圾排出体外的任务。数百万个皮肤毛孔，每时每刻都在不停地工作，帮助血管进行新陈代谢。皮肤若被损坏，上述功能就会丧失（皮肤受损面积大，会导致生命危险）。保护孩子的皮肤，使皮肤在帮助血液代谢中状态良好，可增强孩子皮肤触觉的敏感度和良好的工作机能，这对孩子的脑部滋养有重要作用。新生儿的皮肤非常娇嫩，除了给孩子洗澡，轻轻揉抚孩子的皮肤之外，给新生儿穿

---

① ［日］七田真著，蒋蓓译：《最新胎教》，华东师范大学出版社 2010 年版，第 76~79 页。

② ［日］七田真著，贺迎译：《七田真 0—6 岁育儿法》，南海出版公司 2010 年版，第 72 页。

透气性好的衣裤也很重要。

（四）婴幼儿的嗅觉、味觉能力特点与能力提升

辨别外界物体气味的感觉为嗅觉，辨别物体味道的感觉为味觉。刚出生一两天的新生儿就能够通过小鼻子嗅体味儿来认识自己的母亲，很快地找到母乳，即使在黑暗中也不受影响。对其他有刺激性的气味，如氨水、薄荷等气味，都有明显的嗅觉反应。新生儿的味觉敏感度比嗅觉敏感度略显迟钝。用代乳品喂养的新生儿，吸吮牛奶的感觉和吸吮白开水一样。而母乳喂养的新生儿，对母乳的反应很积极而不乐意吸吮白开水，能感觉到白开水的味道没有母乳好。婴儿天生喜欢甜味，这是一种保护自己生命的本能，是为了获取身体发育所需的热量。对苦味、酸味，新生儿绝对拒绝。4个月大的婴儿可以慢慢接受咸味。之后，味觉开始适应地区饮食文化和家庭饮食文化的特点，这也是孩子在为适应生长环境做准备。姜淑惠在其所著的《这样养育孩子最健康》一书中说："成年后的各种口味习惯，实在决定于5岁前的习性。初生婴儿的味觉并不迟钝，更敏锐于大人，因为舌头表面满布味蕾（味觉接收器）……幼儿时期对酸、苦、甜、咸、辣等味道极具灵敏度。幼儿的味蕾也是靠着广泛接触各种味道以协助孩子味觉的成熟与平衡。相反的，幼时仅摄取单调饮食或厚重的调味料，必会导致幼儿味觉范围缩小，终致塑造成偏食的诱因。"①

未满月的婴儿，一般只喝母乳。孩子大一点以后，为了丰富其营养，家长都会给孩子补充一些水果、蔬菜。如果担心孩子不喜欢吃水果或蔬菜，我们的经验是：可以先让他嗅一嗅削了皮的苹果、梨等水果和黄瓜、胡萝卜等蔬菜的味道。小孩子会表现出极大的兴趣，大部分水果和蔬菜的味道小孩子都会喜欢。等孩子长出牙齿，不同的水果、蔬菜都可以让他尝试着吃，以免形成偏食的不良习惯。小孩子喜欢什么味道，跟他在味觉敏感期内，家长的先行引导有关，也跟家庭内大人们的饮食习惯有关。一般

---

① 姜淑惠著：《这样养育孩子最健康》，浙江科学技术出版社2009年版，第115~116页。

来说，很多孩子不喜欢吃胡萝卜、圆白菜。其实，并不是宝宝不喜欢，而是父母不喜欢吃。这些蔬菜对丰富孩子的营养很有好处，应设法让孩子喜欢吃。我们的经验是：家人在吃这两种菜时，表情动作可稍微夸张些，显出吃得津津有味的样子，给孩子看，造成一种刺激孩子味觉的氛围，孩子会跟着大人喜欢上吃胡萝卜、圆白菜。孩子再大一点的时候，家长可以给他讲吃什么有好处，吃什么没好处。比如，告诉孩子糖吃多了对身体有害，孩子对自己的某种偏好会有所克制。

需要注意的是：婴儿通过口腔触觉和味觉感知外界事物时，经常将抓握到的东西往嘴里塞，家长要注意保持那些物品的卫生，但不可阻止孩子的这些行动。有些年轻家长，发现自己的孩子不喜欢喝白开水，便给宝宝喝成人的饮料，如果汁等，却不知那些饮料不仅含糖量高，而且含有多种添加剂，会对婴幼儿造成严重伤害，且孩子的某种味觉习惯一旦形成，要想改变就很难了。

四、婴幼儿的动作核心能力特点与能力提升

婴幼儿阶段的孩子，除认知核心能力有他们的特点，且需要家长关注之外，在动作核心能力方面也有特点，同样需要家长认真关注。婴幼儿的动作核心能力，可以细分为平衡觉（又称静觉）和动觉（又称本体感觉）。它们是高度复杂化的神经应变能力，是大脑支配身体平衡和运动的能力。婴幼儿的动作核心能力包括：头部动作（抬头），胸部动作（翻身），腰部动作（坐），下肢动作（爬、站、走、跑）。此外还有单手动作，双手动作，使用工具的动作等。这些动作能力，要让婴儿尽力去施展，不能去阻止。与此同时，家长给孩子以科学适度的训练也很有必要。

（一）婴儿的平衡觉能力特点与能力提升

人体运动时会引起重力方向变化，这个变化会刺激前庭感受器从而产生感觉，这种感觉叫静觉，专业术语叫平衡觉。前庭感受器在重新分配肌

肉紧张度和保持身体自身平衡方面起着重要的作用。平衡觉主要用于感受姿势的平衡、运动，帮助个体判断自身的空间位置以及空间方向。平衡觉的发展状况，直接影响到婴幼儿动作能力的发展和空间概念的建立。所以专家提醒准妈妈们：怀孕 9 个月的时候，应该注意“遛胎”（适度的走路运动），这样的运动，有利于胎儿前庭平衡系统的建立。

出生半个月后的新生儿，育儿者可以帮助刚刚睡醒的宝宝，从仰卧姿势变为俯卧姿势，让宝宝的头转向一侧，脸贴在床面上片刻，以锻炼孩子的前庭平衡系统。婴儿百日会自己翻身了，家长可让孩子从仰卧姿势变化到俯卧姿势，并加强婴儿的抬头训练。尽量不要让孩子一个姿势老躺在婴儿车里，要多抱抱孩子，或多背背孩子，以促使婴儿翻身抬头、转动躯体等能力的提高。当婴儿学习爬行时，家长应该多鼓励孩子这样做，爬行实践越多，越有利于孩子对空间关系的认知。切不可以担心孩子弄脏衣服为理由，阻止孩子爬行。

（二）婴儿的运动觉能力特点与能力提升

动觉能力是指个体对自己身体运动和位置的感觉能力。它也是一种高度复杂化的神经应变能力。动觉感受器分布在肌肉、肌腱、韧带和关节中。当个体活动时，肌肉、肌腱、韧带会收缩、伸展、弯曲、推拉，关节间会压缩，这些刺激又会让感受器产生神经冲动，有些神经冲动上传至脊髓、脑干和小脑，有些冲动传至大脑半球。动觉是其他感觉产生和发挥功能的前提条件。换言之，如果没有动觉参与，其他很多感觉就不能正常发挥功能。比如，动觉与肤觉结合，会产生触觉；声带、舌、唇的动作配合在一起，才会产生语音、语言。

新生儿的动作，是与生俱来的无条件反射动作。比如，吸吮反射、觅食反射、眨眼反射、惊跳反射、定向反射、防御反射、迈步反射、抓握反射等，研究者认为大约有 73 种。没有经过胎教，或很少得到母亲爱抚的新生儿，通常的表现是只有本能反射（非条件反射）。比如，母亲给孩子喂奶时，把乳头放进孩子的嘴里，他才能吮吸，若不放在嘴边，新生儿不会主动寻找乳头。大约需要经过两周左右的时间，孩子才开始主动寻找。新生儿经常闭着眼睛睡觉，一般不会注视自己的母亲和周围的人或环境。一个月后，才对声音有反应，两个月后才开始发出微笑。胎教好的孩子，受母亲爱抚多的孩子，情况会有所不同。有学者认为，刚刚出生的新生儿还不具备心理活动，事实上并非如此。

随着婴儿月龄的增长，无条件反射会逐渐消失，逐步建立起条件反射。母亲给宝宝喂奶之前，只要亲切地呼唤宝宝的小名，抚摸宝宝的脸蛋，宝宝会因母亲的呼唤和抚摸，很快做出吸吮母乳的动作。

新生儿2~3个月大，开始有俯卧动作，能左右转动头部；3个月大时，能自主地翻身、自主地将头竖直；5个月后，婴儿可以在俯卧状态下自由地将头抬起。抬头对婴儿来说至关重要，这既是孩子扩大视野的开始，也由此能够按照自己的意愿，选择环境中的不同事物去观察，主动地获取信息。孩子的自我意识和独立性随之发展起来。

婴儿动作的发展规律是：先头后足；先中央后边缘（从头颈、躯干到臂、手、腿、足）；先大后小（从大肌肉的大动作，到小肌肉的精细动作）；先无后有（先无意识，后有意识）；先泛化后集中（先弥散、无规律，后集中、准确）。

婴儿期的动觉训练，是所有感知觉训练中最为重要的内容。动觉发展对婴儿的心理活动、心理功能发展具有重大影响。大体上说，动觉训练，可以促进婴儿身心素质的全面和谐发展；可以促进婴儿神经系统、运动系统的协调发展，进而促进婴儿的心智健康发展。在促进婴儿认知核心能力的全面、健康发展的同时，还可以促进婴儿自我意识的产生和发展，以及婴儿与他人交往能力的发展。

婴儿期的孩子，动作敏感性极强。家长及时、恰当地给予动觉练习，有利于孩子大肌肉、小肌肉和骨骼的健康生长，也有利于左右脑的均衡发展，对孩子身心健康和以后的发展大有益处。

对婴儿期的孩子的动觉与体能训练，遵照相关专业知识，我们的做法如下，供婴儿家长或其他育儿者参考：

颈部、背部肌力锻炼。宝宝出生一周后，我们每天在孩子睡醒后的清醒状态下，给他做一次锻炼颈部和背部肌力的“被动操”。先让宝宝仰卧，大人站在宝宝的对面，跟宝宝微笑着说话。当宝宝注视大人时，握住宝宝的两只手腕，轻轻地、缓慢地拉起来。一开始，我家宝宝的头就竖得不错，没有像有些书中描述的那样，孩子的头会前倾或下垂。孩子的头竖得好，可能跟每次给孩子喂完奶之后，家长竖着抱宝宝，让孩子的脑袋紧靠在大人肩上，轻拍背部，等孩子打完嗝后，再轻轻地抚摩颈部和后背有关。后来，随着孩子日龄的增长，我们对孩子的颈部和背部肌力锻炼，从一天 1 次增加到一天 2~3 次。

抬头锻炼。宝宝出生一周后，我们每天也会给孩子做抬头锻炼。锻炼时间在两次喂奶之间，让宝宝俯卧在床，或俯卧在妈妈腹部，用铃铛逗他抬头。开始，宝宝只能抬一小会儿，而后头抬起的时间会长一些。锻炼结束时，轻轻地抚摩孩子的颈部和背部。锻炼不到一周，宝宝的抬头动作相当不错，头竖得中正，背部挺直，目光集中。北京协和医院儿科制订的《0~3 岁教育大纲》对 2 月龄婴儿的早教提出的要求是：孩子“无论是躺着或抱着时，家长可在婴儿的不同方向用说话声、玩具响声或音乐声等训练婴儿转头寻找。”① 对婴儿头颈部活动的训练，专业人士都很重视。

抓握锻炼。我们为宝宝准备了一些抓握玩具，让宝宝抓握这些玩具，锻炼孩子手掌肌肉和抓握能力。快到三十天时候，宝宝能抓住环圈不松手，还一边无规则地摇动，一边听圈内铃铛的声响，偶尔还会拿着玩具拍打桌面。玩具是孩子学习的工具、锻炼机能的工具，是孩子生活中不可缺少的东西。合理地将玩玩具作为新生儿生活中有效的组成部分，对孩子的智能和体能发展都是有利的。从事儿科临床和探索早教的医生们主张：“要根据小儿不同年龄阶段的发展特点和需要选择适宜的玩具。”“0~6 个月是小儿视、听、触摸等感觉器官主要发育的时期，此时要选择像花铃棒、彩球、塑料小动物、可吊起的音乐旋转玩具等，也可选不倒翁、发条启动的小动物等。目的是给予小儿更多的视听刺激，吸引他们练习抓握，促进他们的感官发育。7~12 个月随着小儿运动能力的不断增强，手的活动开

① 鲍秀兰，孙淑英编著：《挖掘儿童潜能始于零岁——新生儿行为和 0~3 岁教育》，北京医科大学、中国协和医科大学联合出版社 1998 年版，第 136 页。

始多起来，此时可给小儿提供各种可抓握和摆弄的玩具，如指拨玩具、积木、敲响玩具、小套桶、小推车等。要使小儿能够动手操作，模仿和探索，以锻炼小儿手的灵活性。”①

四肢肌力锻炼。我们的做法是：根据专家的指导，除了给婴儿以抚摩外，还做简单的被动操：大人抓住孩子的上肢，做伸屈、扩胸动作；抓住下肢，两腿前后同步伸屈，或轮流伸屈；抓住孩子的双腿和双手，由内到外，由外到内地做舒展运动。做这样的被动操，可以提高宝宝四肢肌肉的收缩力，改善血液循环，促进四肢动作的协调。这样的训练，或者说锻炼，达到的效果是，宝宝身体发育健康，神经反应灵敏，各种应该出现的动作都能达到很自如。

根据专家的建议，依照孩子发育成长的规律，我们认为可以对孩子的动觉训练略微提前一点。比如，孩子 2 个半月的时候，我们以 3 个月的要求，用摇铃训练宝宝的抓、握、摇、捏等动作和抬头活动。让宝宝用双臂支撑前身，然后用彩球举在宝宝头前，上下、左右转移，训练孩子向上下、向左右看的动作，以锻炼他的颈椎和胸背肌肉。移动玩具训练孩子翻身的动作（这个动作，孩子到 3 个月时才自己完成）。孩子 3 个半月，按 4 个月的要求，训练宝宝伸手抓玩具的体能（孩子有时有举双臂的动作）。在实验中我们发现：我家宝宝通过玩玩具训练，不少动作都可以提前一点完成，但提前的幅度有限。从儿童生理角度讲，各种体能训练，必须按规定的月龄去做，孩子的动作会自然地按规律得到显现。俗话说“三翻、六坐、九爬”，是对孩子的身体动作出现的时段规律的概括，是不以人的意志为转移的。

除此之外，家长还需要仔细观察孩子的内心需求。只要孩子有需求，某项动作的训练时间稍微提前一点也无妨。小塞德兹 5 个月大的时候，眼睛紧盯着父母吃饭的样子，还常常舞动双手，父亲老塞德兹迅速捕捉到儿子内心的需求，决定引导儿子，让孩子自己用勺吃饭。经过 2 个月的引导，

---

① 鲍秀兰，孙淑英编著：《挖掘儿童潜能始于零岁——新生儿行为和 0~3 岁教育》，北京医科大学、中国协和医科大学联合出版社 1998 年版，第 231~232 页。

小孩子真的会自己吃饭了。这就是说，小塞德兹7个月大的时候，就做到了正常孩子3岁才能做到的事情。这种现象的发生也属于超常。

我家宝宝五个月大的时候，有一次，奶奶故意把他喜欢的玩具放在离他比较远的床铺中央，宝宝见状，撅着身子示意奶奶靠近床边。奶奶抱着他坐在床边的沙发上，刚坐下，小家伙便用左手拽住床单，往自己身前拉。第一次床单没抓紧，没有拿到玩具，于是换成左右手一起用力，两三下，便将床单拉到身边，床单上面的玩具被他一下子抓住了，孩子非常高兴，拿起玩具玩开了。这个举动，超出了我们的预料，让我们发现，五个月大的儿童就已经有智慧了，会用双手配合的动作拿到玩具。这也说明，儿童的有些动作是在大脑神经中枢的指挥下，智慧地做出来的。反过来说，动作训练，同时也能对开启孩子的智能起到促进作用。

综上所述，对婴儿阶段的孩子的动觉训练，必须在不违背儿童自身的动作发展规律的情况下进行。民间俗语说的“三翻、六坐、九爬”，是对婴幼儿大动作出现规律的简单、扼要的概括，很有科学性。从大多数婴儿的动作发展情况看，如果有过训练，动作的出现会稍提前一些，或者更熟练一些。婴儿阶段，孩子的动作发展规律是按首尾、上下（从头到尾、从上肢到下肢）顺序展开的。家长可以先按摩宝宝的头部、上肢，后按摩背、腰、下肢。可以先帮助孩子练习抬头、俯撑、翻身、坐和爬，后练习站立、行走。

需要注意的是：动觉锻炼绝对不能超越儿童发展成熟的阶段，绝对不能违反儿童生理发育的规律。如果孩子还不到该坐的阶段而强行让他坐，孩子还不到走的阶段而强行用代步车让他走，这对孩子的健康成长绝对是有害的。另外，如果孩子到了该坐、该爬、该站立的阶段，还迟迟不会坐、不会爬、不会站立，这很容易判断出，孩子的发育有问题，应该及时到医院做检查。

五、婴幼儿的语言核心能力特点与能力提升

语言能力，是婴幼儿发育成长过程中显现出来的核心能力之一。任何一个孩子，出生之后只要生活在正常的语言环境中，与语言相关的器官无缺陷，发育到一定阶段都会有语言发生。小孩子学说话是他们的语言能力的初步展现，而语言能力是从哪里来的？是怎么发展的？有什么特点？是研究者一直在探究，而至今尚未完全探究清楚的问题。尽管如此，要对孩子进行早教，家长们对孩子的语言能力情况也需要给予关注。

要了解儿童的语言能力，还得先从什么是语言说起。语言是声音和意义结合在一起的符号系统，是人类最重要的交际工具。语言的声音叫语音，它是人的发音器官活动的结果。语音所表达的意思叫语义，它和人要表达的思想联系在一起。语音和语义结合成的可独立运用的单位叫词汇，它们是语言的建筑材料。词汇排列组合构成句子的规则是语法。语音、词汇、语法是语言构成的三大基本要素。

与语言密切相关的还有言语，而语言和言语是两个意义不同的概念。语言是表达观念的符号系统，是一个整体，是人类的交际工具。言语相当于人们的说话活动，是个人的意志和智能行为。总体来看，言语活动牵涉到多个方面，性质很复杂，同时跨着物理、生理和心理几个领域，包括个人的领域和社会的领域。语言和言语之间的关系很密切，索绪尔说：“要言语为人所理解，并产生它的一切效果，必须有语言；但是要使语言能够建立，也必须有言语。从历史上看，言语的事实总是在前的。……另一方面，我们总是听见别人说话才学会自己的母语的，它要经过无数次的经验，才能储存在我们脑子里。最后，促使语言演变的是言语：听别人说话所获得的印象改变着我们的语言习惯。由此可见，语言和言语是互相依存的；语言既是言语的工具，又是言语的产物。但这一切并不妨碍它们是两

种绝对不同的东西。”①

言语活动所形成的语言实体是话语，即说出来的具体的话。小孩子学说话，是语言学习活动。活动是在不断地接触生活环境中的语言的情况下展开的。从理论上说，语言学习需要掌握语言的语音、词汇，需要在大脑里逐步建立起一个词汇仓库，研究者称它为心理词典或心理词库。还需要掌握词汇构成句子的结构规则，因为思想的表达是通过一个个具体的话语句子实现的。一周岁以前，大多数小孩子还不会说话，还处在语言发生的准备时段。一周岁左右开始说话，到三岁左右，大多数孩子说话都不成问题，能跟成人进行日常生活方面的交流。在这两年多的时间里，小孩子基本上掌握了母语语音规则；在大脑里构建起一个有一定内存的母语词库；掌握了母语的最基本的语法规则。在短短的时间里，几乎是在无意识的状态下，靠自己的努力学会了那么多东西，儿童教育家、语言研究者都为之惊叹，并猜测这里边一定有奥秘存在。

（一）婴幼儿母语语音发生发展特点与能力提升

儿童的语言发生，最先显出端倪的是语音。语音是通过人自身的发音器官的活动发出来的。语音发出的动力是气，气从肺里呼出来先经过气管，再到气管上端的喉头，从喉头通过才算进入发音阶段。人的发音器官，喉头以上，口腔、鼻腔最重要。喉头中间藏着两条发音最有用的韧带，叫声带。声带受气流冲击发生震颤，震动空气，形成音波，发出响亮的、能高能低的声音，如 a，e，i，u 等。喉头往上是口腔，口腔部分的上下唇、上下齿、齿龈、硬腭、软腭、舌尖、舌面、舌根，都跟发音有直接关系。如 b，p，m 这几个音，就是气流受上下唇阻碍形成的；f 是气流受到唇和齿的阻碍形成的；z，c，s 是气流受舌尖和上门齿的阻碍形成的；zhi，chi，shi，r 是舌尖后阻，即气流受舌尖和前硬腭阻碍，舌尖稍后缩，硬腭翘起，处于接触或接近状态时形成的。口腔的上面是鼻腔，如果气从

---

① ［瑞士］费尔迪南·德·索绪尔著，高名凯译：《普通语言学教程》，商务印书馆 1985 年版，第 41 页。

鼻孔透出来，再加声带震颤的音波就成了鼻音。如“安、恩、因”等字音的后尾-n 就是鼻音，称前鼻音；“英、公、昂”等字音的后尾-ng 也是鼻音，称后鼻音。以上有关发音情况的介绍，是以汉语普通话为例。语言不同，语音系统也不同，系统中的每一个音都有自己的特点和发音方法。

语音，是通过人的发音器官的生理活动形成的，具有生理性；语音是声音的表现形式，具有物理性；语音还具有社会性，人发出的音能构成特定语言的词的声音，它才会被使用这种语言的大众所接受。每一种语言的语音都有自己的结构特点和变化规则，从语音学的角度说都很复杂。不过，对儿童来说，谁都不会感到学习母语的语音是难事，几乎都是在无意识的不知不觉的状态下掌握母语语音的。

儿童发出语音的能力基础是语音听辨。胎教好的孩子，在胎儿时期就一定程度地显示出对母亲说话声音及其他声音的听辨区分能力。孩子出生之后，随着接触到的人多起来，对不同的个体说话声音的区分辨别能力也快速得到提高。据我们的观察：受过胎教的新生儿，对母亲的语音及胎儿时听过的乐音最敏感，对其他育儿者的语音也有不同的反应。可以说，孩子出生不久就有一定的语音分辨能力了。儿童的母语语音发生、发展和变化，大体经历了以下三个阶段。

1. 非语言的声音出现与发展变化阶段

婴儿一生下来就会哭，那是人的本能，主要是机体对新环境的刺激做出的反应。哭出来的声音，不是语言的声音，但哭对锻炼小孩子发音能力很有用。研究证明，婴儿哭声的平均长度相当于一个音节的音长。新生儿有时也能发出细小的喉音，这种声音也不是语音。2 个月大的婴儿能注意看着大人，有时候能以发声的方式，如发出 a、o、e 等，回应大人说话。3 个月大的婴儿，能够与逗他的成人互动，会发出短暂的笑声并伴有全身用劲运动，有时候能发出 meme、haha、pupu 等重叠的音。3 个月内之内的婴儿所能发出的声音，一种是哭声，另一种是细语声，如 a、ai、ei、i、ou 等。孩子在大哭大喊之后，换气停顿时因为气流通过喉部口腔受到阻塞，也会形成 ma、ha 等声响。这个时段的孩子发出的声响是气流冲击口腔、唇、舌等器官而形成的，没有特定规则，不表达特定意义，属于非语言的声音，但这种声音的发出为语音萌生打下了基础。

如果家长多跟孩子说话，孩子听大人说话或看大人说话动作的经验丰富，这样的孩子语音发生、发展的时段会超前一些。孩子出生后第一周，语音知觉能力就会显现出来，听到轻柔的声音孩子会止住哭声。出生后两周，能把语音从其他声音中区别出来。半个月大的婴儿，听到家人的声音会做出凝视、微笑、停止哭叫等反应。2 个月大的婴儿就能分辨友好和不友好的声音，能分辨熟悉与不熟悉的声音；不到半岁的婴儿对声调就比较敏感了。

2. 接近语言的声音出现与发展变化阶段

4~5 个月大的婴儿，成人逗他时，除了能自发地发出笑声之外，还“咿咿呀呀”像是在说话。孩子发出的声音中，有元音也有辅音，母语语音系统里有的音素丰富起来，有时也会出现母语语音系统里没有的音素。小孩子有时候因情绪的变化，声调有了变化，会发出高声调的喊叫声。可以说，儿童开始咿呀学语了。儿童学语的基本特征是，“咿咿呀呀”像是跟人或物对话，眼睛看到的玩具、图画、奶瓶、水果等物品，都是他对话的对象。6 个月大的婴儿，当成人在背后呼唤他的名字时，孩子会迅速回头寻找；当他不开心的时候会发出叫喊声，能发出比较多的复合音，能发出带有唇音、鼻音的音节等，如 me、me；bao、bao；da、da、da；na、na、na；等。好像是在表达“妈妈抱抱”、“拿拿”什么东西，“要”什么东西的意思。这个时段的儿童发出的声音，有的是孩子某种意愿的表达，但还不能完全构成表达特定意义的母语词的声音形式，我们把它称为接近语言的声音。这种声音处于向语言的声音语音分化与过渡状态。这也预示着，不管儿童处在哪一种语言环境中，他都会自发地发出那种语言的语音。

3. 接近母语语音规范的声音出现与发展变化阶段

7~8 个月大的婴儿，已经知道自己的名字了。别人叫他名字，他会寻找声源方向。看到自己熟悉的人，会舞动双手。母语为汉语的儿童能听明白“别动”“不要”这样的短句的意思。母语语音中的 b、d、g、p、n、f 等辅音大都能比较清晰地发出来；ai、ei、ao、ou、uo、uai、ue 等复合元音也能发出来；还能清楚地发出两个以上的音节的声音，比如 baba、 dada、baobao 等，像是“爸爸”“大大”“抱抱”这些词的声音。这个时段的儿童，跟别人“交流”的欲望特别强烈，能主动跟人说话，尽管大人还不知道他在说什么。9～10 个月大的婴儿能有意识地发出 mama（妈妈）、baba（爸爸）等声音；能指着某物说“na、na”，好像是在说“拿、拿”；能听明白大人的一些指令性话语，比如大人说：“欢迎、欢迎”，孩子会拍拍手；大人说“再见”，孩子能摇摇自己的小手。

满一周岁之前，大多数婴儿都能根据自己的意愿做出相应的动作，说出“na”（拿）、“bao”（抱）、“mei”（没）等词语；能够主动叫“爸爸”“妈妈”“爷爷”“奶奶”。有的婴儿还可以说出 2 到 4 个字组成的句子，而且有了声调语调。比如“我要”（wǒyào），“妈妈要（mā mā yào）”、“爸爸球球”（bàba qiúqiu）等。不过，这个阶段的孩子的发音还不是很清楚，“自己吃”会说成“jijiqi”，“姐姐”会说成“jiajia”等。由于婴儿舌头往上翘的动作还不灵活，发音器官之间不能密切配合，还不能将“zhi、chi、shi、r”这几个音发出来。尽管有些音还不会发，或发得不太准，但他们发出的语音已初步形成系统，已基本接近母语语音规范，能表达特定的意思。我们把这一时段的孩子发出的“语音”称作接近母语规范的语音。这一时段的儿童语音，逐步趋向于母语语音成熟状态。从总体上看，儿童的语音发生、发展与变化，明显地表现出如下特点：

（1）阶段性。儿童的语音从非语言的声音中萌生，进而发展到接近语言的声音，再进一步分化发展到接近母语规范的声音，是阶段性的发展与变化过程，是不以人的意志为转移的过程。不管对儿童的早教如何，其语音发展都不可能从第一个阶段直接进入第三个阶段。发育成长到一周岁左右，母语里的某些音素尽管还发不出来，或发得不够清晰、准确，但就语音整体面貌而言，接近母语语音规范的语音系统已经初步形成。

儿童语音发生、发展的阶段性，跟小孩子的发音器官的成熟密不可分。发音器官的逐步发育成熟，是语音发生、发展的基本生理条件。儿童的发音器官还没有发育成熟到某个阶段，有些音绝对发不出来。比如小孩子还没有长牙，不管家长怎么教，小孩子也发不出 z、c、s 这些齿音。儿童的语音发生与发展变化的阶段性，又和小孩子的生活经验紧密相关。儿童的生活经验，来自与家庭成员、外界事物的接触。如，父母及其他人员说话声音的刺激，社会环境中的各种事物的刺激。这些刺激，激发了孩子学习发声、说话的欲望，为语音发生储备了能量。在小孩子自己的生活经验中，如果接受外界的语音刺激少，接触外界事物刺激少，小孩子的听觉会迟钝，发声说话的欲望就低，语言潜能就发挥不好，符合规范的语音会出现得晚，或发音有障碍。

（2）自发性和无意识性。儿童的语音，从非语言的声音中萌生，进而发展到接近语言的声音，再分化发展到接近母语规范的声音的全过程，所有的音素、音节及声调，都是小孩子自发形成的，众多的语音学习任务都是自发地完成的。在孩子成长的一定时段，有的音发得不太准，小孩子会自我调整与改进，不需要成人特意去教。儿童在练习发声和发音的时候，并没有意识到是在学习语音，而是一种很自然的、无意识的或潜意识的创造。这种创造，“并不是受有意识的‘意志’所主宰，而是由潜意识的‘心智’来完成的。这是一种不可思议的智慧，孩子那奇妙的创造工作就是凭借这种潜意识心智完成的。”①

（3）生物遗传性。语音发生与发展的阶段性是每个儿童都会经历的。但也不难发现，有的孩子说话早，有的孩子说话晚。有的语音清晰度高一些，有的语音清晰度差一些。有的孩子语音含混不清，俗称“大舌头”，有的孩子就不这样。这种情况的出现，跟孩子生活经验中，接受外界的语音的刺激的丰富程度有一定的关系，更关键的因素是孩子的发音器官的生物遗传素质。如果遗传因素影响不大，孩子稍大一点的时候，发音情况会自动地好起来；如果遗传因素影响大，则需要家长认真对待，应该给孩子以特殊的训练。不管发音器官的遗传素质如何，如果家长能有意识地训练孩子，他的发音清晰度都会高一些，开口说话也相对会早一些。生活在正常的家庭和社会环境中的小孩子，一般需要经过 3 年左右才能完全把母语语音系统里所有的音素清晰地发出来。

---

① ［意］玛利亚·蒙台梭利著，胡纯玉译：《发现孩子》，中国发展出版社 2006 年版，第 19 页。

总之，小孩子的语音发生与发展过程，是在一定的内在机制作用下，无意识地有阶段性地、自然地完成的。从早教的角度说，并不是无所作为，而应该为孩子的语音发生与发展提供良好的条件。家长在了解儿童语音发生、语音发展变化特点的情况下，可以从新生儿开始，在孩子不厌烦、有兴趣的情况下，多和宝宝说说话，多给予孩子丰富多彩的语音刺激。4~8 个月是婴儿咿呀学语阶段，孩子渴望父母跟他说话，孩子对音乐、诗歌等悦耳的声音也抱有极大的兴趣。家长多跟孩子说说话，适时地给孩子听听美妙悦耳的音乐，或节奏清晰明快的儿歌，能使儿童的听觉变得敏锐，能使语音分辨能力得到增强，符合规范的语音也会早一些出现，孩子发音清晰度、准确度也会高一些。

家长要注意观察孩子的眼神，透过孩子眼神可以发现：孩子对大人说话抱有极大的兴趣，会专注地听大人说话。父母跟孩子说了这件事，孩子还会期待着听到别的事。在咿呀学语阶段，家长和宝宝对话，无论用普通话还是用家乡方言，说话要尽量慢一些，口型动作尽量让孩子看得到，以方便宝宝观察、模仿。看大人说话时的口型变化，听大人发出不同的语音，对婴幼儿而言都是极为新鲜、奇妙的事。孩子强烈的好奇心、求知欲望、说话欲望不断地被激发，孩子都会自发地去学习，自发地去发音和说话。

孩子在不断地听大人说话，不断地练习发音的活动中，听觉器官和发音器官的活动会逐渐趋于协调，语音逐渐趋于正确。先前发出的音素，如果是母语语音系统中没有的，会自然地消失。孩子的发音能力、学说话能力由此逐步得到提高。如果对大人说的话不感兴趣，或感到疲劳、厌倦，孩子也会有表情流露，如闭上眼睛、把头转向别处等。为避免说话单调，家长还可以选一些轻松活泼的乐曲给宝宝听，或选一些韵律节奏和谐明快的儿歌给宝宝读。这对提升孩子的声音分辨能力，对激发孩子的语音发生与发展都有好处。

值得注意的是：有些家长错误地认为出生不久的“婴儿”不会说话，什么都不懂，便把孩子撇到婴儿床上做自己的事，或跟其他成人聊天而完全不顾及孩子，这不仅不利于孩子语言的发展，也会在情感上伤害孩子。

（二）婴幼儿母语词汇习得特点与能力提升

任何语言中都有词汇，词汇本身不具有遗传性，必须通过学习才能获得。儿童对母语词汇的习得，是在其听觉本能发挥的基础上，是在话语的声音和意义辨析本能发展基础上，几乎是在无意识的状态下进行的。

科学研究发现，人的听觉器官（耳朵）的生理结构，是跟这种器官感知声音的能力相适应的。人发出声音范围，也是和人的听觉感知范围相符的。所以，人耳对语音的各种频率很敏感。人在感知他人的话语时，能够区分语音的细微差异。出生后1~4个月的婴儿，对辨别不同人的说话声音有极大的兴趣，能感知母亲或其他育儿者嗓音的细微差别。母亲跟孩子说话时，孩子会积极地做出反应，稍大一点会以“a、o、e”等声音给予回应。这像是在说话，但还不是真正的说话，但在这种有声的回应活动中，孩子的发音器官的功能、听觉器官的功能得到了锻炼。发音和听觉方面的潜能不断地得到发挥。

9个月大的孩子，大都还不会说话，但已经能够听懂成年人说出的部分话语的意思。比如，成人对小孩子说“那里危险！不能走过去”，小孩子会立即停下来，不走了。这说明孩子大体上明白了“不能……”的含义。又如，成人对小孩子说“谢谢阿姨”“跟阿姨再见”，孩子虽然说不出谢谢和再见这些词，但能以手的动作表示谢谢或再见。这说明孩子对谢谢和再见的意思理解了。再如，成人对孩子说“宝宝的鼻子在哪儿？”“眼睛在哪儿？”“耳朵在哪儿？”等，孩子会用手指指到相应的部位，这说明他对鼻子、眼睛、耳朵等词的意思理解了。这就是说，孩子大脑里已经有了不能、谢谢、再见、鼻子、眼睛、耳朵等词汇的储备。随着儿童的不断成长和生活经验的逐渐丰富，其“心理词典”里的词汇逐渐丰富起来。9~12个月阶段的儿童，是词汇学习与掌握的初始阶段，也是句子模式开始形成的初始阶段。

1岁至1岁半的幼儿，大都开始说话了。随着“心理词典”里的词汇量的增多，对词义理解力强于以前，用语言表达自己需求的欲望强烈起来。能说两三个字的语句；能指示并说清楚眼睛、耳朵、鼻子、嘴、手等名称；能说出日常接触到的部分物品（如球、车、帽子等物品）的名称；能说出要、拿、给等动词；还能组合成两到三个字的有意义的短句。儿童发展到这个阶段，“心理词典”里已经储存了一定数量的母语词汇，这是孩子能够开口说话的重要条件。

我们发现：从孩子开口说话到 3 岁左右，母语词汇迅速增长。如果家长关注孩子的语言发展，多跟孩子交流，多给孩子扩充词语的机会，有的孩子到 2 岁半，话语中词汇已经相当丰富了。日常生活中的一般的交流已经不成问题。当然，受遗传因素或其他因素的影响，有的孩子到了 3 岁，还只能说简单的语句，母语词汇还很贫乏。

语言里的词是个两面体。一面是声音形式（语音）；另一面是意义（词义）。就儿童的母语习得而言，母语词的声音跟母语语音系统联系着，跟小孩子的发音生理功能联系着，跟小孩子的发音本能联系着。词的意义，跟说话人个体的思想联系着，跟说话人个体的意识活动的本能联系着。词义是客观事物、客观现象、事物与事物之间的关系等在人的意识中的概括反映。词的音和义是由使用某种语言的人约定俗成的。我们说，语言中的具体的词汇，虽然跟遗传因素和人本能没有关系，但习得母语词汇的活动能力，则跟小孩子的听觉感知不同的语音，分辨语音所表达的意义方面的本能联系着。学说话阶段的孩子，所发出的语音，有许多已经构成母语词的语音形式。孩子对母语词的词义也在逐步理解与掌握之中。

概括地说，儿童对母语词汇的习得，有以下几个阶段性特点：

1. 从“声音”跟人或事物的宽泛不确定的联系到具体确定的联系

儿童开始学说话，能自发地发出“ma、ma、ma”声音，但这并不意味着孩子真正懂得了妈妈这个词的词义。这个阶段的孩子，见到妈妈会叫“ma ma”，见到爸爸可能也叫“ma ma”，甚至见到其他新鲜事物也会叫“ma ma”。例如，我家孙子八九个月的时候，奶奶带他到学校主楼前的广场上玩儿。广场中央旗杆上五星红旗迎风飘动，孩子发现了，兴奋不已，不停地发出“ma ma、ma ma”的声音。路过孩子身边的人都觉得非常有趣。这说明，孩子发出“ma ma”这种声音形式，跟作为具体人“妈妈”，还没有建立确定联系。

又如，对爷爷、奶奶等称谓词。在较长的时间内，小孩子会拿自己的爷爷、奶奶的形象作参照。看上去年纪大的，或头发白的男性叫爷爷，女性则叫奶奶。如果对方不太老，头发也不白，即使是爷爷、奶奶辈的人，孩子绝对不会叫他们爷爷、奶奶。在儿童发展的相当长的时间里，他们还很难理解人与人之间的辈分关系。

再如，小孩子能发出“ji”，大人让他看图画上的鸡，告诉这就是鸡。而后当孩子看到鸭、鹅、鸽子等禽鸟也会叫“ji”。孩子再长大一点，随着生活经验的丰富，才能从声音形式与人或物的宽泛的不确定的联系状态，过渡到词的声音形式与特定的人或物的确定的联系状态。

孩子的家长或其他育儿者，在不违背儿童认知规律的前提下，可以引导孩子，将特定的语音形式与具体的人或物建立联系。比如，指着妈妈让宝宝叫“妈妈”；指着爸爸让他叫“爸爸”；指着禽鸟图画告诉孩子，“这是鸡”，“那是鸭，鸭子会在水里游”，“鹅比鸡、鸭都大”。这样，宝宝会很开心地学，能较快地将词的声音形式与词所指称的对象建立联系，还能扩大词汇量。

2. 从话语片段整体意义理解到具体词语的分化

由于经常听成人说话，儿童的语言理解能力在不断发展。到了一定阶段，孩子能从整体上明白某些话语的意思，还能把一些具体的词语从话语中分化出来，使词的声音形式和词语所表达的意义建立起稳固的联系，并将这种知识存入自己的记忆仓库。那些被分化出来的词语，从词的声音形式到词的意义就基本上掌握了。开始的时候，儿童所理解的词，并不都是单个的词，往往是词组或者说短语。比如不能、不要、拿过来、送回去等等。1 岁左右的小孩子，家长或其他育儿者会经常带他们到户外玩耍，会随时向他们发出“那里危险，不能过去”“那个东西脏，不能拿!”“那是别的小朋友的东西，不要去抢!”等指令性话语，小孩子听到之后会停止行动，说明孩子大体上明白了这些话语的意思。孩子对危险、脏等词的含义还不能确切地理解，但能明白“不能……”“不要……”的意思就是不让他去做某件事。

从对话语片段整体意义的理解到具体的词分化，是儿童习得母语词汇的最基本的特点。也就是说，儿童不是先明白一个个单词意思，再明白由这些单词组成的句子的意思，而是先大体明白一个短句，或一个语言片段的意思，而后才逐步明白其中的词的意思。儿童学习母语的这一特点，跟成年人学习外语正好相反。

在早教活动中，成人给小孩子发出指令性话语时，声音要清晰，关键词语要突出，态度要让孩子能接受。有意识地训练孩子听不同的指令性话语，其中的关键词语要给孩子深刻的印象，进而让他正确理解那些词语的意义。这样做，既可以提高孩子的词语理解能力，也能使孩子的安全意识、卫生意识、正确处理人际关系的意识得到培养。

3. 从话语片段整体意义理解，到意义抽象的语法词掌握。

一定年龄段的幼儿，能从整体上理解日常生活中经常接触到的话语片段的意思，进而能将具体的词语从话语片段中分化出来，理解并掌握那些词语的意义。或者说，儿童是通过特定的语境，去理解话语片段中词语的意义的。在话语片段整体意义的理解活动中，儿童能掌握许多意义抽象的语法词和语法结构。比如带“把、能、会、着、了”等字的结构，表趋向意义的“……过来”“……过去”等结构。这些语法词或语法结构成分，从语言专业的角度讲很复杂，但母语是汉语的儿童，都能在不知不觉中学会。

以带“了”字、带“把”字的话语为例。生活在汉语普通话环境中的儿童，从不会说话的时候开始就经常听家长说“妈妈上班了”“爸爸回来了”“吃了饭再玩”“把奶喝了”“把你的玩具给小朋友玩玩”等等。在这些话语的不断刺激下，尽管小孩子还不清楚把、了在表达什么意思，但能明白话语整体所表达的意思，能由此形成相应的观念：“妈妈上班了”就是“看不见妈妈”，“爸爸回来了”就是“能见到爸爸”，“把奶喝了”就是“让我喝奶”等。语法词或语法结构在语句中都是在表达特定的观念，而不是具体事物概念。那些观念，小孩子理解并不难。那些观念，会在小孩子近乎无意识的状态下形成。有了相应的观念，带有某些语法词或语法结构语句，小孩子能够自然地说出来。笔者发现，2 岁半儿童就能正确地说出把字句。

换句话说，如果把那些语法词单独拿出来让小孩子理解，他们肯定搞不懂。由此说来，儿童学习母语，不需要像成人学习外语那样，把语法词分得那么清楚细致，也不需要先弄清楚语法道理再去说话。小孩子说出来的话里边的某些语法词或语法结构，从专业的角度看尽管很难，但只要是平时说话常用的，小孩子经常接触到，他们都能自发地、不知不觉地形成相应的观念。在相应的观念支配下，把带有某个语法词或语法结构的话自然地说出来。这就是说，儿童不需要学什么语法，成人也不用给他们讲语法，小孩子都能很自然地掌握母语语法。

由于学语阶段的孩子对任何语言现象都有兴趣，都很敏感。家庭成员之间，或与其他社会成员交流时，要注意文明用词、规范用词，忌讳在孩子面前说脏话骂人。而那些不文明的词语，小孩子会觉得很新鲜，学起来也特别快。

4. 从事物观念的形成到给观念命名

某一语言里的词汇，是使用该语言的人共同造出来的、约定俗成的。约定俗成的词汇本身不具有遗传性。我们发现：在约定俗成的词还没有被儿童掌握的时候，小孩子还会自己创造词汇，这种现象很神奇，研究者很少注意到。

我家孙子开始学说话的时候，看见大人在使用电脑工作，很好奇，我们抱他到电脑前，孩子也模仿大人在键盘上敲敲、打打，这时他还不会说电脑这个词。大人指着电脑故意问：“这叫什么？”孩子说：“哒哒。”又如，孩子在床上看着床单上的动物图画，玩得很开心，我们指着图画中的动物米老鼠问：“这叫什么？”孩子说：“嘀嗒。”再如，孙子从出生后开始，睡觉的时候，我们在他的枕头旁边放两块小毛巾，让孩子随时摸得到。到了学说话阶段，有一天，孩子睡觉前一直在说：“meimei，meimei。”我们不知道孩子要做什么。后来把两块小毛巾放到他的枕头边，他才不说话，恬然入睡。原来孩子给小毛巾起了个名字叫“meimei”，直到孩子上小学，这个特别的名称仍在我们家中延用。孩子为什么把小毛巾叫“meimei”？我们猜想，可能是他看图画上的小羊时，大人把小羊羔叫“咩咩”，孩子记住了这样的话，便以“meimei”给白色的小毛巾命名。如果家长细心观察，还可以发现，经常在一起玩耍的孩子，会给玩的东西起个名字，在小孩子之间会形成自己的约定。小孩子自己约定的词，在母语词汇系统里并不存在。

小孩子创造词语的现象怎么解释？德国学者赫尔德（J. G. Herder，1744—1803）在其《论语言的起源》一书中说，人天生就有一种悟性，或者说是思考能力。人在受到外界事物刺激的时候，由于悟性或思考能力的作用，会在心灵中产生与某种声音相联系的观念，人要给心灵中的东西起个名字，由此也就产生了语言学所说的词。词的含义就是人心灵中的东西，尽管在开始的时候词义还比较简陋、粗糙，但语言中的词汇也就是由此产生了。①

儿童习得母语词汇，从总体上看，同样具有“阶段性”“自发性和无意识性”“生物遗传性”这几个特点。（1）阶段性。儿童的母语词汇是有阶段性地向前发展的，上文已做过具体的描述。儿童的母语词汇发展，到了一定的阶段（2岁左右）会出现词汇迅速增多的现象，蒙台梭利称之为“语言爆发现象”。（2）自发性和无意识性。儿童学习母语词汇，并不清楚自己为什么要那样做，而是本能或语言机制促使他们自发地将一定的语音形式和一定的意义联系起来，由此在大脑里形成母语的词。（3）遗传性。语言里具体的词汇不是遗传来的，而是儿童学习学来的。儿童学习词汇的能力，包括创造词汇的能力，则是人的本能。所有的儿童，不分地域和种族，成长到一定年龄段都会这样做。由于众多的词已经约定俗成了，儿童在学习母语词汇时不得不接受这种约定。不过，小孩子创造力、联想力并没有被磨灭，比如，大人说出某个词，孩子会故意反着说，或故意给某个事物起另外一个名字，大人并没有教孩子这样做，而是生物遗传来的或天生就有的悟性在促使他们这样做。

儿童学习约定俗成的母语词汇有一个过程。孩子有时候说出来的词，会有不规范的问题，会有张冠李戴的现象，也会有家长说出某个词小孩子

---

① 参见［德］J.G.赫尔德著，姚小平译：《论语言的起源》，商务印书馆1999年版，第49~50页。

故意反着说，或故意添油加醋。这需要给予一定的引导，不能随意改变约定俗成，但也不能挫伤孩子联想和创造的积极性，可以把孩子的这种积极性引导到母语词汇的扩展方面来。

（三）婴幼儿母语句子发生发展特点与表达能力提升

儿童语言中的句子发展特点也很明显。小孩子最先说出的是“单词句”，大约在1岁左右。孩子为表达自己的思想和意愿，会说出“妈妈”“来”“要”“爸爸”“走”“抱抱”等单个的词。从外在形式上看，虽然是一个一个单词，但所表达的却不是一个单词意思，而是一个小句子的意思，儿童语言研究者称之为“单词句”。孩子说出的句子的意思究竟是什么？只能在特定的语境中显现。比如，孩子说出“妈妈”这个单词句之前，妈妈正准备出门，孩子有追随动作。那么，这个单词句的意思就是“妈妈等等我，我也要去”。如果孩子说出“妈妈”这个单词句的时候，用手指着地上的一只小昆虫。那么这个单词句的意思就是：“妈妈快来看，这是什么东西呀？”总之，儿童语言中的单词句所表达的意思究竟是什么？离开了特定的语境很难做出准确的判断。如果大人误解了孩子的意思，违背了孩子的意愿，孩子会很焦虑，甚至以哭喊的形式表示反对。

单词句阶段之后，出现的是“双词句”（以前称“电报句”）。比如“妈妈抱”“爸爸球球”“奶奶来”“宝宝要”等。这样的句子同样是在表达孩子一定的愿望或需求。句子的意思也是大于两个单词的意思。“妈妈抱”的意思可能是说“妈妈抱抱我！”或“我要妈妈抱”。“爸爸球球”的意思可能是，“爸爸给我那个球球！”或“爸爸，那个球球滚到外边了，请帮我捡回来”。双词句所表达的确切的意思究竟是什么？家长只能根据特定的语境去猜想。

双词句之后出现的是“简单完整句”，即不带修饰语的“主谓宾”齐全的句子。如“妈妈抱抱我”“我要车”“奶奶推推我”，“爸爸上班了”等等。至于带有定语、状语等复杂修饰语的句子，则需要孩子年龄再大一点以后，根据表达的需要慢慢地掌握。因为日常生活中使用的口语句子，一般来说都比较简短，不会带很多复杂的修饰语。

1岁半至3岁，是儿童语言飞跃发展的时期。3岁以后的儿童说出的句子“主谓宾”基本齐全了，表达的意思也比较清楚完整，有时候还会运用少量形容词、副词、感叹词、数字词，描述大自然的景象，或表白自己的想法和情感，或复述自己看过的故事书的情节。大多数孩子能比较流畅地与大人对话，或发表自己对某人、某事的看法，爱刨根问底，不断地追问“为什么”。

从单词句到双词句再到简单完整句，是儿童语言中的句子发展的自然的过程。这三种结构形式的句子的出现，先后顺序不会发生变化。即不会从单词句直接跳跃到简单完整句，更不会先出现简单完整句，后出现单词句和双词句。一般来说，儿童在1岁半以后，大都能说出简单完整句。

从句子的功能方面看。据我们的观察，儿童语言中的句子，根据使用频率和难度，先出现的是陈述句，后是疑问句，再后才是祈使句和感叹句。随着孩子认知能力的增强，认知欲望的增强，对许多情况感到迷惑不解的时候，孩子的疑问句会大量出现。比如，孩子会不停地问大人“这是什么呀?”“那是什么呀?”

总之，儿童对母语句子的掌握，同样具有明显的“阶段性”，“自发性和无意识性”及“生物遗传性”。(1）阶段性。儿童语言中的句子，从单词句到双词句、从不完整句到完整句、从不带修饰语的简单的完整句到带修饰语言的复杂完整句都是阶段性地、一步步地发展的，这一特点很明显。(2）自发性和无意识性。儿童语言中的句子，是在他们掌握语言的发音规则，掌握一定数量的词语，不断地接触成人语言，逐步形成一定的语法观念的情况下构成的，小孩子自己对构成句子的语法规则也没有明确的意识。(3）生物遗传性。儿童的语言感悟能力、构造句子的能力，在很大程度上是遗传来的，由本能决定。语句构造所需的语法知识，不需要家长特意去教。小孩子的思维活动能力、语言感悟能力发展到一定程度，语言听辨实践经验达到一定程度，生活中常用到的不同类型的句子，大都能达到正确掌握。儿童说出的话语句子，不是学会了所谓的语法知识才构造出来，而是在语言潜能或语言机制的作用下，在语言听辨经验的培育下自然地生长出来的。这种现象，如同在土壤里的植物种子，受土壤肥力、水分、阳光、空气的作用，到一定的时候，种子就会发芽，就会破土而出，就会长成它应该长成的样子。①

六、婴幼儿敏感期及潜能激活理论的应用

上文说到的认知、动作、语言等核心能力，跟婴幼儿的本能、心智密切相关。婴幼儿的核心能力是其智能的重要组成部分。对婴幼儿智能的合理开发，必须有正确的理论指导。下文先了解一下相关的概念：

智能，指人在解决问题、创造产品、处理信息等方面的潜能，即潜意识的心智能力。它来自儿童的先天禀赋，具有巨大的创造力，是一种不可思议的智慧。蒙台梭利说："幼儿的心智与成人不同，他靠自己的天生禀赋创造出高品质的成就。他不仅创造了语言，更创造了说话的器官，他也创造了各种各样的身体动作，及各种表达智慧的方式。这并不是在受有意识的意志主宰，而是由潜意识的心智来完成的。这是一种不可思议的智慧。孩子那奇妙的创造工作就是凭借这种潜意识心智能力完成的。"②

美国学者霍华德·加德纳也认为："智能是一种计算能力——即处理特定信息的能力，这种能力源自人类生物的和心理的本能。"简单地说："智能是一种生物心理潜能。"③ 人的智能是多元的，如"音乐智能""身体动作智能""逻辑—数学智能""语言智能""空间智能""人际智能""自我认知智能"等。正常的人的智能总是以组合的方式运作的。对智能的认识，既要有生物学依据，又要考虑文化背景。

智力，通常被称智慧。其实，智力可以理解为智慧性能力，它与智慧

① 参见王魁京著：《第二语言学习理论研究》，北京师范大学出版社1998年版。

② ［意］玛利亚·蒙台梭利著，胡纯玉译：《发现孩子》，中国发展出版社2006年版，第19页。

③ ［美］霍华德·加德纳著，沈致隆译：《多元智能新视野》，中国人民大学出版社2008年版，第7页。

的含义并不完全相同。智力是人在认识客观事物、运用知识解决问题方面的能力，集中表现在反映客观事物的深刻、正确、完全的程度上，用知识解决实际问题的速度和质量上。智力是通过观察、记忆、想象、思考、判断等活动表现出来，是先天素质、历史遗产和教育影响、个人努力三方面因素互相作用的产物。人的智力有高低之分，可以用某种手段去测量。智慧是哲学意义上的概念，其含义不容易解释，也无法作数据测量。

本能，是先天的禀赋，是生物遗传来的不用学就有的能力。比如，采蜜是蜜蜂的本能。正常的孩子一出生就会哭，饿了知道吃奶，渴了知道喝水，这都是人的本能。人的本能所产生的行为模式是所有人类成员都具备的。人或其他动物都有自己的本能。就人而言，胎儿发育成熟脱离母体，以相对独立的个体人身份来到一个新世界，都会通过自己的耳、目、口、鼻、皮肤这五种器官的功能感知新环境，接受新信息，认识环境中的各种新事物，获取新知识，掌握新技能，这都是人的本能表现。小孩子在发育成长过程中，只要他生存的环境正常，到了一定的阶段都会有语言出现，语言的发生与发展跟人所处的环境不可分离，也跟人的本能有密切关系。

人的本能力量巨大，现代科学对它的认识还不是很充分。本能是智能的来源，但智能又不完全等同于本能。如果人没有生物遗传来的本能，也就不可能有智能。由于人的本能跟生物遗传因素紧密相关，于是儿童的智能或潜能也存在个体差异性和多样性，哪怕是双胞胎、多胞胎兄弟姐妹，在智能或潜能方面也有差别。许多儿童教育家都承认，所有的孩子天生就有巨大的潜能或潜力。

英国学者夏洛特·梅森说："为了适应新世界，婴儿在一岁以内就能学会分辨远近、软硬、大小和1000多种其他复杂的内容。""孩子在各方面都比成年人更胜一筹，更加思维敏捷、善于推理、富有爱心、充满活力。儿童天资聪颖而且心地单纯，只是，他们还不知道如何控制引导或表现他们这种天生的无穷潜力。"

> "事实上我们总是低估孩子，对他们缺乏真正的了解，……因为我们总是把他们尚未发育成熟的身体和他们的认识能力混为一谈，从而低估他们的智力和能力。……事实却证明，儿童的智

力是最敏锐的，是非感是最强的，领悟力也是最好的。孩子们都有一种与生俱来的巨大潜力，不需要教育者费力地去开发。实际上，引导和使用孩子的潜力，远比开发任何所谓的才能更有意义。”①

敏感期。根据专家们的论述和本书作者的实验体会，我们认为：儿童的敏感期是儿童发育成长过程中，内在需求极为强烈，接受外界信息极敏感的时期。在这个时期内，如果有一定的外力给予正确引导，能激发孩子内在的需求，能使孩子无意识地将其潜能迅速转化为具有外在表现的智能。

事实上，每个孩子与生俱来就有对某些事情的、特有的、敏锐的感悟力，这是其潜能的表现。在外界助力（包括必要的环境条件）的作用下，让孩子将其敏锐的感悟力瞬间转化成为智能是可以做到的。这种转化有鲜明的阶段性，若超过了某个敏感阶段，敏感性便会减弱或丧失，小孩子轻而易举地做好某些事的机会也就失去了。失去机会之后，只能在自己的本能基础上，按照一般的发展规律，逐步显现出相应的基本能力。比如，一个小孩出生之后，长时间脱离人类生存环境，这个孩子的语言智能就会丧失。这样的事例许多研究者都曾说到过。与此同理，一个孩子有成为世界游泳冠军的潜能，然而游泳所需的条件不具备，加上没有教练指导，过了游泳潜能发挥敏感期才去学游泳，这个孩子将永远与世界游泳冠军无缘，即便努力练习，也只能成为一名普通的或水平较高的游泳者。

环境是婴幼儿成长的外在因素。婴幼儿所处的环境，包括家庭环境、大自然的环境、社会环境等。家庭环境包括：庭院居室情况，家庭成员人文素质情况。后者属于家庭人文环境，包括孩子父母等亲人的文化教养、道德情操等因素构成的文化氛围。婴幼儿智能发展，是以感官接受环境中的各种刺激为基本前提。环境中的各种情况和条件，都会给婴幼儿造成影响。如果说孩子的潜能是其成长与发展的内因，那么环境则是其成长与发

① ［英］夏洛特·梅森著，李忠明译：《夏洛特·梅森家庭教育法全书》，陕西师范大学出版社2010年版，第19~22页。

展的外因。没有良好的外因条件，孩子的潜能发挥必然会受到重大影响。于是，我国古人的儿童早教，对人文环境极为重视。前文说到的，圣明的君王精心安排太子身边的人，就是给孩子营造最佳人文环境，让孩子在那样的环境中，耳濡目染、潜移默化，受到道和德的感染和教育。对孩子进行道和德教育，也包含了智能激发的因素，因为选派到太子身边的人不仅道德水平高，才智方面也都是最卓越的。这些人在对太子开展道和德教育的同时，孩子的智能发展不会缺少。

什么样的自然环境、人文环境对婴幼儿的发展最有利？康有为曾设想：育婴院所在的地“当择与婴儿最相宜之式，大约楼居少草地多，务令爽垲而通风，日临池水以得清气，多植花木，多蓄鱼鸟，画图雏形之事物，皆用仁爱慈祥之事以养婴儿之仁心。凡争杀、偷盗、奸诈种种恶物，皆当屏除，无使入婴儿心目中。其为歌乐及教婴儿歌乐者亦然”。

婴儿知识日开，对其感染则不可不慎，“故设院之地不可近戏院声伎之地，葬坟火化之旁，作厂、市场、车场哗嚣之所，以慎外感之染而保清明纯固之神。”

为了孩子的健康发育成长，自然环境、社会人文环境、居室环境都应该审慎选择与营造。

（一）敏感期内婴幼儿潜能激活的环境条件

蒙台梭利通过将近半个多世纪的实践和探索，提出了有别于传统儿童教育的理论和方法。比如，注重认识孩子的心灵，尊重孩子的人权和自由，为孩子营造良好的成长环境，把握孩子的敏感期等等。这让当时许多关注儿童早教的家长及幼儿教师受益匪浅。敏感期理论是蒙台梭利儿童教育理论最重要的组成部分之一。

蒙台梭利说：“儿童的敏感期，是指儿童在初级发育阶段所具有的一种特殊的敏感性。”这种敏感使儿童以一种独特的方式、强烈地对待事物，毫不费力地、愉快地学习。从开始的一无所知，到适应这个复杂的世界、到学会辨别事物、到无师自通地掌握自己的母语等等。“敏感期是自然赋予孩子的生命魔力……在敏感期内，如果孩子的生理和心理需求受到阻碍而无法得到恰当的发展，就会丧失最佳时机，无论是能力还是智力都会受到很大影响。如果希望之后重新获得这些东西，就会付出很大的努力，并且也很难达到本应取得的效果。”①

蒙台梭利通过观察研究，根据儿童感官的敏锐性的差别，感悟对象的不同，认为儿童的敏感期有如下七种：

秩序敏感期（0~4 岁）；

感官敏感期（0~5 岁）；

语言敏感期（0~6 岁）；

动作敏感期（0~6 岁）；

细节敏感期（1.5~4 岁）；

社会规范敏感期（2.5~6 岁）；

书写敏感期（3.5~4.5 岁）；

阅读敏感期（4.5~5.5 岁）；

文化敏感期（6~9 岁）。

蒙台梭利告诫家长：要把孩子当作完全有行为能力的个体。要细心观察孩子敏感期的出现，也要承认有个体差异，了解孩子的需求，给孩子提供必要的能满足孩子需求的环境条件。孩子做出一些让人意想不到的事情的时候，父母不要干涉，不要越俎代庖，要寻找孩子行为的合理性，要恰当地给孩子以引导、协助。要鼓励孩子勇敢探索，使孩子充分利用其敏感期优势去学习应该学的知识，去提高相应的能力，促进智力发展。蒙台梭利认为儿童的敏感性“是一种生机勃勃本能，它能使儿童做出惊人之举。如果这种本能遭到破坏，那就意味着儿童将会软弱和缺乏活力”②。

在蒙台梭利提出敏感期理论之前，老卡尔出于对婴幼儿感官的敏感性的认识，对儿子实施早教时就很注意为孩子提供良好的环境条件，利用环

① ［意］玛利亚·蒙台梭利著，李浩然译：《蒙台梭利教育法》，中国商业出版社 2009 年版，第 28~29 页。

② ［意］玛利亚·蒙台梭利著，李浩然译：《蒙台梭利教育法》，中国商业出版社 2009 年版，第 28 页。

境中的事物刺激孩子的五官。他说："婴幼儿时期的一切能力，如果不及时利用与开发，就永远也不会得到发展。因此，我决定从训练他的五官（耳、目、口、鼻、皮肤），刺激大脑发育开始。"因为"听觉、视觉、味觉、嗅觉、触觉，是人类感知外部世界的生理基础。充分刺激孩子的感觉器官，能够促使大脑的各部分积极活动。如果孩子大脑的各个功能区都能发挥出最大效能，就会成为一个聪明伶俐的人"①。

老卡尔提出的"儿童潜在能力递减法则"虽然还有待科学研究去证实，潜能递减也不一定是所有的潜能，但也由此说明老卡尔是承认儿童是有敏感期存在的。蒙台梭利之后的许多学者，也都认为儿童成长过程中存在关键期。处于敏感期内的孩子必须在充满视觉、听觉等多种刺激的环境中度过。环境中的多种刺激，是促进儿童成长的基础。

蒙台梭利的敏感期理论，在儿童教育发展过程中具有承前启后的意义，需要早教责任人予以重视，并恰当应用。敏感期为什么需要重视？道理不难理解。孩子出生之后，面临的是一个全新的世界，其身体的各器官都在迅速发育。各器官的官能成熟早晚虽然不完全一致，但从不成熟到成熟的发展过程中潜在的能量巨大，对环境中的相关刺激都极为敏感，对能够接触到的环境中的事物都极为好奇，接受信息的欲望极为强烈。孩子根据自身的条件，接受外界信息的方式也很独特。比如，通过口唇的触觉或味觉去认识周围的事物是婴儿独有的，大一点之后就不这样了。婴幼儿对环境中不同的声音、光线；事物的不同颜色、气味；食物或非食物的不同味道；物品的硬软、干湿、粗糙与光滑等情况的区分辨别的敏感度之强，让成年人望尘莫及，难以想象。对环境刺激的敏感，也是儿童身心健康发展的安全屏障，是他们认识环境，高效地学习生存必需的知识技能的动因。简单地说，是生命体的潜能使其产生了敏感。生命的历程有阶段性，儿童的敏感也有阶段性。

孩子一出生就会哭。一般人会认为，新生儿的第一声啼哭是他平安降

① ［德］卡尔·威特著，刘新恒译：《卡尔·威特的教育》，京华出版社 2001 年版，第 27~28 页。

生的标志，孕妇分娩大功告成。护理人员将新生儿包扎好放到育婴室，定期喂奶就得了。孩子出生时的哭，在一定的意义上说明孩子是健康的，但哭也是孩子对新环境刺激敏感使然。新生儿有生理上的敏感与需求，也有精神方面敏感与需求。一般的家长对后者往往不太在意。

蒙台梭利等心理学专家则认为：所有胎儿在离开母体那一刻，由于新环境与母体环境完全不一样，都会敏锐地感觉到不适应，都会有“出生创伤”和“回归症状”。孩子生下来就哭，在不哭的时候常常紧闭双目，这跟他留恋出生前的环境，想回到母体去的心理状态有一定的关系。母亲和其他育儿者，如果对孩子的心理和精神需求缺乏了解，觉得孩子的哭、紧闭双眼等都属于正常现象，而不太去理会，在接下来的日子里，不注意给孩子营造合适的环境，让孩子逐步适应，不注意跟孩子心理沟通，使孩子心神得到抚慰，时间长了，后果将会很严重。最常见的情况是：许多新生儿，白天黑夜大颠倒，睡醒了哭个不停，情绪烦躁。如果这种情况得不到改善，孩子正常的发育将会受到抑制，成长变得缓慢，身体羸弱，容易生病，或对新环境有恐惧感，害怕独处，缺乏自信。孩子再大一点，还时时黏着妈妈等。这些情况的发生，除了个别孩子在胎儿时就患有的某些疾病之外，大都跟他对环境感到不能适应有关。孩子对环境的不适应，不仅影响到正常的生理发育，还会进一步影响到后来的智力，以及良好的性格特质形成。

新生儿离开母体，接触到的第一个外部环境是产房。按道理说，若考虑到新生儿对环境敏感的特点，产房环境应该让孩子感到安静、舒适、温馨。就当今的社会经济条件看，完全可以做得到。然而，笔者所见的情况却是，产妇10余人，都在一间大房间，婴儿床置于产妇床脚，前来探视的各色人等，出出进进，人声嘈杂，气味难闻，产妇与新生儿都在忍受煎熬。我家孙子出生后所在的某知名医院的产房环境就是这样。再看看小孩子，他几乎不睁眼，还时时紧皱眉头。好在时间不长，三天后回到环境安静舒适、空气清新的家，孩子才睁开眼睛看世界。回家后第二天，醒着的时候，家人抱他看房间里的物品，一双亮亮眼不停地转动，跟在医院里紧闭双眼、皱着眉头的他判若两人。

新生儿长时间接触的家庭环境，包括新生儿和母亲的居室布置、空气、阳光、温度、湿度等因素构成的物质环境。由新生儿的母亲及其他育儿者共同营造的人文环境。这两个方面都应该有利于孩子的身心健康和智能发展。孩子一天天地长大，从身边的小玩具到居室环境内的每一件物品，他都会由近及远、一个个地去认识。孩子的学习与认识活动，是以自己为中心，一步一步地向外扩展。小孩子对居室环境中的物品，有的感兴趣，有的兴趣一般，对色彩不同的张贴画兴趣最浓，而且还有选择性。

1. 了解孩子空间秩序的敏感性，帮助孩子适应新环境

我们对婴幼儿敏感期的观察实验从孙子出生第三天开始。从中体悟到，小孩子确实存在蒙台梭利所说的秩序敏感期。关注新生儿的敏感，可以提前给无法用语言表达内心感受的孩子“打招呼”，让孩子有心理准备，让孩子快速适应新环境，避免产生不安和焦躁情绪，也为孩子以后的有秩序的生活打好基础。

我家孙子出生第三天，从妇产医院接回家时，因怕孩子“秩序敏感”而对新环境不适应，奶奶小心翼翼将宝宝抱在怀里，对他说：“我们要回自己家了。”宝宝突然睁开眼睛看了看产房的屋顶，不一会儿闭上眼睛睡着了。趁着孩子刚入睡，奶奶默默地给小家伙描述自己家的卧室特色，希望他喜欢。大约二十分钟后，小家伙蹬腿了，一会儿就睁开了双眼，机灵地注视着回家时乘坐的小轿车车顶，不到一分钟，闭上眼睛开始大哭。妈妈把孩子接到怀里给他喂奶，他拒绝吃；给他喝水，不喝；一个劲地哭；给他换尿不湿，还是哭。奶奶知道，这是孩子对陌生环境因敏感而不安。于是把他抱过来，哄他说：“宝宝，你很勇敢，坚持十五个小时，终于来到了这个新世界，太了不起了！妈妈说你很乖，不爱哭，现在为什么哭呢？是不是不熟悉这个环境啊？奶奶跟你说，这是爸爸的车，你长大一点后肯定特喜欢它。”宝宝听到这儿，哭声基本上停止了。奶奶把他竖着抱起来，让他看看爸爸、妈妈，看看车内的环境，他才完全安静下来，不久就睡着了。等他醒来时，已经回到家。奶奶抱着他，给他介绍卧室的环境，指指房间里的东西给他看。此时，小家伙很平静，好像在专心地听，好像在认真地熟悉自己的卧室环境。做完这一功课后，奶奶才把孩子交给他妈妈，喂奶，很顺畅。孩子满月后，无论是回爷爷奶奶家，还是回姥爷姥姥家，我们都事先给他描述一下那里的环境特点，让他熟悉新的环境，熟悉其他亲人。此后，孩子从来没有因环境变化而出现烦躁不安的情绪。

家庭环境中的事物，是孩子认识与学习的起点。婴儿的秩序敏感，侧重于室内环境秩序，什么样的东西放在什么地方，孩子能很清楚地记住。这是婴儿通过秩序，熟悉环境、认识环境的重要方式。如果环境中的物体有变动，孩子会感到迷茫。如果成人不在意，变动了物品放置位置，五六个月的婴儿会不断地寻找原先位置上的东西。家庭居室里的物品放置杂乱无章，会扰乱婴儿的秩序感，让孩子感到困惑、焦虑，进而影响到智力发育。

婴幼儿对室外自然环境同样敏感。这是孩子认识事物、拓展视野、丰富知识、增长智慧、健康成长与智能开发的重要方面。我家孙子快 3 个月的时候，户外春意盎然，绿树、红花、鸟鸣，一派生机勃勃的景象。此时，我们每天都带他到户外，发现孩子特别喜欢。户外的动态景观与静态景观比较，孩子更喜欢动态的，比如摇曳的柳枝、飞动的小鸟等。孩子会用目光追随飞鸟，直至飞鸟从视线中消失。有时候宝宝还会表现出寻找那些飞鸟的意愿。我们趁机给孩子念一些有关春天、青草、杨柳、麻雀、喜鹊的儿歌，宝宝听得很专注。让婴幼儿在大自然中成长，接受鲜活的环境熏染，对提升孩子环境适应能力，认知事物、辨别事物差异的能力，以及提升孩子想象力、联想力都有重要的打基础作用。

2. 了解孩子对生活秩序的敏感性，给潜能发挥创造条件

对生活秩序，要始终给孩子井然有序的印象为好。我家孙子出生第一个月，每天清晨醒来，洗换之后再喂奶；喂饱后抱到窗台前，隔着窗户看到邻居家房顶上旋转的风斗（看旋转的东西，孩子兴趣浓厚，会手舞足蹈）。当孩子发现风斗不转了，他会立即将头转向抱着他的奶奶，眼神里透露出疑问，像是在等待大人做出解释。然后再让孩子看看室内的书架，给他介绍介绍书名。孩子不听了，奶奶就给他听听音乐，有的乐曲他不喜欢，就让他听听诗歌或儿歌。如果孩子发现书架上书摆放次序变化比较大，他也会用疑惑的眼神盯着奶奶，等大人把不规则的书摆整齐了，他才将视线转移到别处。

2~3 岁的孩子对每天的活动时间和内容，是不是自己熟悉的，是不是习惯性的，也很敏感。如果秩序被打破了，孩子会发脾气、闹情绪。3 岁孩子，如果发现成人将小物件位置放错了，他也会立马将东西放回原处。

重视孩子生活秩序、时间秩序，适时展开早教，有利于增强孩子对各种关系的记忆、认知，以及智力的发展。人的智力不是凭空而来的，而是建立在儿童敏感期打下的基础之上。

有些母亲或其他育儿者，不知道孩子有对空间秩序、时间秩序敏感的特点，不知道小孩子有认识周围事物的迫切欲望，不知道小孩子有求知的欲望，不知道孩子有与亲人情感交流的需求，误认为新生儿什么都不懂，长时间把孩子放在小床上或婴儿车里，让孩子在单调的环境里待着，这对孩子的精神会有伤害，延续时间久了，不良后果就会显现出来。

总之，婴幼儿对所在环境中的各种事物的刺激都很敏感，对空间秩序、时间秩序也很敏感。敏锐的感官是婴幼儿心灵的窗户，敏锐的感觉能力是小孩子智能发展的基础。感官神经功能系统和大脑神经系统是一个整体，感官神经反应敏感度高，大脑神经反应灵敏度就高。感官神经反应迟钝，大脑神经反应也迟钝。感官对环境中的各种刺激的反应，是培养孩子各种能力的重要条件。如果环境刺激是消极的，孩子得到的信息是负面的，其身心健康肯定会受到不良影响。如果环境是单调的，刺激是贫乏的，意味着孩子想学而能学到的东西少，孩子的智能发挥会受到限制。重视良好环境的营造，重视环境中的事物给婴幼儿感官积极正面的刺激，重视空间和活动时间的有序性，对孩子的健康发育成长，对孩子以后在道德、智商、情商，及其他能力（如观察力、判断力、注意力等）的发展会打下良好基础。

（二）敏感期内受到的影响将伴随孩子一生

蒙台梭利的敏感期理论，揭示了人的生命历程中的特点。敏感期也是所有的生命体共有的特征，只是时间长短、敏感程度、表现形式不一样而已。比如小鸡追随母亲的能力，是在它破壳而出之后 4 天之内显现的。如果在这个敏感期内将小鸡与鸡妈妈分开，小鸡就永远不会出现追随妈妈的行为。小鸡辨别妈妈声音的能力在破壳而出之后的 8 天之内显现，如果在敏感期内让小鸡远离鸡妈妈声音，它辨别妈妈的声音的能力就枯死了。笔者当年在干校养鸡时就亲眼观察到：母鸡自己孵化的小鸡，常常紧跟着妈妈。小鸡稍大一点之后，也不会离开妈妈太远，还绝对不会认错妈妈。鸡妈妈找到小虫，“咕咕”一叫，自己的孩子们就很快回到妈妈身边，不会发生别的小鸡跑到这个鸡妈妈身边抢虫子吃的现象。用电子孵化器孵出的小鸡，因为没有感受过母爱，在敏感期应该形成的听妈妈呼唤、追随妈妈、辨别妈妈声音的本能消失殆尽，对母鸡呼唤孩子的声音茫然无知，只对喂养它的人紧追不舍。

犬在生长过程中也有自己的敏感期。军犬训导员训练军犬，要挑选出生三个月以内的、健康活泼的幼崽进行训练才能成功。过了这个时间段，很难将它训练成才。日本学者井深大认为，有一种能力在出生后瞬间就会丧失，若不能抓住时机，这种能力就很难培养，或需要付出很大代价，才能将这种能力激发出来。研究人员曾报告过这样的例子：从狗妈妈刚刚生下来的一群狗仔里取走了一只狗仔，让它跟妈妈和其他兄弟姐妹隔离，16 周之后再将它送回兄弟姐妹之中。这时，这个狗仔对狗群的“按地位高低排队进食”的规矩一无所知，常做出莽撞举动。6 个月后的一天，这个狗仔的后背被它的狗弟兄们严重咬伤，濒临死亡，经兽医专家抢救护理才挽回生命。由于在敏感期内没有得到狗妈妈指导，相关能力没有开发出来，也不知道同类的行为规矩，这只狗仔差一点付出生命代价。①

就人类而言，如果在敏感期内脱离了正常生存环境，其智力将终生难以恢复正常。日本学者井深大，美国学者塞德兹等，在他们的著作中都举过印度狼孩的例子：

1920 年 10 月，印度加尔各答西南一小村落的村民中盛传两个“人形动物”住在狼洞里，汉堡大学和艾尔大学的两位教授得知情况后，设法营救那两个“人形动物”。那是两个女孩，一个将近七岁半，另一个一岁半。

---

① 参见邵夏珍编著：《井深大早期教育法——从零岁开始的幼儿教育与潜能开发》，中国发展出版社 2001 年版，第 64~65 页。

两位教授将她们从狼洞里救出后，送到当地一对牧师夫妇开办的“米多那普尔孤儿院”，将大女孩取名为“卡玛拉”，小女孩取名为“阿玛拉”。牧师夫妇以极大的爱心和耐心设法还原两个小女孩的人类特质和能力，但均告失败。那两个女孩刚进入孤儿院以后，白天躺在地上要么发呆，要么睡觉。天黑之后便开始活动，每天晚上十点，或凌晨一到三点，她们会准时地与当地的狼群一起嚎叫、呼应，此外没有任何语言。她俩性格孤僻、多疑，牧师夫妇不管教她们什么，她俩都会流露出警惕的眼神，还常常独自面对墙壁发出“呜！呜！”的叫声。她俩的进食方式是，直接用嘴吃地上的或盘子里的东西，喜欢吃生肉和腐肉，喝水仍然像狼一样用舌头舔。喜欢和狗、猫玩，也可以和只会爬的婴儿玩，但对直立行走的孩子不敢靠近，常常怒目而视。小一点的女孩阿玛拉，入孤儿院接受训练两个月后，会说“水”字，口渴时会喊“水！水！”，一年后因病死去。牧师夫妇第一次发现，大女孩卡玛拉伤心落泪，不吃饭。卡玛拉进孤儿院时已经 7 岁半，早过了婴幼儿敏感期，所以训练起来十分艰难，两年后才会站立，才会用脚不规则地走一小段路，一般情况下，仍然用四肢走路。到了 9 岁半，才慢慢学会用手抓米饭往嘴里送。这一动作，算是她从狼群回归人类的最大转变。卡玛拉学习人类语言的速度非常缓慢，进入人类环境第二年，10 岁半时，仅仅会说“饿”“渴”等几个词。第四年，只能说六句话，只能听懂别人说话的部分意思。第五年，能够用水杯喝水，不再用舌头舔水喝。第六年，才真正能用脚平稳地走路，表情也开始像人了。第七年，能够说出四十五个单字，开始与人沟通。这年秋天去世，年龄 17 岁，智商仅相当于正常孩子 3 岁半。①

类似的例子还有：非洲莫桑比克大丛林里生活着一对土著人夫妇。年轻的妻子去世了，刚生下来的婴儿失踪了。数月后，婴儿在一群狒狒中被发现，正在吮吸母狒狒的奶。大家几度试图夺回婴儿，但均告失败。19 年后，那个婴儿长成一个健壮的“人狒”，还当上了狒狒们的头目，雄霸一

---

① 参见［美］塞德兹著，柏桦译：《俗物与天才》，京华出版社 2001 年版，第 62~66 页。

方。又过了 4 年，他在树上打瞌睡时被人抓到，被关在一间小屋里接受人类教育。经过长时间艰难训练，才慢慢掌握用手吃饭、用脚走路等属于人的基本行为方式。

以上所举的狼孩、人狒的例子，虽然是极个别的，但足可以说明，在敏感期内如果婴幼儿离开正常的人类生存环境，人的本性会随之改变，人类的潜能也基本消失。早教专家井深大由此断言，婴儿在兽群中长大也会变成兽。鲍里斯说，生存环境对婴幼儿敏感期至关重要，在非人类环境中过了敏感期，再要恢复人类本能极其困难。也就是说，人类在婴幼儿敏感期内所受的环境影响对其终生都起作用。

（三）敏感期内孩子的巨大潜能可以激活

人类意识可划分为许多层次，最简单的划分是："意识"与"潜意识"。潜藏在大脑深处的"潜意识能力"（潜能）力量巨大，表现在很多方面，但不能被肉眼直接看见，用现代科学仪器也还不能检测出来。就孩子创造力而言，"并不是受有意识的'意志'所主宰，而是由潜意识的心智来完成的。它是一种不可思议的智慧，孩子那奇妙的创造工作就是借这种潜意识心智完成的"①。美国著名心理学专家威廉·詹姆斯对潜能做过深入研究，他认为："人类只发挥出了大脑 10% 的能力，还有 90% 的能力没有开发。"②

詹姆斯所说的数据，是怎么得出来的，我们还无从知晓，但脑科学专家认为，影响人类行为的主要因素是潜意识。根据生物学、生理学、心理学、精神病理学等各方面的研究，专家们得出的结论是：虽然人类在生理上具有不学就会的特殊本领——本能。但作为高等动物的人类，与低级动物的不同之处是：人类的有些本能动作出现得早些，比如吮吸、哭、笑、

---

① ［意］玛利亚·蒙台梭利著，胡纯玉译：《发现孩子》，中国发展出版社 2006 年版，第 19 页。

② ［美］鲍里斯·塞德兹著，精英教育服务机构译：《俗物与天才》，哈尔滨出版社 2009 年 7 月版，第 196 页。

蹬腿等。有些本能动作出现得晚些，比如翻、坐、卧、走、跑、说话等。那些潜藏于大脑深处的本能，等到神经系统和肌肉组织成熟到一定的水平才能出现。

对婴幼儿的发育成长过程，只要家长们细心观察都会发现：小孩子的生理、心理对外界事物、信息及有关活动的反应极为敏感。当孩子对某种事物、信息或活动产生浓厚的兴趣与爱好时，会表现出超出成人想象的积极性和主动性，会迅速启动其内在的生机勃勃的潜意识能力，以超强的观察、模仿与吸收力，轻轻松松地将相应的知识转化成自己的智能。研究者认为，在大脑的两个半球中，右脑有着通往深层大脑的回路，只要打通这个回路，潜意识层面的能力就有机会得到开发。

人的潜意识能力发挥还有一定的时效性。鲍里斯·塞德兹说："每个人生来都具有特殊的能力。不过，这种能力并非清楚地显露在外面，而是神秘地隐藏着。这种潜藏的能力就是潜能，就是'天才'。所以说，天才并不是我们认为的那样，它不是少数人的专利。每个人都是天才，每个人都具有这种潜在的能力，就看你是否能够将其开发出来。如果能开发出这种潜力，就能取得不平凡的成就。由于教育不得法，大多数人的潜能都无法得到发挥。潜能无法发挥，到了一定时候潜能就会枯萎。所以教育的最重要目的就是开发人们的潜能。"①

"随着年岁的增长，这种能力就会急速地流失掉。大多数人在潜能发展的高峰期都受不到有效的教育，或受到错误的教育，致使自己的天才白白枯死"。②

老卡尔·威特也曾经说过："儿童虽然具备潜在的能力，但这种潜在能力是有着递减法则的。………教育开始得越晚，儿童的能力实现就越少。"

儿童潜意识能量巨大，并具有时效性。发挥效能的时间段就是蒙台梭利所说的敏感期。脑科学研究表明：孩子在婴幼儿时期所形成的印象最为

① ［美］鲍里斯·塞德兹著，精英教育服务机构译：《俗物与天才》，哈尔滨出版社 2009 年版，第 69 页。

② ［美］塞德兹著，柏桦译：《俗物与天才》，京华出版社 2001 年版，第 61 页。

深刻，能永久地留在潜意识里，永远无法完全剔除。在这个时期，激发婴幼儿的潜能最容易，也是最佳时期。家长如果对孩子的敏感期把握不好，或发挥潜能的条件不具备，将会导致孩子有些能力丧失，终生得不到发挥。

七田真主张："就零岁教育来说，归根结蒂是要发挥还完全不会说话、还完全不懂事的婴儿的潜意识作用。越接近零岁，小孩子的潜意识作用越大，而且越会显示出非凡能力。刚出生不久的婴儿，会不断地把周围环境中的和生活中的一切经历，在头脑中记录下来，这不是普通的记忆能力，而是异常高超的非凡能力。虽然新生儿自己毫无意识，但他本身却在最大限度地运用潜在记忆，对事物进行着繁复多样的排列和组合。"①

也可以这样说，潜意识是人类思维的动力源泉。通过环境的作用与潜意识能力发挥，人的素质可以得到最有效的提升。家长和其他育儿者应该考虑，尽可能多地让婴幼儿获得各方面的刺激经验，让孩子有发挥潜意识以及记忆能力在内的多种能力的机会，满足人脑发育的生理需要。潜意识会产生新的才智，即使在睡眠状态下，潜意识也能工作。

（四）潜意识的心智力量发挥与心灵感应

蒙台梭利认为：儿童潜意识心智力量（即潜能），"是一种不可思议的智慧，孩子那奇妙的创造工作就是凭借这种潜意识心智完成的。"婴幼儿的潜意识力量如果能得到恰当合理发挥，早期教育一定会取得良好效果。在孩子身上出现的有些问题，也可以通过潜意识作用得到解决。七田真在蒙台梭利的敏感期与潜意识理论基础上，针对儿童特点提出了心灵感应方法。这种方法一般人难以接受，但许多事实说明它的确能起作用。我们也有这方面的例子：

例1：我家孙子出生2个小时之后，护士将他抱到产房内，在母亲脚后跟儿的婴儿床前轻轻放下时，孩子微微睁开双眼，一瞬间又闭上了。这时，不知是谁端详了孩子一会儿，小声嘀咕道："怎么那么丑呀？"这时，

---

① ［日］七田真著，贺迎译：《七田真0~6岁育儿法》，南海出版公司2008年版，第12页。

奶奶发现孙子小嘴撇了一下，一副要哭的样子，紧接着孩子的妈妈也加了一句，“丑八怪！”顷刻，孩子大哭起来，似乎很委屈。客观地说，刚出生的新生儿都不漂亮，再加上孙子是经过十五个小时自然出生的，脑袋被产道挤压得有点长。随着孩子的发育成长，这种情况会很快得到改善。

由于笔者此前对婴幼儿敏感期与心理需求有了解，对七田真的心灵感应法比较熟悉，此时便在心中默默地对孙子说：“宝宝，你很了不起，和妈妈一起经过十五个小时的努力，你才来到这个新世界，奶奶能见到你非常高兴，你是个勇敢的孩子，长得也很帅呀！……”此时，哭声渐小。床边的月嫂也听到了那句不中听的话，走到孩子小床边大声地说：“你们怎么看的？瞧！这孩子多英俊啦，大眼睛、高鼻梁、嘴唇线那么清楚，手指也长，将来可以弹钢琴；腿也长，将来是跑步健将！宝宝不要听他们瞎说哟！你很帅、很棒！……”孩子不哭了，变得很安静，开始“闭目养神”。

一个降生不久的新生儿对环境本来就敏感，再加上回归母体的心理作用，对包括母亲在内的成人们的不中听的言语信息无法接受。为了避免这种负面的言语信息给孩子造成伤害，笔者继续跟孙子沟通道：“宝宝努力来到这个世界，脑袋被挤压得比较长，那是正常的。经过这样的挣扎也有好处，锻炼了宝宝的勇气和毅力，长大后会很坚强，不怕任何困难。脑袋也很快会变得圆乎乎的，很好看，你不用担心！”宝宝这时似乎听懂了，睁开了双眼看了看奶奶。奶奶脱口而出：“亮亮眼，很漂亮，安静地睡吧！”宝宝很快入睡了。

例2：笔者的一位朋友，怀孕时曾对要不要这个孩子有过犹豫。又因工作太忙，很少跟胎儿沟通。临产时，丈夫出差在外，只有丈夫的姐姐陪伴、照顾。一系列不尽人意的因素给这位妈妈的心理造成了负面影响，这种影响由妈妈无意识地传递给了孩子。孩子从两岁开始，变得不合群，脾气急，时时黏着妈妈，有时嘴角、眼角、颈部还会不自主地抽搐。笔者了解到这一情况后，建议这位妈妈去看看七田真的育儿书籍，照书中的方法，在孩子浅睡眠的时候跟孩子作心灵沟通，把妈妈做得不够的地方告诉孩子，让孩子谅解。几天后，这位朋友告诉笔者说：“我跟孩子沟通后的第二天，他问我：‘妈妈你昨天晚上跟我说的，是真的吗？我喜欢你天天跟我说。’这样，沟通了几次后，孩子开朗多了，不再黏着妈妈了，愿意与小朋友玩了。”笔者又建议她，多观察孩子，尊重孩子，不要让自己的不良情绪影响到孩子。

以上两例可以在一定程度上说明：处在敏感期的婴幼儿，其潜意识的心智力量是能够接受外界信息的，也能在孩子的自我调节方面起重要作用。婴幼儿的这种能力，我们成年人难以想象，会觉得不可思议。蒙台梭利曾说，儿童的潜意识的心智力量是“一种不可思议的智慧”。尽管我们对婴幼儿的“不可思议的智慧”了解得很不够，但在现实生活中，发生在孩子身上的不可思议的情况并不少见。这都需要家长注意，不能完全按成人的思维模式处理孩子的某些问题。

七、婴幼儿早教活动开展应注意的问题

当今，有不少家长对儿童早教抱有兴趣，但也会有这样的疑虑：“过早地对孩子进行教育，会不会累着孩子？”“会不会对孩子的身心健康造成伤害？”这样疑虑，不仅当今的人会有，两百年前的老卡尔对儿子实施早教时，也有不少人提出过类似的问题。笔者认为，要化解家长们的这些疑虑，关键是怎么理解早教。

（一）给儿童潜能发挥提供必要的帮助

婴幼儿阶段是人生的初始阶段，儿童教育家和相关研究者几乎都认为，这个阶段孩子除具有人类共有的本能之外，还有潜意识的心智力量。潜意识的心智力量是天赋的，蕴含着巨大的创造力。所谓早教，意思不是说以语言为手段，给孩子讲授什么知识，而是充分考虑孩子的生理和心理特点，帮助孩子正确合理地发挥其巨大的创造力，激发他们的潜能。蒙台梭利说：儿童“教育不是老师教了什么，而是人类自然而然发展的过程。儿童的知识不是通过教授得来的，而是儿童从环境中获取经验得来的。老师的任务不是讲课，而是在为儿童设置特殊的环境，准备和安排一系列的

文化活动”①。

儿童需要帮助，不是因为他们幼小无力，而是因为他们天赋的创造力非常脆弱，需要关爱和正确保护。而所谓帮助就是：“减少妨碍孩子创造力发挥的任何障碍，以使其发挥到极致。……我们向儿童这些潜在能力的发挥提供帮助，不是指帮助儿童本身，也不是向他们的弱点提供帮助。当我们知道这些能力属于无意识的心理，这种无意识必须通过从周围环境获取经验等时才能变成有意识。我们发现婴儿的心理与成年人的完全不一样。我们不能通过语言指导和直接介入这一过程来达到目的。于是整个有关教育的理念发生了变化。教育成了向儿童心理发展提供帮助的手段，它不再是灌输语言和观点的过程。这就是教育新的发展方向——向儿童的心理发展提供帮助，向儿童的这种能力提供帮助，并提高儿童的这种潜能。”②

儿童早期教育，不是一般人理解的学校教育意义上的那种教育。这种教育是给儿童的潜能发挥与发展提供帮助，包括有意识地为孩子的成长与发展提供良好的环境条件，安排一系列与孩子接受能力相匹配的、有文化内涵的活动等，是给孩子以真正的关爱与保护。

当今，也确实有这样的家长，他们对早教缺少正确的理解，以为早教就是给孩子要灌输什么知识，按成人的意志去训练孩子。当孩子出现某些超常现象时，以为不得了，四处炫耀，甚至剥夺孩子正常玩耍机会，让孩子完成各种额外的学习任务。这是被曲解了的早教，必须坚决反对。

（二）唤醒求知渴望、合理支配精力、使器官合理运转

生理学专家、心理学专家都认为，不运转的人体器官是无法健康成长的。我们身上的骨头、肌肉、所有的脏器和神经系统，都是在运转中，甚至在一定的压力下才逐渐变得强壮有力。比如，孩子到了学走路的时候，

---

① ［意］玛利亚·蒙台梭利著，高潮、薛杰译：《有吸收力的心灵》，中国发展出版社2006年版，第5页。

② ［意］玛利亚·蒙台梭利著，高潮、薛杰译：《有吸收力的心灵》，中国发展出版社2006年版，第22页。

要让他练习走。走路才能使肢体神经机能和骨骼得到相应的发展。孩子学走路，经常会摔倒，如果害怕孩子摔倒而不让他学走路，孩子的潜在机能就得不到发挥，肢体神经系统和骨骼就不能健康发展。

同理，智力活动是大脑神经活动形成有序功能的结果。孩子成长的最初阶段，通过有益于孩子发展的环境条件的提供，进行有益、有效的引导训练，孩子的智力可以达到最理想的状态。研究人员建议，应该抓住婴幼儿这一极为重要的时期，唤醒孩子对知识的渴望，引导孩子恰当合理地支配精力、让器官合理地运转，这不会累着孩子，不会有害于他们的身心健康，反而能让孩子发展得更好。鲍里斯·塞德斯坚持认为："在孩子们大多数的例子当中，对孩子开始进行启蒙教育最合适的时间就是在他们两岁或三岁的时候。……孩子们就是在这个时期开始养成自己的兴趣爱好的。这段时期是个极为重要的时期，我们一定要抓住这个机会，利用有效的方法来使得孩子们正在发展的智力得到正确引导。延误时间或迟疑不定都是不正确的，会带给孩子不利的影响。我们需要从孩子很小的时候就将其对知识的渴望唤醒，这种渴望一旦形成就将会伴随他（她）的一生。既然孩子能够将自己很大一部分时间和精力投入到没有任何意义的游戏以及不存在任何目的的无聊运动之中，那么，同样道理他也可以全力以赴地投入到智力游戏中去。"①

要唤醒孩子对知识的渴望，正确引导孩子合理地分配精力，而不是去强迫他们做这做那，否则，孩子就会运用错误的方法虚度光阴。如果等到孩子对知识没有兴趣的时候再去强迫他学习，就如同养鹅一般，除了不断灌输填塞之外别无作为，一般来说，这样的孩子，一定会变成一个脂肪太多，心智贫弱的孩子。

塞德兹的经验是：如果你重视孩子在特定时期的特点，并认识到孩子的大脑应当得到开发，认识到大脑同身体别的器官一样，需要恰当利用，注意培养孩子对脑力游戏及知识的兴趣，这样做，将来也就完全没有必要

---

① ［德］卡尔·H.G.威特著，东方笑译：《世界最伟大的教育课·英文版序》，陕西师范大学出版社2008年版，第3~4页。

再强迫孩子去学习了。因为孩子会在自觉的学习中发展，会在脑力活动中获得快感，也会在游戏及体育运动中获得乐趣，他们会比同龄的孩子更健壮、更有毅力，他的体力及智力都将获得迅速发展。作为一名神经和精神疾病方面的医生，塞德兹很坚定地说，自己从未碰到过一个由于用脑过度或者学习过度，而出现神经或者精神疾病的病例。那些害怕对孩子早教让孩子过度用脑，会让孩子受到伤害的看法都是不正确的。①

（三）良好的行为规范、心理素质和道德培养

早期教育的目标，不仅仅是帮助孩子智力发展，对孩子的良好行为习惯、心理素质、道德品质方面的培养更为重要。以老卡尔的早教为例，他很注意对儿子的行为规范和道德品质培养，认为道德发展历程同样应该从生命的早期开始。童年时期所接受的事情、所受到的影响，将决定孩子以后道德生活中出现的种种情况。在孩子的道德发展过程中，环境的作用非常重要。于是，老卡尔很重视给孩子营造良好的环境氛围，包括对孩子的玩耍的伙伴也要有选择。“不加选择地让孩子们在一起玩，他们就互相逞能，有可能变成利己主义者，结果沾染上狡猾、虚伪、说谎、任性、嫉妒、憎恨、傲慢、说坏话、争吵、打架、诽谤、挑拨等坏品质。”②

在行为习惯方面，老卡尔注重引导孩子做事专心致志、精益求精、坚持不懈。在心理素质方面，注意培养孩子的勇气、独立意识、遭受挫折时的心理承受力。在道德方面，很注意培养孩子的诚实、有爱心、以礼待人等。其他的研究者也认为，道德教育必须从孩童时期开始，如果能够这样的话，等孩子到了上学年龄时，他就已经具备了自己独特的世界观，足以

---

① 参见［德］卡尔·H.G.威特著，东方笑译：《世界上最伟大的教育课·英文版序》，陕西师范大学 2008 年版，第 4 页。

② ［德］卡尔·威特著，刘恒新译：《卡尔威特的教育》，京华出版社 2001 年版，第 138 页。

用来抗拒同伴们所发出的堕落诱惑，以及将道德品质淡化的意识倾向。[①]早教活动给孩子道德品质方面的教育非常重要，这方面的教育不可能给孩子造成伤害。

① 参见［德］卡尔·H.G.威特著，东方笑译：《世界上最伟大的教育课·英文版序》，陕西师范大学2008年版，第17页。

第三部分

早期教育的黄金期——幼儿时期

孩子出生之后的发展，从“生理”到“心智”都有特色不同的阶段性，“生理”和“心智”两者不可思议地互相呼应着。从出生到6岁是人生极为重要的阶段，前三年称婴幼儿阶段，后三年为幼儿阶段。本书这一部分将讨论3~6岁幼儿阶段的早教。

3~6岁幼儿早教具有承上启下意义。承上，是说家长对孩子的早教，需要在前一阶段早教的基础上继续进行。孩子长到3岁，都要进幼儿园接受教育。孩子在幼儿园表现出的问题，大都跟先前的家庭教育有关。如果前一阶段的家庭教育有缺失，有不良情况发生，在这一阶段还可以弥补，会让孩子得到更好发展。所谓启下，是说3~6岁幼儿教育是以后接受学校教育的预备阶段。儿童在上小学之后表现出来的种种问题，跟3~6岁阶段所接受的家庭教育和幼儿园教育有很大关系。3~6岁儿童还有较大的可塑性，这个阶段的教育做得好，可以为孩子接受学校教育，乃至终身发展起到良好的打基础作用。总之，3~6岁可以说是儿童早教的黄金期。跟0~3岁阶段的孩子相比，3~6岁幼儿有以下特点：

1. 视野更为开阔，探索欲望更强烈，认知能力发展迅速。

跟以前相比，3~6岁儿童接触到的自然空间、社会空间要广阔得多，接触到的人也更多、更复杂，环境提供给儿童可认识的事物更加丰富多彩。他们认识新现象、探索新事物、解决新问题的兴趣更浓。从3岁开始，孩子进入了有意识地做事，并能形成记忆的年龄段。在这个年龄段，尽管儿童还不一定清楚解决问题的方法哪些正确、哪些不正确，常常在行动中犯错误，但可以在不断地犯错误与认识错误中，积累生活经验，提高认知能力，增长知识和才干。这个年龄段的孩子，一切活动都像在玩儿，有学者称这是玩儿的年龄。玩儿，对该年龄段的儿童来说是学习的重要方式。

2. 个性特征显现，相对独立的动手能力得到发展。

3~6岁儿童能利用先前开启的各种智能，按自己的意志去解决问题或保护自己，个性特征得到显现。从先前的主要凭借心灵去探索世界，发展到在心智作用下凭借双手动作去探索世界。对感兴趣的东西的学习与探索会与动手能力结合起来，动手能力得到发展。孩子的双手几乎闲不住，且不知疲倦。

做事方式也会在这个时间段大体定型，并成为其性格永久特征。比如，有的孩子文静内向，做事细心，比较拘谨，对家长和老师的教诲比较顺从，遭受挫折时会哭鼻子、流眼泪，自主意识相对弱一些。有的孩子活泼好动，做事思路开阔，不拘一格，自主意识强一些，受到约束或感到不合心愿时会以不同方式做出反抗。在生物遗传、家庭环境等因素影响下，孩子的个性会在这个年龄段得到显现。在探索、认知周围人和事物的活动中，以自己的特点和方式展现出来。

3. 人际关系意识萌生，人际交往能力得到培养与锻炼。

3~6 儿童的人际关系意识，在与他人的接触与交往中，在矛盾与协调中逐渐形成。孩子进入幼儿园之后，接触到的人比先前多得多，在和不同的小朋友的接触与交往中，常伴有各种矛盾冲突，行动往往遭受各种挫折。但从矛盾冲突中可获得经验，从遭受挫折中吸取教训，孩子的人际交往能力由此得到培养与锻炼。

4. 语言理解与表达能力迅速提升，母语词汇和语法系统逐步建立。

3~6 岁也是儿童语言理解能力、语言表达能力提升最快的阶段。日常生活中的语言交际已不成问题，虽然有的孩子到 3 岁时说话还不太利索，但很快就能得到改善。5~6 岁时都能比较熟练地使用生活中的常用语词汇表达自己的思想，母语语法系统基本上建立起来。5~6 岁时，不少孩子还能认识一定数量的母语文字，能写自己名字。对听故事、看绘本，对认字等都会表现出很高的兴趣，不过耐性还比较差。五六岁的孩子还蒙昧幼稚，但比此前懂事多了，到了传统意义上的“开蒙”接受启蒙教育的时候了。

学习与借鉴

一、我国传统启蒙教育的简单回顾与精华吸取

（一）我国传统启蒙教育的简单回顾

我国儿童启蒙教育历史很悠久。由于它跟家庭教育关系密切，本书这一部分先对我国传统的儿童启蒙教育情况作简单回顾。以蒙稚儿童（古人称“童蒙”）为对象的启蒙教育，中国教育史文献称“蒙学教育”“蒙养教育”。“蒙学”的“蒙”，“蒙养”的“蒙”，皆出自《易经·蒙卦》。根据《易经》卦辞、爻辞等文辞出现的年代推算，我国的传统启蒙教育至少在商周时期就已经相当发达了，一直延续到清末，有三千多年的历史。

现代幼儿园教育也属于儿童启蒙，为区别起见，我们把现代幼儿园教育开始之前的、中国历史上的儿童启蒙教育称作“传统启蒙教育”。我国的现代幼儿园教育是清朝末年从西方引进的，到现在不过一百多年，先是完全照搬西方，新中国成立后才有了独立自主发展的机会，其间也受到过苏联影响。现代幼儿园教育，起源于西方，是工业革命的产物，其组织形式、教育教学内容和方法等，与我国的传统启蒙教育有很大差异。

教育是文化传承的最重要手段，从古代到近代，我国历史上众多优秀人才都受益于传统启蒙教育。绵延三千多年的传统启蒙教育，在传承中华文化，提高国人文化水平，凝聚民族精神，培养国人品德素质，获取基本生活知识等方面，都做出过巨大的不可磨灭的贡献。传统启蒙教育的教育指导思想、教育教学原则，在今天仍具有很高的参考价值，值得包括家长

和其他儿童教育者了解与借鉴。

《易经·序卦传》说："物生必蒙，……蒙者蒙也，物之稚也。"万物初生，必然蒙昧幼稚，这是自然规律。儿童蒙昧幼稚是可以达到亨通的，这就需要教育。传统启蒙教育从广义上理解，包括儿童在家庭内部接受家长的教育，以及进"塾""书馆""蒙馆"接受启蒙教育。从狭义上理解，指有固定教师（蒙师），有一定教材（蒙学教材），以"塾""书馆""蒙馆"为教学场所，对5~6岁（或7~8岁）儿童开始实施的教育。本书所说的是广义上的儿童启蒙教育。

1. 传统启蒙教育思想的源头

我国传统启蒙教育思想源头在《易经·蒙卦》，"易学"研究者几乎都认为《蒙卦》所讲的主要是儿童启蒙教育。《易经》是古人用来卜筮的书，它更是一部伟大的哲学著作，居"群经"之首，被称为中华文化史的源头。其象征性符号"阴爻"和"阳爻"的排列组合，以及"卦辞""爻辞""彖传""象传"等文辞，是先贤圣哲的智慧和中国特色哲学思想的表达，是对"天人之道"的深刻揭示与阐释。梁启超曾说："《易经》是一部最带神秘性的书""是最难读懂的一部书"①。也许由于这个原因，当代中国教育史论著，虽然会引用到《蒙卦》中的"蒙以养正"这等名言，但对其他文辞内容很少展开。其实，有关传统启蒙教育的指导思想、教育教学原则在《蒙卦》的文辞中都有明确显示。

传统启蒙教育之所以延续了三千年之久，说明它适应了中国古代社会与文化发展需要。但到了清朝末年，受西方列强坚船利炮攻击，屡屡惨败的腐败无能的清政府，完全失去了文化教育自信，加上"革新"人士掀起的西化思潮，清政府为挽救败局推出的所谓的"革新"，把传统启蒙教育给彻底革掉了。1902年，清政府管学大臣张百熙起草了《钦定学堂章程》。次年由张百熙、荣庆、张之洞重订章程（即《奏定学堂章程》，亦称"癸卯学制"）在全国颁行。章程规定"初等教育"13年，含"蒙养院"4年，招收5岁儿童入学。"蒙养院"的"蒙养"之名就出自《易经·蒙

① 梁启超著：《中国近三百年学术史》，三晋出版社2011年版，第170、172页。

卦》，但已名不副实。其实“蒙养院”名称未真正使用就被“幼儿园”、“幼稚园”这类新名称所取代。沦为半殖民地半封建社会的中国，一些大城市开办的幼稚园、幼儿园，完全照搬西方模式，如中国第一所幼儿园——湖北武昌阅马场幼稚园，连园长、保姆都是请外国人来担任。① 那些“幼儿园”也不是普通民众的孩子享受教育的场所，中国传统启蒙教育由此退出了教育历史舞台。

说到我国的传统启蒙教育，人们会觉得它很遥远、很陌生、很陈旧。有人也会按当今的思维习惯问：传统启蒙教育遥不可及，它有什么理论可言？下边我们就先看看《易经·蒙卦》（䷃）的卦辞、爻辞、彖传、象传文辞怎么说：

蒙，亨。匪我求童蒙，童蒙求我。初筮告，再三渎，渎则不告。利贞。

这是《蒙卦》卦辞开端，意思是说：蒙昧幼稚的儿童（即童蒙）是可以达到开智明理亨通的。理由是：不是我求童蒙做什么，而是童蒙主动向我求教。童蒙主动向我（家长或老师）求教，是其强烈的求知欲促使他这么做的，是童蒙的本能，是由蒙昧达到亨通的内在动力。“初筮告”的“筮”（用蓍草占卜）指向人求教，“告”是告诉。“童蒙之来求我，欲决所惑也。”② 童蒙向我求教是想让我给他答疑解惑，我会告诉他、帮助他。可是，求教的态度要认真，如果多次表现出“渎”（轻慢、亵渎）行为，那我就不教他。儿童调皮，向家长、向老师求教有时会出现“渎”的现象，这很常见。“渎则不告”不是说放弃教育，而是给童蒙以警告，让他知道向人求教，态度要端正，要有规矩，这样才能学好。“初筮告，再三渎，渎则不告。”从教育者“教”的角度说，童蒙来问，本为决疑，教育者给他讲的东西过多、过深，孩子听迷糊了，反而会生出渎乱，还不如不

① 参见陈汉才著：《中国古代幼儿教育史》，广东高等教育出版社1996年版，第285页。

② ［魏］王弼、［晋］韩康伯注，［唐］孔颖达正义：《周易正义》，中国致公出版社2009年版，第43页。

告为好。[①] 这段“卦辞”总的意思是：启蒙教育之始，童蒙向人求教要有规矩，不可轻慢亵渎。从家长或其他儿童教育者角度说，开蒙之始，教给孩子的东西不可过多、过深，否则也会发生渎乱。求教有规矩，讲授东西多少、深浅适度，这才能达到好的效果，即“利贞”。

> 《彖》曰：蒙，山下有险，险而止，蒙。“蒙、亨”，以亨行，行时中也。“匪我求童蒙，童蒙求我”，志应也。初筮告，以刚中也。再三渎，渎则不告，渎，蒙也。蒙以养正，圣功也。

《彖传》这段文辞是对“卦辞”进一步解释。《蒙卦》的符号结构上半部分为“艮卦”☶，下半部分为“坎卦”☵。《易经·说卦传》说：“艮”代表“山、路径、小石、门阙……”；“坎”代表“水、沟渎、隐伏……”。由“艮”和“坎”组成的《蒙卦》整体象征一座大山，山脚下有沟壑水流等危险存在，登山者途中遇到险阻，心里犹豫，停止不前。停止不前，就看不到更高境界的美景，限于“蒙昧”。登山者的这种心态，和童蒙在求知中遇到的情况相似。要使童蒙由蒙昧达到亨通，教育者要适时把握适中的时机，给童蒙以引导，让他走向“亨通”，“若以亨道行之于时，则得中也。故云‘时中’也”[②]。接下来，重复“匪我求童蒙，童蒙求我”，重申童蒙有强烈求知意愿，我也愿意教他。此时，教学双方的志向就相应了（“志应也”），这是“蒙，亨”的基础。对待童蒙的求教，教育者必须“刚中”（刚毅中正），即不管遇到什么情况都要以刚毅中正的、不偏不激的态度对待童蒙，最基本的教育思想是“蒙以养正”。

“蒙以养正，圣功也。”是这段《彖传》文辞的结语，也是对卦辞意义的概括：“蒙以养正”是启蒙教育的基本指导思想，是理论核心。北宋著名理学家、教育家程颐说：“未发之谓蒙，以纯一未发之蒙而养其正，乃

---

① ［魏］王弼、［晋］韩康伯注，［唐］孔颖达正义：《周易正义》，中国致公出版社2009年版，第43页。

② ［魏］王弼、［晋］韩康伯注，［唐］孔颖达正义：《周易正义》，中国致公出版社2009年版，第44页。

作圣之功也。发而后禁，则扞格而难胜。养正于蒙，学之至善也。”① 孩子未开蒙时候是蒙昧的。孩子天真纯一的蒙昧正是养其正的好时机，把握时机，适时开蒙，是作圣人的功德。如果不这样，等到孩子蒙昧被“开发”了，有了自己的思想观点和行为模式，再去禁止他做这、做那，孩子与家长、与蒙师的教导就格格不入，取得好的教育效果就难了。程颐认为，在孩子蒙昧时候养其正学习可以达到至善。

在这里，《彖传》文辞为什么说“蒙以养正”而不说“蒙以教正”？“养”和“教”一字之别，表明了启蒙教育的特殊性。“教”，重在知识与技能传授；“养”，不仅需要给童蒙提供身体发育所需的物质营养，也需要给童蒙提供思想品德、文化知识等精神滋养。用现代人的话来说，就是保证儿童体、智、德、美全面协调发展。“养正”的“正”意味着，童蒙的发展要根基正、方向正，走正道，这是培养目标。“蒙以养正”是对启蒙教育基本指导思想的高度概括。“圣功也”是对启蒙教育意义的揭示，是做圣人那样的无比神圣的功业。

《象》曰：山下出泉，蒙，君子以果行育德。

《蒙卦》符号结构，上为“艮”，代表山；下为“坎”，代表水。卦的整体象征着山下流出泉水。泉水刚流出时，若隐若现，迷蒙不知所向，不成气势。但它充满活力，将来会汇聚成滔滔江河。教育者都应该是“君子”，教育要从源头抓起，在“泉水”刚流出而不知所向时“果敢”地培育孩子的品德，把育人的根本“育德”放在首位，像对待迷蒙的“山泉”那样，使它汇聚成奔腾不息的大江大河。这是传统启蒙教育最重要的原则，也是作为“君子”的教育者的责任担当。

初六：发蒙，利用刑人，用说桎梏，以往吝。

《象》曰：“利用刑人”，以正法也。

“初六”是第一个阴爻的名称。爻辞意思是说：在发蒙阶段，童蒙还不懂规矩，会犯错误，教育者不得已的时候会采取某种惩戒手段，这就像给犯错误的人戴上桎梏一样。但目的是“用说桎梏”　（“用”相当于

---

① ［宋］程颐撰：《周易程氏传》，九州出版社2010年11月版，第20页。

"以"；"说"意思是"脱掉"）。即脱掉桎梏，让孩子养成良好品德和行为习惯，不受惩罚。不得已而惩罚时，也要讲究分寸。惩罚过分了，会招致孩子反抗，教育者会蒙受羞辱，或感到悔恨，即"以往吝"（"吝"意思是恨惜或蒙受耻辱）。这说明，在传统启蒙教育活动中，教育者有时会对童蒙使用惩戒手段，但惩戒手段的使用必须把握好分寸。童蒙毕竟幼稚，辨别是非对错的能力弱。《象传》接着补充道："利用刑人，以正法也。"恰当地使用惩罚手段对童蒙有好处，目的是立规矩、正法则、让孩子向好，绝不是以童蒙为敌，为惩罚而惩罚。

九二：包蒙吉；纳妇吉；子克家。《象》曰：子克家，刚柔接也。

六三：勿用取女，见金夫，不有躬，无攸利。《象》曰：勿用取女，行不顺也。

这两段爻辞和《象传》的文辞，还有其他含义，这里不作多论。仅就"包蒙吉"而言，意思是说启蒙教育要有包容性。童蒙的个性禀赋各不相同，对他们的要求不能一刀切，要包容，教育者的包容对童蒙而言是"吉"。

六四：困蒙；吝。

《象》曰：困蒙之吝，独远实也。

在受教育活动中，童蒙觉得困难、困惑，不想学或学不下去了，这对教育者来说是蒙羞的事（吝）。《象传》说："困蒙之吝，独远实也。"童蒙感到困难困惑，教师蒙羞，是什么原因？一定是教学内容、教育教学方法等远离了孩子的接受能力实际。"无由自发其蒙，困于昏蒙者也，其可吝甚矣。"① 教育者自己没有能耐开发蒙昧，而使童蒙困于蒙昧，这太丢脸了（吝甚）。要改变这种状况，教育者必须根据童蒙的接受能力，把握好教学内容深浅，教育教学方法也必须恰当。

六五：童蒙，吉。

《象》曰：童蒙之吉，顺以巽也。

---

① ［宋］程颐撰：《周易程氏传》，九州出版社2010年版，第21页。

《蒙卦》所阐述的启蒙教育思想充满了辩证法。小孩子虽然蒙昧幼稚，但他们还有顺巽一面，即求知欲特别强与谦虚好学一面，这是“吉”。在现实生活中能经常见到，4~6 岁孩子，都会不厌其烦地向家长或其他教育者问这问那。问题一个接一个，没完没了。教育者需要顺应童蒙这种天性，尽力满足他们的求知欲望，认真帮孩子释疑解惑。教育者自己也要“巽”（谦虚好学）。教与学双方都遵循谦虚好学的原则，关系就顺畅了。

上九：击蒙，不利为寇，利御寇。

《象》曰：利用御寇，上下顺也。

“上九”是位于蒙卦符号结构顶端的阳爻名称，它下边有多个阴爻。高位的阳爻充满阳刚之气，容易攻击童蒙，如训斥孩子、不给孩子好脸色等等。如果能击除蒙昧，使其达到亨通则是好事。然而，童蒙是弱者，绝对不能像对待寇仇那样去打击他们，即不利为寇。外界邪恶势力侵扰才是教育者阳刚之气应该抵御的真正寇仇。教育者以阳刚之气抵御寇仇侵扰，上下相配合，教学双方关系就很顺畅了。[①] 启蒙教育活动中，童蒙遭到外界邪恶势力侵扰，当今社会也不少见。秉持阳刚之气，全力保护孩子身心健康与正常学习，坚决抵御对外来邪恶势力侵扰，是教育者必须坚持的原则，也是应尽的责任。

2. 传统启蒙教育的教学机构、教学内容、指导思想

我国传统启蒙教育有明确的教育指导思想，有具体的教育教学原则，还有特定的实施教学的机构。《礼记·学记》中说：“君子如欲化民成俗，其必由学乎。玉不琢，不成器；人不学，不知道。是故古之王者，建国君民，教学为先。……古之教者，家有塾、党有庠、术有序、国有学。比年入学，中年考校。”古代君子，化民成俗，一定从教育开始。一块毛坯玉石，不加雕琢就成不了精美之器。人要是不学习，就不知什么是道。古代王者建立国家，统领民众，最先考虑的就是教育。在周代就有“塾、庠、序、学”等由低到高级别不同的教学机构，每年（比年）都有学生入学，考核等都有相关的制度规定。我国古代，除教育贵族子弟的官学之外，私

① 参见孙振声：《易经入门》，文化艺术出版社 1988 年版，第 73 页。

学也很发达。

（1）传统启蒙教育的教学机构、教学内容

传统童蒙启蒙教育机构主要是“塾”“塾馆”“蒙馆”。据学者考证，古时候二十五家为一闾，相当于一个巷子里。巷子有个大门，大门旁边有个房子叫塾。塾是巷子里住家的孩子们接受启蒙教育的场所，大体相当于现在的社区街道儿童学校。进塾馆或蒙馆学习的，大体相当于现代幼儿园中到大班的孩子，或小学低年级儿童。儿童进塾馆学习同时也要接受家庭启蒙教育。《礼记·内则》说：“六年，教之数与方名。七年，男女不同席，不共食。八年，出入门户，及即席饮食必后长者，始教之让。九年，教之数日。十年，出就外傅，居宿于外，学书计。”6岁孩子，家长会教他们“个、十、百、千”等简单的数字和“东、南、西、北”等方位名称。7岁的孩子，男、女不坐在一起，不一起吃饭，以示男女有别。8岁的孩子出入门户、吃饭进食，都要以长者为先，教孩子学会礼让。以上这些教育内容，大部分都是在家庭完成的，教育者是家长。孩子到了10岁要离开家，到外边的学校里学习“六书”、数字计算、儒家经典等比较专的文化知识。从家庭教到就外傅，小孩子除了学习必需的文化知识之外，良好的思想品德引导与培养则是传统启蒙教育必不可少的内容。严格地说，传统启蒙教育不是从孩子进塾馆才开始，五六岁之前所受的家庭教育也属于启蒙性质。

在古代，对政权接班人太子的启蒙育情况比较特别，有专职师、傅陪伴（参见本书婴幼儿早教部分）。一般庶民子弟到了五六岁，或七八岁，有条件的也要进塾或书馆受教育。先学习启蒙教材、认字习字。而后学习儒家经典等。王充在《论衡·自纪篇》介绍自己的情况时说：“建武三年充生。……六岁教书，恭愿仁顺，礼敬具备，矜庄寂寥，有巨人之志。父未尝笞，母未尝非，闾里未尝让。八岁出于书馆，书馆小童百人以上，皆以过失袒谪，或以书丑得鞭。充书日进，又无过失。手书既成，辞师受

《论语》《尚书》。”① 王充生于东汉光武帝建武三年（公元 27 年），“六岁教书”，是指 6 岁时开始学习识字，即开蒙。王充出身细门孤族，祖父和父亲先是在杭州做商贩，由于跟豪家结怨后来才迁居浙江上虞。他从小懂礼貌，有爱心，听大人话，庄重寡言，有远大志向。开蒙阶段从来没有因表现不好而受到父母惩罚，也没受过邻里指责。8 岁进书馆，继续接受启蒙教育，那里的其他孩子因为各种过失，或字写得难看受到过蒙师惩罚，只有他例外。上虞在汉代不过是一个县级行政区，书馆里能有上百小童，可见当时的儿童启蒙教育已经有相当规模，那里的孩子也应该都是庶民子弟。近代学者王国维考证说：

“汉时教初学之所名曰书馆，其师名曰书师，其书用《仓颉》《凡将》《急就》《元尚》诸篇，其旨在使学童识字习字……汉人就学，首学书法，其业成者，得试为吏，此一级也；其进则授《尔雅》《孝经》《论语》，有以一师专授者，亦有经师兼授者。”②

汉代童蒙入书馆学习，先是识字习字，使用的是《仓颉》《凡将》《急就》《元尚》等启蒙教材。学业有成之后，可以被试用为地方官府小公务员。继续深造者，要学习儒家经典。汉代以后的启蒙教育大体情况也是如此，先在家里接受一定的开蒙教育，而后进塾馆或书馆继续学习。

唐代有“村学”，一般平民子弟接受启蒙教育的乡村学校。自宋至明清，启蒙教育机构遍及城乡，除官办教育机构之外，地方上的大家族对本族儿童的启蒙教育很重视，家族设立的“私学”“义学”很兴盛。宋代著名政治家、文学家范仲淹，皇祐元年（1049）于里中买田千亩，号曰“义田”，以养济族群，并设立义学，教授族中子弟。义学是民办性质的启蒙

① 北京大学历史系《论衡》注释小组：《论衡注释》，中华书局 1979 年版，第 1670~1671 页。

② 王国维：《观堂集林·卷四·汉魏六朝博士考》，见孟宪承等编著：《中国古代教育史资料》，人民教育出版社 1961 年版，第 141 页。

教育机构，办学经费来自义田地租收入，此后官僚士大夫家族纷纷仿效。①

（2）传统启蒙教育的指导思想

传统启蒙教育指导思想“蒙以养正”，私家办学者也都遵循之。他们说：“家之兴，由子弟之贤；子弟之贤，由乎蒙养；蒙养以正，岂曰保家，亦以作圣。”② 家族兴旺关键在于子弟中多贤能者。而要子弟贤能者多，关键又在于启蒙教育。以“蒙以养正”为指导思想，兴办启蒙教育，教育族中子弟，提高家族新一代人的思想品德和文化水平，不仅可以保持家族兴旺发达，也是“作圣”之功业。

为了使子弟向贤、家族兴盛，很多大家族在自己的《家规》《家范》《家训》里都有子弟教育的条文。他们兴办私学、义学、族塾，首先是为本家族子弟以后参加科举考试，取得功名，显亲扬名，光宗耀祖创造条件。然而，能取得功名者毕竟是少数。办学者认为，族中子弟未能取得功名也没关系，接受“蒙以养正”启蒙教育，可以学习做好人，从小养成良好的品德和行为习惯，把学到的文化知识用到生计上，即使置身农工商贾之途，亦不失儒家气象。比如，江苏昆山《李氏族谱》中的《族规》中说：“读书非仅为功名也。能研求义理，学为好人，即不必科名始贵。”③江苏华亭《顾氏族谱》中的《义庄规条》规定：子弟入族塾就学，“以孝悌忠信利义廉耻培植根本，实行为重，非欲其专攻举业，求取功名”④。不少家族兴办的私学，还为天资禀赋好但家境困难的学生提供方便或资助。如安徽休宁《茗洲吴氏家典》说：“族内子弟有器宇不凡、资禀聪慧而无力从师者，当收而教之，或附之家塾，或助以膏火，培植得一两个好人，

---

① 参见王炳照主编：《中国私学·私立学校·民办教育研究》，山东教育出版社2002年版，第77~78页。

② 见［明］《霍渭厓家训》。转引自韩锡铎主编：《中华蒙学集成》，辽宁教育出版社1993年版。

③ 转引自王炳照主编：《中国私学·私立学校·民办教育研究》，山东教育出版社2002年版，第66页。

④ 转引自王炳照主编：《中国私学·私立学校·民办教育研究》，山东教育出版社2002年版，第66页。

做将来的楷模，此是族党之望，实祖宗之光，其关系匪小。”①

直到清朝末年，废科举兴学校“革新”教育之前，家塾、族塾、蒙馆、义学遍及城市和乡村，启蒙教育普及率相当高。那些家塾、族塾、蒙馆有大家族自己兴办的，有本乡村民共同出资设立的，有官僚、地主、商人自家设立的，也有名望高的教师自设的（如鲁迅笔下的“三味书屋”）。家族祠堂、废弃的庙宇等公共房产，常用作办学场所。以地租收入、地方公益进项，或私人捐款等作为办学经费。本乡儿童、本族子弟，即便家境贫寒者，也有一定的享受启蒙教育的机会。《红楼梦》第七回、第九回的两段话可作印证：“宝玉说：正是呢！我们却有个家塾，合族中有不能延师的，便可入塾读书，子弟们中亦有亲戚在内可以附读。”“……原来这义学也离家不远，原系当日始祖所立，恐族中子弟有力不能延师者，即入此中读书；凡族中为官者，皆有帮助银两，以为学中膏火之费；举年高有德之人为塾师。”② 官僚士大夫家族兴办的族塾、义学情况由此可见一斑。

一般来说，儿童入书馆、蒙馆、私塾年龄限制不太严格，学习年限也不那么固定。学习的课程内容有：识字习字，对课（蒙师给出一首诗的上一句，要求学生对下一句），作文，人文历史、生活百科知识。先学启蒙读物，进而学习儒家经典，并贯穿思想品德和行为规范教育。通常是蒙师一个人承担全部教育任务，责任重大。蒙师由办学者或孩子家长聘用，威望和受信任度高，也要受家长监督。

总的来说，以塾、私塾、书馆、蒙馆等为机构的传统启蒙教育，是封建时代的产物，体现了国家和民众对儿童启蒙教育的重视。从蒙师的职责权限，到学生学习的内容都有一定之规。在蒙馆里，通常是蒙师教一个或几个孩子，个别化教育特点比较突出。跟现代幼儿园、小学的分班制集体式教育教学有很大区别。

---

① 吴翟：《茗洲吴氏家典》卷一，王炳照主编：《中国私学·私立学校·民办教育研究》，山东教育出版社 2002 年版，第 66~67 页。

② 见《红楼梦》第七回、第九回，人民文学出版社 1962 年版。

3. 传统启蒙教育的教师素质

我国古代由于重视启蒙教育，对承担教育任务的蒙师素质自然有要求。《易经·蒙卦》说："君子以果行育德。"这里的"君子"是指童蒙教育者。君子这个概念，在古代文献中使用频率非常高。唐孔颖达在《周易正义》中说：君子是"君临上位，子爱下民，通天子诸侯，兼公卿大夫有地者"①。君子既可以作君主，也可以作公卿大夫，地位低没有权势的可以作童蒙之师。君子是思想品德、文化水平很高的一类人的总称，是大众尊崇与学习的对象。当今中国社会，君子仍然是好人的代名词。《易经·乾卦》"文言传"说："君子以成德为行，日可见之行也。""君子学以聚之，问以辩之，宽以居之，仁以行之。"君子，以成就高尚的品德为行为准则，每天都能看到他这么做。君子，学习是要聚集学问知识，有问题就要明辨是非，以宽厚胸襟待人接物，以仁爱原则为行动指南。蒙师、师傅应该是君子。只有君子才能教化童蒙，给童蒙以思想品德和学业方面的正确引导和教诲。

宋代以后，随着私学发展和教育普及程度提高，上到官府兴办的学校，下到家族私立学校，都很重视蒙师素质。被聘为蒙师的，有很多是科举考试达到一定级别的，如秀才或举人，但未能成为政府官员者，社会名流学者也有做蒙师的经历。他们对《易经·蒙卦》所阐述的启蒙教育指导思想、教育教学原则都很熟悉。据福建福州《云程林氏家乘》的《家范》说："凡教子弟，最宜慎师傅。简其志行端庄，学术纯正者，常定以为表仪，此可亲可宗，进德居业之大关键。许梅屋曰：'庸匠误器，器可他求；庸妇误衣，衣可更制；庸师误子弟，根基已谬，可复为之胚胎乎？毋以学术杀万世。'此言犹堪寻绎也。"② 清代学者张杨园在《训子语》一书中说："古者易子而教，后世负笈从师，近代延师教子，世变虽殊，要无不

---

① ［魏］王弼、［晋］韩康伯注，［唐］孔颖达正义：《周易正义》，中国致公出版社2009年版，第18页。

② 侯官：《云程林氏家乘》卷十一《家范》。见王炳照主编：《中国私学·私立学校·民办教育研究》，山东教育出版社2002年版，第64页。

教子者。天下之子，特重师傅之选，为国家根本之事也。”[①] 古人很明白，师傅的素质既关系到启蒙教育成败，也关系到国家和民族前途命运。合格的师傅，应该是志行端庄、学术纯正，学生可效仿、可亲近、可遵从其教诲的人，是学生品德学业提升的教诲者、引导者。如果师傅不合格，后果极为严重，且不可弥补。庸匠把器物做坏了可以再买一个好的，庸妇把衣服做坏了可以买布重做。师傅如果是庸师，把人家孩子教坏了，还能让孩子再回到“胚胎”吗？蒙师责任重大，慎重选择师傅是教育的关键。过去如此，现在也应该这样。

明代著名思想家、教育家王阳明说：“大抵童子之情，乐嬉游而惮拘检，如草木之始萌芽，舒畅之则条达，摧挠之则衰痿。今教童子必使其趋向鼓舞，中心喜悦，则其进自不能已。譬之时雨春风，沾被卉木，莫不萌动发越，自然日长月化。若冰霜剥落，则日生萧条，日就枯槁矣。”小孩子都喜欢嬉戏玩耍，忌惮被拘禁约束。如同植物的萌芽，喜欢舒畅地成长，长出的枝条才顺溜，要是摧折扭曲它，它会衰败枯萎。王阳明说，当今教育儿童，必须使孩子精神鼓舞，内心喜悦，孩子才会自然地不断进步，不会停止。儿童教育要像时雨春风润泽苗木，苗木会随着时日变化萌动成长。如果教育像剥落枝叶的冰霜，苗木一定日生萧条，日久枯槁了。可是“近世之训蒙稚者，日惟督以句读课仿，责其检束，而不知导之以礼；求其聪明，而不知养之以善；鞭挞绳缚，若待拘囚。彼视学舍如囹狱而不肯入，视师长如寇仇而不欲见，窥避掩复，以遂其嬉游，设诈饰诡，以肆其顽鄙，伦薄庸劣，日趋下流。是盖驱之以恶，而求之为善，何可得乎？”[②] 那些不了解儿童特点的不合格的“训蒙者”，只知道每天监督孩子做功课、责备孩子调皮捣蛋，而不知道以“礼”引导孩子形成良好品德；要求孩子聪明起来，却不知道培养孩子的善心，甚至还像对待罪犯那样对

① 转引自何晓夏主编：《简明中国学前教育史》，北京师范大学出版社 2015 年版，第 26 页。

② ［明］王阳明著，马昊宸主编：《王阳明全集》(壹)，线装书局 2012 年版，第 164~165 页。

他们施以暴力。这样，孩子就把学舍当成囹狱，把老师当成寇仇了。他们会说假话施诡计，逃避学习，嬉戏玩耍，放肆顽劣之性，最后变成了坏孩子。这样的教育怎么能让孩子学好呢？

像王阳明这样的教育家，懂得儿童的学习心理，对有些“训蒙稚者”的行为作了严厉批评，主张“训蒙者”要了解儿童的特点，要使孩子们“趋向鼓舞，中心喜悦”，享受教育的快乐，引导孩子“明礼”“向善”，培养良好品德教育。王阳明的这种教育理念，对当今的幼儿园老师、小学老师都有很重要的警示与借鉴意义。

4. 传统启蒙教育的教材

教育的开展，教材不可少。传统启蒙教育使用课本或教材，称作“蒙书”或“蒙学书”。自周代到秦汉，启蒙教材的编写几乎都是当时顶尖的高级知识分子或有政府高官亲自参与。据《汉书·艺文志》记载，最早的儿童启蒙教材《史籀篇》是“周之史官教童子书也”。秦始皇统一天下，言语异声，文字异形，李斯乃奏同之，罢其不与秦文同者。于是，有政府高官亲自出马，参与启蒙教材编写。丞相李斯作《仓颉》七章；车府令赵高作《爰历》六章；太史令胡毋敬作《博学》七章。李、赵二人的人品虽然很恶劣，但在启蒙教材编写，推动文字统一与规范化方面还是起到了积极作用。《汉书·艺文志》说：“汉兴，闾里书师合《仓颉》《爰历》《博学》三篇，断六十字以为一章，凡五十五章，并为《仓颉篇》。武帝时司马相如作《凡将篇》，无复字。元帝时黄门令史游作《急就篇》，成帝时将作大匠李长作《元尚篇》……至元始中，征天下通小学者以百数，各令记字于庭中。扬雄取其有用者以作《训纂篇》。”

汉朝初年，民间启蒙老师（闾里书师）也参与了启蒙教材《仓颉篇》改编，可见启蒙教育相当发达。汉武帝时，著名文人司马相如、大学者扬雄等参与启蒙教材编写，在文字规范、文化传承、启蒙教育推动等方面，都做出了历史性贡献。教小孩子识字的蒙书，需要规范汉字，需要对字形、读音、字义深入研究，由此衍生出我国独有的学问“文字学”（汉代称“小学”）。

秦汉以后，历代都有儿童启蒙教材问世。《隋书·经籍志》记载，有东汉末蔡邕撰《劝学》一卷，晋束皙撰《发蒙记》一卷，晋顾恺之撰《启蒙记》三卷，此外还有很多教儿童识字的书，可惜大多已亡佚。南朝时期，周兴嗣编写的《千字文》一直流传到现在的，是世界教育史上使用时间最长、影响最大的启蒙教材。唐代李翰编写的《蒙求》，摘取上古到南北朝史传名人轶事，编成四言韵语，用字两两对偶，隔句押韵，内容极为丰富。其编写体例、内容选择，甚至书名使用，对后人都有较大影响。到了宋代，最著名的启蒙教材有《百家姓》和《三字经》。据考证，《百家姓》成书于宋初，可能是两浙钱氏吴越国民间才子所著，作者姓名失传，身份不详。《三字经》，多数学者认为是南宋大学者王应麟所著。现在出版的《三字经》中有关明清历史的内容，是后代学者增补的。

《三字经》《百家姓》《千字文》(简称“三百千”)，历经宋元明清，以至民国时期，始终是城乡蒙馆通用课本。明代学者吕坤在《社学要略》中谈到“社学”（相当于乡村或社区设立的蒙馆）教学内容时说：“初入社学，八岁以下者，先读《三字经》以习见闻，《百家姓》以便日用，《千字文》亦有义理。”除“三百千”之外，南宋大教育家朱熹编的《蒙学须知》，明人萧良友编写的《龙文鞭影》，清人程允升等编著的《幼学琼林》、李毓秀撰辑的《弟子规》，此外还有《名贤集》《神童诗》《小儿语》《增广贤文》等，各有优缺点，从形式到内容，尽力考虑儿童阅读记诵的特点。许多教材在当今不仅对儿童，对成年人也有学习与参考价值。

总之，随着教育的普及程度的提高，启蒙教材层出不穷。重视编写启蒙教材的风气一直延续到民国初年。据研究者统计，“现在存世的从先秦到民国初年关于幼儿教育方面的书籍，不计算同种书的不同版本及不同注释本，只计算品种，当不少于一千种；如果计算不同版本和不同的注释本，当在两千种以上。如果再计算见于各种目录著录而今天实际上已经不存在的，当有几千种。这还不是历史上曾经产生过的关于儿童教育书籍的全部”①。如此丰富的儿童启蒙教材和儿童读物，说明了儿童启蒙教育之发达。那些教材和儿童读物也是中华传统文化中的一笔十分珍贵的遗产，需

① 韩锡铎主编：《中华蒙学集成》，辽宁教育出版社1993年版。

要很好地研究总结，从中吸取其精华，包括教材中的语言文字应用，句式选择等，都能给现代幼儿教材编写提供有益的启示。

（二）我国传统启蒙教育值得吸取的精华

传统启蒙教育，是适合封建社会需要的文化教育现象，其中有封建的、不适合时代发展需要的东西在所难免，但其中也有很多值得今人借鉴与吸取的精华。概括地说有以下几方面：

1.“蒙以养正”的教育指导思想

“蒙以养正”是我国传统启蒙教育的指导思想，理论核心。说“蒙以养正”而不说“蒙以教正”，意味着启蒙教育有不同于其他教育的特点。“教”，重在知识与技能传授。“养”，有重在“养育”“培养”，包括给儿童身体发育提供必需的物质营养，也包括为儿童思想情感发展、良好行为品德养成，以及知识获得、心智开启等提供多方面滋养，是综合性的。

从5~6岁，是孩子的良好行为习惯与品德素质形成的重要时期，但良好的行为习惯和品德，单单靠教是不行的，必须通过适当的途径和方法去养。比如，通过良好的环境创设，使儿童接受到熏陶感染；通过教育者示范，使儿童耳濡目染；通过适时的正确帮助引导，让儿童知道，什么事情能做，什么事情不能做，由此获得相关知识，逐步形成正确的意识。所谓养，用现代人的话来说就是，根据儿童的特点，遵照儿童成长发展规律，家长和教师密切配合，对儿童很好地养育、培养，使他们的体、德、智、美全面发展。

“蒙以养正”的“正”可以理解为，使孩子的发展根基正、方向正，走正道。这是启蒙教育的目的。要使受教育者“正”，教育者自身首先要“正”。己不正，焉能正人？教育者真正起到了为人师表作用，才能正确引导孩子，端正孩子行为品德，端正孩子发展方向，让孩子走正道。只有这样，才能使儿童将来成为对国家和社会真正有用的人才。

“蒙以养正，圣功也”是说“蒙以养正”是“作圣人”的功业。儿童是人才幼苗，是国家和民族的未来，在“蒙以养正”思想指导下，使儿童发展根基正、方向正，走正道，这无疑是很神圣的，说它是“作圣人”的功业并不为过。当今的儿童教育者，应该有这样的荣誉感、神圣感、责任感和精神追求。有这样的荣誉感、神圣感、责任感和精神追求，如何开展教育教学活动，如何在教育教学实践中修养自己，如何提高自己的素质和能力水平，不被资本金钱所诱惑、所腐蚀，诸如此类的问题都可以迎刃而解。

由于历史的原因，我们不能说《易经·蒙卦》所表达传统启蒙教育思想完美无缺。比如，在培养孩子动手能力、审美能力、从快乐游戏中学到东西等，现代幼儿教育有其先进之处，但传统启蒙教育中的精华，尤其是“蒙以养正”的指导思想，是不朽的，值得家长和幼儿教育工作者永远铭记并力行。

2.“君子以果行育德”等教育教学原则

从《易经·蒙卦》文辞中可以看出，我国传统启蒙教育除了有“蒙以养正”这一明确的指导思想之外，还有一系列具体的教育教学原则，那是“蒙以养正”教育指导思想得到落实的具体措施。笔者认为：《易经·蒙卦》所显示的教育教学原则有：

“渎则不告”原则。蒙童的求知欲强，会主动向成人求教，但也有顽皮捣乱、亵渎学习的时候。这时，教育者要坚持“渎则不告”原则。教育者要让童蒙知道，向老师求教要有正确的态度，要有规矩。从教育者自身的角度说，给童蒙释疑解惑，讲得太多、太深了，童蒙接受不了，反生渎乱。唐孔颖达《周易正义》中说：“童蒙来问，本为决疑，师若以广深二义再三之言告之，则童蒙闻之，转亦渎乱，故不如不告也。”① 教育者要把握教育内容多少、深浅的尺度和言语方式，以避免渎乱情况发生。

“行时中”原则。要使儿童由蒙昧到达亨通，教育者要在合适的时间段，把握适中的机会，对童蒙开展教育引导，这是启蒙教育需要遵循的另一原则。教育太早了，儿童智慧未开，时机未到，教的东西孩子接受不了；太晚了，时机错过了，再教就很困难，如《礼记·学记》里所说的

① ［魏］王弼、［晋］韩康伯注，［唐］孔颖达正义：《周易正义》，中国致公出版社 2009 年版，第 43 页。

“发然后禁，则扞格而不胜”。现代儿童教育，很讲究儿童发展的阶段性和关键期，而在《易经·蒙卦》中，这方面的教育教学原则早有一定意义上的体现。

“刚中”原则。“刚”是刚毅，“中”是中正。在启蒙教育中，要帮童蒙释疑解惑，培养童蒙根基正、方向正，走正道，教育者必须坚持“刚毅中正”原则。接受启蒙教育的孩子年龄小，还不懂什么规矩规则，但他们很会看家长和老师的颜色行事。教育者对孩子的是非、对错等行为的引导和处理，态度必须“刚毅中正”。态度不刚毅、犹犹豫豫，不中正，情绪偏激，小孩子就难以形成正确的判断力，难以形成正确的观念。家长和教师处理问题，态度不端正、情绪偏激，还会给孩子造成很大伤害，这便背离了“蒙以养正”根本宗旨。

“君子以果行育德”原则，这也是传统启蒙教育最基本的教育教学原则。育德是育人之本。教育者应该是君子，要以君子胸怀去开细流达江河。要不畏艰辛，果敢地为童蒙把握好发展方向，培养孩子的优秀品德，这是儿童教育者的重要责任。小人绝对难当其任。

“用说桎梏”原则。启蒙教育坚持这一原则很有必要。启蒙教育的顺利开展，取得良好效果，需要一定制度和纪律。而相关的制度和纪律就像桎梏一样，对孩子的行为有束缚，不守纪律者要受惩罚。但惩罚一定要有分寸，不可过分。惩罚过分了，教育者会蒙受羞辱。坚持这一原则，目的是让孩子摆脱“桎梏”束缚，养成自觉的纪律和规则意识。

“包容”原则。家庭生活环境不同，遗传因素不同，童蒙个性、禀赋也各不相同。在启蒙教育教学活动中，要承认孩子的这些差别，对不同个性的孩子，教育者要包容，不能一刀切，这对童蒙是“吉”。

切合实际的原则。这一原则适合于所有的教育教学活动。在启蒙教育教学中，童蒙感到困难、困惑，不愿意接受教诲，不愿意听老师的话。教育者要反思自己，要检查教育教学内容等是否脱离了学生实际，是否远离了学生接受能力。如果有这样的问题，要及时予以修正。

“顺以巽”原则。教学双方都要遵从谦逊的原则，尤其是教育者，不要以为自己是成人，孩子提出的所有问题都能解答，事实上远不是那回事。在童蒙的学习发展中，有好多的“谜”并未完全破解。教学双方都遵循“谦逊”的原则，关系才能顺畅，还可以实现教学相长。

“不利为寇，利御寇”原则。“寇”是寇仇。“御”，是抵御，抗击。教育者以阳刚之气击去童蒙蒙昧，使之达到亨通是可以的，但绝对不能与童蒙为敌，不能像对待寇仇那样对待童蒙。教育者更应该以阳刚之气抵御外界的“寇仇”（比如，给儿童造成伤害的各种邪恶势力），全力保护孩子的正常学习与健康发展。这样做，上下关系就顺畅了。联系当今的社会现实，联系幼儿园或在小学生那里发生过的事件，教育者严格遵守这一原则尤其重要。

3. 传统启蒙教材值得研究与借鉴的地方

传统启蒙教材或读本是封建时代产物，封建意识形态在教材中有明显表现，不合时宜的东西需要分析扬弃，而值得借鉴与继承的精华则不可丢弃。

将育德内容放在首位。

启蒙教材中有很多有关道德教化的名言警语，认真解读，不难发现与孩子的发展相关，可以参考。

如：“景行维贤，克念作圣。德建名立，形表端正。”

“资父事君，曰严与敬。孝当竭力，忠则尽命。”“仁慈恻隐，造次弗离。节义廉退，颠沛匪亏。”（《千字文》）“首孝悌，次见闻。知某数，识某文。”（《三字经》）“首孝悌，次谨信，泛爱众，而亲仁，有余力，则学文。”“身有伤，贻亲忧；德有伤，贻亲羞。”（《弟子规》）

传统启蒙教材中，儿童品德教育的内容很突出。古人很清楚地意识到，品德教育必须从儿童抓起。让孩子从小树立正确的品德观念将影响其终生。对那些名言警语，撇开封建的色彩，结合当今社会的现实情况看，不仅对儿童，乃至于成人都有学习与借鉴的价值。比如“身有伤，贻亲忧；德有伤，贻亲羞”，孩子的身体受到伤害，亲人都会忧虑。如果孩子品德出了问题，长大之后违纪犯法，成了罪人，没有哪位父母不感到羞愧的。在当今，孩子的道德品质出了问题，跟家长的教育、幼儿园教育、学校教育都脱不了干系。几乎所有的“蒙书”都将品德教育放在首要位置，这是古人对儿童启蒙教育经验教训的总结。周谷城先生在1985年为湖南岳麓书社编辑出版的《传统蒙学丛书》写的《序》中说：“有的蒙学书能够长久流行，为社会长期接受，在传授基本知识、进行道德教育、采取易于上口易于记忆的形式等方面，确实有其长处和优势，是不能也不应一笔抹杀的。仅仅在这一点上，即自有其文化和教育史上的价值。”

注重历史文化知识和生活实用知识的传授。

在当今，不论家庭教育、幼儿园教育，还是学校教育，育德都是最根本的。没有这一根本，就培养不出真正的人才。而育德不能缺少历史文化知识的教育传授，缺少历史文化知识教育传授，培养出来的人不知自己是何许人，没有国家归属感、民族归属感，会在社会风浪中迷失自我，丧失应有的立场。清代学者龚自珍在《定庵续集》中说：“欲知大道，必先为史。灭人之国，必先去其史。”经典蒙学教材的编者，在这方面有明确认识。教材在让孩子了解中国历史，传承中华文化方面功不可没。另外，传统启蒙教材也很重视日常生活知识的教育传授，培养出来的人没有基本生活知识，没有基本生活技能，自立能力很差，长大后怎么适应社会生活？

历史文化知识、基本生活常识，都属于文化的范畴。文化具有民族性，一个人对本民族文化无知何以为人。传统启蒙教材如《三字经》《千字文》《幼学琼林》等，在注重儿童道德品质教育同时，也很重视天文、地理、博物、历史、伦理、教育、生活等诸多方面的基本知识的传授。小孩子学习这些知识，可满足求知欲望，提高文化水平，也对提高生活能力很有帮助。家长或教师，若仔细琢磨教材中知识的含义，在教育实践中恰当传授给孩子，对孩子的品德修养、才智发展等都有很重要的意义，并可以受益终身。清代一位佚名蒙师在给《三字经》注释本作“序”时说：“……世人欲观古今，读其词，习其义，天人性命之微，地理山水之奇，历代帝王之统续，诸子百家著作之原由，以及古圣昔贤由困而亨、自贱而贵，缕晰详明，了如指掌。”他说《三字经》真是一部袖里《通鉴纲目》。

再说《百家姓》，在一般人看来，它是中国人姓氏的排列，似乎没有什么义理。然而，姓氏与我们每个人的关系都极为密切，小孩子刚会说话，家长就会教他“姓什么、叫什么”，孩子也能很快记住。姓氏并不是简单的区分不同人群的符号，而是我们来历的标志，有极为丰厚的历史文化内涵。姓氏是族群认同、民族认同、文化认同的基本标志，小孩子长大后会慢慢体会出来。

传统启蒙教材对历史文化等人文知识的传授比较多。儿童时期多了解学习历史文化知识，不忘本来，对逐步树立正确的国家观、民族观很有意义。即便在现代，儿童知道自己的历史文化，搞清楚了学习现代科学技术为了谁，对以后学习科学技术能起到巨大的指引与激励作用。这在那些为国家做出巨大贡献的老一辈科学家那里已得到充分证明。

教材语言简括，富有音乐美，利于儿童记诵和识字。

以“三百千”为代表的经典启蒙教材，在语言文字运用、句式选择等方面特点最为突出，对儿童的学习有多方面的积极作用，概括地说：

（1）教材有利于儿童识字。儿童母语听说能力发展到一定程度，需要认识母语文字，中国儿童需要认识汉字。汉字要一个一个地认，一个一个地记。汉字总字数虽然很多，但常用字有限，只要识得两千多个汉字，在古代相对简单的生活中，对往来记账，乡党应酬，以至于阅读通俗读物等，几乎不成问题。“三百千”合在一起，总字数是2720字，除去重复的，仅两千左右。这两千多字，绝大多数是常用字，生僻字极少。学会了这些基础汉字，可满足基本生活需要，也为进一步学习经典打下了基础。

（2）教材的语言，富有音乐美，适合儿童记诵。五六岁的孩子记性最佳，理解力相对差一些。经典启蒙教材的编撰者，考虑到了儿童的特点，语句以三言、四言为主，内容丰富，韵律优美，读起来朗朗上口，记诵也很方便。《三字经》三字一句，语言很通俗。《千字文》四字一句，句句有深义。《百家姓》将四百多个姓氏以四字句列，可显示中华大家庭成员之多彩。小孩子诵读这些教材，首先能享受汉语的音韵美，进而能体会汉语言简义丰的妙处，背熟之后还不容易忘记，终身受益。

（3）教材的语言，有利于儿童将来的书面语能力发展。以“三百千”为代表的经典启蒙教材，历久不衰，至今仍为国人所喜爱，这跟编者将他们的语言才华发挥到了极致分不开的。其他蒙书，如解释词语典故的《幼学琼林》，汇集格言谚语的《昔时贤文》等，它们的语言形式都能显示出汉语书面语特有的精炼和优美。学习这些教材，对儿童后来的书面语能力发展会有帮助。

4. 传统启蒙教材编写形式和内容方面的问题。

古人编撰的传统启蒙教材，从形式到内容，在今人看来也有问题：(1) 教材中的有些内容封建意识太浓，说教的口吻明显。现代人要使用这些教材，需要教师以历史的、辩证的眼光去看待，不可全盘否定，也不能全盘吸收。(2) 教材采取三字格、四字格韵文形式，虽便于儿童记诵，但也有刻板的缺点。自唐代的《蒙求》这本教材问世之后，其他教材编撰者几乎都在模仿它的形式，有过分追求语句齐整、音韵和谐的形式刻板问题，不利于儿童的自由表达。(3) 语言简括、内容丰富，既是优点，也是缺点。缺点是学习者对内容的理解难度高。传统启蒙教材，除了《百家姓》之外，几乎都是将复杂的时代变迁、历史典故、人情世故、生活知识等，凝聚到四字格的句子里。学习者理解教材内容时，难度必然会提高，需要查看很多的注释材料才能读懂语句的含义。

与传统启蒙教材相比，时下的一些启蒙教材或读本、绘本等，存在的问题是：(1) 内容浅显，缺少深度，语言平淡，读起来像白开喝水，缺少回味余地，不能激发儿童的思考和阅读兴趣，对促进儿童语文能力发展作用有限。(2) 笔者所见，前些年有些出版社（也可能是冒牌的出版社）编撰出版的儿童绘本，印制粗糙，插图丑陋，内容低俗，语言追求搞笑，将无聊当高雅，把毒草当香花，有意对抗传统、颠覆传统，不是给孩子以美的享受，而是在丑化、毒害孩子。

如何使儿童教材、读本、绘本，做到内容积极健康，既有利于孩子良好品德培养，又对孩子的知识、技能、语言、美感的发展起到促进作用，让孩子读的时候觉得有趣味，读完之后印象较深，有回味余地，这是儿童教育家在编写儿童启蒙教材或读本、绘本时需要认真研究与解决的问题。

二、外国教育家有关幼儿教育的部分理论阐述

(一) 蒙台梭利的儿童发展阶段性理论

外国教育家有关幼儿教育的理论见解很多，这里仅对蒙台梭利的部分理论见解作介绍与讨论。人从出生到 18 岁，可以分为“0~6 岁”“6~12 岁”“12~18 岁”这三个阶段。“0~6 岁”阶段，还可以进一步分为“0~3 岁”和“3~6 岁”两个小阶段。每个年龄段的孩子都有自己的发展规律和特点。蒙台梭利认为，0~6 岁阶段对人生发展最重要，不仅是智慧，心理定型也在这一阶段完成。这个阶段，对儿童的性格发展也非常重要。[①] 在蒙台梭利的儿童发展阶段性论述中，也有需要分析的地方。比如，她曾经说：“在 0~3 岁阶段，成年人无法了解儿童的心理，也就是说，我们无法直接对儿童施加任何影响。事实上，也没有学校会接受这一年龄段的儿童。”

事实上，不论新生儿还是 0~3 岁婴幼儿，周围环境和人随时都在有意无意地给孩子施加影响。比如，家长跟孩子说话、陪孩子玩耍等等，都对孩子有影响，只不过在孩子 3 岁之前，还不能施加学校教育那样的影响罢了。成年人也不是完全不能了解婴幼儿的心理，只不过孩子的发展还不成熟，语言发展还不完善，了解他们的心理有一定的难度罢了。

1. 幼儿进特别的学校接受教育的心理基础和能力条件，

蒙台梭利说，如果观察一个 3 岁儿童，你会发现他总是在玩弄一些什么东西。这意味着孩子从先前的无意识开始变得有意识起来，并对以前无意识学习的东西进行研究，通过自己的行动去完善自己，通过自己的经验

---

① 参见［意］玛利亚·蒙台梭利著，高潮、薛杰译：《有吸收力的心灵》，中国发展出版社 2006 年版，第 18、153 页。

亲自完成这一过程。先前看作游戏，后来变成了工作。① 3~6 岁儿童已经能够有意识地对周围环境进行研究，开始了一个真正的创造、建设阶段。儿童前一阶段创造的潜在能力现在已经开始渐渐地发展起来，这都有赖于儿童有意识经验的作用。……如果第一阶段他受内在的一些非人为力量指导的话，那么在这一阶段他就可以自主决定自己的行为了。于是他们的手忙了起来。一个起初在潜意识状态下对周围世界进行吸收学习的儿童，现在已经能够自己动手改造世界了。②

“3 岁时，儿童已经打下了他作为人的人格基础，到这个时候才开始需要特别的学校教育。”“心理学家用这样一句话表达了这种意思：‘3 岁的儿童已经是一个大人了。’”“在 3~6 岁阶段，心理类型没有发生多大的变化，但在这一阶段，儿童开始变得容易受到成年人的影响。”③

概括地说，从 3 岁开始，儿童的大脑发育、思维能力、语言能力等都已经发展到一定阶段。心理变化情况是：行为由先前的无意识变为有意识；先前显现不出的潜在能力，渐渐在有意识的经验作用下显现出来；能自主决定自己的行为；手忙起来，自己动手改造世界的能力显现出来；有了人格基础，开始变得容易受成年人的影响。

这个时候，儿童能发现有许许多多的问题自己还不明白。在求知欲促使下，会主动地、不厌其烦地向成人提问，希望成人帮忙解决，或有意无意地做出模仿成人的行为。这些表现意味着，儿童已具备了进入特别的学校接受教育的心理基础和能力条件。不过，蒙台梭利说的 3 岁孩子所进的幼儿学校“仅仅是一所房子而不是学校。他们在这里可以通过环境熏陶来

---

① 参见［意］玛利亚·蒙台梭利著，高潮、薛杰译：《有吸收力的心灵》，中国发展出版社 2006 年版，第 21 页。

② ［意］玛利亚·蒙台梭利著，高潮、薛杰译：《有吸收力的心灵》，中国发展出版社 2006 年版，第 133 页。

③ ［意］玛利亚·蒙台梭利著，高潮、薛杰译：《有吸收力的心灵》，中国发展出版社 2006 年版，第 4、5、15 页。

学习知识，不需要任何直接的指导”①。

蒙台梭利强调了这种“幼儿学校”的特殊性；强调了幼儿主要是通过环境熏陶自发地学习知识的特点；告诫成人不可对儿童的学习活动横加干涉。但要说孩子“不需要任何直接的指导”就不一定合适。事实上，儿童进入特别的学校（幼儿园）不但需要教师给予指导，而且需要教师在充分认识幼儿年龄特点、学习与认知心理特点的基础上进行正确指导。

2. 幼儿“吸收”文化的能力在教育活动中的发挥

蒙台梭利通过实验发现：儿童天生具有吸收文化的能力。儿童吸收文化的速度比学习读、写要快。在植物、动物、算数、地理的认识和学习方面，儿童同样会以一种简单、自然的学习方式，不费任何力气。于是她认为，对这个年龄段的孩子的教育，“不是老师教了什么，而是人类自然而然发展的一个过程”。儿童所学到的文化知识等，“不是通过教授得来的，而是儿童从环境中获取经验得来的。老师的任务不是讲课，而是在为儿童设置特殊的环境，准备和安排一系列文化活动”。“教育改革必须以人类个性为基础，人本身必须成为教育的中心”。② 由此蒙台梭利提出，教育改革，要“以人类个性为基础”，“以人本身为中心”。换句话说，就是在充分考虑儿童特点的基础上进行教育改革。

儿童学到的知识等，“不是通过教授得来的，而是儿童从环境中获取经验得来的。”在一定意义上可以这样认为，但告诉教师只需为儿童设置特殊的环境是不够的。儿童天生的吸收文化能力，源于人的本能或潜能，这种能力的发挥，合适的环境是首要条件。但怎样使儿童从环境能中获取知识、发展能力，需要老师动脑筋去设计，而不是把儿童放到合适的环境中就完事大吉。

我们认为有了良好的环境，还必须有老师的帮助引导。没有老师的帮

---

① ［意］玛利亚·蒙台梭利著，高潮、薛杰译：《有吸收力的心灵》，中国发展出版社 2006 年版，第 5 页。

② ［意］玛利亚·蒙台梭利著，高潮、薛杰译：《有吸收力的心灵》，中国发展出版社 2006 年版，第 5~6 页。

助引导，良好的环境也不能充分发挥作用，也就谈不上教育。特别的学校的教育，应该是儿童认知能力、环境熏陶、教师帮助引导综合发挥作用，缺少哪一方面的作用，都不可能使儿童得到良好的发展。蒙台梭利也曾说过："老师也要学习谦卑，不要把自己的意愿强加在孩子身上，并同时保持警觉，注意孩子的进展，准备孩子进一步所需的教材。"① 要求老师这样做，这就是在讲特别的学校的老师需要发挥积极的作用。

3. 道德意识、民族意识、国家意识的萌生与发展

蒙台梭利多次提到，0~6 岁是人生最重要的部分。婴儿时期，孩子还没有好坏的意识，也不受我们的道德观念影响。我们也不会说某一个孩子坏或不道德，而只用顽皮来形容。到了 6~12 岁阶段，儿童开始有了好坏观念，他们不但可以评价自己行为的好坏，也可以评价别人行为的好坏。能够区别好坏是这一年龄段儿童的主要特征。6~12 岁孩子有了道德感，这种道德感最终会形成一种社会感。在 12~18 岁阶段，他们知道了爱自己的祖国，知道了自己属于某一特定族群，也有了对这一族群的荣誉感。②

我们认为，儿童明显的道德感大体上是到了 6 岁以后才有，但并不是一下子冒出来的，而是通过 6 岁之前的一系列生活经验，包括家庭教育、幼儿园教育逐步形成的。比如，孩子 3 岁之前，家长带他外出玩耍，告诉孩子"随地吐痰是不对的"，"破坏公共草坪是不可以的"。上幼儿园之后，老师告诉孩子"拿别人的东西是不对的"。肯帮助别人的小朋友，会受到老师表扬。这样的生活经验积累多了，小孩子就逐步形成一定的是非观，进而上升成一定的道德观。

蒙台梭利认为，6 岁以前这一阶段之所以非常重要，是因为儿童在这一期间建立起来的各种能力会伴随终生。他们走路的方式、做事的方式都会定型，并且会成为他们性格的永久特征。不同社会阶层的人的差别就体

① ［意］玛利亚·蒙台梭利著，胡纯玉译：《发现孩子》，中国发展出版社 2006 年版，第 35 页。

② 参见［意］玛利亚·蒙台梭利著，高潮、薛杰译：《有吸收力的心灵》，中国发展出版社 2006 年版，第 153 页。

现在这里，就像不同的语言能区别不同的民族一样。如果 3 岁之前遇到一些障碍，导致儿童人格的偏离，在这一时期还可以补救。这一时期是大自然对儿童心理建设的收尾期。如果教育方法科学得当，还可以缩小不同国家种族之间的差别，使地球上人类生活得更和谐。换句话说，文明可以改变人类自己，就像人类改变自然环境一样。自然赋予了人类某种神秘的力量。①

于是，蒙台梭利做出了如下极为重要的判断：要改变一个国家的风俗习惯，或加强民族的某些性格，必须以孩子为突破口，因为这些行为在成人身上所取得的效果太有限了。要改变一个民族或一个国家，变好也罢，变坏也罢，都必须依赖孩子，他们才有无比的能力。②

（二）蒙台梭利的儿童能力特点理论

蒙台梭利的儿童发展阶段性理论值得借鉴，有关 0~6 岁儿童的能力特点她也有不少的论述，这一部分理论也值得了解。

1. 具有超强的行为动作能力和适应能力。

蒙台梭利指出，儿童具有超强的行为动作能力和适应能力，这些能力是靠他们努力练习获得的，是他们发展与成长的动力。“孩子刚刚出生时不具任何行为能力，几乎是瘫痪的，借着练习学会了走路、跑步以及像其他动物一样攀爬，但必须靠他自己的努力。孩子不仅获得所有人类的能力，远超过其他动物，而且调整自己去适应他所要面临的气候、生活环境以及文明社会愈来愈复杂的要求。这种适应性的工作，造物主只交付给了儿童来完成。”③ 小孩子通过生活实践中的练习锻炼，所显示出的以本能为基础的能力，有很多是可以看得见的。小孩子需要做的各种适应性的工

---

① 参见［意］玛利亚·蒙台梭利著，高潮、薛杰译：《有吸收力的心灵》，中国发展出版社 2006 年版，第 144 页。

② 参见［意］玛利亚·蒙台梭利著，胡纯玉译：《发现孩子》，中国发展出版社 2006 年版，第 28~29 页。

③ 参见［意］玛利亚·蒙台梭利著，胡纯玉译：《发现孩子》，中国发展出版社 2006 年 1 月版，第 28~29 页。

作，是人的生存所必需的。

2. 运动发展，手的动作、平衡和环境。

蒙台梭利说：儿童“运动的发展有两个方面。一方面它遵循生物规律，另一方面它与人的内心世界紧密相连，而两种方式又都依赖于肌肉的使用。对儿童进行研究，我们必须遵循两条发展路线，一条是手的发展，另一条是走路或者是保持平衡方面的发展。”① 好运动是儿童的特点。儿童的运动发展，尤其是手的运动发展、保持平衡的发展最需要关注，因为这跟孩子的大脑中枢神经的发展紧密相关。

> “三岁的孩子必须借着在环境中活动才能继续发展，……由智慧导引的‘手’，借着玩耍，执行心灵的意志。似乎对孩子来说，之前借心灵探索世界，而今借双手探索世界。……他不知什么是疲倦；……如果双手不停地忙碌的话，他反而如鱼得水般地快乐。”②

儿童的发展，必须以一定的环境为条件。3 岁孩子在玩耍的时候，可以做到由智慧导引手去执行心灵的意志。人们不难发现，3 岁前的孩子想做某件事，常常是心有余而力不足。比如，孩子想写字，可是手的动作不灵活，写不好，歪歪扭扭不成样子。原因是，孩子是借助心灵去探索世界，而手的动作还跟不上。3 岁之后，可以由智慧引导手的动作去执行自己的意志，去探索世界，且不知疲倦、不停地忙碌，乐在其中。在现实生活中会经常见到 3 岁左右的孩子对感兴趣的东西总想用手去摸一摸，能拆开的东西就用手拆开看一看，且不惜把东西弄坏。小孩子的双手活动，是在探索世界奥秘，是认识事物的方式，大脑的各种神经活动也由此得到锻炼。

从家庭教育的角度说，在保障孩子安全前提下，不可阻止孩子的动手行为，要为孩子动手活动创造条件。不要因为孩子把玩具或其他东西弄坏

---

① ［意］玛利亚·蒙台梭利著，高潮、薛杰译：《有吸收力的心灵》，中国发展出版社 2006 年版，第 121 页。

② ［意］玛利亚·蒙台梭利著，胡纯玉译：《发现孩子》，中国发展出版社 2006 年版，第 31~32 页。

了而责怪他们，应该正确看待小孩子的动手活动，更不能因为孩子把东西弄坏了而看作他在故意搞破坏。如果某个东西是不可以弄坏的，家长或幼儿园老师一定要跟孩子说明不能弄坏的理由。

总之，3 岁以后是孩子在双手不停忙碌中认识世界、认识事物、享受动手的快乐、发展其聪明才智的年龄段。幼儿园设计安排的，如搭积木、剪纸、绘画等动手项目，都有利于孩子的智慧开发和动手能力发展。

3. 语言学习能力，语言器官的成熟度和环境条件

儿童教育研究必然涉及儿童语言学习。关于儿童的语言学习与语言发展，在本书第二部分已经讲过，这一部分要强调的是：蒙台梭利充分认识到了语言的重要性，她有关儿童语言吸收与学习的论述很值得参考。蒙台梭利说："语言是一种超越智慧的东西。""语言是超越自然的东西，是人类思想、智慧的产物。语言像一个无边无际的网络一样，向各个方向发展，可以表达任何事物。……是人类使用的所有东西中最重要的。"语言既然这么重要，那么语言是怎么被人掌握的呢？带着这个疑问，蒙台梭利对儿童学习语言过程做了研究。她说："儿童对语言的吸收和学习是一件非常深奥和难以理解的事情，我们以前没有给予足够的重视。我们总是说：'儿童只要和会说话的人在一起，他们很自然就学会说话了'。但是稍微了解语言的复杂性就会知道，这种观点是多么的肤浅。"她通过研究发现："语言不是儿童天生就会的，而是儿童通过周围环境、在一定规律支配下逐渐学习吸收的。""儿童不是遗传了某种语言模式，而是遗传了通过某种潜意识活动吸收学习语言的能力。这种潜能有如生殖细胞中的基因，可以精确地控制细胞长成一个复杂而精密的器官，这就是我们所说的'语言星云'。"①

蒙台梭利认为，儿童吸收与学习语言的能力或曰潜能，跟生殖细胞中的基因很相像，它能促使儿童掌握语言这一套复杂而又精密的系统。根据蒙台梭利的论述，对儿童吸收和学习语言的问题可以这样解释：（1）儿童吸收学习语言的能力是遗传来的，是本能。儿童接收语言声音信号，需要

① ［意］玛利亚·蒙台梭利著，高潮、薛杰译：《有吸收力的心灵》，中国发展出版社 2006 年版，第 62 页。

正常的听觉本能；理解语言声音信号表达的意义，需要大脑对信号意义做加工的本能；有话要说，有思想需要通过言语去表达，也是人的本能。(2) 儿童吸收学习语言的能力发挥，跟听觉、发音等器官发育成熟度密切相关。"语言是随着发音器官肌肉的成长来不断提高语言能力的。通过对儿童的观察，我们还发现，儿童是通过运动来提高自己的理解力的。"① 儿童要听懂大人说话的意思，必须在他的听觉器官生理机制、大脑对信号理解加工机制发育到一定成熟度才能做到。儿童要说话，他的发音器官生理机制、大脑编码机制等必须发育到一定成熟度才能做到。这些本能条件是儿童吸收学习语言的生理学条件。比如，3 岁前的儿童，发音器官发育还不成熟，有的音素发不出来，或发不清楚，其语言能力发挥会受到限制。3 岁以后，发音器官发育正常了，一般的语言表达基本上没有大问题。(3) 儿童吸收与学习语言的能力发挥，必须有一定的语言环境条件。语言还没有发展起来的儿童离开了人类语言环境，其语言能力就会丧失。

总之，语言本身是一套很精密的符号系统，是人类交际最重要的工具。儿童如果没有遗传来的、蕴含于无意识或潜意识中的又跟身体器官发育成熟相关的能力，要掌握这套符号系统是难以想象的。对蒙台梭利所说的"语言是一种超越智慧的东西""语言是超越自然的东西，是人类思想、智慧的产物"我们的理解是：因为人类有思想、有智慧、有灵活的器官机制，才创造了语言。儿童语言发生、发展又跟一般意义上的智慧不完全是一回事，可以说是一种特殊的智慧。

4. 意志，大脑活动最高表现形式。

意志是为了达到某种目的而产生的心理状态，属于主观能动性范畴。蒙台梭利说："大脑所控制的肌肉现在被称为随意肌，也就是说它受意志的控制，而意志则是大脑活动的最高表现形式。如果没有意志能力，心理能力就无从谈起。因此，如果随意肌由意志控制，那么这些肌肉必定会形成一种心理器官。……人不像动物那样有一种固定的运动方式，但人可以

---

① ［意］玛利亚·蒙台梭利著，高潮、薛杰译：《有吸收力的心灵》，中国发展出版社 2006 年版，第 111 页。

决定和选择学习哪种运动。许多动物具有爬、跑、游的能力，但人本身不具有这样的能力。相反，人只有一种能力，那就是人可以对所有这些能力进行学习，并且会比动物做得更好。”①

蒙台梭利说，意志“是大脑活动的最高表现形式”。人决定做什么事，达到什么目的，是意志在起作用。而其他动物做什么，基本上都出于本能。本能是物种遗传赋予的，没有那些本能它们就无法生存。人除了具有本能之外，起主观能动作用的意志在起重要作用。人想达到某种目的，会由意志支配做出某种行动。如果能力不够，还可以通过学习获得。当然，人在发挥意志作用时，不能违背客观规律，会受客观条件限制。

意志是一种精神力量，儿童意志力是在其发育成长过程中发展起来的，我们发现，半岁大的孩子就有意志力苗头。比如，小孩子在镜子里看到了自己的映像，觉得很奇怪，会不停地用手去抠，大人阻止他，他也坚持要做，不达目的不罢休。这样的事例可以说明，小孩子要把镜子里的映像弄个究竟，是求知欲望主导的意志力在起作用。等大人把镜子翻转过来给他看，他才罢休。这时，小孩子可能明白了，镜子里的小孩子原来就是自己。3~6 岁孩子，意志力在逐步增强，但耐性不足。“如果没有意志能力，心理能力就无从谈起。”我们认为，要培养孩子的意志力，需要弄清楚意志力的源泉。这是儿童教育者父母和老师应该关注的。

5. 模仿活动，强烈的内部需求作用的结果

模仿是仿照一定榜样，做出类似动作和行为的过程，这也是儿童的一大特点。蒙台梭利说：“儿童模仿别人不是因为别人让他这么做，而是因为他们有强烈的内在需求。榜样的力量就是燃起希望和激发兴趣。”② 儿童学习语言要模仿，学习其他东西，如写字、画画、唱歌等都需要模仿。模仿行为是儿童在某方面强烈内在需求情况下做出的，儿童教育一般不要违

---

① ［意］玛利亚·蒙台梭利著，高潮、薛杰译：《有吸收力的心灵》，中国发展出版社 2006 年版，第 112~114 页。

② ［意］玛利亚·蒙台梭利著，高潮、薛杰译：《有吸收力的心灵》，中国发展出版社 2006 年版，第 127 页。

逆孩子的模仿需求。“教育新的发展方向——向儿童的心理发展提供帮助，向儿童的这种能力提供帮助，并提高儿童的这种潜能。”① 模仿是儿童的内在需要，父母家长又是他们首要模仿对象。家长的言语行为等，都应该给孩子树立起良好的榜样。

学习体会与育孙实践

三、幼儿的认知核心能力提升与早教

幼儿的核心能力，是在本能基础上发展起来的，具体表现为认知、动作、语言、思维和社会性等方面，每个方面都有自己的特点和发展规律。随着孩子不断发育成长，其核心能力也在发展与提升。3~6 岁幼儿的核心能力提升，除了靠孩子自身不断成熟和生活经验积累之外，也需要家长有意识地关注、恰当地引导。

3~6 岁幼儿，除需要继续接受家长教育之外，都会被送进幼儿园接受教育。家庭教育和幼儿园教育形式不同，教育活动内容、教育的方式方法各有特点，不能互相替代。本书这一部分，将在前一部讨论的基础上，逐步过渡到对 3~6 岁儿童核心能力提升问题的讨论。前一部分没说到的，有关小孩子的思维问题、社会性能力等问题，将在这一部分作讨论。

① ［意］玛利亚·蒙台梭利著，高潮、薛杰译：《有吸收力的心灵》，中国发展出版社 2006 年版，第 22 页。

（一）认知核心能力提升与早教注意事项

幼儿的听觉、视觉、动觉等能力，都属于认知核心能力。孩子在婴幼儿阶段，这些能力已经一定程度地具备了。进入3~6岁，随着孩子的发育成长、活动范围的扩大、生活内容多元化，他们的认知核心能力在不断地发展与提升。在孩子核心能力发展与提升过程中，从早教方面可以做些什么？需要注意哪些问题？下文将从听觉、视觉、本体感觉能力提升，以及听觉、视觉、动觉的协调与转换等方面去讨论。

1. 幼儿听觉核心能力提升与早教

3~6岁年龄段幼儿的听觉核心能力提升，是在前一阶段已具备的能力基础展开的。首先需要家长关注的是，孩子对听辨对象的注意。“注意”是让孩子的心理活动指向集中到特定的对象上。如果听觉对象不能引起孩子足够的注意，孩子就不能准确获取信息，就不能学到该学到的知识，进而不能对自己的行为做出正确判断。3~6岁孩子，思想活跃，爱玩好动，但难以做到专注。此时，家长应该有意识地训练孩子的听觉注意和信息分辨专注力。视孩子的具体情况，训练可以开始得早一些，尤其是对那些自我意识很强，常常不能专心注意听别人说话，或常常打断别人说话的孩子，更应该加强这方面训练。因为听觉注意和信息分辨能力发展情况良好与否，对孩子上小学以后能否遵守学校纪律、能否专心听课、能否取得良好学习效果都有直接影响。

针对3~6岁幼儿爱玩好动、注意力不足的特点，可以采用游戏办法，对孩子的听觉注意与信息分辨活动进行引导。引导之前可以做听觉注意和信息分辨方面的测验、评判。测评的方法有很多，简单易行，例如：

听声音，说出物品名称。家长或其他育儿者带孩子到户外玩耍时，让孩子听不同的鸟叫声，说出那是什么鸟。让孩子听马路上不同的汽车声音，说出是哪类汽车。让孩子听动物园里动物的叫声，说说是什么动物在叫。用这样的方法，在检测孩子的听觉注意力同时，也能检验孩子的知识积累情况。孩子说对了，家长要及时做出评判，给予鼓励；孩子说错了，家长可以把正确答案说一遍，帮孩子复习相关知识。

数数与纠错。家长或其他育儿者，当着孩子的面做数数游戏，故意漏数某个数，或错数某个数，让孩子补漏或纠错。孩子说对了，就给予表扬，让他有成就感；说错了就再练习几遍。

读错字与纠错。家长或其他育儿者，给孩子读儿歌或诗歌，可故意把某字的字音读错，让孩子纠错。前提条件是，孩子先要知道某字的正确读音。玩这样的游戏，既可以训练孩子的听觉注意与信息分辨能力，也能增强孩子的成就感，还可以通过纠错检验孩子的知识掌握情况，并顺便复习曾经学过的知识。

类似的训练方法有很多，家长或其他育儿者可根据孩子的不同情况去选择。总之，有意识地训练孩子的听觉注意与信息辨别能力，对孩子的听觉核心能力发展与提升很有益处。生长在方言区的孩子，语音听辨尤为重要，如果听觉注意与语音辨别能力差，会影响到孩子将来对普通话的学习。在孩子幼小的时候，适时进行普通话语音听辨训练，将来掌握普通话会轻而易举。

2. 幼儿的视觉核心能力提升与早教

新生儿的晶状体还不能变形，还不能对视觉对象有效聚焦，视敏度比较差，视力比较弱，只能看到20厘米处的东西。出生6个月后，是婴儿视力发展的敏感期，视力改善速度极快。到2岁时，孩子的视力水平就基本上接近成人了。对0~2岁婴幼儿，家长需要格外注意观察的是孩子的视觉能力变化。对3~6岁幼儿，家长则需要随时对其视觉认知敏感度、视觉认知速度、视觉认知与记忆予以关注，并选用一定的方法，得体地、有效进行引导与训练。

（1）视觉认知敏感度的提升与早教

对2~3岁的孩子，可以训练他们在不同颜色的图形上找相同的图形，辨识不同形状的图形，以训练孩子的观察力、辨别力。对3岁多的孩子，可以让他通过目测的方法，判断平面图画上的物体大小、高矮、长短、粗细的细微差别。

更高一点的要求是：让孩子辨别不同背景中的物体类型、形状。比如，将大小一个样的物体，放置在距离远近不同的背景中，或陪衬环境中，让孩子目测，辨别物体的大小、高矮、长短，或在某些近似的画面背景中寻找不同的物体等。也可以用平面积木、立体积木，让孩子搭建有不同动物、人物组成的有情节的画面。这样的训练，可以有效地提高孩子多方面的视觉能力，如视觉辨别能力、视觉联想能力、视觉记忆能力、视觉追踪能力，以及手眼协调能力等。当然，让孩子到大自然中观察绚丽多彩、姿态万千的景物，识别多种多样的植物、鸟类、昆虫等，乃是最理想的学习方法，是视觉认知敏感度提升的很好方法。

（2）视觉认知速度的提升与早教

3~6 岁幼儿视觉认知速度的提升也很重要。这关系到孩子日后的文字阅读速度，进而影响到将来的学习成绩。视觉认知速度快，阅读速度自然就快，搜索阅读目标就宽，信息加工、信息整合速度也就快。视觉认知速度的提高，有利于孩子对阅读目标的整体性、逻辑性的把握与理解，有利于加快对阅读对象的判断。简言之，充分利用孩子的视觉发展敏感期，加强视觉认知速度训练，不仅可以提升孩子的视觉认知速度，也有利于孩子速读、速记能力提升，以及其他相关潜能的启动，可以为孩子将来的阅读学习打下良好基础。

（3）视觉认知与记忆力的提升与早教

3 岁左右的幼儿，家长在给他们做一些简单的视觉认知能力训练的同时，还要注意提升孩子的记忆力。有位科学家说，一切智慧的根源在于记忆。视觉认知与记忆训练的方法，不少家长都用过。比如：大人拿一些小饼干、红小豆或小扣子等放在手掌心，让孩子注意看清楚是什么东西之后，迅速将手握起来，让宝宝猜大人的手心里有什么东西。开始训练时，手掌开合速度可以稍慢些，而后逐渐加快。做这种游戏，可以先简单一些，然后再逐步加大难度。做这样的游戏，还可以训练孩子的记忆力。刚开始做练习的时候，大人手掌心里的东西少放点，而后逐步增加数量，每次练习数量要有差别。大人迅速张开手掌，迅速合拢手掌，让宝宝猜手掌里的东西的数目。训练用品数量，在 5 个以内为好，不要太多，数量太多，难度太大，会挫伤孩子视觉认知的积极性。

老卡尔当年训练儿子视觉认知的方法叫“注意看”。他带儿子小卡尔上街，每路过一家商店，要让儿子注意看橱窗里陈列着哪些物品？并让儿子记住。走过这家商店之后，让儿子把记忆中的物品说出来。说出的物品数目多，而且正确，就给孩子以表扬鼓励。他带儿子看画展，都按顺序给孩子讲解绘画内容和作者。参观完了之后问孩子，某幅画画的是什么？作者是谁？后来有一天，老卡尔再次带儿子去那家画店，孩子很快地说出了展出的那些画的名称、作者等。有一次，孩子发现曾看过的两幅画儿没有展出，还说出了画的名字。小卡尔的表现让画店店员十分惊讶。① 老卡尔的这种训练方法，大大提升了孩子的视觉观察分辨力和记忆力。这种训练方法，简单易行，孩子也很喜欢，家长们不妨试试。

（4）颜色视觉认知能力的提升与早教

从颜色视觉辨认角度讲，3 个月大的孩子就有分辨不同颜色的能力了。4 个月大的孩子，已经能在可见光谱中辨认各种颜色，辨认能力已接近成人水平。2 岁半孩子，基本上都能够对红、白、黄、黑、绿、紫、蓝、橙色区分清楚。3 岁孩子，能够说出颜色名称，也会运用颜色作画。不过他们大多数喜欢黄色、红色、绿色、蓝色。颜色认知水平高低，与孩子视觉器官发育是否良好有关，也跟孩子思维发展水平有关，家长可引导孩子用不同颜色彩笔涂鸦，提高颜色辨别能力。

3. 幼儿本体感觉能力的提升与早教

有关孩子早教，不少家长对所谓的智力训练很用心，投资不惜血本，但往往忽略孩子的本体感觉能力训练。本体感觉是动觉和静觉的别称。动觉即运动觉，是辨别身体各部分运动和姿势的感觉，是由身体运动和姿势作用于肌肉、筋腱、韧带和关节产生兴奋，传入大脑皮层而引起的。静觉又称平衡觉，是辨别身体运动速率和方向的感觉。3 岁左右的孩子，探索欲望极强，什么都想摸一摸、碰一碰，本体感觉方面潜力很大。只要不是在睡觉，总处在活力四射的运动状态，没有一刻消停的时候。爱动是孩子的天性，家长绝对不可阻止他们，应该在保证孩子安全前提下，引导他做

---

① ［德］小卡尔·威特著，刘恒新译：《卡尔·威特的教育（续篇）》，京华出版社 2002 年版，第 40~41 页。

各种肌肉运动训练，以提高孩子本体感觉能力。

本体感觉能力训练，包括大肌肉运动训练和小肌肉运动训练两个方面：

大肌肉运动训练。让孩子通过走、爬、攀、钻、跨越、跑跳、抛接等运动，使肌体大肌肉群的运动能力得到提升的训练。

（1）走的训练。走路很利索的孩子，能够按照指令在平地上，向前走、向后走、侧身走、踮着脚尖走、带着物体走（如拿着玩具、拉着玩具、推着小车、托着皮球走等）。如果再提升一下走的水平，可以让孩子空手在平衡木上走，熟练后再增加难度，如跑步通过平衡木，脑袋上顶着东西通过平衡木等。

（2）爬、攀、钻、跨越训练。爬是孩子会走路之前的基本动作。爬是孩子大脑及全身健康发育的重要活动。孩子会走路后，只要有机会、有条件，应该让孩子通过爬、攀、钻、跨越障碍等活动，锻炼其大肌肉。儿童游乐园里的许多游乐设备、游乐项目，就是为孩子的运动能力提升与大肌肉训练需要而提供的。有的游乐园活动组织者，让孩子穿上小军装，仿照军人训练模式，匍匐前行，跨越障碍（如钻“山洞”→攀登网状绳索→到达滑梯平台→再从滑梯上滑下来等）。在家庭环境中，可以训练孩子四肢着地，沿着直线前行，或绕过障碍物前行。这些训练模式和方法，都可以使孩子的大肌肉活动起来，使“大肌肉群”的运动能力得到提升。

（3）跳的训练。让孩子双脚立定跳远，双脚夹着沙包跳远，在悬挂的绳子上挂个大皮球让孩子跳起来拍球，还有跳绳、跳方砖等等，都是很好的跳的训练。

（4）抛接训练。比如，让孩子把小皮球或小木块，扔进指定的圈圈内或盒子里；把皮球扔进跟孩子个子差不多高矮的、悬挂着的网框里。成人还可以和孩子合作，拿一块小床单，两人各自抓住小床单的两个角，把小皮球放在床单中央，由孩子发出抛的号令，成人和孩子一起用力拉床单，让皮球弹起，盯着皮球运动方向。然后发出接的号令，让孩子去接皮球。这样的游戏孩子特别喜欢。

诸如此类的训练游戏，对孩子的颈、胸、腰、下肢等部位的肌肉群发育很有益，进而还能促进孩子大脑发育和动作协调能力发展。

小肌肉运动训练。主要是对孩子的精细动作的训练。对 3 岁左右的幼儿，家长的主要关注点应该放在孩子的单手动作、双手动作、双手使用工具动作等方面：

（1）单手动作。如手臂挥动动作（严格地说，这是大肌肉群动作）。手臂挥动有利于肩膀、手臂、肘腕肌肉群的协调运动。又如扔、抛、攀、接动作，都可以提升孩子小肌肉运动能力增长。单手动作中的肘腕动作，可以通过一些简单的劳动或生活自理活动加以训练。比如，擦桌子、拖地板、用勺吃饭、用梳子梳头、用钥匙开门关门、涂鸦等等。

（2）双手动作，指左右手的动作。这是小孩子表现其生活能力的重要方面。6 个月大的婴儿，会让大拇指与其他四指合作抓握东西，为其日后双手动作发展奠定了基础。双手协调动作训练的方法有：①双手相向运动。比如，双手同时敲东西；双手各拿一样物品对着敲；双手手指互相对准；双手一起接物品等。②双手反方向运动。比如，双手撕纸；双手拽一根绳子等。孩子大一点以后，可以让他自己洗手绢、拧洗脸毛巾等。③双手交替着运动。比如：先右手拍球若干下，再左手拍球若干下，左右手交替着练习。在此基础上进行较为复杂的交替动作训练，如系鞋带、拉拉锁、扣纽扣、剥糖纸、折纸等。

（3）双手使用工具动作。3 岁以上的孩子，应该参加一些力所能及的家务劳动或园艺活动。比如擦桌子、拖地板、擀饺子皮（双手一起擀皮）；用锄草工具锄草，用小耙子松土，用玩具水壶浇水等。这些活动，对小孩子而言都是玩儿，在玩儿的过程中是双手使用工具的动作得到锻炼。另外，像涂鸦、剪纸、搭积木、串珠子，以及生活自理活动等，都是锻炼的方式。这些精细动作训练，有利于孩子小肌肉发育，为将来写字打好基础。更重要的是，可以使孩子的神经系统得到健康发展，自然地启动相关智能。

生命在于运动，家长如果限制小孩子做各种各样的运动，让他早早进入所谓的开智班，规规矩矩地学习某种看起来很重要的知识，时间长了会导致孩子的运动协调能力下降。运动协调能力下降，将意味着极为重要的智力的丧失。

4. 幼儿听觉、视觉、动觉协调转换能力的提升与早教

从生理发育规律角度讲，孩子每个感官都会按其自身的规律独立地发育成长。从心理发展角度讲，各个感官接收的信息，都是通过神经元汇集到大脑神经中枢，经过加工与整合之后，再有序地传递给另外的感官，随后产生相关的动作。这种信息加工、整合、输送的管道称通道，新生儿就已具备。

比如，孩子一出生，因为对新环境暂时还不适应，或受恐惧心理，或回归母体心理的作用，都会大哭。新生儿的生理和心理状态方面的信息，就是通过哭声传递给母亲的。随着婴幼儿月龄不断增长，随着生活经验不断丰富，再加上成人在育儿过程中的关照，孩子的各种感觉、知觉之间的通道会不断地被打通，各种感知之间的信息能得到互相转换，共同完成各种相关动作，孩子的核心能力会不断地得到提升。幼儿的听觉、视觉、动觉的协调转换，主要表现在以下几个方面：

（1）听觉与动觉的转换。这是婴幼儿最先产生的、简单的知觉转换活动。比如：听见母亲的声音，婴儿会很快睁开眼，顺着声音寻找母亲；听见声音和节奏很轻快的音乐，孩子会自然地活动自己的肢体。将孩子的听觉能力与运动协调能力放在一起锻炼，可促进孩子听觉与动觉两方面能力协调发展。

（2）视觉与动觉的转换。这种转换活动在婴幼儿身上经常发生。比如，小孩子看到色彩鲜艳的活动着的物体，四肢会自然地活动起来。孩子会走路、会说话后，看到落在地上的小鸟会跑过去试图抓它。只要看到感兴趣的东西，小孩子总会有相应的动作发生，试图去抓、握、追赶等等。从视觉到动觉的知觉转换活动在不断地发生与发展，这方面的能力也在不断地增强。

（3）听觉、视觉与动觉的转换。孩子大一点之后，都会根据指令做相应的动作。

比如：家长做出示范动作喊“立正”，孩子会跟着喊“立正”并做出立正动作；家长喊“向左转”，孩子会跟着喊“向左转”并做出向左转动作。对3岁左右的孩子，家长可以对他们做由听、视到动的知觉转换训练。

家长向孩子发出指令，同时做出示范动作，孩子的听觉和视觉器官同时受到刺激，孩子会学着家长的样子做相应的动作。又如，家长发出“向左看，向右看；踢右腿，立正，踢左腿；立正，蹲下，立正；举双手，立正”等动作指令，孩子会根据指令去做。开始的时候速度可以慢一些，而后可逐渐加快。也可以让孩子听不同声音的录音，然后说出是什么声音，模仿发出那些声音。还可以让幼儿做相反的动作游戏。比如：“说话，闭嘴；起立，坐下；向后转，立正不动；向左转，向右转”等。做这样的增加知觉转换难度的练习，让孩子迅速做出反应的能力得到提升。

4~5 岁的孩子，可以做视觉、听觉填充和再认方面的游戏。比如：给孩子看一个动物的头部，让他说出那是什么动物，就是视觉填充。家长给孩子念一首诗，只念上一句，让孩子接下一句，就是听觉填充。让孩子看一幅图画，说出发现了什么，然后让孩子再仔细看看，说出又发现了什么，这就是视觉再认练习。家长给孩子讲绘本里的故事，突出几个重点词语，然后让孩子说一说故事内容，并说出有哪几个重点词语。这属于听觉再认练习。孩子认识与再认的词语数量，可以从少到多，逐步增加难度。家长还可以根据绘本故事情节，与孩子一起自编、自演别的故事，把学过的词语用进去。

综上所述，视觉、听觉、动觉除了各自独立发展之外，常常在互相转换活动中一起发展。让孩子把接受到的视觉、听觉信号转换成自己的言语信号，或动作信号等，都属于知觉转换。做上述游戏和练习的好处是：①可以使孩子的感觉器官各条通道协调配合，提高信号感知敏锐性和迅速进行知觉转换的反应能力。②可以激发孩子的兴趣，有利于孩子的潜能激活，有利于孩子的某些特长的发挥和被发现。③可以为孩子将来的语言听辨、语言表达、阅读理解等基本技能发展打好基础。④通过游戏和练习，让孩子懂得听指挥，听要求，按一定规矩做事，对孩子将来形成良好的行为习惯也有积极作用。只要家长注意引导与训练，会对孩子的核心能力的提升起到很好的促进作用。上文说到的有些游戏，也可以让 2 岁半到 3 岁幼儿试着做，有相当部分的孩子也能做好。

（二）思维核心能力提升与早教注意事项

儿童的思维活动离不开表象。“表象”是在知觉基础上形成的感性形象。以表象为基本元素的思维称表象思维。这是儿童思维活动的基本特点。然而，儿童的思维活动不会一直停留在表象思维阶段。表象思维会逐步地向以抽象概念为基本元素的抽象思维发展。即使在表象思维阶段，儿童也会不断地接触到一些抽象的概念或观念。比如：数概念、空间概念、时间概念、类概念、因果关系概念、序列概念，等等。这些概念或观念能否有效建立，直接关系到孩子认知能力的强弱和认知水平高低。这也对孩子日后学习自然科学知识、社会科学知识，开拓思维能力有直接的关系。儿童要建立这些概念，或形成某些观念，首先需借助已形成的表象和表象思维能力。

如果说对周岁以内婴儿早教，主要侧重于对感知觉中的外感受器感觉和本体感觉的关注和训练的话，那么对满周岁之后的婴幼儿，则应该在原来的感知觉能力训练与培养基础上，逐步关注和加强孩子认知核心能力的另一大部分（即表象和表象思维）能力的训练。儿童的感知觉与表象和思维不可能截然分开，需要根据孩子生理发育不同阶段的特点，核心能力敏感期出现的前后，采取不同对策，并遵循由近及远、由此及彼、由表及里、由浅入深、由形象到抽象的认知活动规律。

1. 数概念的建立与早教

科学思维离不开数概念。数概念认知是指个体对自然数的认知。自然数，指大于 0 的整数，即 1，2，3，……数还分为基数和序数。基数是指 1、2、3……100、3000 等普通整数。比如电话号码 58206741 这个数字集合体，是由 8 个整数组成的。其中的 5、8、2、0、6、7、4、1 这些数都是基数。序数是表示次序的数目，指一个数相对于其他数所占据的顺序位置。汉语表示序数的方法，通常是在整数前边加“第”。比如，9 个小朋友排队，小明个子最矮，排在第一个位置；小强个子最高，排在队伍的最后，即第九位。从“第一”“第二”……到“第九”，各自所占据的顺序位置数就是序数。

孩子长到二三岁，可以认识自然数，也应该逐步建立数概念了。然而，无论是基数，还是序数都很抽象，要让幼儿建立数概念，需借助其表象思维能力，结合日常生活中看得见、摸得着的物品，在游戏活动中进行。对 2 岁多的孩子，可以遵循由少到多、由易到难规律，引导孩子口头数数。比如，让孩子看着自己手，掰着手指，说出“1，2，3，4，5”；接着再掰着另一只手的手指说出“6，7，8，9，10”。孩子不但能学会口头数数，还会知道一只手有 5 个手指，两只手共有 10 个手指。孩子再大一点，可以让他看着物品点数目。比如，家长对孩子说：“宝宝，数数你手里拿了几颗豆豆？4 颗还是 5 颗？”孩子会用手指指着豆豆，说出数目；还可以让孩子按一定数目去拿取物品，比如，家长对孩子说“宝宝，去拿 3 双筷子给妈妈”“去拿 2 本书给爸爸”等。孩子都乐意做，也能做到。

有实物在面前，孩子可以做到口头数数、按物点数，还可以按数取物、说出物品的总数。教育专家认为，婴幼儿对数的认知过程，一般要经过“口头数数”→“按物点数”→“按数取物”→“说出总数”这四个阶段。现在的很多 3 岁孩子，在数概念建立过程中，做 10 以内的加法已经不成问题。当然都需要先借助实物，或具体的事物形象（如图画上画的物品等），如果没有具体的实物和图像，则需要借助手指帮助。脱离直观的实物或图像，3 岁孩子能通过心算做 10 以内的加法还是极少数。这是由小孩子的思维活动特点决定了的。

当孩子对数有了一定的兴趣和认识时，家长可以把数和量组合在一起，引导孩子活学活用。比如，让孩子指着实物或图画说：“1 个苹果”“2 根香蕉”“3 条金鱼”“4 只小狗”“5 匹马”“6 头大象”“7 架飞机”“8 辆坦克”“9 艘舰艇”……“‘一双手’就是‘两只手’”；“‘两只手套’等于‘一副手套’”等。随着年龄的增长，可以让孩子了解数组成的关系：自然数都是由“1”和若干个“1”组成的。2 个“1”组成“2”，3 个“1”组成“3”……10 个“1”组成“10”，20 个“1”组成“20”……“5”可以由 4 个“1”和 1 个“1 组成”（4+1），也可以由 2 个“1”和 3 个“1”组成(2+3)……懂得这些知识，有利于孩子以后轻松地学习算术。

序数认知，也可以在游戏中进行。比如，全家 5 口人排队，让宝宝指挥，谁排到第一、谁排到第二、谁排到第三，……大人要听从孩子的指令，排到各自的位置上，让宝宝检查每个人是否都排正确了。此外，大人也可以故意排错位置，让宝宝指正。还可以让宝宝随意插进队伍里，让他说明序列发生了哪些变化。这样排序游戏，还可以拿别的物品来做。做这样的游戏的目的是，让孩子直观地了解人或物品在自然序列中的位置，了解某人或某物品与左右的人或物品的关系，较轻松地建立序数概念。

类似上边说的游戏，小孩子特别喜欢玩。在游戏中弄明白基数与序数的不同特点，数与量的关系，数组成的关系，并不困难。建立数概念是3岁幼儿应该具备的能力。如果家长不做这方面训练与培养，孩子尚未获得这种能力，就只能等进幼儿园去完成了。

2. 时间概念的建立与早教

时间、空间、因果、类别这些概念的建立，是思维活动得以开展的基础。对处在敏感期的幼儿，及时给予这方面的引导，对提升孩子核心能力，为其日后学习科学、文化、社会等各类知识都有极为重要的作用。

时间概念。时间概念含义很抽象。理解、掌握时间概念的涵义，是幼儿认识世界所需的重要知识。时间概念建立及时间观念形成，有利于儿童认知能力更好发展。1到3岁孩子，主要根据自己的日常生活经验来体会时间概念。比如，他知道天黑了，就是晚上了，该上床睡觉了；一觉醒来，太阳出来了，那就是第二天的早晨了；吃完早饭，可以出去玩了；到9点半，家长让宝宝喝水、吃水果和小点心；到11点，该回家吃午饭了；洗漱完了又该上床睡午觉了；喝水、吃水果后，又可以到户外跟小朋友们玩耍了；大人们下班了，宝宝也要回家吃晚饭了。

家长把这种时间性很强的生活和活动规律讲给孩子听，把与时间有关的知识告诉给孩子，孩子对时间的意义能较快地理解，也能较快地获得与时间有关的知识。这些知识包括对“时序”“时距”“时间媒介”“年龄”以及“时间词语”的含义等有比较正确的认知。

时序认知。时序通常指季节变化的次序。我们把时序认知理解为，人对有时间顺序性现象的认知。比如，一天中的早、中、晚；一周中的周一、周二、周三、周四、周五、周六、周日；一个月中的第一天，第二天，第三天……直到第三十天，或三十一天（二月份只有二十八天，或二十九天）；一年中的春、夏、秋、冬四个季节等，都是按时间顺序固定排列的。时序认知只要结合日常生活，小孩子理解起来并不难。比如，太阳出来了，宝宝应该到户外去玩了；吃完中午饭了，刷刷牙，宝宝应该睡午觉了；天黑了，吃完晚饭给宝宝讲个故事，洗漱完该睡觉了。这种有规律、有时间次序的生活，孩子天天在重复，家长有意识地给孩子讲一讲，孩子能很快地能理解什么是早上，什么是中午和晚上。如果家长溺爱孩子，一切随孩子的意愿，晚上不按时睡觉，早晨不按时起床，生活无秩序，幼儿这些早晨、中午、晚上的时间概念就很难建立。等入幼儿园之后，仍不能遵守作息时间，不能形成正确的时间观念，就会显得很另类，会发生不合群的问题。

时距认知。一个物体从甲处出发到乙处，所花的时间称时距。时距与运动紧密相连。儿童在玩耍的时候，可以让他们作短距离跑步比赛，家长帮他们计算时间，看看谁跑第一，谁跑第二……小孩子能从中领悟到，运动的时间和距离之间的关系，在这样的玩耍中，还能附带学习到两方面的知识：第一、第二、第三……的“序数”知识；跑得快和慢的速度知识。快和慢两个概念本来是很抽象的，但因为有小朋友亲身参与到活动中，抽象的概念变得形象化了，小孩子能轻而易举地理解接受。

时间媒介认知。指儿童在日常生活中不断重复接触的一些反映时间的媒介认知。比如：“太阳出来了”，小孩子由此知道是“早晨”时间；“太阳照到头顶了”，知道是“中午”时间；“月亮出来了”，知道是“晚上”时间。小孩子熟知这些表示时间的媒介，能比较容易地形成自觉运用这些知识的能力，形成一定的时间观念。不过，时间媒介认知能力的形成，也需要家长引导孩子仔细观察，不断重复相关知识。

年龄认知。指小孩子对自己年龄的认知。对已经会说话的小孩子，如果有人问他“你几岁啦？”孩子会说“我两岁半了。”虽然他能把自己的年龄确切地告诉别人，但还不能确切地理解“两岁半”的具体含义是什么，也不明白年龄大、小与时间持续性、时间顺序性之间的关系是什么。比如，当孩子知道某小朋友是2009年生的，而他自己是2008年生的，他还知道 9 比 8 大。这时，孩子会疑惑不解地问成人："我是 2008 年出生的，他是 2009 年出生的，他比我大呀！为什么他长得比我矮，还什么都不懂呢?"类似疑问三四岁孩子都会有，到了五六岁，孩子才会慢慢明白"先出生""后出生"与"年龄大""年龄小"之间的关系。

时间词语的理解。像"今天""昨天""明天"和"已经""就要""马上""正在"这些与时间概念有关的名词、副词，意义都很抽象，需要孩子借助日常生活经验才能达到认知。家人的周末活动安排，节假日活动安排，春夏秋冬季节变化等，都跟这些时间词语所表达的时间概念有关，需要家长结合日常生活，引导孩子学习、理解，并形成他们生活经验的一个重要组成部分。

3. 空间概念的建立与早教。

空间概念包含物体的空间属性和物体与空间的关系两层含义。前者指物体的长度、面积、体积。后者指物体在环境中所处的空间相对位置，包括方位和距离。空间概念的形成，与小孩子对物体的形状、大小、距离、方位的认知有直接关系。

形状认知。指对物体的外形及内部组合关系的一种认知。对婴幼儿，可以让他从简单的几何图形的形状、名称开始认识，然后逐渐扩大图形种类，逐渐从简单的平面图过渡到复杂的立体图。

大小认知。指对物体大小的认知。只要家长给予一定的帮助，2 岁的孩子就能够熟练辨清平面图形的大小。

距离认知。指个体对物体在空间或时间上相隔情况的认知。专家发现，6 个月大的婴儿就已经有了距离知觉。训练孩子的距离认知要在日常生活和运动中进行，才能有实际效果。训练与不训练，训练是否得体，对孩子的距离认知水平影响极大。

空间是物质存在的一种形式。空间距离认知是距离认知的重要组成部分。婴幼儿对事物的空间距离的感觉和认知，一般都会经历由近及远、由此及彼的过程。婴幼儿会说话之后，先称呼的是家庭成员中最接近他的人，如妈妈、爸爸、爷爷、奶奶、姥姥、姥爷，后称呼家庭以外的人员。认识家庭环境中的各种物品，认识住所周围自然环境中的各种事物，都是由近及远地进行。加德纳的多元智能系列中有空间智能一项。空间认知是小孩子智能活动的重要部分。从早教的角度说，从小关注孩子的空间认知能力培养，有助于孩子尽早形成形状感、距离感、方向感、方位感，也有利于提升孩子画画时的空间布局能力。

方位认知。指对个体自身或物体所处的位置和方向的认知。空间方位认知包括对里外、前后、上下、左右等方位的认知。按一般规律讲，婴幼儿先会理解里外方位，进而理解上下、前后方位，最后理解左右方位。

婴幼儿空间概念的建立，依赖于生理发育的不断成熟、生活经验的不断丰富。但不能等孩子成熟了、生活经验丰富了，再去建立空间概念。家长应该在孩子的日常生活中，从物体的形状认知、大小认知着手，让孩子看着实物，认知物体大小、高矮、长短、厚薄、粗细等特点，而后再引导孩子判断物体形状，让孩子正确地将不同形状的物体放置到它们应该占有的空间位置中。再难一点的练习可以是，给孩子玩平面拼图游戏，让他准确地将不同形状的板块放置到相应的空间中。

随着孩子年龄的增长，空间认知训练难度可以逐步增加。可以让孩子从距离、方位的角度，提高空间认知水平。比如，孩子们做扔沙包游戏时，让他们判断自己与接沙包的小朋友之间的距离和方位，而后再决定自己使多大的劲；走平衡木时，判断平衡木的宽度和高度，而后再决定自己立足位置和行走速度。

总之，让孩子在与空间认知有关的游戏活动中，判断自己与伙伴之间、此物体与彼物体之间的距离，或各自的方位，然后决定自己如何行动。2~3 岁的幼儿的方位认知，一般都会遵循里外，上下，前后，最后才是左右这样的次序规律。3 岁以下孩子都以自身为参照物对方位做判断，而后才以某个具体的物体为标志做方位判断，进而发展到对语音发出的指令做方位判断。左右这个方位概念最抽象，认知有难度，一般到五六岁时才能分清楚。空间认知能力提升，可大大提升孩子想象力和较为抽象的思维活动能力。

4. 类概念的建立与早教

将相同性质的事物归总为一个群集就叫类。比如：人类、鸟类、水果类、蔬菜类、玩具类、工具类等。同一类事物，按照隶属关系往往形成金字塔式的层级关系。比如，鸟是动物中的一类，包涵了乌鸦、喜鹊、麻雀、老鹰等。水果是可食果品中的一类，包涵了苹果、梨、橘子、桃、杏、葡萄等等。蔬菜是菜品中的一类，包括叶类蔬菜，如白菜、菠菜、油菜等等；还包括根茎类蔬菜，如萝卜、土豆、莴笋……而萝卜又分为胡萝卜、白萝卜、青萝卜等。

让2岁至3岁的孩子开始接触类的知识，逐步建立起类概念，对提高幼儿对事物特征与属性的认识水平，提高对事物的分类能力会有帮助，进而对逻辑思维能力的开启与发展会起到促进作用。

学习对事物分类，是孩子在生活经验积累、基本知识积累的基础上展开的。开始的时候，小孩子还只能根据物品的外部特征进行分类。比如，当孩子对形状知识、颜色知识有所积累之后，会把形状相同的玩具归在一起，然后按照颜色再归类，或按照形状的大小再归类。又如，孩子有水果和蔬菜方面的知识积累，他们能轻而易举地将水果归为一类，将蔬菜归为另一类。随着年龄的增长、知识的丰富，小孩子开始懂得可以按事物的相同功能进行分类。比如，在一大堆玩具中，能根据玩具不同功能分成几类，会把汽车中的公共汽车归在一起，小轿车归在一起。4岁以上的孩子对玩具车的分类大都会这样做。

对类概念有了认知，会为孩子的逻辑思维发展打下良好基础。在有些研究者的实验中，2~4岁年龄段的孩子，能在自己熟悉事物中把有生命的物体与无生命的物体区别开。从对待事物的方式上也可以看出，他们会区别不同类别的事物。比如，人能喝牛奶，玩具车不能喝牛奶。如果有人说要给小三轮车喂牛奶，绝大多数的2岁小朋友都会说“它是车，不喝牛奶，我们才喝牛奶”。当然，这个年龄段的孩子在对事物分类时，还主要着眼于事物的外部特征。

类概念的建立，可以从物体的形状、颜色、大小、厚薄、软硬等几个方面，对孩子进行引导，让孩子识别并归类。也可以从饮食方法上引导孩子，对蔬菜和水果加以分类。大部分蔬菜只能熟吃，而水果则是生吃的。在蔬菜中，有些蔬菜像黄瓜、西红柿也可以当水果生吃。有些水果或果皮也可以当蔬菜吃，比如将西瓜皮加工处理后，可以腌成咸菜吃。把日常生活中的这些知识教给孩子，可以拓宽他们的类认知的知识面。

在游戏中，可以将几何图形作为类认知训练的内容。比如，单纯的三角形、四边形、五边形、六边形等，都是不同类的图形。一个大的三角形可以分割成若干个小的三角形，它们都属于同一个类。一个大正方形可以分割成若干个小正方形，也可以分割成若干个三角形。一类形状也可以变成两类形状。

5. 因果关系的理解与早教

因果关系是原因和结果之间的关系。如果把已经发生的事情看成结果，那么事情为什么会发生就是原因。2 岁多的幼儿就已初步具备因果关系理解能力，还能根据因果关系做简单的判断与推理。比如，家长对孩子说：

“不说粗话、脏话的人是文明的人，因为他懂得尊重别人。”

“随地吐痰的人是没有公德的人，因为他不爱护公共环境卫生。”

2 岁多的小孩子根据自己的生活经验，能知道说粗话、脏话，随地吐痰都是不好的事情，都是不文明的行为。孩子对尊重别人、有公德的确切含义尽管还不是很清楚，但大体上能明白那是好的人、好的事情。由此获得了对尊重别人、爱护公共环境卫生这个原因和不说粗话、脏话、不随地吐痰这个结果的因果关系的理解。

小孩子学懂得因果关系之后，会在说话中运用。比如，看到某个小朋友的奶奶说了粗话、脏话，看到某个成年人随地吐了一口痰，他就直言不讳地指出：“你是奶奶，不能说脏话。说脏话不文明。”“随地吐痰不文明，没有公德。”听到孩子的这种批评，明事理的家长或其他成人，会欣然承认错误，还表扬孩子说“好，好，你说得对，我一定改正”。孩子也很高兴。让开始懂事的幼儿理解上边所说的行为与结果之间的因果关系，能促使孩子自己养成讲文明、不说粗话脏话、不随地吐痰等好习惯。

2~3 岁幼儿，对事物之间的因果关系的理解有两个特点：第一，因果关系简单才能理解。也就是说，对简单的行为动作与直接的结果之间的关系能理解。比如，小孩子把书撕坏了，家长对他说：“你撕书，书就坏了，这一页不能看了，以后不能再撕书了。”孩子能理解自己撕书的动作，和书坏了的简单因果关系。但家长说的“不能再撕书了”，再撕书会导致怎样的结果，比较抽象，孩子一时还不能明白，或想象不到，所以他还会继续撕书。第二，因果关系一一对应才能理解。比如，宝宝嗓子疼，家长让他喝小儿清热解毒口服液。孩子配合家长主动喝了药，不久嗓子好了。孩子由此知道嗓子疼和喝小儿清热解毒口服液之间是一对一的因果关系，对这种关系的记忆也很深刻。后来嗓子再疼的时候，他就立刻想到要喝小儿清热口服液。

2~3 岁幼儿的思维，以形象思维为基本特征，但也有简单的判断与推理现象。而严格意义上抽象思维能力和逻辑判断与推理能力，则需要孩子生活经验丰富到一定程度，生理发育达到一定阶段才得到显现。

孩子的因果关系理解能力要得到提升，家长在早教的时候应该注意的是：表扬孩子或批评孩子，都要说明原因或理由。久之，孩子对事情的因果关系会很清楚，简单的逻辑思维习惯就能逐步养成。孩子想做什么事情，或想买什么玩具，会先讲理由，再提出自己的要求或希望。比如，不少婴幼儿有挑食的毛病。怎样才能去掉孩子的这个毛病，许多家长都感到头痛。实验证明，利用幼儿的因果关系理解能力，加上相关知识的传授，这个问题就可以解决。

营养书籍上说，胡萝卜对明目很有好处，圆白菜对养发很有效果，可是许多小孩子就是不喜欢吃。怎样让孩子不挑食，喜欢上这些有营养的蔬菜？笔者的实验方法是：我家宝宝的眼睛亮、头发黑，常受到别人的赞美，宝宝听了很高兴。这时，我们给他讲“你的眼睛亮、头发黑，跟从小吃胡萝卜、圆白菜有关哟！”告诉孩子这两种蔬菜的营养如何好。让孩子知道，不挑食，吃那些富有营养的蔬菜跟眼睛亮、头发黑的因果关系。孩子理解了这种因果关系，对胡萝卜、圆白菜从不拒绝，挑食问题也不再出现。2 到 3 岁的孩子，能大略知道一些有关吃饭与吸收营养之间，营养跟长身体之间的因果关系知识。孩子懂得这些知识以后，只要家长不溺爱、不放任，挑食的毛病会逐步祛除。

6. 序列的理解与早教

序列是指将事物按某种属性进行有顺序的排列，或按照某种规律进行排列。序列概念建立与排序是逻辑能力的一部分。排序训练，对启动孩子的逻辑思维能力有很好的作用。排序训练须建立在孩子对事物有了一定的作比较的能力基础之上，否则训练和引导就难以进行。比如，当孩子对物体大小、长短、高低、宽窄、重轻、厚薄、粗细等物理属性有了作比较的观念后，可以让孩子按照物体的大小、高低、轻重、厚薄、粗细、宽窄等属性进行排序。比如，让孩子对自己的多种玩具车，按车的大和小，或载人多和少排序。3 岁的孩子都可以排列出“公共汽车→小轿车→摩托车→自行车”这样的序列。

排序训练，需要让孩子仔细观察事物，发现其中的规律。比如下边的这几个数字序列：

1→3→5→7→9；

2→4→6→8→10；

3→6→9→12→15；

6→12→18→24→30；

10→20→30→40→50。

让孩子仔细观察，看看这几组数字排列规律是什么。做这样的训练，可以锻炼孩子细致观察事物、发现规律的能力，还可以锻炼他们的比较、归纳能力。实验证明，3 岁左右的幼儿，如果没有家长引导，10 以内的数字排序基本上不会做。如果有家长借用实物，给孩子以排序引导，20 以内的数字排序也不成问题。家长引导孩子做数字排序游戏，给孩子讲解数字之间的差距规律，会使孩子的排序能力较好地发挥出来。

7. 表征能力发展与早教

表征，是用某些物体的部分特征来标识真实的物体，用虚拟的符号、虚拟的行为动作表示真实的行为动作。它是幼儿是对某种事物或行为认知的表达活动。小孩子在生活经验中了解到某种知识，形成了某种想法、情感，一般都会用绘画、游戏动作、积木造型等方式来表征。幼儿期孩子的表征能力是其形象思维能力的展现，是其想象力、联想力、观察力、创造力、简单推理能力和判断力的展现。

游戏本身就是内容很丰富的表征活动。人们经常可以见到的现象是，小孩子玩“过家家”：女孩子充当妈妈，把玩具娃娃当孩子，给孩子喂奶，哄孩子睡觉等等。女孩子也喜欢拿玩具铲子、锅、勺子、瓶子做工具，采摘一些树叶、青草充当食材，模仿成人做饭、做菜。男孩子则喜欢拿竹竿、木棍充当枪，分敌对双方展开“战斗”。或拿积木当汽车或飞机，做出奔驰或飞行比赛动作。从这些游戏中可以看出，小孩子都有很丰富的想象力、联想力。

表征性质的游戏，是孩子展现其观察力、想象力、记忆力和判断力的手段。比如，有的孩子在拿自己的玩具车玩游戏，他可以告诉你，奥迪车的车轮是怎样的、宝马的车轮是怎样的……能根据不同的车轮判断是哪一种牌子的车。如果孩子喜欢鸟，他会画一幅有关鸟的图画，还会告诉你，那是什么鸟，羽毛颜色有什么特点，鸣叫的声音有什么特点。有些孩子还会通过绘画，表达自己内心的意愿和向往，如“飞向月球”“创造高级武器”“保卫祖国”等。游戏，包括画画游戏中的表征活动，可以开阔儿童形象思维空间，可以在生活经验的基础上，去想象、去创造、去总结、去判断，去作简单的推理。

幼儿心目中的世界，跟成人心目中的世界很不一样。家长对孩子的早教，应该在保证孩子不受伤害前提下，让他自由地发挥其表征能力，发挥其想象力、联想力、观察力、创造力、推理和判断等方面的能力。在成年人看来，孩子的想象即使有些荒诞，也不要阻止他们那样做、那样想，让孩子在游戏中玩出特色、玩出创造性。

（三）社会性能力提升与早教注意事项

加德纳的多元智能理论把社会性核心能力称为人际智能。社会性是指个体为适应社会生活而积极主动地了解社会、参与社会活动所表现出来的心理和行为特征。个体了解社会、参与社会活动所表现出来的能力就是社会性能力。这种能力是每个有独立行为能力的有责任心的人必须具备的。

发展与提升社会性能力，应该从幼儿抓起。孩子虽然还小，但只要接触社会，就需要认知社会、适应社会。小孩子认知社会包括：对他人的认知，对社会环境的认知，对社会活动的认知，对人的社会行为规范的认知，对社会文化等方面的人与事物的认知。蒙台梭利将儿童的社会性能力敏感期定在2岁半至4岁半，有的专家则把它定在9个月至14岁。幼儿社会性能力具体包括：社会认知、社会情感、社会行为这三个方面。

1. 幼儿的社会认知能力发展与早教

3~6岁幼儿，接触社会现象和社会上的人的机会比前一年龄段多了很多，其社会认知能力也随之逐步发展与增强。幼儿的社会认知主要包括自我认知、对他人的认知和对社会规则的认知这三个方面。

（1）自我认知

幼儿的自我认知就是对他自己的认知。4个月大的婴儿就开始慢慢意识到自己了。比如，让宝宝照镜子，让他看镜子里的自己的映像。以前他不看，4个月大的时候开始认真关注，会对着镜子里的映像微笑，还想试着跟他说说话，或用小手无目的地去抚摸。5个月时候，他会去拍拍映像中宝宝的脸（拍不到时，会感到奇怪）。如果成人握住孩子的小手，让他拍自己的脸，映像里的宝宝也在拍自己的脸。反复这样做，孩子看到映像中的宝宝和他做一样的动作，会慢慢明白镜子里的宝宝就是自己。然而，孩子真正认识自己一般要到9个月至1岁。

六七个月大的孩子，对熟悉的人，会主动地用微笑或舞动小手的方式跟对方打招呼。如果遇到自己不喜欢的人，他会扭头不看。八九个月的时候，自己手里掉了什么东西，他会努力去捡。10个月的时候，懂得自己五官的位置。比如，家长或其他熟人问孩子“鼻子在哪儿?”“耳朵在哪儿?”“眼睛在哪儿?”，孩子大都能正确地指到相应的位置。如果不能指到相应的位置，则表明家长对孩子的训练有缺失。这个月龄段的孩子，也懂得用手势与他人打招呼。比如，家长对孩子说“跟阿姨再见”，孩子会挥挥自己的小手；家长说“谢谢阿姨”，孩子会双手做出作揖动作。这个时段的孩子也愿意把自己手里的玩具给别人，但却不松手。十一二个月时候，懂得松手给他人东西；懂得穿衣裤的时候手脚动作跟大人配合，或遵照成人的指令做出相关动作。如果常给予训练，孩子的自我意识动作或情绪会比未给予训练的孩子会提前1~2个月。训练与不训练，孩子的自我意识大不一样。

周岁以后的孩子，断奶了，会走路了，会说话了，其独立性在不断地增强，与他人、与物体、与环境接触不断地增多，自我认知范围也在不断地扩大。孩子的自主能力也越来越强，自己开始用勺吃饭，不再用手抓饭。开始时，残羹剩饭洒得满桌子都是，慢慢地可以做到不洒饭菜，会把吃干净饭菜的空碗送进厨房。此时，小孩子除了认知自己的年龄、性别外，自我中心意识很强，对自己的东西有强烈的占有欲，与同龄小朋友发生摩擦的机会增多，摩擦中也有收获。能明白比较抽象的“我”“你”“他”。也有了礼貌方面的进步，接受别人送给他东西时会主动地说“谢谢”。

1 岁半的孩子，需要帮助时会主动向大人求助；会主动拿玩具与别的小朋友交换着玩耍；会模仿大人擦桌子、扫地；会清楚地说出自己家庭成员的姓名。在不断地与他人交往中，与物体接触中，与环境互动中，孩子能积极汲取丰富的信息和有关知识。在与成人的交往中，学习文明礼貌；在与同龄小朋友交往中，在冲突与摩擦中逐渐懂得一些社会规则和行为规范。

2 岁半至 3 岁的孩子，乐意自己的事情自己做。对自己感兴趣的玩具，不仅能清楚地说出它们的名称，还能说出它们的特点、用途；能自己拿主意，决定做什么；语言能力强的孩子，会有声有色地给小朋友讲述绘画本的故事，甚至能与他人交流自己的一些想法。此时，孩子也要开始接受规矩、纪律之类约束。

3 岁以后，孩子的自我认识水平已达到了一定的高度。在家长的帮助下，对自己的优点和不足也有所认识，但对缺点还难以很快纠正。性格、兴趣、爱好等属于个性范畴的特征开始显现出来。

（2）对他人的认知

实验观察表明，小孩子对他人的认知早于自我认知。而对他人的认知首先是对他人外部特征的认知，这种现象早在新生儿阶段就会发生。许多教科书指出，4 个月大的婴儿能将育儿者与其他人分开。不过，那还仅仅限于孩子对他人外部特征的喜欢与不喜欢。

小孩子对他人的认知包括：第一，对他人外部特征的认知；第二，对他人的行为目的、意图、情感、动机等的认知。对后者的认知难度高，至少要在 2 岁半以后，甚至更晚一些，孩子的认知能力才能逐步显示出来。小孩子的成熟尚未达到一定阶段，社会经验与知识积累尚未达到一定程度，几乎都是以自我为中心去行事，对他人的认知也限于一定范围之内。比如，谁和蔼可亲、谁对他关爱多，孩子就先认识谁。最常见到现象是：谁要给孩子好吃的（比如给一颗糖果）或好玩的玩具，他就跟谁亲近。不会走路的时候，他会让你抱；会走路的时候，他会跟你走，俗话说“有奶便是娘”。可以说，这是婴幼儿阶段的孩子对他人认知的普遍特征。

笔者和其他一些实验者都发现：婴幼儿期间的孩子自我认知和对他人的认知比教科书上所说的时间要早 1～3 个月。如果接受家长的教育引导多，孩子对他人的认知会多一些，但认知仍停留在具体、直观层面。

小孩子长到 3 岁，进幼儿园接受教育，对他人认知的范围扩大了很多，包括对其他小朋友的认知，对幼儿园老师们的认知等等。这时，小孩子能根据自己的生活体验，对不同的小朋友的特点，对老师的特点等形成比较明确的感知。他喜欢哪个小朋友或不喜欢哪个小朋友，喜欢哪个老师或不喜欢哪个老师，还能简单地说出理由。对他人特点做出的判断，一般来说还是正确的，或者说是有道理的。

3 岁以后的孩子，对他人的认知的是非曲直判断标准的形成，跟家庭教育有直接关系。如果家长的判断标准有误，孩子的判断也会有问题。比如，有的小孩子与别的小朋友发生纠纷时，有动手打人的不良行为发生，其家长如果错误地认为那只是小朋友之间的小摩擦，不当回事，不予制止，事情发生后也不向受伤害者道歉，听之任之，小孩子也会随着家长，不会形成打人不对的意识。如果孩子在家里挨过父母打，父母觉得那是为了教育孩子，是自然的事。孩子也会错误地认为动手打别人是很自然的事。父母打我，我也可以打别人。上述情况，都会直接影响孩子尊重别人的正确观念的形成。幼儿园老师，如果处事有失公平，给小朋友留下的印象不好，也会直接影响到孩子对他人认知时的正确观念的形成。

总之，3 岁以后的孩子，能否正确认知他人，能否形成良好的人际交往观念，关键在于家长的引导与教育，幼儿园教育也起不小的作用。幼儿园教育不一定都能如家长所愿，孩子在幼儿园发生什么事，出现什么问题，仍需要家长认真关注。如果自己的孩子在与其他小朋友交往中产生了矛盾纠纷，让对方的心灵受到了伤害，家长要及时为自己的孩子承担责任，赔礼道歉。如果是自己的孩子受到伤害，家长要宽慰疏导自己的孩子，不可睚眦必报，要让孩子在小朋友的交往中，或与其他家长的接触中，获取正面的人生经验，不断提高认知他人和与他人相处的能力。

（3）对社会规则的认知

社会规则是指社会大众所遵循的最基本行为规则。大致分为三类：社会道德规则；习俗规则；自我保护规则。

道德规则是指维护社会公共秩序、维护社会安全、维护环境卫生等行为准则。比如，孝敬父母，尊老爱幼，遵守公共交通秩序，遵守课堂纪律，不随地吐痰，不践踏公共绿地等。孩子在1岁之后，家长会经常带他到户外跟别的小朋友玩耍。玩耍的场地会有草坪或其他公共设施（如座椅、运动器具、花坛护栏、垃圾桶等），在家长的教育引导之下，孩子能懂得不随地吐痰、不能践踏草坪、不损坏公共设施等道德规则，并知道谁不遵守这些道德规则，谁就没有公德。没有公德的人是不好的人。孩子长大之后，会把遵守这些道德规则自然地变成自己生活中的一部分。

习俗规则是在一定时代背景下，在一定的地域和文化氛围中形成的约定俗成的行为规则。包括日常生活中待人接物等方面的习俗规则，节日习俗规则等。比如，见到熟悉的人或长辈要打招呼，不能直呼长辈的名字；接受别人的礼物，或受到别人帮助要表示感谢；借了别人的东西要归还，弄坏了别人的东西要说“对不起”或给予赔偿。过春节的时候，小孩子要给长辈拜年；有好吃的东西对长辈要礼让，不能一个人独吞；衣着服饰和发型男孩女孩有区别等。这些习俗规则是约定俗成的，是社会文明的表现。3岁以后的小孩子，只要生活在正常良好的家庭氛围中，这些规则会自然地逐步地习得。

任何一个民族，基于自己的生活环境和文化传统，都有一定的道德规则和习俗规则。在我国传统蒙学教材中，对本民族的道德规则和习俗规则讲得比较多。由于时代变迁，有些规则现在可能不适用了，但也有不少仍值得参考与借鉴。能否遵守社会公众约定俗成的道德规则、习俗规则，并形成自己良好的行为规范，是判断一个孩子受教养程度高低的标志。如果家长对这些规则不以为然，对孩子的行为不可能给予正确的引导。这将直接影响到孩子的成长，也将影响到孩子被社会接受的程度。

自我保护规则是指每个人在日常生活中，为保障自身安全和健康而需要遵守的规则。对小孩子而言，如不要靠近火源，不能触碰电源；不能在马路上乱跑；不能到有危险的水域玩耍；不能不顾危险去攀高；不能远离监护人视线；不能跟随陌生人离开监护人等。这些都需要家长耐心引导，让孩子慢慢接受。尤其对那些好奇心强、探索兴趣强的孩子，家长要格外操心监护。可通过讲故事、看宣传画等方式，给孩子以自我保护方面的引导。这样做，比单纯讲有关规则更容易让孩子理解与接受。孩子自我保护意识的增强，可避免意外伤害事件发生。

2. 幼儿的社会情感认知与早教

人在生活中所产生的喜、怒、哀、惧、爱、恶、欲等心理表现，都属于情感范畴（古人称“人情”）。人的情感极为丰富，会因主客观情况的变化而变化。人具有社会性，人的情感自然也具有社会性。人的社会情感可理解为：作为社会成员的人与人，个体和群体，群体和群体之间所产生的情感。比如，小朋友个体之间，在接触和交往活动中会产生情感；小朋友个体和小朋友群体在接触与交往中会产生情感；一个小朋友群体和另一个小朋友群体在交往接触中也会产生情感。儿童的社会情感认知包括对自己的情绪的意识，对他人情感的认识与反应这两个方面。

(1) 对自己的情绪的意识

广义的情绪就是情感。狭义的情绪包括恐惧、愤怒、欲望等心理体验。新生儿最早与他人交流的基本媒介就是他的情绪，比如哭。新生儿的哭声传递给母亲的是离开母体的恐惧情绪，抑或是不适应新环境的不安情绪。缺乏胎教的新生儿，这种不安情绪尤甚。传统的看法是，哭声是孩子健康的标志。这种看法有一定道理，但仅仅着眼于孩子的生理反应而未顾及孩子的心理体验。孩子降生时如果不会哭，可以肯定他的生理有问题，至于孩子的心理状态家长则很少有顾及。

月子里的新生儿，也是靠情绪发出信息，与育儿者沟通的。比如孩子哭，可能是因饿而产生了吃奶的欲望没有得到满足，妈妈知道了，该给孩子喂奶了。也可能是大小便未经大人处理，感到不舒适而产生烦躁情绪，育儿者知道了，赶快来处理。还有可能是，外界环境声音嘈杂，或光线过于明亮，或屋内气味难闻等，感觉不舒服而形成焦躁情绪，育儿者根据孩子的情绪反应知道，应该及时改善环境。只要孩子的身体是健康的，吃饱了，喝足了，感觉舒服了，都会表现出满意的情绪，或露出微笑，或安然入睡。孩子再大一点，发现眼前有移动的物体，不管是色彩鲜艳的气球，还是能发出响声的玩具，小孩子都会表现出兴奋情绪。对新生儿来说，他对自己的情绪还意识不到，大都是本能反应。

百日左右的婴儿，只要满足了他的需求（比如，吃、喝、拉、撒、求知方面的需求）孩子会表现出愉快情绪。家长或其他育儿者如果不明白婴儿的需求，或无意中搅乱了婴儿的需求，孩子会表现出急躁、愤怒等情绪。半岁以后婴儿，会逐渐地有惊奇、悲伤、兴奋、害羞、内疚、同情、期望等更为丰富的情绪表现。婴幼儿的情绪，循着由基本情绪到高级情绪的发展趋向而发展。随着孩子逐渐长大，其情绪也在逐渐复杂化、社会化。孩子对自己的情绪的认知，也从无意识向有意识方向发展。

2~3 岁，是孩子个体情绪的社会性发展非常迅速的敏感期。这个时候孩子的情绪表现，已不限于个人因素的作用，社会性因素所起的作用多了起来。孩子情绪的社会化程度也就高起来。从早教的角度说，家长应该及时抓住孩子的情绪敏感期，因势利导，让孩子养成健康的情绪，为良好的个性发展打下基础。

家长或其他育儿者对孩子的态度，会影响到孩子情绪。家长养育或教育孩子耐心不足、爱发火，孩子也会有不良情绪发生。比如，与同龄的别的孩子比，家长发现自己的孩子说话不够利索，没有别人家孩子机灵，便埋怨孩子，责怪孩子，甚至出言不逊。孩子会因而失去自信、情绪低落、愧不如人。孩子再大一点，如果家长不能纠正自己的不良情绪，会导致自己的孩子嫉妒、忌恨，甚至仇视其他比自己强的孩子。3~6 岁孩子，在幼儿园里不合群，或常出现打人等现象，如果认真查找根源，不难发现，大都跟家长情绪有问题，或教育不得法有关。如果这种情况得不到及时纠正，时间长了，孩子性格与人格会发生扭曲，后果将很严重。

（2）对他人情感的认识与反应

虽然说广义上的情绪就是情感，但情绪和情感这两个概念的含义还是有差别的。简单地说，情绪比情感直观、容易观察到，情感则比情绪抽象、深沉，有容易观察到的部分，也有不容易观察到的部分。孩子对他人情感的反应，是指小孩子在接触社会上的人的时候，对他人的情感是怎么认识的、怎么反应的。

一般来讲，出生3个月的婴儿对他人的情绪会有反应，但对他人的情感的反应不明显，3个月后才逐渐开始有所反应。不过，从最近几年的一些实验中发现：新生儿对他人的感情（主要是对亲近他、关爱他的母亲的情感）是有所反应的。比如，母亲给孩子喂奶，孩子会平和地吮吸母乳，会睁大眼睛看着母亲。孩子也喜欢观察亲近他的其他家人的面孔和表情。半个月后，新生儿会对关爱他的每个家庭成员露出微笑。在和睦的家庭环境中成长的婴儿，会有依恋母亲或其他家庭成员的情感。半岁以后，孩子对他人情感的反应，也是明显地偏向于关爱他的育儿者。

孩子的情绪是会受母亲或其他育儿者感染的。孩子的不良情绪，也会给孩子对他人情感的认知与反应带来负面影响。比如，产后患有抑郁症或其他疾病的母亲，情绪会烦躁不安，婴儿也会随着烦躁不安，或紧闭双眼大哭，不好好吮吸母乳。其他家庭成员此时也会不知所措，手忙脚乱，显出焦虑情绪。如果孩子的不良情绪得不到改善，不仅会影响到婴幼儿自身身体正常发育，也影响到孩子对他人情感认知。比如，孩子情绪烦躁哭闹不止，不管家人怎么哄孩子都不管不顾，反应冷漠。

有教科书上说，1~2岁婴幼儿，对陌生人的情感开始发生较大变化。以前见到陌生人，只要逗他，孩子就会微笑。而到了这个年龄段，见到陌生人，绝大多数的孩子不再微笑，会害羞或紧张，或立刻逃跑。少数孩子还会对陌生人产生恐惧，大哭大叫。但据我们的观察，孩子对陌生人情感的变化，主要不是由年龄因素造成的，而是由家庭育儿环境氛围，育儿方式、方法等因素造成的。如果家庭不和睦，家庭成员之间很少交流，或父母经常吵架，给孩子的爱抚很少，孩子自然不会对他人的情感做出良好的反应。如果家庭很温馨，家庭成员热情开朗、待人和善、乐于助人，孩子对他人一般不会表现出畏惧、冷漠的情感，会用笑脸面对，会主动与他人搭讪，孩子的交际能力也能得到锻炼。

小孩子接触到的人，除成年人以外，更多的是来自不同家庭的同龄小朋友。教科书上一般将同龄孩子之间的交往称为伙伴关系交往。小孩子的伙伴交往大致经历这样三个阶段：

以玩具为中心的交往。半岁至 1 岁的孩子在一起玩耍的时候，目光往往专注于玩伴的玩具。如果玩具在地上，他会直接伸手去拿。如果玩具在对方手里，有的孩子还会去抢。这个年龄段的小朋友之间交往，不会关注玩伴，不会顾及玩伴的情感，也不知道自己的拿、抢玩具行为有什么不妥当，于是玩伴之间会经常发生矛盾冲突。这个年龄段的小孩子之间的交往，还不是真正意义上的社会性交往，而是以玩具为中心的交往。

与玩伴的初级交往。小朋友在与玩伴的交往中，发生矛盾与冲突是很自然的。只要家长明白事理，耐心引导，玩伴之间的交往会上升到更高的层次。在玩伴之间发生矛盾冲突时，有经验的家长或育儿者不会听之任之，不会觉得自己的孩子吃了亏，也不会拿起玩具带孩子扬长而去，而是积极引导孩子与玩伴友好相处，避免矛盾冲突发生。

有经验、明事理的家长或育儿者，发现自己的孩子对玩伴的玩具感兴趣时，会教孩子如何向对方借玩具玩，或教孩子如何与对方交换玩具。比如，教孩子有礼貌地问对方“我能玩一玩你的玩具吗？”“我们能交换一下玩具吗？”让孩子通过与玩伴的语言交流，通过借玩具、交换玩具的方式，学习尊重他人，做到与玩伴友好相处。

有经验的家长或育儿者，还会教孩子慷慨大方，主动拿出自己的玩具和玩伴一起玩。这样的处理方法，既能培养孩子豁达大度，也能提高孩子尊重别人、自己解决矛盾冲突的社会交往能力，还能让孩子在与玩伴的相处中体验一起玩耍的快乐。

自觉与玩伴交往。随着孩子的逐步成熟、生活阅历不断增长，2~3 岁孩子的“社会交往”自觉性会得到提高，交往态度更为积极主动，会与玩伴相互约定，组成小群体一起玩耍。小朋友相互之间不但有语言交流，还能互相给予关照，孩子与玩伴之间的初级交往上升到自觉交往层次。

3 岁之后是小孩子社会交往敏感期，家长更应该给予积极正面引导。尽管孩子在与玩伴积极交往中仍会有消极现象或矛盾冲突发生，一般来说靠小朋友自己的能力也可以化解。

这个阶段的小孩子，能体会他人情感，还会有移情表现。比如，A 小朋友被 B 小朋友欺负哭了，C 小朋友就会同情这个被欺负的小朋友 A。C1 是小女孩，她会安慰这位伤心哭泣的伙伴 A，C2 是小男孩，他会去责怪那个欺负别人的小朋友，甚至还要用武力去教训 A。用武力解决冲突的办法不合适，但由此也表现出了孩子们的利他主义的侠义心理。

这个年龄段的孩子最让人操心，家长要格外注意耐心引导，让自己的孩子与玩伴之间建立正常、良好的伙伴关系。发生矛盾冲突时，不要不分青红皂白地“护犊子”，也不要不加分析地责怪自己孩子或别的孩子，应该教给孩子正确化解矛盾冲突与他人友好相处的办法。这样做，既有利于自己孩子的心理健康，也不会伤害别的孩子，对孩子良好的个性形成能起到积极促进作用。

家长还需要注意的是：切勿用低俗的，为大众所不齿的待人处事方法，处理孩子之间的矛盾冲突，否则会戕害了孩子的心灵，扭曲孩子对他人情感的正确认知。从 1 岁半开始，就要引导孩子在与同伴们交往中，学习尊重他人的情感，学习正确对待在交往中产生的矛盾冲突。家长绝不可因主客观原因，将爱“惹麻烦”的孩子圈在家里，不让孩子与玩伴接触，不让孩子参与社会交往。这将导致孩子在敏感期应该形成的社交能力严重缺失，会使孩子失去自尊、自信，或一时不能适应群体生活而被群体孤立。在幼儿园里，我们发现，个别被视为异类的小孩子，太自信，太自我，我行我素，对其他小朋友的反应不管不顾，无法与群体行动和谐，无法与大家和睦相处。这种情况的发生，除了孩子自己的个性之外，跟家庭环境、家庭教育、社会交往能力训练等，都有直接的关系。如果自己家有这样的不合群的孩子，家长首先要认真反思自己的思想行为，及时纠正自身的失误，弥补自己教育方法等不足，让孩子能够享受到与小朋友群体和谐相处的快乐。

3. 幼儿的社会行为能力提升与早教

幼儿的社会行为主要表现在自控、自理、融入社会这三个方面：

自控行为指能够通过自我控制，恰如其分地完成某事的行为。自控行为是儿童道德发展和逐渐融入社会的行为基础。有些育儿专家认为，小孩子的自控行为在新生儿的时候就有了，只不过自控是由神经生理机制来调节的。婴儿的神经生理调节机制，可以保护婴儿免受强刺激伤害。比如，在不能接受的强光下，新生儿会紧闭双眼；对温度过高的奶水，新生儿会拒绝吮吸；闻到清香味道，新生儿会张开嘴巴等。等到婴儿感觉器官发展到一定程度，会主动用手去抓握、主动翻身、主动坐正、主动跨步等。周岁后就能够听明白成人的简单指令去“执行任务”了，或停止不应该做的危险动作了。2 岁后可以运用自己头脑中的记忆映像控制自己的行为，比如不践踏草地、不乱扔果皮、吃东西先洗手等。3 岁后的幼儿能够开始把育儿者的要求和自己的欲望联系起来，并根据自己的欲望调控自己的行为。

自理行为指个体为适应生存环境而产生的自我管理行为。从生存需求角度讲，婴幼儿的自理行为主要有：进食、穿衣、梳洗、大小便的控制等。婴幼儿自理行为的呈现特点是先易后难，这反映了婴幼儿成长的客观规律。孩子自理能力不足，往往会出现种种差错，这时候，也是考验家长是否有耐心的时候。不可呵斥孩子，不能责怪孩子，也不可完全包办替代。孩子的自理行为能力，伴随其生理发育有一个发展过程，家长不可拔苗助长。

融入社会的行为指个体的行为对他人、对社会有影响，个体能被其他社会成员所接纳。对幼儿而言，对他人有积极影响的行为才是真正意义上的社会性行为。所谓有影响的行为有两种：一种是积极正面的。比如，宽容他人，帮助他人，能与他人合作做游戏或与他人合作搞创作，能与他人分享喜悦，分享成果等。另一种是消极负面的。即以矛盾冲突为表现形式的，如抢夺小朋友的玩具，跟别人打斗，破坏他人劳动成果等。

小孩子的社会行为，属于积极正面的，家长和其他育儿者应及时给予肯定或表扬；属于消极负面的，应及时予以引导纠正。一般来说，有早教经验的家长，从孩子 1 岁半或 2 岁开始，就重视教育孩子逐步养成宽容他人、帮助他人、跟他人合作、对他人有积极正面的影响的社会行为。如果家长缺少早教基本常识或经验，过分溺爱孩子，孩子自己能做的事父母都包办；或对孩子过分严厉，动不动就训斥责怪孩子。这两种情况都会导致孩子进入幼儿园之后，不知道如何跟别人交往。有的孩子在跟别的小朋友的交往中缺乏自信，离开家长护佑就感到无助，经常大哭。有的孩子则表现为任性、偏执、狂妄，一切都由他说了算，甚至动手打人。

有的家长说："我的孩子上幼儿园了，开头几天特别喜欢，可是过了一星期，她就坚决不想去了，这是为什么？"笔者给家长的解释是：幼儿园是儿童群体生活的小社会，跟孩子在家庭内的生活大不相同，3岁孩子暂时还不适应，也在情理之中。如果孩子长时间不能适应幼儿园生活，家长则需要反思自己的家庭教育是否存在问题。比如，在家里是否一切都得听孩子的？孩子即使有霸道、无端发脾气、偏执、不讲理等情况发生，家长是否放任不管？进入幼儿园之后，孩子跟其他小朋友相处，也沿用家里的那一套。小朋友怕她，远离她，让她不能融入群体，孩子由此失去了自尊、自信，找不到自我了。

也有家长说："我的孩子不听话，跟别人家的孩子经常闹矛盾，有时还动手打人，但他不当回事。家长批评他，训斥他，甚至打他也不管用。我们已经给他换过几个幼儿园了，情况仍没有改善，怎么办？"笔者的解释是：你们的管教太严厉，让孩子一直处于弱势地位，让他失去了自信心和成就感。于是他在幼儿园里，要在别的孩子面前显示自己的强势存在，便采取故意搞乱，故意做出与众不同的举动，甚至动手打人等策略获得成就感。这是孩子的一种补偿心态。

总之，一个孩子如果缺少自控行为能力、自理行为能力，也就谈不上有融入社会的能力。这方面的能力提升，对孩子的健康成长非常重要。家长应认真反思自己教育孩子有哪些失误，比如，对孩子过分溺爱，或对孩子过分严厉，让孩子一切都依赖家长，或让孩子分不清是非，无所适从，孩子的自信心、成就感就会缺失。这是孩子自控行为能力、自理行为能力，以及融入社会能力缺失的重要原因。这方面的能力缺失时间长了，后果会很严重。家长在查清问题发生原因前提下，应及时寻找有针对性的解决办法。比如，可以通过给孩子看一些优秀的绘本，给孩子讲里边的故事，正面引导孩子，让孩子自己感悟到尊重其他小朋友的重要性，逐步学会与其他小朋友和睦相处的重要性。要让孩子知道，哪些做法是正确的，哪些做法是错误的。如果家长能坚持给孩子以正面的教育和引导，经过一段时间孩子身上曾经发生的问题都能逐步得到解决。

四、幼儿语言核心能力提升与家长引导

人类生存离不开相互间的交际，语言是人类交际最重要的工具。本书一部分谈了 0~3 岁婴幼儿的语言发生、发展过程和特点，及早教问题。这一部分将承接上一部分，重点讨论 3~6 岁幼儿的语言核心能力提升及早教。

一般来说，小孩子长到 3 岁左右，对母语语音的掌握已不是大问题，尽管母语语音里的某些音有的孩子还发不清楚，但随着语言实践经验的丰富，会自然地得到改善。母语词汇掌握方面，小孩子的大脑里已经初步建立起有一定存储量的“词库”，对生活中的常用词汇的意义一般都能理解。母语语法知识的掌握方面，3 岁孩子虽然还没有明确的意识，但能运用相关的知识和词汇构造简单的句子，作言语表达时，大都能说出完整的句子，也能作比较简单的成段表达，日常生活中最基本的交际任务也都能完成。有的小孩子说话还不很利索，许多事情还叙述不清，但随着说话实践的增多，这样的情况也会逐步得到改善。3~6 岁年龄段的幼儿，语言核心能力仍需要继续提升，也需要早教给予一定的助力。那么，从哪些方面去做？怎样去做呢？许多家长会很关注。

一个人的语言能力强弱，关键看他对语言的应用。语言应用包括口头应用和书面应用两个方面。口头应用即口头言语表达，直白地讲就是说话。口头言语表达清晰、准确、流利，能把要表达的意思很好地表达出来，能很好地达到交际目的，说明这个人的口头表达能力强，口才好。良好的口才是一个人事业成功的条件之一。语言的书面应用又称书面言语表达。书面言语表达是用文字形式把需要表达的思想以文章形式表达出来。书面表达的前提条件是，掌握语言的书写符号文字（包括识字和写字）。在此基础上，通过作文活动形成书面表达的实体——文章。认字、写字和作文，虽然要到孩子上小学之后才正式展开，但在上小学之前，根据孩子

的兴趣认识一些汉字，为开发孩子的书面阅读能力做准备，为书面表达创造条件也是好事。

语言的口头应用和书面应用能力高低，跟人的生活经验积累有关，跟人的认知水平有关，跟人的思维清晰、敏捷程度有关。对 3~6 岁孩子而言，语言应用重点是提升口头表达能力。这方面能力提升，需要积累生活经验，需要提升认知能力，也需要思维活动方面的训练。小孩子的口头表达，应逐步做到思路清晰、口齿清晰、措辞准确，话说得流利当然更好。孩子说话能力强了，上小学之后就可以把更多时间、精力用在学习书面表达、提高语文水平方面。

（一）语言氛围对提升口头表达能力的作用

小孩子的语言，0 岁时萌生，3 岁左右初步建立起母语语言系统，都是在其语言敏感期内完成的。从 3 岁开始，孩子的母语词汇在迅速扩充，句法知识在不断丰富，语言交际机会日益增多，交际范围逐步扩大，是儿童语言能力提升的又一个重要机遇。家长应该及时把握住这个机遇，为孩子口头表达能力的提升助一臂之力。

给孩子的口头表达能力提升助力，关键是给孩子营造良好的语言氛围，具体地说，就是让孩子有多听别人说话的机会。听别人说话是小孩子语言萌生与发展的基本条件。早在胎儿时期，孩子就在不断听辨妈妈说话的声音和其他声音，并对不同的声音所传递的信息进行分辨（参见本书的“胎教”部分）。由于遗传因素的差异，有的孩子说话可能晚一些，3 岁之前还说不好完整的句子，但到了 3 岁之后会突然出现飞跃，很多话都能完整地说出来。这种飞跃式发展现象的出现，跟小孩子不断地听别人说话有直接关系。

听别人说话包括：听家里大人说话、讲故事；听其他小朋友说话；看卡通片，听里边的人物说话。凡是孩子自己以前没听到过的话，他们都会感到好奇，会很注意去听。不断地听别人说话，如同植物的幼芽，受空气、阳光、雨露滋润而催发，孩子的语言幼芽及各种相关机制，在不断地听别人说话活动作用下，活力四射，迅速成长。曾经接触到的、理解了的或者还没有完全理解的语言材料、语言知识不断地被储存到记忆里，不断地被加工处理（包括解码获取相关信息）。经过这样一个精细而又隐秘的、像发酵一样的加工过程，经过一个量变到质变的过程，到了一定的时候，小孩子的口头表达能力会自然地、神奇地出现飞跃。积累来的语言材料、语言知识等，在不知不觉中转化成了孩子自己的表达能力。

小孩子从听别人说话到自己说话中间的信息加工处理、知觉转化过程的详细内情，现代科学对它的认识还很不够，但可以确定无疑地说，前者是后者的基础。作为早教责任人的家长，切不可小看孩子听别人说话。没有这样的活动，小孩子学会说话很难想象。

1. 听别人说话，孩子会自发地从中汲取语言营养

由于听觉器官发育比较早，从新生儿开始，小孩子就有区分辨别语言的声音和非语言声音的能力。对听父母和其他育儿者说话，有浓厚的兴趣和强烈的欲望。孩子还不会说话的时候，只要大人和颜悦色地跟他说话，他都会很专注地听、很专注地看大人的口型动作，再大一点会发出“咿咿、呀呀”学语声，进而做到自己说话。孩子再大一点，如果大人给讲故事，他更乐意听，这是由人的生存本能、求知本能所决定的。

小孩子听大人说话，对不理解的地方会提出疑问，希望大人给予解释，每个小孩子都有这样的强烈欲望和需求。笔者有一次乘火车出差，与父女二人比邻而坐，女儿约三四岁。火车缓缓地出站了，那位爸爸望着窗外，对女儿说：“宝贝儿，你看，站长也在站台上送我们呢！”孩子问：“什么是站长呀？”爸爸做了解释，孩子大体上明白了。火车开出不久，窗外是碧绿的麦田，田间有条条小道清晰可见。爸爸说：“宝贝儿，看，麦田中间还有羊肠小道。”孩子问：“爸爸，什么是羊肠小道呀？”爸爸耐心地给女儿解释，孩子好像明白了。火车向前驰骋，窗外能看到农民在田间劳作。爸爸说：“看，农民伯伯在地里干活呢，他们多辛苦呀！”孩子又问：“爸爸，什么是‘辛苦’呀？”

爸爸好久没回答上来。孩子的问题一个接一个，把爸爸问得不耐烦了，干脆不予回答，女儿只好无奈地作罢。

又如，每个家长都会遇到这样的情况：大人给孩子讲故事，讲完一个，孩子觉得故事怎么那么快就结束了？没听够，要求再讲一个。大人接着讲，讲完之后，孩子还会不断地要求再讲。只要孩子觉得故事有趣，他们会不断地要求大人接着讲。有的家长觉得，孩子的要求怎么没完没了，会有些不耐烦。

小孩子的活动范围有限，接触社会面有限，生活经验和相关知识不足，但他们的求知欲望则极为强烈。故事里的许多东西，对他们来说都很新鲜，孩子能从大人所讲的故事中得到一定的满足。如果不满足，孩子就会要求大人继续讲。小孩子听大人说话（包括听大人讲故事），不断地提问，并要求解答，是他们学习语言、学习生活知识和其他文化知识的重要途径，也是小孩子了解社会、开阔视野的重要方式。

再如，我家孙子 2 岁多的时候，有一天奶奶推着童车里的他回家吃午饭，路上遇到一位同事，已经吃完了午饭，手里拿了两块红薯朝我们走来，问宝宝吃不吃红薯？

宝宝说："不吃，谢谢，我们家有。"

同事说："你说话特像你奶奶！"

宝宝说："我爷爷普通话标准，我跟爷爷学。"

同事愣了一下，不太明白孩子的意思。奶奶急忙给同事解释说："你说，他说话像奶奶，意思是说他的普通话不太标准。所以他回答你'我爷爷普通话标准'，言外之意是，他是向爷爷学的，他的普通话是标准的。"同事听后哈哈大笑，急忙解释说："我刚才说'你说话特像奶奶'，是说你奶奶说话特有礼貌，很客气，我可不是说你奶奶的普通话说得不好哟！"宝宝笑了，有点难为情。

小孩子说的话，往往让大人深感惊诧，他平时听大人说话，不仅关注话语的意思，还对大人的普通话是否标准很在意。或者说，小孩子听大人说话不是被动的，对大人话语中的细微之处（比如发音是否标准等）也很留意。在很多情况下，大人以为孩子小，只知道玩，别的什么都不在意。其实，小孩子的听觉、视觉灵敏性之高，对事物观察之细微往往让成人始料未及。

总之，不论是平常听大人说话，还是听大人讲故事，孩子心很细，其大脑相关机制非常活跃。新的信息不停被分辨、被加工处理；新的知识被不停地理解与吸纳；新的语言材料被不停地汲取与存储。同时，孩子也会对接触到的不同话语作比较，对听到的故事里的人物行为善恶、是非、对错作分析评判。孩子的喜怒哀乐也会与故事里的情节发生共鸣。仅从语言方面说，听别人说话，听家长讲故事，都是孩子汲取语言营养，提升表达能力的重要途径。

2. 听别人说话，激发孩子的语言模仿力与创造力

有研究者认为，小孩子说出来的话都是模仿来的，事实上并非如此。应该说小孩子的确有超强的模仿能力，有时候说出来的话明显带有模仿的痕迹。然而也有很多话，或话语里边的成分选择，能明显地表现出孩子的创造力。本书谈婴幼儿的词汇习得过程时，曾举过小孩子创造词汇的例子。这种现象的发生，源于人脑神经机制本身的创造力。听别人说话是激发小孩子语言模仿力以及创造力的重要条件。应该说，小孩子说出的话，有模仿大人说话的地方，但也有自己的创造，没有创造机制的作用，单靠模仿很难想象小孩子能把母语说得那么地道。

例如，我家宝宝 2 岁多的时候，有一天不想睡午觉，奶奶对他说："小朋友们现在都在睡午觉，如果你不睡午觉，下午玩一会儿就困了，那就没办法再跟小朋友们玩了。"奶奶说这样的话，只是想让孩子好好睡觉，没想到孩子从听话中学会了意义很抽象的关联词语，后来在跟别的小朋友说话的时候，还多次使用"如果……就……那么……因为……"这些关联词语去构造复杂的语句，说服别的小朋友：

"如果你不认真擦擦手就吃饼干，那么就会肚子疼，因为肚子里已经有虫子了。"

"假如你再欺负莼莼，那么我们就都不跟你玩了，因为小朋友应该和睦相处。"（"莼莼"是小朋友的名字）

从现代汉语语法角度说，"如果""就""那么""因为"是构成复句的关联词，能表达假设、顺承、因果等关系，用起来极为复杂。让人感到惊讶的是，大人并没有特意教孩子，孩子自己却能用这些关联词构造出很复杂的句子，而且还很得体。如果仔细听一下孩子说出的句子，虽然明显带有模仿大人说话的痕迹，但大人说的句子并没有在表示假设关系的句子上，再套上因果关系。由此可见，孩子说出的句子，并不是完全模仿，而是自己在创造。这种创造，又跟孩子以前曾听到过带有“因为”这个关联词的语句有关。另外还说明，孩子对表达因果关系的句子的语义已经理解了，学会了“因为”这个关联词的用法。

又如，我家宝宝2岁多的时候，对冰箱很好奇，特别想知道里边储藏了什么东西，多次试着想开冰箱的门，看个究竟，但都因为力气小未能成功（冰箱门上加了一副“门搭扣”）。奶奶告诉他说：“你力气太小，力气大了就能打开。”孩子很执着，不断地试着开。有一天，听他兴奋地大声说：“我终于打开（冰箱）了！”听到孩子这么说，大人感到很惊奇。惊奇的不是孩子打开了冰箱，而是他在打开冰箱的一瞬间，能用“终于”这个词说出得体的句子。“终于”是个意义很抽象的副词，与后边的“动词+补语”相配合，表达经过一定的时间和过程，而出现了某种新情况。“终于”和“最后”“最终”词义相近，但用法有很大的不同。外国人学汉语，对这类词最头疼，在造句或作文时能把“终于”用准确的极少。

2岁多的孩子，家人谁也没教他学过“终于”这个副词，也没教他学过“如果……就……因为……”这样的关联词，孩子是怎么学会的，并能正确地构造句子的呢？这正是儿童习得母语的特点所在，也是小孩子的语言智慧所在。我们认为，大体情况是这样：（1）某个意义抽象的词，或某个复杂句式，尽管没有谁教小孩子学过，但大人在平常说话时，肯定用过，孩子有意或无意地听到了，很喜欢就记住了。“喜欢──→记住了”是学习的特殊规律。（2）小孩子对那个词、那个句式很敏感，觉得很新鲜，并给予足够的注意，还自发地甚至是无意识地对带有那些词句语言材料作了加工处理，从而获得对那些词和句式的意义（小孩子还不懂语法意义）的正确理解。（3）将这些信息储存在记忆里，有朝一日，需要使用的时候，迅速提取出来，创造性地构造出新的语句。

蒙台梭利说：“语言是一种超智慧的东西。”“儿童对语言的吸收和学习是一件非常深奥和难以理解的事情，我们以前没有给予足够的重视。我们总是说：‘儿童只要和会说话的人在一起，他们很自然就学会说话了’。但是稍微了解语言的复杂性就会知道，这种观点是多么得肤浅。”① 我们认为：儿童听别人说话不仅能激发他们超强的模仿力，同时还能激活他们运用语言的创造力。儿童说出来的话，有的有模仿大人说话的痕迹，但绝大部分都是他们自己创造的。

3. 幼儿口头表达能力提升应注意的问题

小孩子口头表达能力呈渐进式发展。当孩子对语言材料、语言知识积累，生活经验和生活认知积累，达到一定程度之后，受表达需求和欲望促发，说话也会出现由量变到质变的飞跃式发展。不管是渐进式的发展，还是飞跃式的发展，都需要一定的语言氛围。于是，给孩子营造良好的语言氛围，让孩子尽可能多地接收语言材料和语言知识，是孩子口头表达能力提升的关键。

孩子所掌握的语言材料、语言知识等并不完全是别人特意教会的，而是靠小孩子自己有意识或无意识地学到的。只要有适当的语言氛围，语言中的许许多多的东西，小孩子都有能力学会。就口头表达而言，不需要家长像老师上课那样，一本正经地教孩子学习词汇，更不需要给孩子讲语法知识，只要尽可能多地给孩子提供听别人说话的机会，多给孩子提供吸取语言材料、语言知识的资源，孩子的语言模仿力和创造力就有施展的广阔天地。但这并不是说，家长可以完全不管不顾。当孩子有不明白的问题向大人求教时，家长应该尽自己的能力给予解答，或给孩子表达示范，便于孩子模仿。当孩子说不清楚，或出现词不达意情况时，家长绝对不能讥笑孩子，应该耐心引导。孩子问问题，家长不能有厌烦情绪，不能挫伤孩子提问的积极性。

有关良好语言氛围的营造，老卡尔当年是这么做的：他根据“儿童潜能递减法则”，抓住 0~3 岁婴幼儿学习语言这个最佳时机，在儿子出生后的第十五天，只要孩子醒着就跟孩子说话，或轻声给孩子唱歌。他的经验是：父母的语言要准确、清楚、缓慢，要科学地重复和再现，一旦孩子有

① ［意］玛利亚·蒙台梭利著，高潮、薛杰译：《有吸收力的心灵》，中国发展出版社 2006 年版，第 87、62 页。

所表示，比如微笑、踢脚或摇手，父母应该马上给予鼓励。孩子一旦开口叫出“爸爸”“妈妈”，父母就应该让孩子保持说话的热情，全力鼓励孩子说话。老卡尔反对教孩子说不完整的话（包括那些“娃娃语”）。比如，把“脚”说成“丫丫”，把“狗”叫作“汪汪”等。在与孩子沟通的时候，力求发音标准、语言规范、词语恰当。他认为，规范的语言孩子迟早要学习的，没有必要用不规范的语言给孩子增加负担。语法对小孩子而言最不重要，儿子在8岁前，他从未教过孩子语法。① 按这样的规律去跟孩子多沟通，在良好的语言氛围中成长的孩子，不仅说话比较早，说出来的话也比较规范。

老卡尔的儿童语言教育理念与方法，值得当今家长们参考。对3~6岁孩子，家长仍需要使用标准的语言跟孩子多说话。家长跟孩子说话，除注意语音正确，用词恰当之外，还需要注意语言文明、语言材料的丰富多彩。家长也要告诉孩子，注意倾听别人说话，不要随意打断别人的话。要学会分辨文明语言和不文明的语言，拒绝使用不文明的言辞，养成良好的与他人作语言交流的习惯。

（二）扩充词汇量，提升幼儿表情达意准确性

不论是口头表达还是书面表达都需要丰富的词汇。词汇的丰富与贫乏是表达能力高低的决定性因素之一。词汇不是孩子天生就有的，需要在生活中不断地学习与积累。帮助孩子扩充“大脑词库”的词汇储存量，可提升孩子准确表情达意能力。

1. 结合生活实际，扩展词汇量，提高表达的准确性

由于小孩子生活经验有限，“大脑词库”词汇储存量有限，常见到的现象是：孩子被某种现象所触动，想表达，但不知道该用什么词语表达而感到迷茫。有兴致作表达，但说出来的话有时也会词不达意。急于表达，找不出合适的词，也会结结巴巴。在小孩子言语表达活动中出现上述现象

① 参见［德］卡尔·威特著，刘恒新译：《卡尔·威特的教育》，京华出版社，2001年版，第33~34，37~41页。

都正常。家长不必焦虑，更不能责怪孩子，可顺势给孩子提供合适的新词汇，帮助孩子了解新词语和其他相关词语的意义差别、用法差别等。

例如，我家宝宝2岁多的时候，多次到海洋馆看海狮、海豚表演。有一次，遇到一只训练有素的海豚出场。训练员把一只大皮球抛给它，海豚用嘴猛地向上一顶，瞬间，带着水珠的大皮球被抛到三层看台上的观众当中，海豚随即爬出水池，来到训练员身边，很得意。观众被突如其来的水球一击，惊叫声、赞叹声、鼓掌声，响彻整个表演大厅。宝宝也使劲地鼓掌，从来没看过这么好看的表演。在回家路上，奶奶对宝宝说："今天我们看到了一场非常精彩的表演。""那只海豚真是聪明绝伦，它的表演独一无二"。奶奶还把"精彩""聪明绝伦""独一无二"这几个词语的意思解释给宝宝听。宝宝对"独一无二"这个成语很感兴趣，回到家，要求奶奶把它写出来给他看。

第二天，宝宝和小伙伴一起玩耍，几位带孩子的家长们问："宝贝儿，昨天你跟奶奶去看海豚表演了，跟我们分享一下吧!"宝宝一边模仿海豚的动作，一边向大家介绍昨天看到的情况说："有一个特别大、特别大的海豚，用它的嘴巴把阿姨给它的一个很大很大的大球顶到3楼人群里了，那个人害怕地叫起来，我们很多人也叫起来，还鼓掌。它已经从水池里爬到那个阿姨身边了，它很开心。这可是一次独一无二的精彩表演哦!"大家都夸奖宝宝讲得好，宝宝美滋滋的。一个小朋友家长问："海豚没有手，怎么打球呀?"宝宝说："能，它用它的嘴巴打的。"奶奶顺势说道："海豚没有手，只能用嘴巴'顶'。不用'打'字，用'顶'更好。所有动物的嘴巴，除了吃东西，还能像人的手那样，做很多事情，鸟用嘴巴搭建自己的窝；老虎、熊猫等动物，会用嘴巴'叼'它们的宝宝。"

回家路上，宝宝问奶奶："为什么用手可以'打'，嘴怎么就不能'打'?"奶奶从人和动物的区别，嘴巴和手的不同作用，"打"和"顶"的使用规矩这几个角度，给孩子做了解释。还给他讲，虎崽、狼崽不会走路的时候，遇到危险，它们的妈妈因为不能抱它们的宝宝，只好用嘴巴"叼"着小崽子向安全地方转移。动物的这个动作不说用嘴巴"抱"，只能说用嘴巴"叼"。估计孩子大概明白了。

在与孩子交流的实践中我们发现：结合孩子的生活经历，借助他们强烈的好奇心和求知欲，扩充词汇量，孩子不觉得枯燥无味，理解起来比较快，那些新词语使用也比较贴切。同时，也能让孩子在无意中养成不懂就问，不断积累新知识、新词语的好习惯。结合孩子实际生活，只要机会合适，可以每天给他讲一两个新词语。有时候，孩子能马上用新词造个句子给大人听；如果遇到合适的场合，孩子还会使用新词语跟别人说话。比如，孩子明白了“叼”这个词的意思，有一次外出玩耍时，看见一个刚学走路的小男孩，嘴里衔着奶嘴儿，跌倒了，哇哇大哭。我家宝宝试着扶他起来，没成功，奶奶前去帮了他一把。这时，我家宝宝冲着男孩的妈妈说：“你不能让宝宝嘴巴里叼着东西跑步，太危险了。”那位阿姨急忙说了声“谢谢”。宝宝回答说：“不用谢。”这时，奶奶说：“刚才你想帮小弟弟站起来，可是自己的力气不够，没有成功，这叫‘心有余而力不足’，也可以说‘力不从心’。想做一件事，可惜力气不够，或者没有能力的时候就可以用这两个词。”奶奶接着说：“刚才那个小弟弟，不是在‘跑步’，是蹒跚学步。‘蹒跚’是摇摇晃晃走路不稳的意思，你学走路的时候也是这个样子，所有的小朋友刚学走路的时候都是这个样子。”后来，凡是看见摇摇晃晃学走路走不稳的小朋友，他都会说：“那个孩子在蹒跚学步”。

对 3~6 岁孩子，像上边所说的这种扩展词汇的方法仍然有用，家长要结合孩子的生活，一旦有机会，就适当地给孩子提供新的词语，不断地扩大孩子“大脑词库”的内存。家长所提供的词，如果书面语色彩浓一些，孩子暂时用不好或不会用，那也没关系。只要孩子接触过那个词，能理解、有记忆，有朝一日需要做表达的时候会派上用场。

2. 扩充的新词语，注意词语的再现与使用

家长或其他育儿者在扩展孩子词汇量的时候，还要注意：对新词语，需要再现或再认识，这跟复习差不多。比如，把孩子使用过的、生活中常用的词语再拿出来，让孩子说句话给大人听。或者，大人说出的话，用到了孩子以前接触过的某个比较重要的词，问孩子还记得不记得。如果孩子能用那个词说一句话，当然很好。如果孩子暂时不会说，也不要强求。即便这样，也在一定程度上达到了词的“再现”目的。总之，扩充出来的进入“大脑词库”里的新词语，孩子要能用、会用，暂时不会用在口头表达中，能懂词语的意思也行。这样，那些词语才成为有效词语，否则扩充的词语孩子会很快会忘掉。

（三）从优秀绘本中吸取营养发展多方面能力

孩子语言能力提升，丰富的词汇储存固然重要，但也需要多种多样的知识的滋润，多方面能力的配合。多种多样的知识获取离不开阅读，阅读是幼儿词汇积累、知识积累的重要途径。阅读还可以培养孩子的包括语言能力在内的多方面能力。

孩子上小学之前，识字很少，不能完全靠自己的能力去阅读，需要在家长帮助下，先阅读那些以图画为主的、配有少量文字的优秀绘本或儿童故事。让孩子看绘本，听儿童故事，从中汲取营养，可以启发孩子的观察力、想象力、分辨力和思考力。在这些能力配合下，孩子的语言能力也会得到较大的提升。优秀的绘本及儿童故事，其主人公好的品行，也能为孩子良好习惯养成起到示范作用。

1. 阅读优秀绘本、儿童故事与孩子良好习惯的养成

有的人认为，婴幼儿还没有观察、分辨能力，更不具备思考能力。实验结果揭示：婴幼儿不是没有思考能力，只不过由于生活经验少，语言能力不足，思考的方式与成人有所不同而已。幼儿的思考（有意识的或潜意识的）活动很活跃，思考的范围也比成人开阔。比如，**幼儿会采取推己及物的方式，把自己接触到的有生命或无生命的东西，都视为自己的朋友，认为它们和自己一样会吃饭、会喝水、会哭、会笑、会睡觉。**优秀的绘本作者，正是抓住了幼儿思维活动的这个特点，使作品中展现出来的主人公，不论是动植物，还是其他的物体，都跟人一样活灵活现。这样的绘本，自然会激发小孩子的极大兴趣。孩子通过自己的观察、分辨、思考，不仅能了解到故事的主人公在做什么，还会在言语行为、思想情感方面和它们产生共鸣。小孩子会把自己喜欢的故事主人公，作为仿效对象，将它们的正确的行为模式变成自己的行为模式。

我家宝宝最早看过的一册绘本叫《我要拉屁屁》。故事的主人公是一群小动物，故事内容讲，它们怎么吃饭，怎么一起玩耍，怎么拉便便等。故事主题是，让小朋友们知道，在日常生活中应该怎么做，如何养成良好的生活习惯。当时，我家宝宝有不能按时拉屁屁的问题，一天到晚离不开“尿不湿”。为解决这个难题，我们试着给孩子看了这个绘本。绘本的主人公小河马、小猪猪、小老鼠在玩耍，玩了一会儿，小河马说：“我要拉屁屁。”小猪猪、小老鼠也说想要拉屁屁，它们赶紧往厕所跑。拉完之后，它们说：“好轻松啊！”而后接着玩开车的游戏。小鸟、小狗每天吃完早饭后，也要上卫生间。如果不去，让屁屁留在肚子里，胀胀的，不舒服，就不能跟小朋友好好玩了。宝宝对这册绘本中的故事很感兴趣，看完之后也学那些小动物们的样子，每天在吃完早饭后去卫生间排便，然后外出轻轻松松地与小朋友们一起玩。

这册绘本所讲的故事，看起来有点不雅，但它切近婴幼儿生活，对促进小孩子养成按时排便、饭前便后洗手等好习惯起到了积极作用。孩子有了良好的习惯，才能保证身体健康。有了健康的身体，才能轻松愉快地跟小朋友们玩耍。根据小孩子的认知能力，这样的故事内容，他们能够理解与接受，也愿意模仿故事里的主人公去做。

对小孩子而言，养成良好的生活习惯极为重要。不能养成良好的生活习惯，对健康成长会造成不良影响。比如，有的家长，对孩子的饮食、排泄不够重视，听任孩子不吃蔬菜只吃肉，结果是三四天才大便一次。孩子排便困难、没有规律，导致食欲不振，消化不良，脸色发黑无光泽，个子也长得慢。有类似问题的孩子，如果能在家长的帮助下阅读《我要拉屁屁》这类绘本，对改善孩子的不良生活习惯会起到积极作用。

2. 阅读优秀绘本、儿童故事与孩子多方面能力的发展

蒙台梭利说过，孩子的观察力比我们成人想象得要好，尤其是细节处。笔者也发现小孩子对事物的观察的确很仔细。大人没注意到的细节，小孩子都能很快发现。那些细节，如果是绘画上的，它可能是画家们的良苦用心之处。那些细节，如果是儿童故事里的，则可能是孩子很感兴趣的某种现象，或词语表达。**优秀儿童绘本和儿童故事的作者，能抓住小孩子的认知特点，发挥奇思妙想，通过绘画和简短的文字说明，向孩子们展现**

出极为有趣的故事情节，不仅能让孩子喜欢，还能启发孩子的观察、分辨和积极思考的能力。

（1）借助绘本故事主人公的奇思妙想，激发孩子的想象力。

例如，有一册叫《小真的长头发》的绘本，里边有黑白页，也有彩色页，设计别出心裁。3 岁前，我家宝宝拿到这个绘本翻看了一会儿，要求奶奶讲里边的故事。讲完后，孩子提出疑问说："奶奶，为什么这本书一会儿是黑白页，一会儿又是彩色页呢？"奶奶也注意到了绘本的这个特点，便将黑白页和彩色页上边的话念给宝宝听，让他体会故事情节有什么不同：

小叶和小美留着长头发。她俩美得不行，小真呢，留的却是短短的妹妹头。

小叶和小美说："我们的头发还能长长呢！"

"哼，能长多长？"小真问。

"长得呀，能盖过腰呢。对吧？小叶。"

"对，能到腰呢。"（以上是，黑白页画面上人物对话）

……

"我的呀，能长得更长呢！"小真说。"要是从桥上把辫子垂下去就能钓到鱼呢。"（彩页 1）"要是从牧场的栅栏外面把辫子嗖的一下甩过去，连牛都能套上呢。"（彩页 2）

宝宝听完之后，马上说："我知道了，黑白页是三个小朋友在聊天，彩色页是那个短头发小朋友说话。她希望自己的头发长得比另外两个小朋友更长，可以钓鱼，可以套牛。奶奶，小朋友的头发真的可以长那么长吗？真的可以钓鱼吗？真的可以套牛吗？"奶奶说："宝宝回答正确。小真希望自己的头发长得很长很长，长到能用小辫儿钓鱼，长到能从栅栏外套到牛。这是短头发的小真的想象，有点夸张。小朋友应该有想象力。你听了这些，喜欢吗？你自己也可以去想象。"宝宝说："喜欢，特别喜欢。奶奶接着念。"在宝宝的要求下，奶奶指着绘画旁边的字，把所有的彩页上的人物说的话念了三遍。

"就是在露天地里，也能睡大觉。只要把头发像紫菜卷寿司那样卷在身上，就成了暄腾腾的被子了。"（彩页 3）"要是把右边的辫子和左边的辫子绷紧了拉在树上，家里洗的所有衣服就能一次全晾完啦。在衣服晾干以前，我就读上十五本书。妈妈还会对我说：‘谢谢小真啦！’”（彩页4）

绘本主人公的奇思妙想，激发了孩子的好奇心和想象力。我家宝宝对这个绘本爱不释手。奶奶趁机告诉宝宝：“绘本里既有图画，又有文字，应该在看图画的时候看看那些字，试一试，看看能不能读懂。”尽管当时孩子认识的字还很少，还不能读懂，但由此知道了文字和图画的关系。后来，再看到新的绘本，孩子一般都是自己先看绘图，也注意看看文字（尽管还不能全看懂）。

（2）借助绘本故事主人公的教训，培养孩子的思考力和判断力。

绘本里的有趣的故事，可以激发小孩子的思考力和判断力。小孩子通过独立思考做出判断，家长应该给予鼓励。例如，绘本《米菲》系列中的一本《米菲哭了》，讲的是米菲早上起床后，发现自己每天晚上抱着睡觉的泰迪熊不见了，哭着到处找。问爸爸、问妈妈、问爷爷奶奶、问小伙伴……都说没有看见。米菲一整天闷闷不乐。直到晚上睡觉盖被子时才发现，泰迪熊就在被窝里，米菲的脸上才露出了笑容。我家宝宝听完故事后，很气愤，把这个绘本扔进了垃圾桶。

奶奶很奇怪，问：“为什么要扔掉这本书呀？”

孩子说：“米菲是笨笨，我不喜欢她。”。

奶奶问：“你怎么知道米菲是笨笨？为什么不喜欢她？”。

孩子说：“她是每天抱着泰迪熊睡觉的，泰迪熊不见了，应该在自己的被窝里找啊，要么到床底下找啊，不应该去问爸爸、爷爷、奶奶、姑姑和小伙伴。她很笨！”

孩子的回答让奶奶感到惊喜，马上表扬他说：“读书开始懂得思考了，大有进步。”

在现实生活中，只要家长稍加留意，都可以发现：小孩子在看绘本、听故事的同时，也在独立地积极思考，还能对故事里的善与恶、美与丑、对与错做出自己的分析与评判。米菲的泰迪熊不见了，她是每天抱着泰迪熊睡觉的，那就应该根据这个线索先从被窝里找，不应该哭着去问爸爸、妈妈、爷爷、奶奶，更不应该去问别的小伙伴。

《米菲哭了》，故事主题是要说明：发生问题之后，小孩子应该学会根据合理的线索去思考，由此才能做出正确判断。判断正确了，解决问题很容易。奶奶对宝宝说："你说米菲笨，可能因为她还太小，不会正确地判断，才舍近求远四处寻找。你以后遇到什么问题，不会像米菲那样了吧!"宝宝说："是。"孩子明白了故事讲的道理，也明白了"舍近求远"这个词的意思，把扔到垃圾桶里的绘本重新捡了回来。

我国历史文献中的成语故事、寓言故事、笑话等小孩子也很爱听。对培养孩子的思考力和判断力都有积极作用。

（3）借助简短有趣的数学故事，培养孩子的数学思考能力。

《可以借一个桃子》是一个纯文字叙述的故事，不是绘本。故事讲的是一位数学老师给学生们出了一道测验题说："一元钱能买两个桃子，吃完两个桃子剩下的两个桃核儿还可以换一个桃子吃。问：一个人最多能吃几个桃子？"

学生们几乎都回答说："能吃 3 个"。

只有一位男生与众不同，他说："我能吃 4 个"。

同学们很诧异，问那位男生："理由是什么？"

男生说："我先把 1 元钱买的两个桃子吃了，拿两个桃核换一个桃子。我把第三个桃子吃了之后，留下 1 个桃核。这时候我可以朝另一个卖桃子的人借一个桃子。我把这个桃子也吃了，就有了两个桃核。然后我再去换一个桃子，把这个桃子还给借给我桃子的卖桃人。这样，我总共能吃 4 个桃子。"

老师听了很高兴，马上表扬这个学生肯动脑筋。

我家宝宝对这个男生肯动脑筋的行为很欣赏。奶奶对宝宝说："这个男孩的思考能力很强，有独到的想法，值得你学习。"这样的故事，虽然在现实生活中不可能存在，但它能激发孩子对数学的兴趣，孩子们很乐意听，也乐意自己试着解答。

（4）借助儿童故事的积极内容，培养孩子的真、善、美

我家宝宝 2 岁多的时候听过《一休的故事》。其中有个情节是：小和尚们看见长老在吃糖，嘴很馋，便对长老说："给我们吃一点吧？"长老说："这里边有毒，你们不能吃。""糖有毒？"小和尚们很惊讶。听到这儿，我家宝宝也露出惊讶的深色。奶奶说："是这位长老不想让小和尚们吃他的糖，故意撒谎说糖有毒。撒谎，不说实话，这是错误的。"宝宝明白了故事的情节，也懂得了不能撒谎的道理。在后来的生活中，如果有人跟他开玩笑，糊弄他，他就会说："我奶奶说了，大人不能撒谎，要说实话！"

随着年龄的增长，随着观察、分辨、思考、判断能力的提高，小孩子能懂得故事里的成人的行为，哪些是善的，哪些是恶的。好的行为和习惯，孩子也知道应该去学习与模仿。我们还发现，小孩子比大人更愿意反思自己，有纠正自己的不当行为，向往真、善、美的强烈愿望和需求。

3. 在阅读中结合日常生活经验，帮助孩子提升语言和思维能力

优秀绘本和儿童故事书，图画色彩鲜亮，动物、植物、人物活灵活现，小孩子百看不厌、爱不释手。故事主人公生动的语言，小孩子也很感兴趣。他们自己还能发现其中的有特色的词语，会要求家长给予解释。比如，他们会问："为什么说太阳是红彤彤的呀？""为什么又说太阳是金灿灿的呀？"于是，我们便结合孩子的生活经验，把那些词语的意思解释给孩子听，还告诉孩子那些词语有什么魅力。我们也会根据孩子特点和接受能力，造几个句子给他听，帮助孩子理解那些词语的意义。

比如，儿童故事《把梳子卖给和尚》中的"蓬头垢面"，《三岁决定一生》中的"白发苍苍"，《35 个紧急电话》中的"笑容可掬""火冒三丈"，《可以借一个桃子》中的"异口同声""诧异""羞怯"等。我们会告诉孩子，这些词语的意思是什么，在什么情况下使用，并造几个句子给孩子听。这些词语虽然带有较强的书面语色彩，但语义很形象，让孩子理解这些意义形象性很强的词语，不仅有利于拓展词汇量，还有利于启发孩子的形象思维。尽管孩子一时还不会使用，但可以储备起来，供将来使用。

汉语里有数量众多语义形象、韵律优美的 ABB 格式的形容词，如"绿油油""红彤彤""黄灿灿""金闪闪""亮晶晶""蓝莹莹""黑漆漆""灰蒙蒙""白茫茫"等，能生动地描绘事物的色彩状态，在绘本和其他儿童读物中会经常出现。小孩子对这些词很有兴趣，但具体理解起来会有一定难度。在孩子的生活中，遇到适当的场合，我们会告诉孩子使用哪个词语合适。比如，看到一块长满绿草的草坪，可以说“绿油油的草坪”；春天迎春花开了，可以说“黄灿灿的迎春花”；遇到雾霾天气，可以说“天空灰蒙蒙的”。这样做，可以帮助孩子建立不同的视觉印象。

汉语里很多形象生动的动词，在绘本和儿童故事书中经常出现，在现实生活中也会经常用到。家长可以引导孩子，对不同的动词的语义差别进行分辨。比如：“拿”“搬”“捧”“敲”“砸”等。家长常对孩子说“把你的小汽车拿过来”“拿两块饼干吃”“拿勺子吃饭”等。“拿”一般是用一只手就可以完成的动作，“拿”的东西一般不太重，使用的频率最高。“搬”是双手用力才能移动物体的动作，被移动的物体一般比较重，如“搬石头”“搬砖头”“搬桌子”等，一只手不能完成，需要两只手配合。“捧”是双手手掌半合半开拿东西的动作，可以说“双手‘捧’一个杯子”“双手捧一朵花”。

有一次，奶奶带宝宝在户外玩耍，孩子搬起一块砖头，奶奶急忙提醒他说：“小心！别砸了自己的脚!”话音未落，孩子手一松，那块砖刚好砸在脚背上，疼得他直流眼泪。奶奶说：“这就叫‘搬’起石头砸了自己的脚。你要‘吃一堑，长一智’呦!”由于有这样的教训，孩子对“搬”“砸”印象极深。奶奶还告诉孩子：“手里拿一个重的工具，对着另一个物体使劲，物体碎了，这样的动作也叫‘砸’。”如果一只手拿着的不是特别重的工具，碰撞另一个东西，那叫“敲”，比如“吃饭的时候拿筷子‘敲’碗不好，那不礼貌。拿玩具‘敲’桌子也不好。”回家后，奶奶还拿小榔头“敲”核桃给孩子看。有了这些具体的生活经验，孩子对“拿”“搬”“敲”“砸”等动词的意义的差异理解就深刻多了。

阅读绘本、儿童故事，联系孩子的生活经验，我们也曾经给宝宝们讲“号啕大哭”“干嚎”“哼哼唧唧”“默默流泪”等描述不同的“哭”的词，比如：

(1) 那一天，CC 被 TT 突然从小三轮车上推了下来，号啕大哭。

(2) 从幼儿园回家的路上，W 让姥姥给他买冰激凌，姥姥坚决不给买，W 不听劝告，干嚎了一路。

（3）妈妈要去超市买东西，LL 也要去，妈妈不让，她跟在妈妈后边哼哼唧唧。走了很长一段路妈妈才把她劝了回去。

（4）TT 看到了小伙伴 XX，猛跑过去拥抱她。XX 的爷爷以为 TT 要打 XX，态度很凶，TT 很害怕，站在一边默默地流眼泪。

以上事例，都是孩子们亲身经历过的，只要发挥形象思维能力，他们对这些与“哭”有关的词语的形象意义都能理解。类似的词语生动形象，解释起来不容易，可以让孩子结合自己的生活经验去想象。这样既可以达到对词语意义的理解，还锻炼了孩子的形象思维。

儿童对语言有特殊的敏感，对某些词语意思不明白的时候，要求大人作解释，家长对孩子的要求不可置之不理，应该尽量满足。然而，给小孩子解释词语的意义和用法并不容易。一是解释清楚不容易；二是即便解释清楚了孩子能不能理解也是问题。解释之后小孩不能理解，还不如不解释。因此，要让儿童理解并掌握某些词语的意义和用法，不能像学校教育那样一本正经地去教，**一定要结合孩子的生活实际，可以说几个句子，提供一定的语境，让孩子去体会、去领悟某些词语的意思。**小孩子凭借自己的生活经验和领悟能力，在成人看来难度较高、不容易解释清楚的许多词语，他们也能达到准确、快速的理解，使用起来也会确切得体，比如上文说到的“终于”这样的副词。可以这样说，小孩子学习母语词语，很大程度上是靠孩子结合自己的生活经验，靠自己的语言领悟能力而进行的。父母家长，对孩子提出的问题作解释，对孩子理解词语的意义和用法可起到辅助性作用。

总之，处在语言敏感期幼儿，阅读优秀的绘本、儿童故事等，需要家长或其他育儿者帮助，这对孩子的语言潜能发挥、思维能力的提高，无疑是有积极的促进作用。每个孩子都有自己的潜能，语言方面也是如此。家长要细心观察，适时地给予帮助与引导。我们发现：得到过帮助与引导的孩子，语言理解力会强一些，反应会快一些，言语表达清晰度、准确度高一些。如果孩子对家长的帮助与引导无动于衷，反应仍然迟钝，言语表达仍然含混不清，家长也不可焦虑，更不应该责怪孩子。这些情况，可能与遗传因素有关，孩子年龄再大一些，情况会好起来。

五、认知与知觉转换能力提升与家长引导

上文已谈到过幼儿认知能力和知觉转换能力提升问题。这里着重讨论家长的引导。孩子在不断地走向成熟，其生活经验也在不断地丰富。在本能基础上，孩子的认知和知觉转换能力可以自发地得到发挥。然而，家长如果能恰当地利用生活环境条件，适时给予引导，孩子的潜能会得到更好的发挥。

比如，小孩子在日常生活中接触到的人和物都有一定的形貌特征、动态特征。人有高矮、胖瘦之分；物有方、圆、粗、细、长、短之别；物体的表面有光滑、粗糙差异；人走路、跑步，物体的运动有快、慢不同。而表达这些特征的概念含义都比较抽象，如果家长不加理会，随着孩子慢慢长大、生活经验的丰富、认知能力的增强，对抽象概念也会逐步理解。然而，在小孩子对人和物的特征都很好奇，求知欲望极其强烈的时候，家长结合孩子的日常生活经验，**遵循由形象到抽象，由具体到一般的认知规律，采用比较、对比等方法给孩子以引导，他们对这些抽象概念的理解与掌握会较早地完成。**早一点理解并掌握这些概念，对提升孩子认知能力，激发其智能肯定有积极作用。

（一）人、物特征的认知与抽象概念理解

在幼儿的日常生活中，经常能接触到各种形状的物体。比如：路上的圆形井盖，四边形的花坛，正方体的盒子或魔方，五边形、六边形的积木，长短不同的木棍儿等。孩子玩耍中还会经常触摸到粗糙树皮、光滑地面或玻璃，经常见到高矮、胖瘦不同的人等。表达物体特征、人体特征的概念含义都很抽象。帮助孩子理解这些抽象概念的含义，掌握表达抽象概念的词语，对提高小孩子的认知能力、抽象思维能力、语言表达能力，无疑是有好处的。我们的实验与体会如下：

1. 结合日常生活所见，认知不同物体的图形

我家宝宝1岁半以后，奶奶每天都要带他出去跟别的小朋友玩，一路上总会见到带有“水”“暖”“电”“闸”等字样的窨井盖。宝宝很好奇，问奶奶：“这是什么？”奶奶告诉他这叫井盖，有什么用途，上边那几个字怎么念，意思是什么。孩子很快就认识了那些字。

奶奶还对孩子说：“这些井盖都是圆形，是平面的。宝宝玩的球都是圆球形。想一想你见过的东西哪些是圆形？”宝宝能很快地发挥联想力，说道：“太阳公公是圆形；月亮婆婆有时候是圆形，有时候是弯弯的，像香蕉；奶奶家的灯罩都是圆形，姥姥家有一个大灯罩有好多圆球，爸爸的汽车轮胎是圆形……”一口气说了很多圆形，而且都正确。

校园里的草坪，好几个孩子每天都去那里玩耍。奶奶对孩子们说：“这几块草坪都是长方形。长方形的两个边比较长，另外两个边比较短。”一边说，一边沿着长边走，一共走了62步；又沿着短边走，一共走了42步。宝宝们也模仿大人的样子，用脚测量。长方形草坪旁边有几棵古树，用围栏围着。奶奶告诉宝宝们：“这个围栏是正方形，它的四个边一样长。”孩子很快明白了什么是长方形和正方形。奶奶还告诉孩子，家里的玩具魔方每个面都是正方形，它是立体的，叫正方体。回家后，让孩子找出魔方、月饼盒等物品，自己拿尺子量一量，认识了四边形、五边形、六边形、正方体、长方体等。实验证明：只要结合生活中接触到的具体物品，小孩子认知不同的几何图形并不困难。如果那些东西（如井盖）上边有汉字，小孩子认那些字也不费劲。

2. 结合日常生活所见，理解长短、高矮等概念含义

有一次，校园里的国旗杆在更新。新旗杆平放在地上，还没竖起来。拔下来的旧旗杆就放在新旗杆的旁边，还没来得及拿走。这是教孩子们理解长短、高矮概念的好机会。奶奶便把孩子们带到两根旗杆旁边说：“旗杆平躺着的时候，说长和短。大家看，新旗杆长，旧旗杆短，对吧？”然后让小朋友们自己走步量一量，旧旗杆92步，新旗杆115步，新旗杆确实比旧旗杆长。

第二天，新旗杆竖起来了，奶奶又带着孩子到旗杆下，告诉他们说：

“旗杆竖起来就不叫长、短，应该叫高、矮了。也就是说，平躺着的或平放着的物体等应该叫它们长、短，竖起来的或立着的物体叫它们高、矮。比如说，TT 比 CC 高，不能说 TT 比 CC 长；AA 比 CC 矮，不能说 AA 比 CC 短。”小朋友们都很快明白了高矮、长短的意思和一般的用法。

这样的实验也能证明：结合日常生活中亲眼见到的具体的东西，按照由形象到抽象的认知规律，对诸如高矮、长短这类意义抽象的概念，小孩子都能很轻松地理解并掌握。

3. 结合日常生活经验，理解胖、瘦，光滑、粗糙等概念含义

帮助孩子理解胖和瘦等概念含义，我们的做法是，让家长当观察对象，问小朋友们：“TT 奶奶和 QQ 奶奶，谁胖，谁瘦？”小孩子看着两位奶奶不说话，好像还不太理解。于是，TT 奶奶便跟 QQ 奶奶站到一起比一比，告诉孩子说：“TT 奶奶是瘦奶奶，QQ 奶奶是胖奶奶。”还比画着让孩子看两位家长的脸型、体型。然后，让孩子们互相看看，哪个小朋友胖，哪个小朋友瘦？进而让孩子们说一说，在自己家里，妈妈和爸爸，谁胖，谁瘦？爷爷和奶奶，谁胖，谁瘦？孩子们都很积极地回答，答得很正确，速度也快。说明他们对胖和瘦的概念含义理解了。

理解粗糙和光滑这类概念的含义，先让小孩子们先摸摸自己的脸蛋，手部或腿部的皮肤，告诉他们说，“你们的脸蛋儿、手、腿，皮肤都很光滑。”然后带领他们去摸摸老树的树皮，告诉他们：这棵老树的树皮很粗糙。小孩子们通过皮肤触觉，很快感知到了光滑和粗糙的不同，这两个意义抽象的概念很容易得到理解。此后，孩子在触摸到玻璃门窗、地板、路面、纸张、树干、树叶等物体时，都能正确地分辨出，哪些是光滑的，哪些是粗糙的。

我们的经验是：只要结合孩子的日常生活，孩子在玩耍中经常接触到的人或物，让孩子自己去观察、比较或做实际测量，不论是对几何图形的认识，对物体长短、高矮特征的认识，还是对人的高矮、胖瘦形貌特点的认识，或对物体表面光滑与粗糙等特征的认识，都能很快地达到理想的效果而且毫不费力。

从 2 岁左右开始，小孩子就有将学习到的知识运用于生活实践的能力，

也具有“由此及彼”的自觉联想能力，还具有对人或物体的特征做比较或对比能力。到3岁到6岁年龄段，绝大多数小孩子的这些能力发挥已经不是问题，联想与想象的空间也更为开阔。只要家长给予适当的帮助和引导，小孩子都能做到从形象到抽象，从个别到一般地去认知客观事物，理解表达抽象概念的词语语义。如果逐步养成这样的好习惯，对孩子思维能力发展，对孩子将来进学校学习，可以起到奠定坚实基础的作用。

（二）知觉转换能力提升与家长引导

随着年龄的增长和生活经验的丰富，孩子的知觉转换能力会在不知不觉中发展起来。然而，家长根据孩子发育成长敏感期特点，科学地加以教育引导也很有必要。如果忽视对孩子的引导，一味地强调顺其自然，孩子应发挥的潜能会因为得不到有效的刺激而不能很好地发挥，这会给孩子造成无法弥补的损失。

许多教科书将幼儿的听觉、视觉、动觉转换锁定在5~6岁“幼升小”阶段。我们发现，在五六岁之前，小孩子就具备了这种转换能力。家长结合孩子的日常生活，有意识地进行引导，对孩子知觉转换能力的提升能起到促进作用。

1. 引导孩子注意听大人说话，复述大人说话的意思

小孩子3岁以后，思想很活跃，但集中注意力不足。有的孩子自我意识极强，我行我素，对家长教导置若罔闻。这时，让孩子注意听大人讲话，理解大人讲话的意思，按大人的合理的要求去做很有必要。有经验的家长的做法是：在对孩子说话的时候，要求孩子站在大人面前，认真听。听完之后问孩子，“刚才大人说话的意思明白了吗？如果听明白了，那就把说的话的意思复述一遍。”这种训练，一是有利于培养孩子有礼貌，专注地倾听大人说话的好习惯。二是能让孩子把听觉获取的信息转换成自己的言语表达出来，将听觉能力转换为言语表达能力。三是可以为孩子在以后的课堂学习中，专心听讲，不受其他情况干扰，将课堂获得的知识转化为自己的能力（包括言语表达能力、自己解决问题的能力等）打基础。

2. 引导孩子关注话语语调、语气和说话人的面部表情

人们平时说话，都会伴有一定的语调、语气和面部表情，或肢体语言。这些都能传递信息，要求孩子在听别人说话时，关注对方话语的语气、语调，以及肢体语言等，才能更全面、准确地获取信息，才能正确理解说话人的真实意图，进而做出正确的判断，以至于采取正确的行为举措。

一般来说，小孩子对大人说话的语气、语调，以及大人说话时的面部表情很敏感，能够较准确地判断大人说话的真正意图。如果孩子对大人说话的语气、语调、面部表情不予理会，照样我行我素，则需要家长用心去教育引导。如果教育引导不起作用，那就应该检查孩子在知觉转换中哪个环节存在问题。

比如，有一次宝宝在茶几上敲击东西，劝阻他，他不予理会。奶奶很生气，表情很严肃，也敲着茶几，语气很严厉地对孩子说："你愿意把这个东西敲碎吗？那就敲吧！使劲地敲！"想以此考察一下孩子是否能够判断出大人说话的真正意图。此时，宝宝立即停止了敲击动作，思考了一会儿后说："我不听你的，奶奶，你说的话是假的。"可见，孩子注意到了说话人的语气、语调和面部表情，明白了大人说反话（孩子还不会用"反话"这个词）的意图是什么。这也说明孩子知觉转换通道是通畅的，奶奶暗暗高兴。

从听别人说话（包括关注说话人的语调、语气），到观察说话人的面部表情、肢体语言，从听觉、视觉方面获取信息，到小孩子自己做出判断，通过信息加工、转换，最后在大脑支配下做出恰当言语行为，都是在瞬间完成的。家长平时注意对孩子进行引导，可以使孩子的观察力、理解力、判断能力和知觉转换能力得到好的锻炼。孩子会懂得，在特定情况下应该采取怎样的行动举止。我们发现，只要给予一定的教育引导，不管孩子和哪个年龄段的人对话，一般不会出现听不明白对方说话的意思，或误解对方意图的情况。孩子的听觉、视觉到行为动作的转换也会很自然。孩子能专注地倾听别人说话，让说话的长者心里很舒服，觉得这个孩子很懂事，很有礼貌。

3. 鼓励孩子发挥想象能力

小孩子思维活跃，联想力很强，看到一种情况或事物，会很快联想到另一种情况或事物。

比如，一次初春，奶奶带宝宝去动物园，寒风刮在脸上很痛。奶奶说："春天了，风还那么厉害！"宝宝马上说："奶奶你应该说'二月春风似剪刀'。"奶奶马上表扬他说："很好！你学过的诗歌没忘记，还能学以致用。用这句诗说明现在的情况很贴切。"宝宝问"贴切"是什么意思？奶奶说："'二月春风似剪刀'符合现在这个季节的情况，这就叫'贴切'。"然后又举了几个例子对"贴切"做了解释。

又如，小孩子学过一些古诗歌，只要遇到适合的情况，他会联想到诗句的内容。有一次和几个同龄小朋友一起出去玩，而后一起在外面的餐馆用餐。一个小伙伴没有把碗里的饭菜吃干净，我家宝宝就背诵了《悯农》："锄禾日当午，汗滴禾下土。谁知盘中餐，粒粒皆辛苦。"让这位小伙伴把饭吃干净。不过有时候，孩子的这种好心也会让小伙伴家长感到不愉快，认为是多管闲事。明理的家长则会对"爱管闲事"的孩子的正确行为予以鼓励，承认自家孩子做得不对，会表示歉意。

3~6 岁的孩子，想象力也很强。比如，男孩子们会把手里的一根木棍儿想象成大炮，向"敌人"开炮射击；女孩子会把一片树叶想象成小伙伴穿的衣裙，或将几片草叶想象成蔬菜，放到一起炒菜、做饭。诸如此类的在成人看来有些怪诞的想法，正是小孩子想象力极为丰富的表现，家长要让孩子自由展示他们的想象力，不要去干涉、阻止。

4. 鼓励孩子自己发挥动手能力

3~6 岁孩子，活力四射，活泼好动，家长切不可阻止、限制他们的活动。在保证安全的前提下，应放手让孩子做一些力所能及的事，鼓励他发挥动手能力。手的活动灵敏，其大脑的反应也相应地灵敏。

比如，孩子玩的篮球或足球气不足了，让他拿打气筒自己打气。开始的时候孩子不会做，家长可以做示范。让孩子自己做事，孩子会有被信任感和成就感。孩子自己动手给足球打气，会发现打气筒比自己的玩具好玩儿，但要费点力气；也会发现打气筒既能给篮球打气，给足球充气，还能给自行车打气。

又如，孩子的玩具塑料小铲子，只能挖沙子、挖土玩。有时，我们会有意识地让孩子拿真正的劳动工具铁铲子，给植物除草、松土，让孩子有比较实在的劳动体验，孩子也会懂得真的劳动工具和玩具的区别，当然也要告诉孩子注意安全。

春天的周末，只要有机会我们就带孩子到乡下，让他跟爷爷一起种葫芦、丝瓜、南瓜，或给长出来的植物幼苗浇浇水、松松土、拔掉植物周围的杂草。孩子把这样的活动当作游戏，但从中能获得真实的劳动体验。尤其是到了秋天，看到自己种的葫芦、丝瓜、南瓜有了收获，享受自己的劳动成果，孩子更感到其乐无穷。

（三）幼儿审美、记忆等能力提升与家长引导

当今的幼儿园，几乎都会为3~6岁的孩子开设音乐、美术等课。这些课程的开设自有其道理，家长们都很理解。但也有一些家长觉得不满足，会带自己的孩子参加民办教育机构的幼儿钢琴班、幼儿小提琴班、幼儿绘画班、幼儿舞蹈班等，希望孩子的乐器演奏水平能达到某个级别，或成为某方面的专才。家长这种带有明显功利性的要求，是否有利于孩子的发展，需要反思。

儿童的音乐、绘画学习，都属于美育的范畴。音乐、绘画学习对儿童的气质、道德、审美等综合素质提升，能起到很好的促进作用。孩子这些方面的素质提高，需要家长给予正确引导。

1. 幼儿品德、审美等素质提升与音乐学习

音乐的教化意义，我国古人早有深刻的认识。《史记·五帝本纪》记载，早在上古时期，舜帝“以夔为典乐，教稚子，直而温，宽而栗，刚而毋虐，简而毋傲。诗言志，歌长言，声依永，律和声，八音能谐，毋相夺伦，神人以和”。夔是舜帝任命的典乐官，他教稚子学音乐，培养孩子正直而温和，宽厚而谨敬，刚毅而不暴虐，简捷平易而不傲慢的优秀品德。再配上能“言志”“长言”的声律优美的诗、歌，以达到八音和谐、有条不紊、“神人以和”的境界。音乐教育和诗歌教育配合在一起，教化作用

重大。“乐”和“礼”的教育互相配合，可以由内到外对人的气质和品德起到重要影响。“乐所以修内也，礼所以修外也。礼乐交错于中，发形于外，是故其成也怿，恭敬而温文。”（《礼记·文王世子》）“知乐则几于礼矣。礼乐皆得谓之有德，德者得也。”（《礼记·乐记》）

“乐”能从内在的精神层面提高人的素质，“礼”能在外在仪表举止层面提高人的修养。两者交互作用，显现出来的是人的喜悦、恭敬文雅的气质。也可以说，“知乐”近乎“知礼”，“礼”和“乐”两方面都达到修养，可以说是“有德”。“德”就是“得”或“得到”的意思。音乐教育与“礼”的教育、诗歌教育配合在一起，能使儿童的气质、品德、审美等素质得到很好的提升。

了解古人的教育理论，可以使当今的家长知道，让孩子学音乐，其意义不仅仅在于乐曲和乐器演奏技能掌握，更在于儿童气质、品德、审美等综合素质提升。有的家长让孩子学音乐，是想孩子将来当歌星、赚大钱，这与中华优秀传统文化观念相悖，也跟当今幼儿美育教育理念相悖。

2. 幼儿的智慧激发与音乐学习

现代脑科学研究认为：音乐是启动儿童潜能的最好方法，因为接受音乐信号的功能由右脑主管。右脑受音乐信号刺激的时候，大脑的 α 波最活跃，它会准确地将音乐信息丝毫不差地吸收到右脑里。储存在右脑中的音乐信息，一辈子都不会消失。经常聆听优美的音乐，在丰富而优美的音乐节奏与旋律熏陶下，久而久之，除了人的气质（举止、表情等）会自然地透射出有教养的魅力之外，人的右脑功能也会得到开发。因为，右脑不仅对音乐信号具有吸收功能，而且对外界任何信息都有敏锐的、迅速的、大量吸收的能力。右脑主要是依靠影像、声音组合进行图像式思考，这是人类本能中的直觉、记忆和想象力的发源。如果音乐一直能伴随孩子成长，就会形成丰富的想象力，潜在的巨大创造力也会得到发挥。钱学森就曾说过，他的科学创造力常常得益于音乐的辅助。

脑科学研究还认为：给孩子良好的音乐启蒙教育，有利于保持孩子出生时的古皮质充分发挥作用，并减缓其衰老。古皮质掌管着人类的本能智慧，蕴藏着人类长期进化而来的许多潜能，具有现代科学至今还无法解释的神秘力量。科学实验证明，3岁以前，孩子的思考都是由古皮质主管的。新皮质则渐渐长出，孩子3岁左右新皮质才慢慢成熟，开始发挥大脑思考功能。著名指挥家斯托科夫斯基曾说：

> “大约在8岁时，孩子就会逐渐开始丧失1岁半左右时表现出来的创造性的音乐才能。无论是学习作诗的孩子，还是学习绘画的孩子，都是年龄越小越容易学会。对孩子进行美术创作的各个阶段一直在实行调查研究的画家们，异口同声地证明了这一点。”①

有关音乐学习对儿童智慧的激发作用，德国的小卡尔·威特有这样的体会。他说，小时候，家长让他学钢琴。在相当长的时间里，钢琴老师每天教他弹枯燥的音阶，他烦透了，对音乐完全没了兴趣（这样的感受，当今的学过钢琴的儿童几乎都有）。有一天，他鼓起勇气对父亲说不想学钢琴了。父亲没有责怪他，只是说：“难道音乐不美吗？难道音乐仅仅是枯燥的音阶吗？音乐是通过什么来表达的？”小卡尔说：“任何音乐都是由无数个音符和不同的音阶构成的。”老卡尔接着说：“这就对啦！如果没有音阶，就不可能有动听的音乐。既然这样，你为什么要拒绝音阶训练呢？……优秀演奏家，哪怕是最简单的音阶，在他们的弹奏下也是美妙动听的音乐。”老卡尔又引导孩子说：“什么是有智慧的人呢？能够在生活中任何一个细节都能发现美的人就是智慧的人；能够从小事做起的人就是智慧的人；能够用毅力战胜困难的人就是智慧的人。”这一下，小卡尔明白了：**一切都要从小事做起，一切成就都要通过努力去争取。**从此便认真刻苦地练习，不但学会了弹奏钢琴，还学会了其他乐器。小卡尔说：“音乐完全是抽象的、不可捉摸的东西。然而，正是这种抽象的东西中蕴藏着生活中无穷的思想和智慧。”从此以后，他像把握音乐中音阶和节奏那样，把握

---

① ［日］七田真著，弓海旺、盛欣译：《零岁教育的奥秘》，知识出版社1986年版，第26页。

学习，把握生活过程中的节奏，音乐成了他的生活中不可或缺的元素。①

小卡尔的体会，不是从脑科学的角度，而是从另一个角度告诉我们：幼儿接受音乐教育，其作用不完全在于学会音乐本身。由于人的先天禀赋各不相同，再加上其他方面的原因，真正能够成为音乐专才的是凤毛麟角。如果孩子没有兴趣，家长非逼着孩子学成什么样，非要孩子考什么级，都是不合适的。孩子学音乐，重在感受音乐之美，培养审美素质。重在从音乐中领悟到从其他媒介难以领悟到的东西，为激发智慧创造条件。**音乐教育在儿童的审美素质提高、智慧激发等方面所起的重要作用**，孩子的家长要有认识，在此基础上才能给孩子正确的引导。

3. 幼儿听觉敏感度、联想与想象力提升与音乐学习

小孩子对优美的音乐有天然的喜好。如果说音乐学习有助于激发儿童智能的理论有些深奥，那么听优美的乐曲，能提升孩子听觉敏感度、联想与想象能力，家长则可以直接观察到。听觉敏感度高，大脑反应敏锐性就强。听觉与反应的敏锐，是大脑思维活动敏锐性的表现。这无疑属于智慧的一部分。

我们的观察是：宝宝1岁多的时候，爷爷出差去延安，顺便带回来一盒陕北民歌录音带放给孩子听，没想到他对陕北方言演唱的《东方红》特别感兴趣，一遍又一遍地听，一遍又一遍地看演唱者的图像。后来竟然也能模仿陕北方言唱《东方红》。当然小孩子对歌词内容还不大懂。

我们还发现：小孩子对《数鸭子》《读书郎》《卖报歌》《春天在哪里》等儿童歌曲很喜欢；对曲调优美、催人奋进的革命歌曲，如《我们是共产主义接班人》《我爱北京天安门》《北京的金山上》等也很喜欢；对当代歌手演唱的一些有特色的流行歌曲，小孩子也有兴趣。

3岁以后的孩子，听自己喜欢的歌曲，还能结合自己的生活经验发挥联想和想象力，能联想到自己生活经验中的场景，能想象音乐形象与生活场景的相似性，能用自己的语言把音乐形象大体描绘出来。比如，宝宝在

① 参见［德］小卡尔·威特著，刘恒新译：《卡尔·威特的教育（续编）》，京华出版社2002年版，第71~73页。

幼儿园学习弹奏约翰·汤普森的钢琴曲《划呀划》，大人问他："这首曲子表达什么意思呀？"他说："就像自己在圆明园的湖里划船时就这样'划呀！划'。"可以这样说，小孩子听音乐、学习演奏乐曲，他的脑子里呈现的不仅仅是曲谱，还有自己生活经验中的能和音乐形象建立联系的形象。小孩子在感知音乐形象的同时，也在发挥自己的联想与想象能力。这说明，音乐学习对孩子的联想与想象能力提升无疑起到了促进作用。当然，孩子在音乐学习中的反应力和联想与想象力的提升，也需要家长给予引导。家长有音乐方面的修养当然更好，如果没有，不妨向孩子学，或跟孩子一起学。比如，孩子在练习一首乐曲，家长可以问孩子"这首乐曲表达什么意思？"又如，孩子学会了五线谱，家长不会，可以向孩子请教。让孩子当老师，他会学得更认真，学习积极性更强，这也是一种引导。

4. 幼儿记忆、思维、语言能力提升与带音乐性的材料的学习

儿童的学习不仅仅限于纯音乐学习，还少不了对带音乐性的学习材料的学习。带音乐性的学习材料的学习，对儿童的记忆力的发挥、思维及语言能力提升能起促进作用。

记忆是智慧的基础。3~6 岁儿童记忆力最强，有经验的家长和儿童教育工作者都很关注孩子记忆力的培养。记忆中的事物，有形象性强、形象性弱和缺乏形象性的差别。记忆的基本规律是，形象性强的事物容易记忆，形象性弱或缺乏形象性的事物不容易记忆。优美的歌曲都有鲜明的声音形象，尤其是著名的儿歌、传统民歌、受大众喜爱的"红歌"，曲调优美、节奏明快、声音形象鲜明，歌词通俗易懂。儿童学习这类带音乐性的材料，有益于记忆力发挥，有益于形象思维能力发挥，也有益于语言能力提升。

当今许多幼儿园大班孩子，会接触到《三字经》《千字文》《弟子规》等传统启蒙教材。小孩子能不太费力地把全文或部分段落一字不落地背下来，而成年人却不容易做到。为什么小孩子能做到而成人却不容易做到？关键在于小孩子对声音形象有特殊的敏感。而传统启蒙教材的编者，考虑到了小孩子的这一学习心理特点，精心设计编排，充分考虑到汉语的音乐性的特点，语言形式以三字、四字、五字短句为主，韵律整齐，节奏明快，读起来朗朗上口。念诵这些教材，为小孩子的超强记忆力发挥提供了方便条件，同时也为小孩子的形象思维能力的发挥与发展、语言能力的发挥与发展提供了方便。那些著名的启蒙教材，才历久不衰，除内容有价值之外，与教材的句式选择、文字音韵安排，突出表现了汉语的音乐性有直接关系。

人的记忆分有意识记忆和无意识记忆（或潜意识记忆）两种。儿童在浅睡眠状态下，如果给他播放优美的歌曲或古典诗歌（音量要小，以不影响孩子入睡为准），孩子会无意识地把听到的东西存入记忆之中，到一定时候孩子能把听到的诗歌背出来，或者是大人念上一句，小孩子能接下一句。

小孩子虽然能比较容易地将听到的诗歌、启蒙读物的声音符号储存到记忆里，即能记住、能背诵，但还不能达到理解之后的记忆。比如，幼儿园大班的孩子，能记住、能背诵《三字经》《千字文》《弟子规》中的句子，但那些读物中的语句大都含义深邃，书面语特点很强，小孩子生活阅历不足，相关知识储备不足，还不能完全理解语句的语义内涵。要真正理解则需要漫长的过程，甚至孩子的终生。记住了的东西一时不理解没关系，可以慢慢理解。记忆中存储的材料，为小孩子以后的大脑加工处理活动提供了的素材，也为孩子将来作书面言语表达储备了素材。由此可以说，小孩子对传统启蒙教材（包括儿童喜爱的古典诗歌）的学习，以及对其他带音乐性的读物的学习，不仅可以促使小孩子的大脑记忆功能发挥作用，也对孩子的思维活动、语言表达活动等综合能力提升创造了条件。如同享受一种美餐，最初只是在味觉上留下深刻的记忆痕迹，而后是由肠胃慢慢分解、消化、吸收食物中的各种营养。然而，我们的味觉是能进入记忆之中的，至于食物的分解、消化、营养吸收过程则感觉不到。

六、有关观念建立与幼儿能力和素质培养

（一）数字观念建立与幼儿能力和素质培养

幼儿的数学思维能力训练，一般的教科书上提倡在孩子 3 岁以后进行。我们认为，在小孩子的日常生活中经常接触到数字，比如时间说明用数

字，年龄说明用数字，买东西花钱用数字，小孩子也先要学数数，而后自然会涉及算术。小孩子接触数字现象，理解数字的含义，逐步建立数字观念，自然地培养数学思维能力，不是非等到孩子 3 岁以后才能做。

我们的实验是：在孙子满月后，哄他睡觉的时候，不是给他唱摇篮曲，而是给他唱念乘法口诀。也许因为乘法口诀抽象单调，只要轻声一唱，孩子马上就安静下来，很快入睡。这样的实验一直持续到孩子上幼儿园之前。当时我们也担心过，孩子再大一点的时候，会不会一听到念数字就想睡觉呢？出乎我们意料的是，孩子会说话之后，教他数数，他却说："我很小很小的时候你就教会我了。"然后就唱"一九得九、二九十八……九九八十一"，一个不落，完全正确。这说明乘法口诀没有影响孩子对数字的喜好，而且已深深印到了孩子记忆里。

当然，会念乘法口诀不等于会数数。于是，我们将两者的区别告诉孩子，让他伸出小手学习数数。又用生活中的实例告诉他，所有的数都由 1 组成。比如，宝宝先吃了 1 块饼干，奶奶又给你吃了 1 块饼干，宝宝就吃了 2 块饼干了。孩子立即明白了，说："奶奶又给我 1 块，又给我 1 块，又给我 1 块……，我有 5 块饼干了。"一边说，一边伸出右手张开 5 指。此时，宝宝 1 岁 3 个月大。

2 岁左右，孩子能一个不落地从 1 数到 100，并懂得在"10、20、30……"的基础上添加"1、2、3……9"变成"11、22、33……"；能懂得个位数、十位数……等整数的组成规律。数的概念在游戏中就这样慢慢形成了，10 以内的加法也能不费力地去做。

孩子再大一点，我们给他一些规律性的启示，如：$1+9=10$；$2+8=10$；$3+7=10$；$4+6=10$；$5+5=10$。宝宝很好奇，自己不断地摆弄手指，直到自己完全明白。过不久，宝宝还会说："奶奶，我给你出个题，你要快快地做出来。"奶奶说："你说得别太快，奶奶老了，正常速度就行。"孩子出的题目是：$6+4=?$；$7+3=?$；$5+5=?$；$8+2=?$；$9+1=?$。由于经常玩这种数字和算数游戏，孩子对数字很敏感，还常常出题让爷爷、奶奶、爸爸、妈妈做。有时候大人故意做错题，孩子发现之后会很快纠正，并要求大人："你要认真做哟，否则就不是好孩子！"

实验说明：数字观念虽然抽象，但只要在日常生活中，接触到数字，做与数字有关的游戏，数字观念建立并不困难。幼儿数学思维能力训练，不一定等到3岁以后才开始，3岁以前也可以简单做起，关键是要像平常生活那样，学得自然，玩得快乐。孩子在不知不觉中，在没有任何负担情况下，从识数到数数再到数学思维能力都得到顺利发展。

（二）树立正确的金钱观和优秀品质培养

当今社会是商品社会，人们的衣食住行都离不开钱的使用。3~6岁的小孩子接触到的社会现象越来越丰富多彩，其中不可避免地会遇到钱的问题。比如，孩子会很自然地发现，家长给买玩具、买衣服、买吃的东西都需要花钱。钱从哪里来的？怎么看待这种东西？怎么花钱才对？为什么乱花钱不对？诸如此类的问题小孩子都会问家长。家长应认真给孩子答疑解惑，引导孩子正确面对钱的问题。总之，让孩子从小就能正确地对待钱的问题，让孩子树立起正确的金钱观，这是家庭教育应该重视的问题。

为此，可参考老卡尔是怎么教育儿子的。有一次，儿子小卡尔向父亲请教钱的用途，老卡尔认真地作了解答。当时，有一位朋友在座，听老卡尔给孩子讲钱的事，便批评说："我不赞成你这样教育孩子。莎士比亚曾说过，金钱是罪恶的渊薮，我们应该尽力让孩子远离它，以保护他们纯洁的心灵不受到污染。"老卡尔则说："金钱本身并不是罪恶的渊薮，人对金钱的欲望才是罪恶的渊薮呢。虽然人人都说金钱是万恶之源，可谁也否认不了它对人的生活是不可或缺的。既然孩子早晚都必须面对这个东西，为什么不早一点教他们认识它呢？"

老卡尔还说："我认为，金钱其实具有多种教育功能，只要你使用得当，它是一种极好的教育材料，可以让孩子学到各种精神。首先是赚钱的方法……好的金钱教育可以使孩子形成这样的概念：赚钱最正当的手段是工作，而不勤奋工作所获取的财物则是不干净的。""其次当然是正确地运用金钱，这是直接关系到人一生发展和幸福的一个重要因素。看看我们周围有多少守财奴和败家子，有多少人因财务危机而陷入有失身份的破产境地。我相信只要有正确的教育，这悲剧不知会减去多少……总而言之，金钱教育对完善孩子的人格顶要紧。”

老卡尔曾叮嘱儿子：“金钱具有控制人心的特质。适当地对待金钱，等于合理地操纵自己的精神。……及早让孩子树立金钱的观念，再多方面加以指导，一定会有多方面的效果。”①

小卡尔回忆说，父亲说的那些话，当时似懂非懂。长大成人后，越想越觉得父亲的话有道理。尤其是看到有些人在财务方面出现的种种问题时，更清醒地意识到：与其说是金钱的错，不如说是人的错。老卡尔对儿子的有关金钱观的教育，对当今的家长仍有参考意义。一个孩子将来走正路还是走歪门邪道，在很大程度上跟他从小树立起来的金钱观有一定的关系。一个人的金钱观，实际是其价值观、人生观的重要组成部分。

在孩子稍大一点的时候，让他知道钱是怎么得来的，钱跟日常生活、工作是什么关系，让孩子知道怎么正确花钱，这对孩子确实是一种很好的教育。比如：

（1）让小孩子了解钱跟日常生活的关系。孙子 1 岁半时候，有一次妈妈给他买回来 6 桶奶粉，奶奶指着奶粉对孩子说：“你喝的奶粉都是爸爸妈妈花钱买来的，每桶 105 元钱。”而后拿出具体的钱币让孩子认，100 元是什么样子，50 元是什么样子，20 元、10 元、5 元、5 角、1 角各是什么样子。并告诉孩子说：“一桶奶粉 105 元，6 桶奶粉一共花了 630 元钱。”奶奶还说：“给宝宝买点心，买玩具，买衣服，家里吃的粮食、蔬菜等都需要用钱，你知道吗？”孩子说：“知道。”此后，带孩子去超市购物，也会顺便告诉他买了什么东西，大概花了多少钱。经验多了，小孩子能自然地懂得钱与日常生活的关系。

（2）让小孩子了解钱跟劳动之间的关系。年幼的孩子知道钱可以买吃的、买穿的、买玩具，买日常生活中的各种东西，但还不清楚钱是怎么得来的，钱跟大人的工作是什么关系，也不懂得怎样花钱才合适。孙子就曾问奶奶：“你们的钱是谁给的？”奶奶回答说：“我们的钱叫工资，每个月

① ［德］小卡尔·威特著，刘恒新译：《卡尔·威特的教育（续篇）》，京华出版社 2002 年版，第 214~218 页。

都有，是工作单位发给我们的劳动报酬。要挣到钱，必须认真努力工作。你看，妈妈从周一到周五，每天都要上班，都要认真工作，有时晚上还要加班，很辛苦。爸爸经常出差很辛苦。他们都在认真劳动，认真做好自己的工作。大人挣来的钱都是认真工作、辛勤劳动得到的报酬。”“如果一个人不认真做好工作，他就没有工资、没有报酬，就挣不到钱了。”3 岁以后的孩子都会慢慢明白这些道理。

（3）让孩子了解用钱解决什么问题，是道德品质培养的好机会。家庭教育中，让孩子知道大人们辛勤劳动得来的钱（劳动报酬）都是干净的。如果不是通过辛勤劳动，而是通过不正当的手段（比如偷窃、坑骗、贪污受贿等不法手段）把别人的钱或把大家的钱占为己有，这样的钱就不干净了，这样的行为是犯罪，会被警察抓起来。

孩子知道了自己家的钱都是父母辛勤劳动得来的，花钱就要节俭，随便乱花钱是对父母的劳动的不珍惜。由此可以引导孩子，从小养成不乱花钱、懂得节俭、懂得感恩父母、热爱劳动、尊重他人劳动成果等优秀品质。有的家长可能不以为然，觉得自己有的是钱，给孩子穿名牌、吃高档、玩“高大上”，让孩子生活有档次，没什么了不起。这是一种暴发户（俗称土豪）的心态。而有的家长则自作聪明，为了让自家的孩子多得到老师的照顾，让老师多给自家孩子出人头地的表现机会，或让自家孩子当个小头目等，毫不犹豫地拿钱去“摆平”。这样的家长没有意识到，他们的行为，好像是为孩子好，实践上是在污染自家孩子的纯真，污染教育环境，污染社会风气。他们的行为实际上是在害孩子。孩子很单纯，如果父母的行为不光明正大，孩子在其他小朋友面前就不能坦坦荡荡、理直气壮，是父母把他们推入很尴尬的境地。

（三）幼儿抗挫折观念树立和良好心理素质培养

小孩子单纯幼稚，成长过程中接触各色人等，面对纷繁复杂的社会现象，难免会遭遇各种各样的挫折。如何引导孩子从挫折中吸取经验教训，树立抗挫折观念，增强抗挫折能力，成就良好的心理素质，家庭教育必须关注。

我家孙子上幼儿园之前，几位家长每天都会带孩子到某个地方，让孩子们一起玩耍。小孩子相互之间吵吵闹闹磕磕碰碰经常发生，但又很快和好如初。总体关系和谐亲密，孩子们玩得很开心。有一天，一个不常跟大家一起玩的小女孩 XX 来了。不一会儿，小女孩哭喊着跑到她爷爷跟前说："TT 打我！"老爷子不问青红皂白，从柳树上折下一根柳条，凶神恶煞地带着孙女去找 TT 算账，柳条甩到地面上"啪！啪！"作响。TT 从来没见过这阵势，吓得拔腿就跑，老爷子紧追不舍。小女孩的奶奶见状，大声呵斥其老伴："别这样！吓着孩子啦！"其他几位家长也急忙前去阻止："老爷子怎么能这样？TT 根本没有打 XX！TT 没错！"并跟老头儿讲明了事情原委。

此时，TT 奶奶见孙子不再逃跑了，躲在树下默默流泪，过去安慰他，他不搭理奶奶，像是在怨恨奶奶"你为什么不救我？"奶奶俯身将孙子搂在怀里，安慰他说："XX 为什么哭着找她爷爷告状？奶奶知道是你去拥抱她的时候用力过猛，别的奶奶们也都看得很清楚，她们在帮你说明真相，这比我说更好！"事情真相是：XX 跟大家一起玩的次数少，TT 见到新伙伴到来，热情地跑过去和她拥抱，以示欢迎。小女孩娇气，不懂小朋友在欢迎她，以为要打她，哭喊着向爷爷告状。TT 好心遭误解，还遭到老爷子恐吓。家长看在眼里，心里也很难过，这是孙子生来第一次遇到挫折和打击，必须给他做心理疏导。奶奶安慰孙子 TT 说："你是男子汉，遇到这种事一定要坚强！XX 是小女孩儿，要原谅她。她爷爷的做法不对，不要放在心里。宝宝自己也应该反思，为什么会让别人发生误会呢？"宝宝听了奶奶的劝导，情绪平静下来，向那些主持公道的奶奶们说"谢谢"，回到小朋友群体中继续玩耍，也对 XX 说了声"对不起"，孩子们很快和好如初。

以上事例说明：小孩子之间有矛盾、有误解，不是大事，关键是"护犊子"家长，缺少教育孩子的常识和气度，不理解小孩子的想法和行为表现，进而做出不理智的、对孩子造成伤害的举动。如果稍有常识，先了解一下事情原委，问题就解决了。对于生活中遭遇挫折、被误解、被恐吓、被不公正地对待的孩子，家长不可漠视，一定要对孩子作心理疏导，引导孩子树立抗挫折观念，提高孩子抗挫折心理承受能力。

小孩子在相互交往中，发生摩擦、争执，甚至肢体冲突，都不稀奇。只要家长态度端正，耐心引导劝解，都能将矛盾迅速化解。然而，当今有些家长却有这样一种心态：自己的孩子不能吃亏。自己的孩子没吃亏，或占了便宜，家长要么默认，要么沾沾自喜。如果自己孩子吃了亏，家长会不问是非曲直、不顾颜面、无端地呵斥别的孩子，甚至做出粗鲁不文明举动，不惜伤害别人家的孩子。这种现象常发生在老年男性隔代管护者身上，跟管护者缺少儿童教育常识，自身品格修养差，平时做派就这样有直接的关系。严格地说，这样的人不适合做儿童管护者、教育者。这也许是孩子父母无奈才让这样的老人去管护孩子，后果令人担忧。这也是中国家庭隔代教育容易发生的问题，值得孩子亲生父母关注，也值得相关的研究者关注。

总之，在给孩子带来负面影响的事情发生时，更需要积极正面的家庭教育去补救。孩子在接触其他成人，或在幼儿园遭遇不公正对待，造成心灵伤害时，家庭教育责任人必须及时给孩子作宽慰与纾解，提高孩子抗挫折能力。家长不可不作为，更不能不分是非批评孩子、责怪孩子。社会上各色人等很复杂，非理性行为五花八门，幼儿教师素质和水平也参差不齐。不能期望孩子接触到的人，包括幼儿园老师，都是君子。也不能期望小孩子接触到的社会如同一片净水。于是，家庭教育责任人要让孩子逐步认识社会上不同的人，认识社会现实的复杂性，增强孩子人际交往的免疫力。在孩子遭遇挫折时，通过引导、劝慰等，提高孩子心理承受能力，让孩子不气馁、不消沉，抹去心灵上的阴影。让那些脸皮薄、性格内向脆弱的孩子脸皮“厚”起来，心理承受力强起来；让那些淘气、活泼好动、挨老师批评多的孩子，多吸取经验教训，多锻炼理智思考，应对复杂事件的能力强起来。

第四部分

治家文化、家庭教育与做合格的家长

当今，3~6 岁儿童都要进幼儿园接受教育，而后再上小学接受义务教育。但这些都不能替代家庭教育。唯有家庭教育与幼儿园教育、小学教育积极配合，共同给孩子传输正能量，才能使孩子在启蒙阶段奠定良好的思想品格基础和能力发展基础，才能更好地成长发展。

本书这一部分将着重讨论家庭教育中家长的责任义务和教育观念等问题。我国有悠久的治家文化传统。治家指家长对家庭事务的治理，家长对家庭成员，尤其是未成年子女的教育与培养是治家的重要内容。

学习与借鉴

一、我国传统“治家”文化的简单回顾与精华吸取

（一）我国传统“治家”文化的简单回顾

1. 我国传统“治家”文化的源头——《易经·家人卦》

我国有悠久“治家”文化传统，其源头可追溯到《易经·家人卦》(䷤)，这一卦的“卦辞”“爻辞”“彖传”“象传”文辞这样说：

> 家人：利女贞。

“家人”，明家内之道，正一家之人。“女”指女主人。“贞”，真正。“利”，利好。意思是，明家内之道，正一家之人，家庭女主人行得正是利好的事。卦辞首先突出了女主人在“治家”活动中的重要地位和作用。

> 《彖》曰：家人，女正位乎内，男正位乎外。男女正，天地之大义也。家人有严君焉，父母之谓也。父父，子子，兄兄，弟弟，夫夫，妇妇而家道正。正家而天下定矣。

《象》说：在家人中，女主人的“正位”在家庭内部，男主人的“正位”在家庭外部，即俗话说的“女主内，男主外”。男、女主人都行得正，家道随之而“正”，这是天地之大义。“家有严君”指父母。父母好比有权威的“君主”，在“严君”管理之下，家里做儿子的、做兄长的、做丈夫的、做媳妇的所有家庭成员都各正其位，各行其道，六亲和睦，家道就正了。每个家的家道正，天下就安定了。用现代人的话说，家庭是社会躯体的细胞，每个细胞都在正位，都能健康发展，整个社会躯体就平安了。

《象》曰：风自火出，家人。君子以言有物而行有恒。

“家人卦”下半部分是“离卦”(☲)，象征“火”；上半部分是“巽卦”(☴)，象征“风”。符号结构整体象征火在下边燃烧，烈焰升腾，气流翻动，由此形成了风，即“风自火出”。“风”隐喻为“家风”。家庭成员有矛盾、有冲突，如同有火在燃烧，家长如果不坚持原则，处理不好家事，家风不正，就会酿成灾祸。家风怎样，家道正不正是从家长处理家庭事务（包括家长对孩子的教育）那里显示出来的。“风”是外象，“火”是内因，“火”难以避免。家长应该是“君子”，他知道风自火出的道理，认真管理家事，建设良好“家风”。要“言有物而行有恒”，说话言之有物，做事讲原则，持之以恒。良好家风就建立起来了。

初九：闲有家，悔亡。

《象》曰：“闲有家”，志未变也。

“初九”是“家人卦”符号结构最下边的“阳爻”，意味着阳刚。“闲有家”的“闲”意思是“栅栏”，引申义为“法度，规矩”。“悔”是“后悔，悔恨”。“亡”是“无、没有”。意思是，家长治家一开始就要有阳刚之气，有法度、有规矩，像是给自家院子装上栅栏，对不正的事有防范，对家人的行为有制约。这样，家长感到悔恨的事就不会发生。《象》重复“闲有家”，强调“志未变也”。给家人立规矩，营造良好家风、防范不正的事情发生，意志坚定不变。

六二：无攸遂，在中馈，贞吉。

《象》曰：六二之“吉”，顺以巽也。

“六二”是“阴爻”。“攸”相当于介词“所”。“遂”指有成就，有作为。“无攸遂”意思是没什么大作为。在实际生活中，有的家庭主妇性格温和，能力有限，“治家”方面算不上有大作为。但她在“中馈”（安排家人饮食、准备祭祀等家务事）方面做得好，尽到了女主人应尽的责任，这对家庭也是真正的好事（“贞吉”）。《象》进一步解释说：“六二”的情况之所以算吉，因为女主人治家顺应了“巽”的原则。“巽”是逊顺。女主人能力不算强，但踏实谦逊，该做的事踏踏实实做了，对家庭当然是好事。

九三：家人嗃嗃，悔厉，吉。妇子嘻嘻，终吝。

《象》曰：“家人嗃嗃”，未失也。“妇子嘻嘻”，失家节也。

“九三”是“阳爻”，主管治内。家长阳刚太盛，治家过严，家人会“嗃嗃（hèhè）”。“嗃嗃”与“嘻嘻”相对，是象声词，相当于发泄不满情绪，嘟嘟囔囔、吵吵嚷嚷。家长管教严，家人有不满意的。家长会反思，是不是管得太严了？该不该那么做？嘟嘟囔囔的、吵吵嚷嚷的都不是外人。治家严厉，有人不满意，也有其“吉”的一面，总比管束松懈让孩子们、媳妇们嘻嘻哈哈，随随便便，没规矩好得多。如果是后者，家长最终会后悔。这段“爻辞”总的意思是说：“治家”要有法度、有规矩。法度规矩过严会招致家人不满，但比没法度没规矩好。治家法度规矩缺失了，最终会导致让家长蒙羞（“终吝”）。《象》解释说：家人嘟囔也好，吵吵也罢，说明治家大节没有丧失。子女们、媳妇们不受约束，嘻嘻无度，随随便便，家道大节丧失，麻烦就大了。

六四：富家，大吉。

《象》曰：“富家，大吉”，顺在位也。

“六四”这段“爻辞”说家长治家富家是大好事。（禄位昌盛，家庭富有）应该是正道得来的。家庭成员不可做败家子，保持住家富，这是“大吉”。《象》解释说：富家是大吉，是家长严格治家的结果，顺应了家长地位要求。

九五：王假有家，勿恤，吉。

《象》曰：王假有家，交相爱也。

“九五”是“阳爻”，意味着阳刚。“王”指君王，“假”意思是至或达到。“恤”是忧虑，担忧。这段“爻辞”的意思是：君王也有自己的小家，他也得懂治家之道，也要按治家规矩去做。君王的家达到家道正就不会有后顾之忧，治理“天下”那个大家就顺理成章，这是“吉”。易学家王弼说：“居于尊位，明于家道，则下莫不化矣。”① 居于尊位的君王明了治家之道，包括普通百姓在内的下层人会被感化而仿效。宋代理学家程颐说：“夫王者之道，修身以齐家，家正则天下治矣。自古圣王，未有不以恭己正家为本。故有家之道既至，则不忧劳而天下治矣。勿恤而吉也。”②“王者之道”首先是修身齐家，身修才能管好自己家。自己家“家道正”天下就可以大治。自古以来的圣王没有不恭敬严肃地以端正自己为正家道根本的。“正家道”做好了，不用劳心费力天下就大治了，无须忧虑，吉祥自来。反过来说，王者家道不正，公子王孙腐化堕落，争权夺利，甚至互相残杀，家庭内乱，进而还会导致政权崩溃，国家大乱。《象》重申“王假有家”。而“王假有家”的情感基础是“交相爱”。君王家“家治”，家庭成员关系和谐，六亲（父母孩子、丈夫妻子、兄弟姐妹）之间“交相爱”。“交相爱”对君王治家，对普通人家治家都很重要，它是家庭成员和睦相处的情感基础。

上九：有孚，威如，终吉。

《象》曰：“威如”之吉，反身之谓也。

“上九”是“家人卦”结构最上端的“阳爻”。“有孚”意思是说话做事讲诚信，为众人信服。“威如”是有威望有威严的样子。这段“爻辞”的意思是，家长“有孚，威如”对治家最终是吉。《象》解释道：家长威如之吉关键是“反身”。“反身”的意思是，要求家庭成员怎么做，家长自身首先要做好，给家人起表率作用。子女们有什么过错，家长先从自身找原因才有威望威信。这是治家的根本。

---

① ［魏］王弼、［晋］韩康伯注，［唐］孔颖达正义：《周易正义》，中国致公出版社 2009 年版，第 159 页。

② ［宋］程颐撰，王鹤鸣、殷子和整理：《周易程氏传》，九州出版社 2010 年版，第 149 页。

总之，从《易经·家人卦》文辞透漏的信息看，我国传统“治家”，家长作用重大（还特别突出了女家长的作用）。包括“反身”在内的家长自身修养是治家关键。“交相爱”是家治的情感基础。这对当今家长治家、家庭教育，乃至治国理政都有重要参考意义。儒家传承人后来提出的“修身、齐家、治国、平天下”的理论，其源头就在《易经·家人卦》。

2. 政权接班人的教育，经验与教训

家庭教育是传统治家极为重要的内容。对一般家庭而言，教育子女主要是父母家长的事，古代帝王家情况特殊。太子是嫡长子，是法定政权接班人。教育太子，既是帝王家的家事，也是天下国家大事。太子教育得好坏，与政权延续、天下国家前途命运直接相关。因此，圣明的君王对太子教育极为重视，太子尚在襁褓中的时候，教育活动就开始了（参见本书第三部分）。

在“溥天之下，莫非王土，率土之滨，莫非王臣”（《诗经·小雅·北山》）的以宗族血缘关系为纽带的封建大一统社会制度下，“父母”是家庭伦理的核心，“君臣”是国家政治伦理的核心。最高统治者“天子”既是自己小家的家长，也是“天下”大家的家长。“天子”相对于地方诸侯国国君，在国家政治伦理上是君臣关系，在家庭伦理上是父子关系、兄弟关系，或其他亲属关系。诸侯国国君，也是由嫡长子继承，其他的儿子和功臣被分封为卿大夫，形成世代沿袭的“家”。诸侯国国君对于卿大夫而言，既是君臣关系，也是父子关系或兄弟关系。

在这种制度下，“家”的规矩就是“天下”规矩。没有“家”的规矩就谈不上“国”的规矩，没有“国”的规矩也就谈不上“天下”规矩。“家”的规矩被破坏了，“国”就会出乱子，“国”的规矩被破坏了，天下大一统局面就会遭殃。这种以“家”为本的社会政治制度弊端也不少，比如，大家庭内部嫡、庶之分，政治上的等级之分，会导致很多矛盾发生，具体事例很多。

3. 儒家思想中的“道”和“仁”

在周室式微，圣贤之君不作，学校之政不修，教化陵夷，风俗颓败，社会秩序混乱的春秋时期，孔子等先贤根据历史经验教训，对天人关系、治国理政、做人做事等规律规矩等作了极为深刻的探索思考，形成了中国特色的政治、哲学、文化教育等思想流派，给后人留下了极为丰富宝贵的文化遗产，成为中国传统文化博大精深的源流。就孔子为代表的儒家思想而言，以前认为那是封建的、腐朽的、为统治阶级服务的东西。笔者以前也这样认为。但历史地去看，儒家思想中有很多宝贵的东西值得当今借鉴。

孔子等儒家圣贤，通过大量的文献整理、思考探索辛勤编纂完成的《诗》《书》《礼》《易》《春秋》等，对后人认识社会、认识人生、治国理政、个人修养，都起到了巨大的启示作用，成为后人学习与传承的不朽经典。没有这些经典，中国文化就无从谈起。经典阐述的核心是“道”。医治社会疾病，维护人与人、人与天地之间的和谐统一的最高理想是“大道之行”。

《礼记·礼运》记载：某一天，孔子参加完鲁国祭祀“蜡祭”之后，到国都大门两旁的展览室参观，看到里边悬挂着的典章制度，很感慨。弟子言偃问：“老师，您感慨什么呀?”孔子说：“大道之行也，与三代之英，丘未之逮（dài，及，达到）也，而有志焉。”“大道之行”的社会我没赶上，夏、商、周三代精英我也没见过，不过，我有志于实现他们的理想，即“大道之行也，天下为公。选贤与能，讲信修睦。故人不独亲其亲，不独子其子。使老有所终，壮有所用，幼有所长。矜寡孤独废疾者，皆有所养。男有分，女有归。货恶其弃于地也，不必藏于己也；力恶其不出于身也，不必为己。是故谋闭而不兴，盗窃乱贼而不作，故户外而不闭，是谓大同。”孔子说他“志于道”。这个“道”，从人类社会层面上说，是“大道之行”的社会局面。

“仁”也是儒家圣贤讲得最多的问题。“立天之道曰阴与阳，立地之道曰柔与刚，立人之道曰仁与义。”（《易经·说卦传》）“仁与义”是“人道”基本法则。“仁”是人与人相互之间关系好的基本“人道”精神。孔子说：“志于道，据于德，依于仁”（《论语·述而》）他的志向在于“道”，判断人与事物的根据是“德”，思想行为依据是“仁”。孟子说：“孔子曰：‘道二，仁与不仁而已矣。’暴其民甚，则身弑国亡；不甚，则身危国削，名之曰‘幽’‘厉’，……。诗云：‘殷鉴不远，在夏后之世。’

此之谓也。”（《孟子·离娄上》）

概括地说，**“道”和“仁”是儒家思想的核心观念，是为政、做人最基本的人道法则。**为政以“仁义”为法则，亲民，爱民，心里有老百姓，让老百姓生活好，是国家安定、富强必须的条件，是治国理政的根本。在“做人”方面，没有理由不以“仁”为法则。看看“天地之道”，天，无私地默默无闻地把阳光、空气、风雨，赐给人类；地，无私地把人类的衣食住行所需的物质生长出来、奉献出来，让人类生存发展。天地要求人类给予回报了吗？没有！这是最崇高、最伟大的“仁”。

4.“道”“仁”与“教育”

“道”和“仁”的基本法则要体现在执政者的政策法令中。不过，单靠政策法令还不够，还需要教育。孟子说：**“善政不如善教之得民也。**善政，民畏之；善教，民爱之。善政得民财，善教得民心。”（《孟子·尽心上》）“善教”比“善政”更重要。执政者有好的政策法令，当然好，但不如开展好教育更能得民心。好的政令一定是严肃的、严厉的，老百姓会感到畏惧，而**好的教育能使老百姓心悦诚服，更得民心，得民心者得天下。教育，直接关乎“民心”，直接关乎国家前途命运。从家庭教育开始，为国家长远发展做好谋划，使后代接班人多行仁义，走正道，是历代有远见的政治家、思想家、教育家最关注的问题。**

（二）我国传统“治家”文化值得吸取的精华

在中华传统文化中，“家”是“国”之本、“天下”之本。治国跟治家道理相通，治国必先治家。从“家治”到天下“治”，进而致力于世界和平，谋求人类共同福祉“大同”。这是儒家圣贤的理想，也是无数有识之士努力奋斗的目标。实现这一理想必须重视教育。教育的基础在家庭。传统的家庭教育思想源头在《易经·家人卦》。有关治家、家庭教育的文献很丰富，仅从《易经·家人卦》内容看，值得今人借鉴与吸取的有：

1. 家长行得正，有权威。

在一个家庭里，男、女主人行得正是“天地之大义”，也是家长权威性所在。古代家庭比现代家庭规模大、成员多、情况复杂，如同一个缩微了的国。家长就跟“严君”一样，家长有权威，才能率领家庭成员，各正其位，根据自己的角色做好自己的事，达到家道正。每个家的家长都这样，整个天下就安定了。

2. 家长“言有物而行有恒”。

家庭内部难免有矛盾发生，它就像火在燃烧，烈焰升腾会形成风。如果家风不正，整个家庭将毁于一旦。家风不正，往往是由家长不能以身作则、说话不负责任、说到做不到、不坚持原则等原因造成的。于是，树立良好家风，处理好家庭矛盾，家长要作“君子”。管束家人、训导孩子时要言有物，行有恒，不讲空话，要摆事实，讲道理，让家人心服口服，持之以恒，给家人树立好榜样。

3. “闲有家”，对不好的事要有防范。

家庭成员多，年龄、性别、秉性各不相同，结交社会人员复杂，难免会发生这样那样的事。有害“家道”的事必须有防范，措施是“闲有家”，给自家院子装上栅栏，防外，又防内。

4. 宁严勿松，不失“家节”。

家长教育管理严会导致家人不满，家长会反思管教是不是太严了？甚至后悔不该那么严。家长的反思是好事，说明还没有失去治家大节。古人认为，严以管教比放松管教好，放松管教，家里的孩子们“嘻嘻”无度，没有规矩，为所欲为，治家大节丧失了，家长蒙受羞辱，再悔恨就晚了。

5. 保持正道得来的“富”。

富家，能保持住，是家长的责任，是大吉。不过，富是从正道得来的。孔子说：“富与贵，是人之所欲也，不以其道得之，不处也。贫与贱，是人之所恶也，不以其道得之，不去也。”（《论语・里仁》）正道得来的富，不是贪赃枉法、巧取豪夺得来的富，保持住它是好事。而保持这样的富，家长少不了教导家人，节俭而不浪费、珍惜而不挥霍，不做败家子，这顺应了家长地位要求。

当今社会，保持正道得来的富，让家人和孩子懂得生活富裕来之不易，树立勤俭节约、艰苦奋斗、不骄不奢的良好家风，对家长的治家思想与方法、家教能力与技巧都是严峻的考验。另外，“富家”不只是物质的，精神方面的“富”更为重要。

6. 家庭和谐，“交相爱”。

《家人卦》卦辞“交相爱”是针对君王家庭而说的，但作为一条治家原则，对所有的家庭都适用。君王的家缺少“交相爱”，问题更突出，乱子更多。从家人卦透露的信息看，家长严格治家，绝不意味着冷酷无情与专制。家长对晚辈慈爱，晚辈对长辈敬爱是天然的、无私的。家长对家人不偏爱、溺爱、宠爱，爱得公正是家庭成员相互关系和谐的情感基础。历史上作君王的家长，往往由于对兄弟姐妹、子女后代、后宫妻妾的偏爱、溺爱、宠爱，引发互相仇恨，造成矛盾激化，最后导致家破人亡的例子很多。一般的家庭，成员间做不到“交相爱”，也会造成灾难。

7. “有孚威如”与“反身”。

家长的言行让家人信服（有孚），有威信（威如），对家庭是吉。家长“有孚威如”要遵循“反身”原则，即要求家人做到的，自己首先要做到，给家人起表率作用。家人有问题，家长先反身找原因。这样，家长的威信、威望自然就有了。孟子说：“爱人不亲，反其仁；治人不治，反其智；礼人不答，反其敬。行有不得者皆反求诸己，其身正而天下归之。《诗》云：‘永言配命，自求多福’。”（《孟子·离娄上》）家长爱孩子，孩子却不亲近家长，家长要反思自己对孩子是否真的爱；执政者治国，没有取得好效果，要反思自己的智慧是否有问题；以礼待人却不被别人理睬，自己要反思对别人是否恭敬。好的行为举措得不到好报，要先从自己方面找原因。君王自身行得正，天下人都会归顺他。“永言配命，自求多福。”（《诗经·大雅·文王》）意思是要永远按天道规律行事，幸福靠自己努力才能得到，一个国家长久治安也是这样。

传统治家的这些理论和原则，很值得当今的人参考借鉴。

现实生活中，不是所有的父母家长都能很好治家，不是都能把家庭教育的事做好，家长也会犯错误。遇到这种情况该怎么办？《易经·蛊卦》讲，家庭内部有腐败或其他不良事端发生，如果是父母造成的，则需要刚强能干的好儿子站出来，去吸取教训，拨乱反正，“干父之蛊”“干母之蛊”。处理好因父母的过错而留下的种种遗患，但要注意策略，尽量不伤害父母，使“家道”回归正途。

二、外国教育家有关家庭教育的理论见解

（一）夏洛特·梅森的家庭教育理论见解

英国家庭教育专家夏洛特·梅森有不少理论见解值得儿童家长参考。她认为教育的目的是“**使孩子成为对人类社会真正有用的人**”。要达到这一目的，父母家长有重要责任和义务。

家庭是国家的基本单位，对外友好关系的建立，家庭也有责任。

因为“家庭是国家的基本单位……这在一定程度上揭示了父母的职责”。从对外交往的角度说，“一个国家的文明程度与它跟别国所建立的友好关系成正比……国家在进行广泛交往，与世界各国保持联系，促进人类共同进步的潮流中都发挥着领先带头作用。作为国家的一分子，家庭也应该保持这样的态度……因为每个家庭都是整体中不可分割的一部分，所以他们应当承担起这种义不容辞的责任。”①

与其他国家交往，家庭也有重要责任。一般人看来，国家交往是国家的事，与家庭何干？其实不然。比如，我国与其他国家交往是基于“人类命运共同体”的理论认识，随着国际交往的广泛，不少家庭事实上也参与其中，你的孩子教育得好坏，对其他国家的民众也会有影响。家长在教育孩子时，要有这样的意识与警觉。

家长有教育孩子的不可推卸的责任，孩子表现怎样，关键在于家长的带头作用。

夏洛特·梅森认为：“**家庭是孩子第一所学校**。……目前教育中最重要的部分还是在家里完成的，家庭成员一般都很信任家长，并且这种依赖感对全人类的亲近有利。如果孩子从小生活在这种温馨的氛围中，爱心自

---

① ［英］夏洛特·梅森著，李忠明译：《夏洛特·梅森家庭教育法全书》，陕西师范大学出版社2010年版，第28~31页。

然会在他心中萌生……一个具有优良传统的家庭，往往除了与周围的人相处融洽，而且代代皆为孝子贤孙。假如家里出现了不孝之孙，往往是因为父母没有给孩子起到带头作用。”①

把家庭比作孩子的第一所学校，家长就是学校的校长。家庭内充满正气，温馨和谐，孩子的爱心会自然萌生。家庭有优良传统，与周围的人会和谐相处，孩子也会表现得很出色。孩子表现出色，是因为父母家长起到了好的带头作用。家庭情况怎样，孩子表现怎样，关键在于家长怎么带头。

夏洛特·梅森也指出：家长“不要让家庭成为专制政体”因为专制的家长是不能教育好孩子的。如同“偏私的法官、虚伪的牧师或无知教授，都不能很好地履行自己的基本职责，而昏庸的国王也不配治理国家，同样，无能的家长也教育不好自己的子女”。② 父母教育子女的责任，是无法由他人包办替代的，或许可以请人帮忙，但终究不能把自己的职责和权威转移给他人，否则就丧失了作为家长的资格。家长是孩子教育的首要责任人，孩子的表现怎样，关键在家长。

教育孩子是家庭的社会义务，培养孩子正确的世界观和责任感是家长的使命。

夏洛特·梅森指出：“教育孩子是家庭神圣的社会义务……一个人的成长在很大程度上会受到来自家庭成员的影响。人们通常会继承和发扬父母对自己的教育模式，形成自己的性格和世界观，并将这个影响传给下一代……家长应当为社会培养孩子。孩子是社会的财富，不能狭隘地理解为‘自己的孩子’。”③ “为了孩子将来的成功，家长必须担起教育孩子的重

① ［英］夏洛特·梅森著，李忠明译：《夏洛特·梅森家庭教育法全书》，陕西师范大学出版社 2010 年版，第 27~28 页。

② ［英］夏洛特·梅森著，李忠明译：《夏洛特·梅森家庭教育法全书》，陕西师范大学出版社 2010 年版，第 33 页。

③ ［英］夏洛特·梅森著，李忠明译：《夏洛特·梅森家庭教育法全书》，陕西师范大学出版社 2010 年版，第 35~36 页。

任。……家长的使命就是合理地培养孩子正确的世界观和责任感，这一使命必须要时刻牢记。”① 家长教育孩子，首先要明确，孩子不是家庭私有财产。教育孩子是家长神圣的义务。家长的使命是培养孩子正确的世界观和责任感。在当今复杂的社会形势下，对孩子正确的世界观和责任感的培养显得尤其重要，家长必须有这样的责任担当。“我们就要努力做好儿童的教育工作，并通过他们，为全人类间接地服务。”“我们总是把教育当成自己个人的行为，以至于忽视了教育是一项世界性的产业这样一个事实。”②家庭教育也是社会行为。通过儿童教育，是间接地为社会、为全人类服务。梅森说“教育是一项世界性的产业”怎么理解，可以进一步讨论。为国家培养孩子是家长的神圣职责，让孩子学会自我管理，养成独立自主能力。

夏洛特·梅森说：“**健康的家庭是维护社会秩序和国家安定团结的基础……如果孩子知道父母培养自己是为了国家，是在履行自己的神圣职责，他们就不会那么胡搅蛮缠了**……必须让孩子学会自我管理……必须逐步培养他们独立自主的能力，这也是孩子应当享有的权利……家长的权威非常重要，不能忽略。运用权威的最高水平，应当是在无形中运用，并且不留痕迹。”③ 家庭关系健康和谐，是国家安定团结的基础。梅森的这一观点跟我国古人说的“正家而天下定矣”（《易经·家人卦》）相似。家长教育孩子是为了国家，为国家培养人才是父母家长的神圣职责，让孩子知道这些道理，对他们的发展很有好处。培养孩子的自我管理能力、独立自主能力，是家长应该做的，也是孩子应享有的权利，家长有这样的认识很重要。家长需要有权威，我国古人也早有论述，但家长的权威在孩子面前要恰当运用。

---

① ［英］夏洛特·梅森著，李忠明译：《夏洛特·梅森家庭教育法全书》，陕西师范大学出版社 2010 年版，第 47~48 页。

② ［英］夏洛特·梅森著，李忠明译：《夏洛特·梅森家庭教育法全书》，陕西师范大学出版社 2010 年版，第 10 页。

③ 夏洛特·梅森著，李忠明译：《夏洛特·梅森家庭教育法全书》，陕西师范大学出版社 2010 年版，第 35~36 页。

（二）蒙台梭利等专家的家庭教育理论见解

蒙台梭利由儿科医生职业转向儿童教育，是她看到了儿童教育的重大且深远的意义。她说：“如果我们要改变一个国家的风俗习惯，或希望加强某一民族的某些性格，我们必须以孩子为突破口，从小孩开始，因为在成人身上所能做的太有限了。要改变一个民族或一个国家，变好也罢，变坏也罢，要唤醒宗教或提升文化，我们都必须仰赖孩子，他们才有无比的能力。”①

这段话非常发人深省。儿童是国家的未来，也是世界的未来。一个国家的未来是什么样子，只要看看他们那里的儿童教育怎么样，就能知道个大概了。我们中华民族要实现伟大复兴，实现“大道之行”的美好理想，儿童教育意义重大。弘扬中华优秀传统文化，从娃娃抓起，让孩子系好人生第一粒扣子，是党和政府的号召，也是粉碎敌对势力的颠覆渗透、和平演变图谋的战略举措。

那双推动摇篮的手，掌握着整个世界的未来。

在家庭教育中，父母家长的作用直接影响到孩子，进而影响到国家和民族的未来。蒙台梭利针对当时的家长不重视儿童教育的情况，尖锐地批评说：“家长非常清楚自己在孩子的未来发展上起着至关重要的作用，诚如一句谚语所言：‘那双推动摇篮的手，掌握着整个世界的未来。’然而，在孩子童年时母亲只需靠练习和耐性，就可以顺利学会的最简单的一项工作，她却仍无法将之应用在对自己孩子的教育上。而一个事业有成的父亲，可能懒得去思考如何培养孩子的人格，也不会留心观察孩子。结果，不管疏忽或未尽全力，甚或由于过去的经验太空洞、无趣，父母对于要如何开始教育孩子，大脑一片空白，往往放弃自己的重大责任。”②

---

① ［意］玛利亚·蒙台梭利著，胡纯玉译：《发现孩子》，中国发展出版社 2006 年版，第 28~29 页。

② ［意］玛利亚·蒙台梭利著，郭景皓、郑艳译：《家庭中的儿童》，中国发展出版社 2012 年版，第 100 页。

这种情况，在我国当今的年轻父母那里也存在。或者说，年轻父母还不懂得怎么教育孩子。另一种情况是，父母对孩子的教育看似很负责，实际上是在功利主义风气影响下的过度教育。他们受所谓的天才培养论蛊惑，违背儿童教育规律，拔苗助长，最后伤害的是孩子。总之，前一种情况显然不对，后一种情况更具迷惑性、危害性。养育、教育孩子，是父母应尽的责任和义务。培养孩子正确的世界观、价值观，良好的品格，以及必须具备的相关能力，使之成为国家和社会的真正有用人才，才是儿童教育的根本。

负责任的家长要目光远大，充裕的经济资源不是学业有成的必要条件。

日本儿童教育专家井深大强调，负责任的父母家长要目光远大。他说：“**一个只被眼前的价值观所左右，对新世纪全无想象力的母亲，是没有资格教育子女的。**”“你若只为眼前利益，或局限于狭隘的眼界来教育儿女，你的孩子恐怕是很难成为下一代中的佼佼者。”“做妈妈的，虚心地观察幼儿的言语、态度、心性与情感的动向非常重要。从中发现了什么，那就是发现了自己，同时也可以说是发现了能够直接用于教育子女的重要方法。”①

父母教育孩子，目光要远大，价值观要正确，需要当今的父母首先从端正自己做起。另外，如果父母家长能虚心观察孩子、认识自己，还会发现直接用于教育子女的重要方法。事实上也是如此，父母在对孩子进行教育时，在观察孩子的同时，一定要随时检查自己，从孩子的行为中很容易看到父母的影子。**父母端正自己，才能找到正确教育孩子的方法。**

另一位日本儿童教育专家铃木镇一认为：无论什么样的孩子，都是可以接受才能教育的。不管先天禀赋如何不足，只要精心地去培养他，幼苗都能够长成参天大树，开花结果。这是儿童教育专家们比较普遍的看法。他还说：“充裕的经济资源并不是学业有成的必要条件，家境富裕的儿童

① 邵夏珍编著：《井深大早期教育法——从零岁开始的幼儿教育与潜能开发》，中国发展出版社2001年版，第238、241页。

在成绩上并不一定独占鳌头……对于一些物质资源不足的家庭，如果家长在孩子的精神激励和心理依靠上做了充分的努力，孩子同样会有所回馈，勤奋的儿童是能够在学业上大放异彩的……积极建立适宜于孩子学习的环境和培养孩子勤学的价值观。从小就建立对学习的浓烈兴趣，培养其不断学习的生活方式，一定能促使孩子学无止境。”“为了培养孩子的品德，父母对自己的行为要自慎，应处处做孩子的表率……在孩子品德的培养中，父母起着举足轻重的作用，之所以如此，主要是因为父母是陪伴孩子的第一人，也是时间最长的人，他的一言一行都成为孩子模仿的对象。”①

家境富裕不是孩子成才的必要条件。成才的关键是家长对孩子的精神激励，以及对孩子学习兴趣的培养。铃木镇一也提出，培养孩子，要培养他正确的价值观。父母的行为要谨慎，处处做孩子的表率，以培养孩子的良好品德。这是儿童家庭教育基本规律，很值得当今的父母家长思考。

三、家庭教育，家长的责任和义务

当今中国，随着国民经济迅速发展和民众生活节奏快速化、生活方式多样化、居住环境城镇化，年轻人结了婚，生了孩子，成了孩子的父母家长。他们在养育孩子的同时还要工作，还要为事业而努力拼搏，生活压力剧增。在一段时间内都会感到很不适应。有位年轻父母就对笔者说：“老一辈的人，到了该结婚的时候就结婚，到了该生孩子的时候就生孩子，有了孩子也不觉得有多大负担，不需要为养育孩子操太多的心，孩子在不知不觉中长大了。现在，我们这些年轻父母，需要为孩子操心的事情太多，但又不知道怎样做才好。”至于怎样给孩子良好的家庭教育，他们感到迷茫。

笔者认为：做父母的首先要明确“父母有抚养教育未成年子女的义务”。这是宪法第四十九条第三款的规定。这项义务意味着每个做父母的

① 晨曦编著：《铃木镇一教育法》，石油工业出版社2005年版，第70~71页。

都必须尽到与之相应的责任。责任是自己分内应该做好的事。认真做好分内的事叫尽责。父母对未成年子女的抚养和教育，要维护未成年子女的生存发展权、受保护权，满足未成年子女正常生活与健康需求。同时在思想品质、行为规范等方面给予良好的示范、引导，还要维护他们接受学前、学校教育的权利。

当今的年轻父母，自身为独生子女者居多。由于文化背景、家庭经济条件差异，对孩子的“家庭教育”有两种比较普遍的倾向：一种情况是，不知道怎么教育孩子，或无暇教育孩子，把抚养管教孩子的任务全交给家里的老人。不少年轻父母，在孩子出生不久就丢给老人，自己外出打工挣钱，孩子成了“留守儿童”。这种情况的发生，有一定的社会原因，但从家庭教育角度说，这些父母实际上没有很好地尽到抚养教育孩子的责任。孩子上幼儿园了，父母会觉得教育是幼儿园的事。孩子回到家，家里的老人只要管好他的吃喝拉撒，保证身体健康就行了，至于怎么教育则缺少关注。另一种情况是，为孩子精心设计，教养过度。生活工作在大城市、家庭经济条件好、学历比较高的年轻父母中，这一倾向比较突出。他们对孩子的教育可谓高度重视，对孩子的未来精心设计，在教育上精心实施。不过，这些家长最容易受“神童制造商”的蛊惑，不惜出高价、请“高手”，把孩子送到所谓的智商开发公司、才艺培训公司，开发才智，培养才艺，希望自己的孩子出类拔萃。然而，这些举措是否符合儿童成长规律？家长是否认真思考过？恐怕随大溜儿者居多。不难发现，这种精心培养的背后，有强加给孩子的家长意志，或有急功近利的思想在作怪。

从另一个角度看，为迎合一些家长望子成龙的心愿，有的幼教机构与商业公司串通，推销他们的教育产品，以达到互利共赢的目的。孩子学习的科目名目繁多（都是收费的），令人眼花缭乱。至于孩子能否接受？教学效果究竟如何？却缺少相关的监督检查。笔者所见，有的幼儿园孩子从周一到周日空余时间被家长排得满满的，什么钢琴班、围棋班、舞蹈班、绘画班、数学班应有尽有。笔者问家长：“孩子累不累？有时间玩吗？”对方茫然无语。大多数所谓的教育机构，以开办课外班为名，谋取私利为实。比如，有的机构以办学生乐队为名，让家长给孩子买高价的西洋乐器，学费当然要交。可教练根本不认真教，教了一两次之后，就在一旁站着让孩子们自己练，一个学期下来，孩子们什么也没学会。如果真想学会，还得另外付钱。不付钱，那些贵重乐器都成了摆设。

在商品大潮卷起的追求利益最大化的世风裹挟下，受各种思潮的冲击而出现的儿童教育乱象，让家长心烦意乱，焦虑不安。能让下一代能享受公平合理的教育，减轻孩子不应该有的学习负担，让孩子学有所长，全面发展，乃是绝大多数家长的心愿。

简单回顾我国教育史，豁然发现我国重视教育的传统由来已久！从胎教到儿童启蒙教育、青少年的教育，在很长的历史时期都处于世界领先地位。不过，很少有人知道，我国古代教育制度，以及人才选拔制度，历史上曾受过西方国家有识之士的高度赞赏，他们也从我们这里学到了不少东西。① 到了清代后期，统治者无道，与人民为敌，内忧外患频仍，国家沦为殖民地与半殖民地，广大民众处于水深火热之中，享受不到良好的教育，科学技术教育大大落后于西方。新文化运动开始之后，许多中国知识精英觉得什么都是西方的好，处处愧不如人，教育自信没了，文化自信也丧失殆尽。

新中国成立后，天地一派新气象，教育得到大发展，奋发图强的斗志得到了极大的激发，但对于传统文化教育则缺乏认真冷静的思考与总结。改革开放之后，国民经济得到快速发展，科学技术水平达到了前所未有的高度。这时人们又发现，经济发展了，科学技术进步了，而作为后盾的教育却令人担忧。教育，尤其是思想品德和传统文化的教育格外软弱无力。在市场经济大潮冲击下，某些教育者也只知道如何发财。教孩子怎么学习做人，怎么得到健康发展则被淡化，这已成为阻碍中华民族伟大复兴、积蓄后备力量的严重障碍。继承中华优秀文化教育传统，从儿童时期抓好做人教育，已经得到党和政府的高度重视。家庭是儿童教育的第一所学校，家长是孩子的第一位老师，儿童教育，既关系到家庭的未来，也关系到国家和民族的未来。在我们的传统文化中，古代圣贤有很多发人深省的教导

---

① 参见邓嗣禹著：《中国考试制度史》，吉林出版集团有限责任公司，2011 年版。

和深邃的论述，很值得当今的家长们学习借鉴。下文将对这方面的情况作介绍或探讨，供家长们参考。

（一）教孩子如何做人是家长的责任和义务

教孩子学习做人是父母家长的首要责任和义务，这似乎是极为平常的不屑一提的事。然而，做人的含义怎么理解？为什么要教孩子学习做人？家长需要从那些方面给孩子以引导？这些问题都值得搞明白，中华传统文化中有很值得今人了解与借鉴的东西。

1. 做人含义的理解

现代人把做人理解为怎么接人待物、适应社会。小孩子学习做人首先是从接受家庭教育开始，学习接人待物，学习了解社会与适应社会，通过家长的言传身教及孩子自己的耳濡目染，逐步形成社会人应有的良好品格，行为规范，以及正确的价值观、人生观。

“做人”即“作人”，这个词最早见于《诗·大雅·旱麓》。“鸢飞戾天，鱼跃于渊，岂弟君子，遐不作人。”意思是：鹰能飞向蓝天，鱼能跃于深渊，文质彬彬的君子为何不像它们那样去做人。应该像戾天飞翔的鹰，跃于深渊的鱼学习，做有志向、有品格、有信念、有作为的人。做志向坚定、胸怀广大、品行高尚的君子，或者说做顶天立地的大丈夫。孟子说：“居天下之广居，立天下之正位，行天下之大道。得志与民由之。不得志独行其道。富贵不能淫，贫贱不能移，威武不能屈。此之谓大丈夫。”（《孟子·滕文公下》）大丈夫居住在“仁”那个天下最大的大房子里，站在“礼”这个最正当的位置上，行的是天下“正义”大道。在得志的时候和老百姓一道前进，不得志的时候仍坚持原则、能独行正道。富贵了不腐化堕落，贫贱时照样意志坚定，权势的威武不能使他卑躬屈膝，这是真正的大丈夫。这个标准似乎高了点，但做这样的人才有价值。这是我国传统文化中的人生价值观。

2. 做人有道

在我们的文化典籍中出现频率最高的、最受尊崇的不是那个人格化的神，而是代表宇宙天地万物运行规律和法则的道。《易经·系辞下》说：

“易之为书也，广大悉备，有天道焉，有人道焉，有地道焉。兼三才而两之，故六；六者非它也，三才之道也。”意思是说《易经》这本书，内容广大，天、地、人的道理无不完备。卦相符号的三划，代表天、地、人，叫作“三才”。将两个三划重叠成六划，并非另有含义，而是阴阳匹配，仍然在揭示天、地、人既统一，又在变化的道理。“人道”与“天地之道”是个统一体。做人不可违背人道基本规律和规则，当然也不能违背天地之道的基本规律和规则，否则会受到惩罚，不配做人。比如人们说：“某某人不是人。”是说那个人违背了天地之道和人道，应该被踢出人类了。

做人要做君子或大丈夫，但不容易。在天、地、人三才中人是“天地之德，阴阳之交，鬼神之会，五行之秀气也”（《礼记・礼运》）。人是天地、阴阳交会的产物，是有别于其他生物的最有灵气的物种。人除了有其他物种不可比拟的智慧之外，还有喜、怒、哀、惧、爱、恶、欲这些情感和欲望。比如：“饮食男女，人之大欲存焉；死亡贫苦，人之大恶存焉。故欲恶者，心之大端也。人藏其心，不可测度也。美恶皆在其心，不见其色也。”（《礼记・礼运》）情感欲望（古人称“人情”）是“心术”最大的开端。“心术”都藏在心里，不易测度，而它有正、有邪，有美、有丑，表面上看不出来。

“人生而静，天之性也。感于物而动，性之欲也。物至知知，然后好恶形焉。好恶无节于内，知诱于外，不能反躬，天理灭矣。夫物之感人无穷，而人之好恶无节，则是物至而人化物也。人化物也者，灭天理而穷人欲者也。于是有悖逆诈伪之心，有淫泆作乱之事。是故强者胁弱，众者暴寡，智者诈愚，勇者苦怯，疾病不养，老幼孤独不得其所，此大乱之道也。”（《礼记・乐记》）小孩子刚生下来，除了吃、喝、拉、撒等本能需求之外，没有太多的情感欲望，心是清静的，这是天性。可是长大之后情况就不同了，随着接触外界事物的增多，受外物感染触动，人的情感欲望便活动起来。外物的到来，调动了人的知觉和情感，使人对外物形成了好恶欲望。这种好恶情感欲望，不从内心（主观上）予以节制，明知受外物诱惑而又不能自控，天地间的真理（天理）就被泯灭了。外物刺激感染是无穷的，人的好恶又没有节制，不断到来的外物刺激（金钱、权势、美色等）使人清静的天性发生异化，物欲膨胀，贪得无厌，各种悖逆天理的欺诈作伪的想法就有了，淫泆作乱的事就发生了。强势的胁迫弱势的，人多的欺凌人少的，胆儿大的奴役胆儿小的，有病得不到疗养，老幼孤独困难群体得不到安身之所，诸如此类的伤天害理的事都会发生，人类社会就乱套了。

3. 人情需要治理

人的情感欲望（人情）是需要治理的。不加治理，违背天地之道和人道基本规律和法则，争权逐利、巧取豪夺、损人利己、损公肥私乃至互相残害等人患就会发生，人类社会的和谐就会遭到严重破坏。于是，“先王以承天之道，以治人之情，故失之者死，得之者生”（《礼记·礼运》）。圣明的君王对人情进行治理，包括对人情进行引导、纾解、约束等，是承接天地之道的规律和法则。让人们明白天地之道规律和原则不可违背，让人成为对社会和谐发展有用之人。治人情的成败，既关乎个人的前途命运，也关乎国家的兴衰存亡。所以古人说，“失之者死，得之者生”。

中华传统文化以天地自然规律和法则为基准，以维护人类社会和谐健康发展为目标的“治人情”理论，符合以“仁与义”为代表的人道精神。它与其他人群信奉的，物竞天择、优胜劣汰的“丛林法则”完全不同。人类情感欲望中也有美好理想与追求，这是人情的另一面，是治人情要发扬的部分，因为人毕竟不是丛林里的动物。

4. 怎么治人情

文献说：古代圣王是把人情看作他的责任田。治人情就像农夫耕种田那样，“修礼以耕之，陈义以种之，讲学以耨（nòu）之，本仁以聚之，播乐以安之”（《礼记·礼运》）。

通过修礼（制定一系列礼仪规则，建立合乎人道的行为规范），去耕耘这片田地；通过陈义（公布代表正义的法令规则，宣传正义的道理）把良种播到人的心田里；通过讲学（开展文化、教育活动）去铲除田里杂草；以仁为根本把人心凝聚起来；传播美好的音乐使人心得以安适。概括地说就是，通过修礼、陈义、讲学、本仁、播乐这一系列制度的文化教育的手段把人情治理好。人情治理好了，从个人到家庭，再到国家都会好。

“礼、乐、刑、政”是治人情基本措施和手段，其中“礼”最为重要。在周代，礼包括被规定下来的一系列制度规则和做人的行为规范。古人说：鹦鹉能说话仍然是鸟，猩猩能说话仍然是兽类，因为它们不懂礼。人如果不懂礼、不按礼的规矩去做，能说会道，那跟禽兽有什么两样？所以古代圣人“为礼以教人，使人以有礼，自别于禽兽”（《礼记·曲礼上》）。礼是人有别于禽兽的文明标志。不懂礼的人只能说他们还停留在荒蛮未开化的阶段，还不具备做文明人资格。《诗经·国风·相鼠》曰：“相鼠有体，人而无礼。人而无礼，胡不遄（chuán，赶快）死。”瞧瞧那些讨厌的老鼠，尚且有完善的肢体，人怎么可以没有完善的“肢体”礼呢？人要是没有礼这样的完善“肢体”，不如赶快死了算了。文献说：“礼义者，人之大端也。所以讲信修睦而固人肌肤之会、筋骸之束也。所以养生送死事鬼神之大端也。所以达天道顺人情之大窦也。”（《礼记·礼运》）

总的来看，古人所说的礼义相当于社会制度和文化传统，是做人的大端。起构建人际和睦，不走歪门邪道，坚固人的“肌肤”、束缚人的“筋骸”的作用。是上达天道，下顺人情的最重要途径。唯有圣人知道礼义不能缺少。礼义的作用是，让人遵守一定的制度和规则，使人向善，引导人的行为使之规范，当然也会使人思想情感欲望受到约束。无礼或不懂礼，会遭到社会公众的谴责，甚至法规的惩罚。对人类社会而言，没有礼义是绝对不行的。礼义是国家社会文明的稳定器，“故坏国、丧家、亡人，必先去其礼”（《礼记·礼运》）。谁要想毁坏你的国，亡你的家，一定是先破坏你的社会制度和文化传统。

兴礼义、治人情是社会治理和做人教育的根本，是国家长治久安的关键。古人讲的这些道理，是真理，当今有很多活生生的事例可作证明，很值得今人深入思考理解。治人情的本质是如何做人，做人的基本法则和规矩的建立，要从儿童时期抓起。儿童蒙昧幼稚，处在人生幼苗阶段，成长发展迅速，需要家长格外用心呵护培养。而对孩子的呵护培养，首先要从根本抓起。根正，苗才茁壮；本正，苗将来才能成材。传统文化中的有关做人的规则和规矩，对端正坚固儿童的根本，对孩子将来接受疾风骤雨、严寒酷暑的考验，能起到极为重要的作用。

5. 做人教育中的问题和教训

做人要有品格，有理想，有信念。即使成不了众人敬仰的君子或大丈夫，但这种价值取向，也能给人以智慧，发挥正能量。如果人的品德、理想、信念、价值观出了问题，其才智、能力的发挥就会进入邪道，不但谈不上有作为，甚至给家庭和社会带来灾难。当今的不少家长教育孩子，只重智力而轻做人，以孩子智力超群、将来出人头地当大官、当明星、发大财为目标。这样的教育追求的是个人私利，培养出来的孩子智力可能不差，但行为规矩、价值观念与中华传统文化观念相悖，轻则成为精致的利己主义者，重则走上违法犯罪的道路。

人的良好品德，正确的人生价值判断和行为规范，打基础的时段在儿童时期，家庭教育责任重大。轻道义、重私利的不良世风对家庭教育的污染需要治理。不管怎么说，家长对孩子的做人教育，需要从儿童时期做起，孩子以后成为怎样的人，关键在家长。

（二）教孩子做人，家长首先要正己

教孩子做人，关键在家长。家长首先要正己，端正自己思想行为，包括教育思想和教育行为，给孩子以正确的引导，给孩子起好的表率作用。家庭是社会的细胞，孩子是社会的一分子，是国家和民族的未来。孟子说："人有恒言，皆曰，'天下国家。'天下之本在国，国之本在家，家之本在身。"（《孟子·离娄上》）身，指个体人自身。个体人是家之本，家又是国之本、天下之本。不论是为家还是为国，对孩子的做人教育，家长都要首先端正自身。"其身正，不令而行；其身不正，虽令不从。"（《论语·子路》）家长自身正，不用发号施令孩子就会模仿着做。治国理政也是这样，执政者自身正，老百姓会跟着走，行政就不会有什么困难。执政者自身不正，怎么去引导广大民众？

1. 正己与修身

教孩子做人，父母家长首先要正己。正己功夫在修身。修身就是修养自己，提高家长自身的品德素养水平，把自己管好。家长不能修身正己，思想行为不端正，要让孩子的思想行为端正一般来说不大可能。俗话说的

"上梁不正下梁歪"就是这个意思。有人会说："这是老调重弹，谁不知道？"其实，即便是老调重弹，家长能真正做好并不容易，因为："人之其所亲爱而辟焉，之其所贱恶而辟焉，之其所敬畏而辟焉，之其所哀矜而辟焉，之其所敖惰而辟焉。故好而知其恶，恶而知其美者，天下鲜矣！故谚有之曰：'人莫知其子之恶，莫知其苗之硕。'此谓身不修不可以齐其家。"（《大学》）

一般人的心理倾向是，对待亲爱的、讨厌的、敬畏的、同情的人等，往往有过之而无不及。能从亲爱的人身上看到其缺点，能从厌恶的人身上看到其优点，能客观公正地对待他人的人并不多见。俗话说："人们往往看不到自家孩子的缺点，那是因为太爱他了；总觉得别人田地里的禾苗长得好，那是因为贪心了。"家长溺爱孩子，是被偏心、贪欲等邪念迷惑了。受偏心、贪欲等邪念迷惑，就不能端正自己的思想行为，家庭教育就不会有好结果。

事实上，家长的思想意识、心态言行等，不论是正面的、负面的，有意识的、无意识的，随时都在影响着孩子，包括孩子的人生观、价值观、行为方式等。家长正己、修身，就是要珍视自己的角色，端正自己的思想意识、言行心态，给孩子传递做人的正能量，使孩子养成良好的品格和行为习惯。

2. 多从孩子的角度想想

当今社会，不少家长很看重孩子的智力和才艺，着力把孩子培养成某方面的人才。不可否认，现实中确实有某方面禀赋不错的孩子，经过培养训练也有了一定的特长。这时，家长便欣喜异常，带孩子四处演示，让孩子博取观众的喝彩。说穿了就是想让孩子去当明星、发大财。可是，那是孩子自己想要的吗？从孩子的角度说，他们自己真有当明星、发大财的要求和欲望吗？家长应该反思，是否真的是为孩子的未来着想，家长有没有把自己的精神需求、物质欲望转嫁到孩子身上。如果是这样，孩子就成了家长的替身，持续下去，不仅会泯灭孩子的童真，还使孩子变得世故、势利，背离了孩子发展的正道，最终是害了孩子。

宋代著名政治家、文学家王安石写过一篇名为《伤仲永》的文章，所讲故事很值得家长们引以为戒。故事说：有个姓方名仲永的孩子，五岁时还没见过笔墨纸砚，有一天，忽然哭着要这些东西。父亲是个穷苦农民，家里哪儿有这玩意儿？只好朝邻居借。仲永拿到笔墨纸砚，很快写出四句诗，表达了孝敬父母、团结宗族的意思，还署上了自己的名字。乡里一位读书人看到了仲永写的诗，很惊讶，事情传开了。有人便特意指定某事、某物，让仲永写诗，孩子马上能写出来，文采和意蕴都有值得欣赏的地方。同县的人，觉得这孩子真的是个天才，随后不断地有人请仲永父亲带儿子去作客，出钱请仲永写诗。父亲觉得，钱来得这么容易！就天天带着仲永四处给人写诗，不让孩子安静下来读书学习。王安石说，他在舅舅家见到过方仲永，孩子已经十二三岁了。王安石叫仲永写诗，诗的水准已经和过去听说的不能比了。七年后，王安石再到舅舅家，问仲永的情况，舅舅说："他的才能已经完全消失，和普通人没什么两样了！"王安石很是感慨。

这个故事说明，仲永确实有天赋，如果能在天赋的基础上进一步接受教育，他的成就肯定比没有天赋的人强很多。可是父亲那样做，孩子也就如此这般了。家长没有正确的教育观念，不能严以正己，不能给孩子正确的引导，结果是毁了孩子。

3. 修己与正心

家长教育孩子需要先正己，执掌国家权力者则更需要修身正己。据《论语·宪问》记载，子路问老师怎么做才算君子，孔子说："修己以敬。"子路问"这就够了吗？"孔子答："修己以安人。"子路又说"这就够了吗？"孔子回答道："修己以安百姓。修己以安百姓，尧舜其犹病诸！"孔子的意思是：君子修养自己，敬业尽职，要把自己的责任具体落实到使老百姓生活的安乐上。而使老百姓生活安乐，连尧舜这样的圣王都会觉得力不从心。可见修身正己并不容易。

修己关键在正心。心不正，胸中无信仰，眼里没有国家和人民的根本利益，在财、色、权势等贪欲邪念驱使下，看不清事物本质，步入歧途，最终都会被社会唾弃。在当今，这样的人不在少数。古人认为，修身正己的基本功在格物致知。格物致知是通过人心的认知活动去了解事物活动规律和规则。人心是灵动的，有极强的认知能力，完全可以通过认知活动，获取知识，了解并把握事物变化的规律和法则。

“诗曰：‘天生烝民，有物有则。民之秉彝，好是懿德。’孔子曰：‘为此诗者，其知道乎！故有物必有则，民之秉彝也。故好是懿德。’”（《孟子·告子上》）包括人在内的万物，都有一定的生存发展规律和规则（即道）。秉持住规律和规则，不违背、不破坏它就是最美的品德（懿德）。孔子说：《诗经·大雅·烝民》这首诗，一定是得道高人写的，要不然，他讲得怎么那么深刻呀。通过认知活动，把事物蕴含的基本规律和规则弄明白了，就不会被事物表面现象所蒙蔽，正确的思想信念就会在人的内心中得到呈现，人心就可以正，良好的行为规范和美德就能形成了，做人做事就不会犯错误。否则，轻者犯小错误，重者违法乱纪，对家庭、对社会造成祸害。

4. 做人之道不可违

人道是做人之道，它和天地之道是和谐统一的，是不可违背的。例如，那些以权谋私，贪赃枉法，侵吞国家利益，败坏社会风气，遭法律严惩的贪官们的案例，都说明做人之道不可违，做人不能失去基本的规律和法则。做人的基本规律和法则，要从孩童时期开始逐步树立起来。退一步说，如果那些被法律严惩的贪腐者，在幼年时就能真正懂得，并能秉持做人的基本法则，能真正照做人之道行事，约束自己的思想行为，还会落到如此可耻可悲的下场吗？“善不积不足以成名，恶不积不足以灭身。小人以小善为无益而弗为也，以小恶为无伤而弗去也，故恶积而不可掩，罪大而不可解。”（《易经·系辞下》）“积善之家，必有余庆。积不善之家，必有余殃。”（《易经·坤卦·文言》）积善成名、积恶灭身，善与不善两种结果，不仅会在个体身上得到兑现，整个家庭也不能摆脱，这就是做人的基本规则。积善和积恶结果不同，是行为主体人对天地自然基本规律和规则是顺应还是违背造成的。

有关做人、向善的道理，小孩子一时还不能理解，但孩子的家长，不论社会地位高低，都需要明白，否则就无法给孩子以正确的教育引导。当今社会，有关如何做人的正反面事例很多，教孩子做人，对正面的事例，要引导孩子去了解，形成认同感；反面的事例，要让孩子鄙视、厌弃，作为警戒。为孩子正确的人生观、价值观、世界观的树立奠定基础。家长不可小看孩子的是非、对错辨别能力，这种辨别力一旦形成，会影响孩子一生。

（三）教孩子做人，家长要正确引导

教孩子做人，家长要给孩子正确的人生导向。导向就是引导孩子明白立身处世的方向。未成年的孩子，在以后的人生中需要注意些什么？怎么做？他们自己还不懂，需要家长给予正确引导。导向正，孩子才能朝正的方向发展，将来才有可能成为对国家和社会真正有用的人才。我国传统启蒙教育的指导思想“蒙以养正”（《易经·蒙卦》）就特别强调了养正。

1. 孔子教育儿子的事例

为孩子把握正确的人生导向，是家长的责任。家长的话不一定多，更不需要每天絮絮叨叨，关键在于切中孩子的实际需要。比如在《论语》里，绝大部分话语都是孔子教诲学生时说的，而他直接教导儿子的话只有两段：“子谓伯鱼曰：‘女为《周南》《召南》矣乎？人而不为《周南》《召南》其犹正墙面而立也与！’”(《论语·阳货》）有一天，孔子问儿子伯鱼：“学习《周南》《召南》了吗？不学《周南》《召南》这些诗，就像面墙而立，无路可走了！”陈亢问伯鱼曰：“子亦有异闻乎？”对曰：“未也。尝独立，鲤趋而过庭。曰：‘学《诗》乎？’对曰：‘未也。’‘不学《诗》，无以言。’鲤退而学《诗》。他日，又独立，鲤趋而过庭。曰：‘学礼乎？’对曰：‘未也。’‘不学礼，无以立。’鲤退而学礼。闻斯二者。”陈亢退而喜曰：“问一得三：闻《诗》，闻礼，又君子之远其子也。”(《论语·季氏》)

陈亢对孔子如何教育自己儿子的事很好奇，有一天问伯鱼说：“你有没有从先生那里得到过特别的教诲？”伯鱼回答：“没有，只是有一天我从父亲身边走过，被叫住问：‘学《诗》了吗？’我说：‘还没呢’。父亲说：‘不学《诗》，就不知道怎么讲话。’我就回去学《诗》。又有一天，父亲叫住我问：‘学礼了吗？’我说：‘还没呢’。父亲说：‘不学礼就没办法立身处世。’听了父亲的教导，我便回去学礼了。”陈亢听了伯鱼的叙述，兴

奋得不得了，对别人说：“我只问了伯鱼一个问题，却得到三个收获：一是知道了学《诗》的重要性；二是知道了学礼的重要性；第三还知道了君子远其子。”

孔子教诲儿子的话不多，但语气严肃，内容也都直接关乎儿子的立身处世。

《诗》是古代采诗官从民间采集来的诗歌作品，是“王者观风俗，知得失，自考正”（《汉书·艺文志》）的重要参考资料。那些作品经孔子编订，成了儒家经典之一，也是治国理政的重要参考文献。“《诗》三百，一言以蔽之曰：‘思无邪’。”（《论语·为政》）《诗》所表达的思想都很纯正。在春秋时期，《诗》还是上层社会交际中，有文化修养的人经常引用的经典。不学《诗》文化层次低，就没办法跟别人交际。所以孔子说“不学诗，无以言”。

礼是当时社会的一系列礼仪制度和做人的行为规则，虽有烦琐之弊，但在当时不学礼就不懂社会制度与行为规则，就没办法在社会上立足。所以说“不学礼，无以立”。孔子教导儿子的话，简短扼要，句句切合实际，是儿子提高修养水平、立身处世所必须懂得且实践的。

至于陈亢说的“君子之远其子”，意思不是说君子要远离自己的孩子，不教育孩子，而是说父亲要跟孩子保持一定距离，一般情况下不亲自出面教育。孟子的学生公孙丑就不太明白这是为什么，问孟子：“君子之不教子，何也?”孟子曰：“势不行也。教者必正，以正不行，继之以怒。继之以怒，则反夷矣。‘夫子教我以正，夫子未出于正也。’则是父子相夷也。父子相夷，则恶矣。古者易子而教之，父子之间不责善。责善则离，离则不祥莫大焉。”（《孟子·离娄上》）孟子回答说，君子之不教子是父子之间的情势造成的。父亲教导孩子一定说正理、正道，可是有时候给孩子讲这些道理，孩子理解不了，父亲会发脾气。这时，就不能心平气和地教了。孩子（还会责怪父亲）说：“您拿正理、正道来教我，而您的态度这么凶，这是正道、正理吗?”这样，父子之间就有了抵触，感情上就有了隔阂，继续教就难了。于是，古时候有的家长还会采取“易子而教”的做法，目的是避免父子之间因为求好而互相责备。父子之间情感有了隔阂，麻烦就大了。由此可见，父亲亲自教育孩子，一定要注意态度和方法。

从父子感情不受伤害角度说，君子之不教子有一定的道理。从学习内容方面说，有些东西也不适合父亲教儿子。《颜氏家训·教子》说："或问曰：'陈亢喜闻君子之远其子，何谓也？'对曰：'有是也。盖君子之不亲教其子也。《诗》有讽刺之辞，《礼》有嫌疑之诫，《书》有悖乱之事，《春秋》有邪僻之讥，《易》有备物之象；皆非父子之可通言，故不可亲授耳。'"这段话意思是说，《诗》《书》《礼》《易》《春秋》这些经典里，都有揭露与讽刺当权者荒淫腐败的内容。这些内容，由老师教，说得过去，由父亲教自家孩子就不一定合适。由此可见，教孩子什么，由谁来教合适，也有讲究。

2. 钱学森的父亲教育儿子的事例

现代人，虽然不把"君子远其子"看得那么重，但为孩子把握人生的导向，是懂教育、有远见的家长所深知的。例如我国著名科学家"两弹一星"元勋钱学森的父亲就是这样教育儿子的。钱学森四五岁的时候，有一天悄悄地溜进了父亲的书房，望着父亲读书的背影，以羡慕的眼神扫视父亲书房里的那一摞摞书。父亲发现儿子的举动，抱起他，指着那些书说："这些书都是你的，长大了要好好读书，不光读我们先人写的书，还要读外国的书，不光学习本国文化，还要学习外国的先进科学技术，这样才能让中国富强起来。"儿子小，不一定都懂，但作为父亲，教子的用意很明确。还有，钱学森小的时候，父亲经常带他到香山玩，让孩子了解山水地形地貌、树木花草，向大自然学习。有一次，钱学森发现一只老鹰在空中翱翔，对父亲说"我也想变成一只大鸟飞到天上"。父亲顺着孩子话，给孩子讲庄子《逍遥游》，引导孩子做志向远大的大鹏鸟，不做胸无大志、目光短浅的小麻雀。①

有远见、懂教育的父亲就是这样，在不经意中启发孩子的志向，给孩子以正确的人生导向。长大成人后的钱学森，体会到了父亲当时的用心，深情地说："我的第一位老师是我的父亲。"钱学森大学毕业后赴美留学，

① 苏建军著：《钱学深成才10方略》，华夏出版社2011年版，第13~19页。

父亲提醒儿子说，在国外除攻读专业之外，还要读中国传统文化的书。父亲特意给他买了《老子》《庄子》《墨子》《孟子》《论语》等典籍。在儿子乘船远行的那一刻，父亲从衣袋里掏出一张纸条塞到儿子手里，说："这是我送给你的礼物。"说完快步离去。钱学森目送父亲远去，打开手中的纸条，看到上面写着："人，生当有品：如哲、如仁、如义、如智、如忠、如悌、如教！吾儿此次西行，非其夙志，当青春然而归，灿烂然而返！乃父告之。"① 钱学森看完，潸然泪下，发誓将父亲的教诲铭记于心。

钱学森的父亲钱均夫，身处国家积贫积弱的年代，有深厚的中华传统文化修养，是现代教育的推动者。祖国屡遭列强欺凌，山河破碎，贫穷落后，刺痛着他们那一代爱国知识分子的心。他将科学救国，改变国家面貌的愿望寄托在儿子这一代人身上。让儿子学理工，赴海外留学，不忘祖国传统文化，唯一的目的是让儿子学成之后报效祖国。钱学森后来成了举世闻名的大科学家，排除万难，"青春然而归，灿烂然而返!"，为自己国家的科技发展做出了历史性的巨大贡献。从人生道路选择的角度说，钱学森可谓"如哲""如智"；从为国、为民做奉献的角度说，钱学森可谓"如忠""如义""如仁"；从家庭的角度说，钱学森无违父之教，"无改于父之道"（《论语·里仁》），可谓当之无愧的孝子；从做人的角度说，钱学森可谓有品！

钱均夫教子的事例还说明：**父亲是孩子的第一位老师，是孩子的引路人。父亲的人品，人生观、价值观等，都对孩子有巨大的影响，尤其是男孩，父亲是天然的偶像**。德国的老卡尔在谈自己的家教实践时，就曾深有感触地说："儿子总会向他的父亲学习，父亲不仅是儿子最初的教师，还是他可以学习的榜样。对孩子要严格，首先是自己对自己也要求严格。"② 历史经验证明：成就伟大的科学家或其他领域的翘楚，不外乎个人先天禀赋、家庭教育、学校教育、社会环境、文化传承、智力水平等几方面因素。智力固然是取得突出成就的重要条件之一，但绝对不是唯一条件。钱

---

① 苏建军著：《钱学深成才 10 方略》，华夏出版社 2011 年版，第 15 页。

② ［德］卡尔·威特著，刘恒新译：《卡尔·威特的教育》，2001 年版，第 93 页。

均夫告诫儿子说：“**人，生当有品。**”作为父亲，他首先看重的是“有品”。如果钱均夫等老一辈家长，当年也像如今某些家长那样，只看重孩子的智力，不屑于孩子的人生观、价值观引导，一门心思让孩子上最好的中学、最好的大学，念读硕士、博士，然后赚大钱或做大官，以孩子在某国有高薪、有豪宅而夸耀，甚至以成了某国公民而沾沾自喜，那么可以肯定地说，就不会有以钱学森为代表的一大批学成于海外，义无反顾地返回故土，为自己的国家鞠躬尽瘁、奉献终身的著名科学家了。我们国家的科技水平、国际地位也就不是现在的样子。在我们感念老一辈科学家为祖国做出的巨大贡献，在我们享受他们给我们带来的进步的时候，那些有远见卓识的，堪称家庭教育典范的先辈家长们，同样值得我们敬佩！

四、家庭教育，家长须秉持的基本原则

家庭教育是家长在家庭内部对儿童和青少年进行教育的活动。家庭教育不同于学校教育，没有特定的课堂和系统的教材，没有严格的规章制度，可能也没有具体的教育计划和教学目标。作为教育者的家长也很少有人受过专门的训练。教育活动往往是随机而为，并与日常生活融为一体。

家庭教育容易发生的问题是：家长容易忽视自己的一言一行对孩子的作用。不论是正面的言行，还是负面的言行，都会对孩子起到教育和示范作用。尤其是年轻家长，有时对孩子很严厉，有时又很随便。可是，小孩在其敏锐的认知本能和超强的模仿天性作用下，时时耳濡目染，潜移默化地将父母的行为转化为自己的行为。比如，家长稍不注意，说了句粗话，不知什么时候，同样的粗话就会从孩子的嘴里说出来。家长要是经常说粗话，孩子也会经常说粗话。现代的家庭教育虽然没有家训或家规之类的条文，规定应该怎么做，但不等于不需要遵循约定俗成的规矩和原则。家庭教育的规矩和原则往往蕴含在传统文化观念中，大多数家长都能大体上做到心中有数。下文对家庭教育的基本原则等，作探讨性归纳与阐述，供家长们参考。

（一）“育德唯先”原则对孩子发展的意义

家庭教育的核心内容是教育培养孩子如何做人，而做人首先是要有德。也就是说，**“育德唯先”是家庭教育中家长需要秉持的首要原则**。有的家长会说：这是老生常谈，谁不知道？然而，就德的含义来说，虽然大家都能意会，但应该怎么理解，为什么把德看得那么重，值得家长思考。

1. 德、道与人的关系

关于德，有的辞书把它解释为“道德、品行”。道德是社会意识形态，指人的社会行为准则和规范。品行是与人的道德相关的品质和行为。这样去解释，把道和德放到了一起，还牵涉出品行这个概念，问题更复杂，更不好说清楚了。简单地说，德是从道那里来的，可以解释为“得”“得到”。在古代汉语里，在我们的传统文化中，道和德是相互独立、又密切联系着的两个概念，道是上位的，德是下位的。老子的《道德经》就分“道经”和“德经”上下两部分，说明道和德不是一回事。

道是天地宇宙万物运行规律和法则的总称，是抽象的，是形而上的，“形而上者谓之道”。（《易经·系辞上》）德是由道生成的，“天地之大德曰生”。（《易经·系辞下》）有道才有德，没有道就没有德。道有天道、地道、人道。德有天德、地德、人德。天道循环往复，周而复始，刚健有力，普惠万物，默默奉献，无私无欲，没有任何功利意图。这是天德的具体表现，是最伟大最崇高的。地道宽厚包容，承载万物，没有边界，光明远大，不求任何回报。这是地德的具体表现，是非常伟大崇高的。人是天地阴阳活动的产物，是宇宙天地万物中的物种之一，是天地之德，是天地的产物。人遵循效法天地之道是理所当然的。人把对天地万物运行规律和法则的认知，投射到自己的思想行为上，就是人德，是做人的最高准则，同样很崇高。

人类崇敬遵循天地之道，遵循做人之道，修德、养德、积德，是必需的。人类违背了天地之道，有败德、缺德行为发生，这样的人一定会受到惩罚，包括受天地自然对他们的惩罚。真正遵照效法天地之道，给民众起表率作用、给民众带来好处的一类人，古人称他们为“大人”（即伟大的人）和“君子”。“夫大人者，与天地合其德，与日月合其明，与四时合其序”。（《易经·乾卦》）伟人的德与天地之德相合，与日月同辉，其进退与四季变化一样井然有序，不会违背天地万物运行的规律和规则。再看看君子：“天行健，君子以自强不息”“进德修业”“君子以成德为行，日可见之行也”。（《易经·乾卦》）天道的运行刚健有力，君子效法天道，自强不息，努力不懈，提升自己，创立事业，以完善德行为行动指南，在每天的行动中都能看得见。“君子学以聚之，问以辩之，宽以居之，仁以行之”。（《易经·乾卦》）君子还不断地集聚学问才智，明辨是非，宽厚地待人接物，以仁爱原则行事。“地势坤，君子以厚德载物。”（《易经·坤卦》）效法大地之道宽厚包容，厚德载物，也是君子应有的品质。总之，人之德是人从遵循效法天地之道那里得来的，也是崇高的。

2. 育德是具体、实在的行为

通过上文的探讨，我们知道了道、德和人的关系。那么，在家庭教育中家长教育孩子，秉持育德唯先原则不应该是空洞的说教，也不是难以做到，因为德是具体的。育德行为是实实在在的，能体现在日常生活的方方面面。比如，家长带孩子到自然界，引导孩子认识季节更替和万物活动变化，感受天地自然给人类的恩惠。让孩子热爱大自然、崇敬大自然、保护大自然。教育孩子热爱生养自己的土地，热爱生养自己的国土家园，这是最基本的育德行为。

历史上众多的伟人、圣贤、英雄豪杰，为社会进步，为挽救民族危亡，为国家发展与建设做出过巨大贡献。他们与天地合其德、与日月同其明。家长教育孩子崇敬他们，向他们学习，这也是育德。反过来说，敌对势力污蔑、丑化、贬低我们的伟人圣贤、英雄豪杰，或采取卑鄙伎俩阻止、破坏我们的发展与进步，有的人应声附和，推波助澜，他们的行为是在败坏天地之德。家长教育孩子辨别是非，识破他们的阴谋，揭露他们的丑恶嘴脸，同样是育德。

家长养育孩子、关爱孩子，顺应人的生存发展之道，保障孩子的身心健康与成长，使之成为国家社会有用之才，这是家长之德。家长之德与日常生活融为一体，往往不被注意而已。有人会说：“不就是日常生活吗？

跟德有什么关系？”其实崇高的德是体现在日常生活中的。比如，有的父母不好好养育孩子，甚至虐待孩子，该教育的时候不教育，恣其所为，社会舆论会说：“这个家长缺德。”又如，某人对父母不孝，社会舆论也会说“那个人缺德。”曾子说：“慎终追远，民德归厚矣。”（《论语·学而》）谨慎办理父母的临终大事，追念先人的恩泽，不忘自己的来历，民众之德就归于醇厚了。家长让孩子知道，父母生养他们不容易，引导孩子善待父母、孝敬父母、不忘本来、有感恩之心，这也是育德。

总之，育德是具体的、实在的，涉及的范围很广，从个人品德、家庭美德、社会公德，到爱家乡、爱祖国等，都在育德的范围之内。育德唯先是由德的重要意义决定的。“礼乐皆得谓之有德，德者得也。”（《礼记·乐记》）礼和乐都懂的人叫作有德。德，意思就是“得到”。“德不孤，必有邻。”（《论语·里仁》）有德之人，一定有志同道合的相从者。一个人没有德，会遭天地自然惩罚、会被大众所唾弃，除了恶名之外他们还能得到什么？

（二）“言而有信”原则怎么把握

教孩子做人，家长给孩子做好的表率是家庭教育取得好成效的基本规律。给孩子做好的表率，家长还要把握“言而有信”的原则。《易经·家人卦》爻辞“有孚，威如，终吉”中的孚是信用的意思。有孚，指家长的言行被家人信服，在子孙后代心目中有威信、有威望。这对治家是大好事。而家长威信、威望的树立需要“言而有信”。

1. 信的含义容易理解

信，言而有信不难理解，但家长在孩子面前未必都能做好。比如大家熟悉的“曾子杀彘”的故事。曾夫人要去集市购物，儿子非跟着去不可，妈妈不同意，孩子就在妈妈身后边走边哭。曾夫人说：“儿子，你回去吧，妈妈回来给你杀猪吃肉。”孩子听说能吃到肉，很高兴，就回家了。曾夫人从市场回来，看见丈夫正在逮家里的那头猪，要杀了给孩子吃肉。曾夫人急忙说：“我只是哄哄孩子，让他别跟着我去市场，你怎么真的杀猪呢？”曾子说：“婴儿非与戏也。婴儿非有知也，待父母而学者也，听父母之教，今子欺之，是教子欺也。母欺子，子而不信其母，非以成教也。”①意思是，家长要言而有信，说话算数，不能用假话哄骗孩子。孩子小，不懂事，需要听父母的教导，你说买东西回来给孩子杀猪吃肉，而不是真的去做，这岂不是在骗孩子？妈妈欺骗孩子，孩子就不会相信妈妈了。用这种办法是不能教育好孩子的！曾夫人觉得丈夫的话有道理，就同意宰杀家里的那头猪，给孩子煮肉吃了。

《曾子杀彘》的故事告诉我们，家长说话要算数，要说到做到，这样才能给孩子起好的表率作用。如果家长用假话哄骗孩子，孩子仿效家长，长大后就会不讲诚信、不守信用，也会欺骗别人。不诚信、不讲信用的人是不会得到别人帮助的。

《易》曰：“自天佑之，吉无不利。”子曰：“佑者助也，天之所助者，顺也；人之所助者，信也。履信思乎顺，又以尚贤也。是以自天佑之，吉无不利也。”（《易经·系辞上》）《易经》说：“得到天佑的人，做什么事都吉祥顺利。”孔子说：“佑的意思是帮助，上天帮助他，他做事当然顺了。得到别人帮助的，一定是讲诚信的人。践行诚信，并思考如何顺应天道，再加上能礼遇贤能，由此说来，得到天佑的人，一切吉无不利。”简单地说，讲诚信并顺应天道的人，一定会得到天的护佑，一切都很吉利。

2. 信的重要意义

讲诚信，守信用，是做人的基本准则。“子以四教：文、行、忠、信。”（《论语·述而》）孔子教育弟子，就是从文化知识（文）、社会实践（行）、对事业忠贞（忠）、诚实守信（信）这四个方面入手。他说：“人而无信，不知其可也。大车无輗（ní），小车无軏（yuè），其何以行之哉？”（《论语·为政》）“輗”和“軏”是车子上连接车辕与横木的销子。人不讲诚信、不守信用，就跟大车没有“輗”，小车没有“軏”一样，怎么能往前走呢？车子不就成了没用的东西了？信是人立身处世的关键之一。信不仅仅是个人德行不可少的，它还是立国之本。

有一天，子贡向老师请教治国方略。孔子说：“充足的食物，足够的

① 陈奇猷校注：《韩非子集释》，上海人民出版社1974年版，第665~666页。

军事防卫力量，得到老百姓的信任，有这三条就够了。”子贡说：“必不得已，要从这三条中去掉一条，先去掉哪条呢？”孔子说：“那就去掉军事防卫。”子贡又说：“逼不得已在‘食物’和‘信’两条中还得去掉一条，去掉哪一条好？”子贡的问题有些刁钻，孔子毫不犹豫地回答说：“去食。自古皆有死，民无信不立。”（《论语·颜渊》）必不得已的时候那就去掉食物。一个国家可以没有军事防卫，甚至可以没有充足的食物。食物贫乏会饿死人，自古以来就有这类事发生。如果一个国家，执政者不讲信用，得不到老百姓的信任，这个国家更危险。

在儒家思想中，信针对朋友讲得多。因为朋友是君臣、父母、兄弟之外关系最密切的人群了。对朋友讲信是构建和谐社会的重要的因素。“老者安之，朋友信之，少者怀之”（《论语·公冶长》）是孔子的理想。他的弟子曾子，每天都在反省：“与朋友交而不信乎？”（《论语·学而》）另一个弟子子夏说：“与朋友交，言而有信。虽曰未学，吾必谓之学矣。”（《论语·学而》）跟别人交朋友言而有信，他可能没进学堂学过这个道理，但我认为他已经掌握了。孔子另外一个弟子有子说：“信近于义，言可复也。”（《论语·学而》）信接近义，讲诚信的人，意味着他说出来的话能在正义行为中得到实在的兑现。

信是人立身处世的基本原则和道德品质，也是国家秩序得以确立、社会得以和谐的基本要素。讲诚信、守信用的重要意义，当今的人们体会极深。当权者中那些严重违背信的准则的两面人，社会上那些以高科技行骗的坏人，各类不守信用的“老赖”，让大众深恶痛绝。他们最终都会受到惩罚。这样的事例，也可以做儿童教育的反面教材。

3. 信的重要前提是义

另外，还需要说明的是，讲信是有前提条件的。那就是人道的核心原则，与仁相应的义。有一天，子贡问老师：“什么样的人才算作士（春秋时期的士相当于政府里公务员）？差等的士是什么样子的？”孔子说：“言必信，行必果，硁（kèng）硁然小人哉！抑亦可以为次矣。”（《论语·子路》）社会上有这样的士，他们说话算是讲信的，办事也是果断的，可就是不分青红皂白地，对上司指令言听计从，这种人是浅薄固执的小人！他们大概就是最次等的士吧。很显然，孔子对这种人十分鄙视。孟子说得更直接："大人者，言不必信，行不必果，唯义所在。"（《孟子·离娄下》）伟大人物"言不必信，行不必果"，主要是伟大人物追求的是正义，而不是上司叫他干什么，他就一定去干什么。比如说，上司叫他去欺压百姓，他说"好！"坚决照办。这种小人，在现实生活中并不少见。在查处的许多腐败案件中，为什么从上级到下级有塌方般的一连串腐败，这跟这种人的丑恶行径脱不了干系。

在儒家思想中，信虽然是做人之道中的非常重要的原则，但最为崇高的原则是以义为前提的仁。孔子说："志士仁人，无求生以害仁，有杀身以成仁。"（《论语·卫灵公》）孟子说："生亦我所欲也，义亦我所欲也，二者不可得兼，舍生而取义者也。"（《孟子·告子上》）为坚持最崇高的人道原则仁和义的统一，可以舍弃生命。这种杀身成仁、舍生取义的大无畏精神，正是我们的民族精神和人生价值观的体现。在我国历史上，为国家和民族大义杀身成仁、舍生取义的无数志士仁人永远是我们崇敬与学习的榜样，因为他们的行为遵循了最崇高的人道原则。

（三）"严而有慈"原则怎么把握

教孩子做人，家长需秉持的另一项重要原则是严而有慈。严是认真不放松的意思。慈是笃爱，爱之深的意思。在特定语体中"家严""家慈"还是父母的敬称。家庭教育中的严与慈不能割裂，不可顾此失彼。父母对孩子的教育都应该严而有慈，力戒偏爱、溺爱。

1. 对子女做到正爱，不能偏爱、溺爱

家道正，而天下定矣。家里的家长行得正是"天地之大义"，也是家长权威性所在。能率领家庭成员（包括孩子），各有正其位。而偏爱是不公正的爱。比如家里有几个孩子，父母偏心眼，爱这个，不爱那个，这叫偏爱，最容易引发家庭内部矛盾。溺爱是沉溺于对孩子的爱而不讲原则。《颜氏家训·教子》说："吾见世间，无教而有爱，每不能然；饮食运为，恣其所欲，宜诫翻奖，应呵反笑，至有识知，谓法当尔。"不论是古代还是现代，溺爱孩子的家长不在少数。他们只知道爱孩子而不知道认真管教，饮食言行由孩子任性而为，该告诫阻止的时候却夸奖鼓励，该批评责罚的时候反而笑脸以对。孩子长大之后，会认为自己曾经历的一切都是理所当然。等孩子“骄慢已习，方复制之，捶挞至死而无威，忿怒日隆而增怨，逮于成长，终为败德”。孩子的骄横傲慢习性已经养成了，家长才想到去严加管教，那已经晚了！

偏爱容易识别，而溺爱却总能找到借口，甚至会得到家人尤其是长辈的容忍。溺爱孩子，是家庭教育的大忌，是家长不负责任的表现。孩子明明能做的事，家长因溺爱而越俎代庖，这是在扼杀孩子的自主发展能力。孩子分不清是非和对错，需要家长给以帮助指导、提高辨别能力的时候，家长因溺爱而不加引导，任孩子妄为，这是在扰乱儿童的认知发展规律，阻碍孩子的正常发展。其后果是，助长了孩子的惰性或其他劣根的发展，导致孩子，或生活能力低下，或顽劣不羁。长大之后，要么因低能无法适应社会；要么成为无所事事的“啃老族”；要么因劣根性膨胀而败德，成为家庭和社会的祸害。

《易经·家人卦》说“家有严君”对孩子管教严，会导致孩子不满，但这比不加管教失去“家道”要好。严以管教，使“家道正”对家庭，乃至社会都能起正面作用。家长对孩子管教之严，不是独断专横，不是剥夺孩子应有的权力。如果把严误认为一切都是家长说了算，子女必须绝对服从，或家长可以对孩子蛮横不讲理，随便呵斥孩子，那就偏离了家庭教育正道，是完全错误的。家长管教严，是对孩子真正的爱，但管教的方式方法也要因人而异。家庭成员之间，父母与孩子之间，兄弟姐妹之间的“交相爱”，是良好的家庭关系建立的情感基础，也是家庭教育取得良好效果的情感基础。

2. 严而有慈与子女的孝心

《颜氏家训·教子》说：“父母威严而有慈，则子女畏慎而生孝矣。”父母严而有慈，子女会有畏惧，行为会慎重，由此能对父母产生孝心。因为父母严格要求，完全出于对孩子诚笃的、不带功利色彩的爱，这叫慈。孩子体会到了父母的慈爱，就会产生敬畏之心，行为就会谨慎，会使自己朝好的方向发展。敬畏加谨慎，是孝的基本特征。孝，一般人的理解是父母年老了子女能赡养。其实，能赡养还不算孝。子游问老师，怎样才算孝？孔子说："今之孝者，是谓能养。至于犬马，皆能有养。不敬，何以别乎？"（《论语·为政》）孟子也说："食而弗爱，豕交之也。爱而不敬，兽畜之也。"（《孟子·尽心上》）给吃、给喝而不爱，这是养猪。爱而不敬，跟养畜禽宠物没什么区别。对父母的孝，关键在于敬。敬是恭敬、严肃、谨慎对待父母的需求。包括物质生活需求，精神情感需求，以至于终极需求。这才叫真正的孝。

孝敬父母是中华民族传统美德。然而，不孝子女太多了！因家庭财产纠纷，与父母对簿公堂者有之；只顾自己生活安逸，置父母的需求于不管不顾者有之；有的父母病死家里数日子女还不知道；其他五花八门的、极端的不孝案例有很多。孟子说，他所在的社会有五种不孝："惰其四肢，不顾父母之养，一不孝也；博弈好饮酒，不顾父母之养，二不孝也；好货财、私妻子，不顾父母之养，三不孝也；纵耳目之欲，以为父母戮，四不孝也；好勇斗狠，以危父母，五不孝也。"（《孟子·离娄下》）类似的不孝现象，当今社会也不少，甚至有过之而无不及。拿第四类不孝"纵耳目之欲，以为父母戮"（戮，感到耻辱、羞辱）来说，当今的那些贪官，利用权势，疯狂敛财，纵欲享乐，沦为罪犯。据报道，某贪官入狱，全家人整天以泪洗面，年迈的父母不久离世。辛辛苦苦养大儿子，违法犯罪，遭社会唾弃，做父母的羞愧难当，由此可见一斑。

3. 子女不孝与家长教育

《颜氏家训·治家》说："夫风化者，自上而行于下者也，自先而施于后者也。是以父不慈则子不孝，兄不友则弟不恭，夫不义则妇不顺矣。"一般来说，子女不孝跟父母家长的教育或示范作用有直接的关系，社会风气的好坏也都是自上而下形成的。先是上层权势者那么做了，下层人后来才跟着做。父母对子女无慈爱之心，要子女孝敬很难；兄长对弟弟不友好，要让弟弟对兄长有恭敬之心也很难；丈夫对妻子不义，要让妻子尊重丈夫也不太可能。

不过也应该承认有这类情况："父慈而子逆，兄友而弟傲，夫义而妇陵，则天之凶民，乃刑戮之所摄，非训导之所移也。"父母、兄长、丈夫表现都很好，子女、兄弟、妻子则是另外一种表现。《颜氏家训》作者说，这类人是天生的凶民。对这类凶民，不是家长训导就能变好的，只能用很严厉的刑戮手段震慑他们。“笞怒废于家，则竖子之过立见；刑罚不中，则民无所措手足。治家之宽猛，亦犹国焉。”① 对待品行恶劣的竖子，家长放弃严厉惩罚手段而不用，竖子的劣迹会立刻表现出来。治理国家也是这样，不采取严厉的刑罚手段去惩治那些凶民，普通老百姓就不知道该怎么办好。古人认为治家的宽与严与治国是一个道理。但现代人的观念是，治家和治国是有区别的。对行为恶劣的不肖子孙采取严厉惩治手段古代的家长可以，现代的家长则不可以。子孙行为恶劣触犯了国法，应该由国家执法机关去惩处。

五、家庭教育，家长的眼界、角色意识和教育行为

当今世界，经济活动全球化、文化交流多元化、交通便利化、互联网信息技术发达，国家之间各类人员互相往来，你中有我、我中有你，既有竞争又有合作的潮流势不可挡，人类已成为命运共同体。形势发展对人才的要求跟以前有很大的不同，家庭教育也要适应形势变化。

（一）家长的眼界和人才培养意识

作为国家和民族未来的儿童，将来要面临的是一个合作与交流、矛盾与冲突、机遇与挑战相互交织的纷繁复杂的世界，要担负国家和民族赋予的行“大道”使命。然而，孩子小，思想单纯，不知道将来会怎样，也不知道将来要做什么。可是，家庭教育不能不考虑这些，尤其是家长，要放眼世界、放眼未来，要帮助孩子认识人生、认识世界、了解未来，要培养孩子具备应对将来的各种挑战的基本素质，成为国家发展所需人才。“人无远虑，必有近忧。”（《论语·卫灵公》）人如果没有长远的考虑，忧患

① 檀作文译注：《颜氏家训·治家》，中华书局2007年版，第32页。

必然很快到来。

1. 社会发展需要“大成智慧”人才

未来的社会发展变化需要怎样的人才？道德品质好无疑是首要条件，同时要有足够的科学文化水平和足够的智慧。二十世纪八十年代，钱学森前辈在谈到21世纪的中国教育事业时曾说：“21世纪，国与国的竞争，综合国力的比赛，最关紧要并有决定性的，是公民的教育文化水平。水平高的占优势；水平低的处劣势，甚至有被开除‘球籍’的危险。这就是智力战。”① 后来，他又从“创新思维”，从国家人才发展战略高度提出：“在当今的信息时代，只有将人与计算机信息网络结合起来，对一切有关的知识和信息进行综合集成，才能产生创新思维的成果，做到古人所说的‘集大成，得智慧’。这就是我提出的大成智慧工程和大成智慧学。”② 钱学森为国家创新人才培养而提出的“大成智慧工程”，以及“大成智慧学”的战略设想或设计，已成为国家教育发展的大趋势。不少儿童家长、儿童教育工作者对此已有所了解。钱学森说的“集大成”，出自《孟子·万章下》：“伯夷，圣之清者也；伊尹，圣之任者也，柳下惠，圣之和者也；孔子，圣之时者也。孔子之谓集大成。集大成也者，金声而玉振之也。金声也者，始条理也。玉振之也者，终条理也。始条理者，智之事也；终条理者，圣之事也。智譬则巧也，圣譬则力也，犹射于百步之外也，其至尔力也，其中非尔力也。”

孟子的意思是说：在儒家崇拜的圣贤中，伯夷是最清高的（伯夷和弟弟叔齐都不愿意作殷商诸侯国“孤竹国”国君，二人跑到周又反对周武王伐商，商灭亡后二人逃进首阳山，不食周粟而死。），伊尹是最有责任感的（他辅佐商汤伐桀灭夏，连续为商朝三代国君尽职尽责。），柳下惠这个人特别随和（他是鲁国大夫，担任刑狱官期间，多次被罢免，可他不在乎，

① 顾吉环、李明、涂元季编：《钱学森文集》（卷六），国防工业出版社2012年版，第25页。

② 顾吉环、李明、涂元季编：《钱学森文集》（卷六），国防工业出版社2012年版，第416页。

只要给他职位，让他有事做，他就一如既往坚持秉公执法，以“直道”办事）。（参见《论语·微子》）与这三位前辈圣贤相比，孔子则“可以速而速，可以久而久，可以处而处，可以仕而仕”（《孟子·万章下》），做事风格是，相时势而动，不教条、不死板，有大智慧，是集前贤优秀品质于一身的集大成者。集大成好比金声玉振的美妙乐曲。金声（敲钟声）是乐曲有秩序的开端，玉振（击磬声）是乐曲有秩序的终结。有秩序的开端好那是智慧，有秩序的终结那是圣明。有智慧才懂技巧，圣明才能明白如何发挥内力。拿射箭者射百步之外的靶子来说，箭射到靶子那儿，要靠巨大的内力。箭射中靶子，不完全是内力作用，还需要技巧的运用。

集大成就是，集诸多先贤之长处于一体，将巨大的内力与技巧综合协调融为一体，由此而表现出大智慧。钱学森从孟子的话里得到启发，提出了“集大成、得智慧”的“大成智慧”人才培养战略思想。希望我们国家未来的人才，能够集多方面科学文化知识（不论是中国的还是外国的，不论是过去的还是现在的）之大成，并在此基础上成为能不断创新的大智慧者。钱学森当时说，我们国家很重视科技创新，投了不少资金搞“创新工程”“创新计划”，这很有必要，但更重要的是要培养有创新思想的人。钱学森最感忧虑是：当时“还没有一所大学能够按照培养科学技术发明创造人才的模式去办学，都是些人云亦云、一般化的，没有自己独特的创新东西。”① 他认为，**创新人才需要广博的知识储备，包括音乐、绘画等文学艺术方面的知识。因为，文学艺术作品中的诗情画意和深邃的人生哲理能激发大跨度的宏观形象思维。**“科学上的创新光靠严密的逻辑思维不行，创新的思想往往开始于形象思维，从大跨度的联想中得到启迪，然后再用严密的逻辑加以论证。”学校培养的人是不是创新人才，“就看是不是敢于研究别人没有研究过的前沿问题，而不是别人已经说过的东西我们知道，没有说过的东西，我们就不知道。所谓优秀生就是要有创新，没有创新，死

① 顾吉环、李明、涂元季编：《钱学森文集》（卷六），国防工业出版社2012年版，第418页。

记硬背，考试成绩再好也不是优秀学生。"[①] 总之，人云亦云，这不是科学精神，**"科学精神最重要的就是创新。"** [②]

2. "大成智慧" 人才产生的条件

"大成智慧" 创新人才不是一下子就能涌现出来的，需要相当长时间的培养过程。人们也认识到，创新人才培养也不是大学教育能完全承担得了的，需要从儿童抓起，需要在家庭教育、幼儿园教育，以及小学中学等基础教育阶段打好基础。

从家庭教育方面说，许多家长有培养孩子将来能成为有智慧的创新人才的意愿，但具体怎么做？很茫然。甚至有前文说到的急于求成或盲目跟风倾向。比如，让上幼儿园的孩子学音乐、学绘画，学这个、学那个，科目繁多。目的是什么？作用是什么？如何给以正确引导？许多家长都不清楚。

培养孩子成为国家所需的大成智慧创新人才，家庭教育有很多基础性的工作可做。比如：了解孩子的资质禀赋，因材施教；对孩子的创造性萌芽给以积极扶植培育；对孩子的创造性活动多加鼓励，提供必要的条件使其健康发展。不能因为孩子想法幼稚，开始的时候没有把事情做好就指责，不能剥夺孩子发挥创造力的权力，更不能因为孩子有某方面的禀赋而出于功利目的去拔苗助长。家长无知，不懂得儿童发展成长规律，会把孩子的创造潜能扼杀掉。这方面的问题既需要家长认真关注，同样需要幼儿教育工作者、小学中学基础教育工作者认真关注。

笔者亲眼所见：一个孩子在幼儿园学画画，没画好，也可能是没按老师的标准去画，老师就声色俱厉地对孩子说："你画的是什么呀？一点都不像。" 孩子很伤心，失去了画画兴趣，从此拒绝画画。小孩子练画画，不是为画画而画画，也不是一定要画得像什么，画画的意义深远，老师不

---

① 顾吉环、李明、涂元季编：《钱学森文集》(卷六)，国防工业出版社 2012 年版，第 420~421 页。

② 顾吉环、李明、涂元季编：《钱学森文集》(卷六)，国防工业出版社 2012 年版，第 421 页。

懂，一句不负责任的话可能就把孩子的绘画积极性，甚至形象思维发挥的积极性给扼杀了。

从家庭教育到幼儿园教育，再到小学中学基础教育，都应该为创新人才培养加油助力，为孩子将来的创新能力发展打好坚实基础。打好了基础，将来遇到适当的诱因，会发生质变，孩子的创新能力会突然爆发。钱学森认为：创新思维既不是宏观的形象思维，也不是微观的逻辑思维，而是微观与宏观结合的突发性灵感思维（或者说顿悟）。在信息技术发达的今天，逻辑思维的工作可以交给计算机去做，形象思维的计算机化才刚刚开始，至于创新或灵感思维只能靠人了。① 灵感是从哪里来？我们的理解是：灵感来自儿童时期的、青少年时期的人生经历和通过学习得到的、多学科的，或“大跨度”的知识储备，再加上平时的创造性思维活动训练。没有这两个前提条件，创新灵感的爆发就无从谈起。“水之积也不厚，则其负大舟也无力。覆杯水于坳堂之上，则芥为之舟；置杯焉则胶，水浅而舟大也。风之积也不厚，则其负大翼也无力。故九万里，则风斯在下矣，而后乃今培风；背负青天而莫之夭阏（è）者，而后乃今将图南。”（《庄子·逍遥游》）水积不厚，就不能负载大船。倒一杯水在堂前，水只能承载草叶子。放个水杯在沾水的桌子上，杯子就胶着不动了。风力不强，无力负载大鹏鸟的翅膀。风力强劲，大鹏鸟才能凭借风力，背负青天，展翅南飞，毫不费力。这跟创新人才培养道理相通。**创新人才培养，需要有丰厚坚实的科学文化知识的积累，也需要传统文化的深厚修养。**像钱学森那样的大科学家，如果没有厚实的中华传统文化修养，就不可能从我国古人那里受到“集大成、得智慧”的启发而提出国家人才培养战略思想。**如果没有厚实的中华传统文化修养，单靠现代科学教育，恐怕不可能成就像钱学森那样的深爱自己的国家和人民、在科学技术上做出巨大成就、让国人骄傲的大科学家。**

---

① 顾吉环、李明、涂元季编：《钱学森文集》（卷六），国防工业出版社 2012 年版，第 416 页。

3.“大成智慧”创新人才培养的道路并不平坦

如今各类创新人才在不断涌现。然而，背弃中华优秀传统文化精神，违背科学规律，拔苗助长、华而不实、唯利是图、急功近利的所谓创新则是真正的创新人才培养的绊脚石。假冒的创新人才，甚至打着科学旗号，违背科学道德，抹黑真正的创新人才，贩卖私货，坑害国家、坑害人民，为敌对势力效劳，是创新的大敌。这些人的卑劣行径，民众也见识过不少。科学技术在迅猛发展，社会也空前复杂，真正为国家、为民族培养创新人才的道路并不平坦，需要排除各种干扰奋勇向前，当然也需要家长在培养孩子的时候，对复杂的情况做正确的分析判断。

（二）家长要有“安而不忘危”意识

当今的孩子大都生活在物质条件相对丰富、衣食无忧的家庭环境中。从家庭教育角度说，家长还需要有“安而不忘危”意识。孩子年幼，这样的意识还不可能有，但家长要有，并在适当的时候把它传递给孩子，便于他们在以后的成长发展过程中应对各方面挑战。

1.“安而不忘危”意识不可缺

生活富裕、衣食无忧是好事。《易经·家人》说“富家，大吉。”正道得来的家庭富裕是吉祥的事，需要保持住，但也需要看到有危机存在。家庭状况好坏，脱不开世界大环境，当今世界大环境却并不太平。你落后，别人瞧不起你、欺侮你、侵害你。发展了，比较富裕了，有人会忌恨你，认为你抢了他的饭碗，千方百计整治你、遏制你、抹黑你。近年来的世界形势充分展示了这一点，这也是后代人必须面对的严酷世界现实。

“安”和“危”是矛盾的两个方面，不是一成不变的，是会转化的。古代圣贤警示道：

“危者，安其位者也；亡者，保其存者也；乱者，有其治者也。是故，君子安而不忘危，存而不忘亡，治而不忘乱；是以身安而国家可保也。《易》曰：‘其亡其亡，系于苞桑。’”（《易经·系辞下》）意思是：危险情况的发生，是因为你觉得自己的地位很安全；招致灭亡危机发生，是因为你认为安全的现状可以长久保持；出现社会局势混乱，是因为觉得社会治理得很不错了。于是，君子在安稳的时刻，不会忘记防范危险发生；在生活安逸的时刻，不会忘记有招致危险的可能；在社会治理良好的时刻，不会忘记有社会动荡危机的潜伏。有这样的危机感、警惕性，君子自身才能安全，国家才得以长久。《易经·否卦》九五的爻辞说："'灭亡！灭亡！要时刻警惕啊，要把自家的牛马牢牢地拴在盘根错节的坚固的桑树上。'"对危险一定要有所防备。

人们比较熟悉的是"**生于忧患，死于安乐**"这句名言。上下文是这样："天将降大任于是人也，必先苦其心志，劳其筋骨，饿其体肤，空乏其身，行拂乱其所为。所以动心忍性，增益其所不能。人恒过然后能改，困于心，衡于虑，而后作，征于色，发于声，而后喻。入则无法家拂士，出则无敌国外患者，国恒亡。然后知生于忧患而死于安乐也。"（《孟子·告子下》）上天要把重任交给某人，一定是先让他内心烦苦，筋骨劳累，吃不饱或穿不暖，做事不顺利，行动受挫折。让他的心受到震撼，忍耐性得到磨炼，增益新的才干。人常常是犯了错误然后才去改正，内心困顿迷惑、思虑阻塞不畅，才想到开拓思路、另辟蹊径、有所作为。这种有作为的人，外在有表现，言语有声音，而后能得到别人理解。反过来说，人只有经过艰难困苦的考验与磨炼，才能升华品质、增长才干。有了才干，他才能担当重任。而让那些，在家长庇护下未经历任何磨炼与考验的、无德无能之辈担当重任能行吗？让那些智力不差、学历不低，有漂亮的"帽子"却无品无德之人担当重任能行吗？古人认为，危机或忧患，来自两个方面，一是国家内部，二是国家外部。内部没有懂得法度的辅弼之士的忠心效力，外部没有敌国外患给制造事端麻烦，这个国家一定会灭亡。由此可以知道"生于忧患而死于安乐"之深刻。

2."安而不忘危"与现实中的问题

在漫漫历史长河中，中国曾多次出现过和平安定、繁荣昌盛的社会局面，如周代初年的"成康盛世"，后来的"汉唐盛世"等，但随后就被局势动荡、战乱频仍、百姓困苦局面所取代。中华民族经受过无数艰难困苦考验与磨炼，形成了吃苦耐劳、不畏艰险，为"大道之行"的美好理想而顽强拼搏的精神。先贤"**安而不忘危**"的忠告，需要永远铭记。

当今，家庭物质生活条件比过去有了很大改善，但如何使下一代继承民族优良传统，不忘记曾经的苦难，永远保持艰苦奋斗的精神，应对各种各样的挑战，这对家长如何正确处理好对孩子的教育问题，乃至正确处理好学校教育问题等，都是很严峻的考验。

新闻报道显示：有这样一类家长，有过家庭生活穷困的经历，有过学业未成的遗憾。他们觉得再苦不能苦了孩子，现在条件好了，不能让子女再像自己当年那样。于是，不辞辛劳打工挣钱，让子女过上好生活，受到好的学校教育，希望子女学业有成。然而，孩子没有家长那样的经历和感受，不能体会家长的良苦用心，受不良环境因素影响，安于享受，不求上进，沾染了好逸恶劳的恶习。

还有一些家长，觉得自己有的是钱，对孩子要走的路，一律用金钱铺设。孩子遇到问题，课程考试、评选优秀生、学生干部等，一律用钱去摆平：给这儿塞钱，给那儿上贡，坚信有钱能使鬼推磨的腐朽信条。这类家长，以这样的方式处理孩子的教育问题，腐蚀了教师队伍，破坏了教育公平，助长了腐败气焰，严重地扭曲了孩子的人生观、价值观。这样的家长，看似爱孩子、不让孩子吃亏、为孩子着想，实际上是在害孩子。殊不知，孩子做人的好品格是不能用钱买的，孩子的真本领也不是能用钱买来的。这种被社会称作“普遍富二代”现象，首先需要反思的是家长，更需要教育工作者及全社会予以关注，任由歪风邪气的蔓延，最终受害的是国家和人民。

（三）家长应有的角色意识和教育行为

家庭是子女性格、品德的历练场。孩子的性格品德养成，生活和学习习惯的养成，都与家庭教育有关。家长的角色意识和教育行为对孩子的健康成长与发展作用至关重要。男女家长角色不同、分工不同，但管理家庭事务、教育子女的任务则需要共同完成。由于男女家长性别不同，在家庭教育的思想意识及行为方式等方面会显现出差异。

1. 父亲的角色意识和教育行为

在家庭教育中，父亲的角色和教育行为对孩子影响巨大深远。一般来说，男性是家庭支柱，男性意味着阳刚。一个家庭，父亲优秀，会给孩子性格、品德形成和健康成长带来福音。反之，父亲不懂得“正己”，正气不足，遇事缺乏审慎冷静考虑，见识短浅，做事浮躁，心胸狭隘，如此等等，这些坏毛病会传递给孩子。父亲是孩子耳濡目染最直接的对象之一，是孩子崇拜的第一位老师，父亲的影响直接关乎孩子性格与品质。

家庭教育中，父亲的角色不可缺失。父亲角色缺失了，会导致孩子的精神发展不健全。

当今社会，父亲的角色问题大体有以下几种：

(1) 身为父亲，把全部精力用到“主外”上，对子女的关爱，心有余而力不足。这类父亲全力“主外”，可能是由于工作性质特殊，或由于家庭经济条件等原因，想通过努力工作让子女过上好生活，而管护教育孩子的事则全由孩子的母亲承担。这样的父亲，工作上可能是模范，在孩子心目中形象也很高大，是孩子学习效法的榜样，但孩子跟父亲在一起时间少，精神得不到满足，情绪上往往有失落感。

(2) 父亲的角色意识不强，对待孩子容易感情用事。年轻父亲，自身是独生子，思想还不够成熟，在处理与孩子的关系上常常表现为：心情良好时，父子嘻嘻打闹，好似兄弟俩；情绪糟糕时，则拿孩子当出气筒，轻则呵斥，重则施以手脚。父亲的不成熟，会让孩子感到恐惧或不知所措。久而久之，父亲在孩子的心目中威信扫尽。

(3) 不负责任，父亲的角色意识严重缺失。有少数父亲，将孩子置之度外，生活上不予抚养，教育上不承担责任，使孩子情感受伤害，精神受打击。这类父亲，情节轻者要受道德的谴责，情节严重者要受法律惩处。

既为人父，就要有明确的角色意识，承担起应尽的责任和义务。如果是第一类情况，对孩子关爱不够，则需要想办法弥补，孩子缺少父爱，性格容易被扭曲。女孩子会变得情绪低沉，忧伤恐惧；男孩子会缺少阳刚之气，缺少自信心和意志力，容易产生愤怒或怨恨情绪，甚至出现暴力倾向。如果是第二种情况，家长首先要通过学习，端正自己，提高自己，使自己成熟起来。在陪孩子一起玩儿的时候，不可忘记自己是父亲，要向孩子倾注父爱，让孩子在欢乐、愉悦中感受父亲的文明和智慧。父子双方发生矛盾冲突时，父亲理当让步，还要温和地说明退让理由，让孩子潜移默化地学会宽容、礼让，感受父爱的深厚。绝不能因为自己是家长就得理不让人。也不能在自己无理的情况下，以平辈角色与孩子争执。更不能以父亲的身份，强词夺理掩饰自己的缺点错误。如果是第三种情况，做父亲的要意识到自己的思想行为所带来的严重后果，应及时改邪归正。否则，容易导致孩子的精神与人格扭曲，长大后可能出现各种问题。

在家庭中，父亲对孩子影响最大。在孩子面前，父亲应该有威仪，威仪来自男士的阳刚，使子女对父亲思想行为和人格产生敬佩。孔子说："君子不重则不威，学则不固。主忠信，无友不如己者。过则勿惮改。"(《论语·学而》父亲是孩子的家长，是教育者，应该有君子之风。"重"是庄重、自重，做人做事谨慎不轻率。仪态不庄重、行为不自重，自然不会有威信和威望。君子在学习上不顽固守旧，做事做人忠诚讲诚信，不随便交朋友，有了过错勇于改正。这些品质都是做父亲的应该有的。

能让子女敬服的父亲，是尊重孩子，不压制孩子天真，不遏制孩子好奇心与探索精神，不以粗鲁言语和暴戾的行为伤害孩子的父亲。面对乐于探索，但又常常有过失的淘气孩子，父亲应选择合情合理的教育方式，不能偏执于成人的立场观点。应认真仔细观察孩子的行为举止，倾心聆听孩子的叙述，了解孩子的内心世界，然后为孩子做出有针对性的引导和建议。这样做，既可以给孩子指明改正缺点的方向，又不伤害孩子的本真。

合格的父亲，要为孩子的健康成长和未来发展考虑，要为国家和社会发展所需人才的培养做贡献。孩子是国家的未来，不是家长私有财产，从孩子一出生，父亲就要有明确的角色意识、社会意识，考虑自己在孩子的养育、教育上应该承担的责任和义务。如上文说过的，父亲作为家长，要严以正己，以教育引导孩子如何做人，培养孩子良好品质，给孩子正确的人生导向。

2. 母亲的角色意识和教育行为

母亲是家庭中的女主人，母亲的角色和教育行为，对子女的健康成长与发展极为重要。《易经·坤卦·彖》曰："至哉坤元，万物资生，乃顺承天。坤厚载物，德合无疆。含弘广大，品物咸亨。"坤，代表大地，代表女性。伟大的坤元，顺承天道，使万物得以生成。以宽厚的胸怀负载万物，其德行合于天道，无尽无穷。她善于包容，胸怀广大，万物在她那里都能亨通有成。

伟大的母亲，有大地一样的胸怀和品德，她生养孩子如同大地生养生物，生物的顺利生长是她孕育滋养的结果。母亲从孕育到生养孩子，陪伴孩子成长时间最长。母亲的天赋秉性、性格特质、言行举止等，都可能传递给孩子。当然，从遗传的角度说，孩子身上还有父亲的一部分。如果母亲品格下乘、心胸狭隘、目光短浅、自私自利，或专横跋扈、刁钻刻薄、自以为是，且恶习不改，会给孩子留下恶劣影响。可以说，母亲是孩子的镜子。要知道孩子怎样，看看他母亲是什么样就十拿九稳了，不过也有例外。除了先天因素之外，客观环境和教育，尤其是家庭教育，对孩子的人格特质和品德养成起着非常重要的作用。做母亲的，如果能效法大地之德，她把孩子培养好也不成问题。

历史事实证明，凡伟大杰出人物，他们身上都可以看到母亲教育培养留下的痕迹。例如，本书的第一部分说到的我国胎教第一人，周文王的母亲大任。又如，为了给儿子营造良好的成长发展环境而三迁其居的孟子的母亲。“邹孟轲之母也，号孟母。其舍近墓。孟子之少也，嬉游为墓间之事，踊跃筑埋。孟母曰：‘此非吾所以居处子也。’乃去，舍市傍。其嬉戏为贾人衒卖之事。孟母又曰：‘此非吾所以居处子也。’复徙舍学宫之傍。其嬉游乃设俎豆，揖让进退。孟母曰：‘真可以居吾子矣。’遂居之。及孟子长，学六艺，卒成大儒之名。”（《古列女传》）

孟轲小时候，家住墓地附近，常跟小朋友们玩一些筑坟、埋死人之类的游戏。孟母很担忧，觉得这不利于孩儿成长，便把家搬到一个市场旁边。这时，孩子又模仿市场商户，做起吆喝买卖之类的游戏来。孟母觉得这样的环境也不好，就再次搬家到了学宫（当时的学校）旁边。在这里，孩子受到良好的文化氛围熏染，慢慢长大，学成六艺，成了儒学大师。从故事中可以看出，孟母的伟大之处在于她对孩子的健康成长发展极为负责，尤其在教育环境选择方面。

宋代大文学家欧阳修的母亲也是位很了不起的家长。欧阳修四岁父亲去世，孤儿寡母相依为命，艰难度日。父亲做过道州、泗州、泰州等地执法官，算是官僚阶层，可是俸禄微博、为官清廉、好施与、喜宾客，死后没给母子二人留下什么赖以维持生计的资产，孩子练习写字的时候连纸笔都买不起，母亲就拿芦苇秆当笔，让孩子在地上练。母亲对儿子讲，“你父亲很孝敬父母。我嫁到你家时，他为你祖母守孝满一年。在祭祀时，常流着泪说：‘祭祀再丰富，也不如生前的微薄奉养好。’偶尔有点好酒菜，他也会流泪念叨：‘从前娘在时没什么好吃的，如今好一点了，她却无法尝到。’”母亲还对儿子讲：“我发现，你父亲在夜里点着蜡烛审阅死刑犯案卷时，常常不断地叹气，原来是想为死囚求得一条生路而感到无能为力。你父亲说：‘能让囚犯免于死罪的，我就尽力去做，以免错杀。这样，死者和我都没有什么遗憾了，可是世上偏有人想把他们都置于死地。’”母亲说：“你父亲行事厚道，是发自内心的！他很重仁义，因为这，我知道你父亲一定会有好后代。我没有什么可教育你的，只有你父亲的愿望。”年幼的欧阳修，含泪聆听母亲的教诲，他学习努力，后来考中进士，做了大官。由于朝廷内部权力斗争，被贬为夷陵县令。母亲淡然地说：“你家本来就贫贱，我过这种贫贱日子已经习惯了，你要是能安心过这样的日子，我就心安了。”（《宋史·欧阳修传》）欧阳修能成为被世人敬仰的正直清廉的官员和著名文学家，跟小时候母亲对他的教诲分不开。

伟大的母亲，共同的特点是，角色意识强、责任意识强，对孩子优秀品质的塑造竭尽全力，且教育很得法，这都值得当今的母亲参考借鉴。孟母教育儿子，重在良好的教育环境选择。欧阳修母亲教育儿子，是从讲述父亲为人处世的日常琐事入手，让儿子感受父亲的品质和为人、为官之道，培养儿子仁义厚道，孝敬父母，为官耿直清廉、不贪图权位利禄、不戚戚于贫贱等传统美德。假如母亲不是这样教育孩子，孩子成人之后就会是另外的样子。

现今的时代，与封建时代大不相同，但同样需要明理、智慧、胸怀广大、厚德载物的母亲从实际情况出发，适时、恰当地给孩子以正确教诲与引导。

学习体会与育孙实践

六、家庭教育中需要家长关注的其他问题

教育是一项复杂的系统工程，家庭教育是该系统工程的基础。对孩子的家庭教育要取得好效果，有很多基础性工作需要家长去做。家长首先要明理、好学、厚德载物。可是，谁都不是先进“家长学校”，学成之后再当家长。初为人之父母，都没有养育教育孩子的经验，虽然可以从上一辈家长那里学习一些，但如今的社会情况又跟以前大不相同。因此，做家长的过程，实际上就是不断学习、不断反思、不断提高自己的自我教育过程。

（一）家长的自我教育及我们的体会

从胚胎发育到孩子出生，从不会说话的婴幼儿到会说话但又不懂事的幼儿，从进幼儿园到上小学学习，家长是孩子最亲近的人。与孩子成长相关的问题，涉及不同的学科领域，有很多知识需要家长去了解，其中还有现代科学尚未完全破解的“迷”。虽然不能要求家长成为破解科学之谜的专门家，但在孩子身上发生的问题和情况，都需要家长认真对待、恰当处理。随着社会发展，年轻家长遇到的问题和先辈们遇到的问题很不一样，面对新情况、新问题，年轻的家长只有通过不断的学习与反思、开拓视野、扩大知识面、提高思想境界，才能教育好孩子，成为合格的家长。

1. 家长善于自我教育，可以提高管护教育孩子的水平

客观地说，所有为人父母的家长，几乎都是在有意无意地一边学习、

一边做养育教育孩子的事。其中，难免会有缺点和做得不到位之处，但通过家长自我教育，可以不断提升自己、完善自己、发扬优点、弥补不足。孩子身上有可能发生的情况，家长如果能做到预先有了解、有防范，就可以尽量避免出差错，避免给孩子带来伤害。

比如，胎儿时期，母亲不该吃的药绝对不能吃，否则有可能导致流产或胎儿器官损伤；婴幼儿抵抗力弱，容易发烧，孩子发高烧，必须及时做退烧治疗。否则，情况严重了，会损伤孩子的语言功能，甚至使孩子成为聋哑儿。对活泼好动的幼儿，家长要非常谨慎地管护。否则，孩子受到意外伤害，造成终身残疾，家长会追悔莫及。

又如，家长不注意自身修养，不注意营造温馨的家庭氛围，孩子从小生活在争吵不休的恶劣环境中，精神受到压抑，脾气变得暴躁，在和别的小朋友交往的时候还容易做出侵犯他人举动。父母教育方法简单粗暴，也会导致孩子人格扭曲或其他不良行为发生。在幼儿园里，有的孩子有动手打人的毛病，且屡教不改，家长很头疼，问题的根源仍然在家长那里。笔者曾询问这类孩子的家长："你们在自己家，有没有动手打孩子的情况?"家长回答说"有"（动作是轻微的，只是惩戒）。家长觉得，那样做，都是为孩子好。可是孩子小，还不能理解家长的用心，但他会效仿家长的举动，在幼儿园里也动手打别的孩子。笔者说服家长，建议他们改变一下策略。家长接受建议，纠正了自己此前的做法，亲子关系得到改善。从此，他们的孩子在幼儿园再也没有出现过动手打人的现象。

家庭教育中常见的现象是：家长唠叨，指责孩子不听话、没礼貌、生活秩序乱、学习不认真等，却很少反思自己的言行和教育方法有没有不妥之处，很少考虑是否严以正己给孩子做好表率了，孩子有进步时是否及时表扬了，孩子有不良行为时是否严肃警告或循循善诱了，对孩子的一般性失误是否体谅包容了。家长能多反思，及时弥补不足，及时改善教育方法与策略，发生在孩子身上许多问题也会有变化。孩子的表现，尤其是那些活泼好动，经常捅娄子让家长头疼的男孩子的表现会大有改观。

2. 家长的自我教育，也包括家长虚心向孩子学习的良好修养

家长的自我教育，包括学习与儿童教育相关的知识和技能，也包括在生活中细心观察了解儿童发展的特点，思考为什么那样，从中发现自己不曾注意到的问题。家长养育教育孩子，非常辛苦，但也非常有趣，除了能享受天伦之乐之外，还能从孩子那里学到很多东西，使自己的知识学问心理修养大有长进。

例如，儿童语言的生成与发展，至今仍然是没有完全破解的谜。汉语里的“把”字句，结构比较复杂，有学者说汉族儿童三岁以后才能掌握。但我们发现，有的孩子两岁半就能正确说出“把”字句，而且谁也没特意教过他。这说明，哪怕是很复杂的语法结构，对儿童来说都不困难。又如汉语里的“了”，学汉语的外国留学生曾对笔者说：“我这一辈子都学不会它！”可是汉族儿童，说话时没有谁不会使用“了”的。

又如，幼儿园大班孩子，只要做过一定的练习，掌握十位数以内，甚至百位数以内的加减法都比较容易。孩子的数学能力从哪里来的？这个问题也很有趣。孩子上小学了，学校还花几周时间，让他们从“十”以内的加减法学起，这不是浪费时间吗？孩子们感到很无聊。

再如，儿童开始练习写汉字时，常常把“提手”左钩写成右钩，这是为什么？孩子大脑里的“提手”影像跟成人大脑里的“提手”形象不一样吗？问题很有趣：他们眼里的成像，还处于照相术阶段，出现了镜像书写。这些镜像约到孩子 7~8 岁时才能消失。

总之，此类问题还有很多。只要细心观察，家长都能从小孩子身上发现很多很有趣的问题。观察孩子发展过程中的行为表现，把还不会说话的孩子的意图、意愿、需求等搞清楚，也有很大的学问。切合孩子的实际需要，有针对性地帮孩子释疑解惑，尽可能满足孩子的求知需求，开拓孩子的视野，都是家长增长学识、提高家庭教育能力可做的有趣的事。《礼记·学记》说：“学然后知不足，教然后知困。知不足然后能自反也；知困然后能自强也。故曰教学相长也。”父母家长是孩子的监护者，也是孩子第一位老师。只要认真教（不要像给在校学生上课那样去教），就能知道自己之“困”；只要去学（学习与儿童发展相关的知识或技能），就能知道自己的不足。教学相长，不仅在学校教育中是这样，在家庭教育中也如此。家长不可小看那些蒙昧幼稚的小孩子，他们都有极强的求知欲，都会不知疲倦地学习。小孩子困惑的问题，家长不一定都很清楚、都能解决，和孩子一起探索也是家庭教育的好方法。

有人说，以前的家长不需要学什么，孩子不是照样成长得不错吗？客观地说，以前的家长也是在不断学习与自我教育中教育孩子的，或在老一辈的言传身教中，在文化习俗的传承中获得儿童教育知识和技能的。家长不学习，或不屑于自我教育，教育孩子时懵懵懂懂，或任孩子自然发展成长，这样做不是不行，因为儿童有其自身的、不以他人意志为转移的成长发展规律。但作为父母家长，是自觉还是不自觉，是有意识还是无意识地影响或教育孩子，最后的效果是有差别的。家长对孩子成长发展规律茫然无知，会冒很大的风险，一旦发生差错，家长会不知所措，甚至后悔莫及。这样的事例也很多。

当今社会，科技发达、知识爆炸、社会复杂，自然与人文环境中的各种因素，都会直接或间接地影响到孩子的行为习惯、思想品德养成。这是新一代家长面临的挑战。加强自我教育，提高应对挑战的能力，是形势发展对家长的要求。蒙台梭利说："深深根植于人们潜意识中的自然规律无疑决定了人的心理发展，这对于所有人来说都是适用的。"儿童的发育成长的自然规律是不可违背的。然而"人与人之间的区别大都取决于他们后来生活的不同。因为人在后来的生活道路上会遇到很多障碍，这些障碍又对人的心理产生各种各样的影响"① 后天的生活，对孩子发展成长为怎样的人，起很重要的作用。有儿童教育专家说："父母培养孩子的情况都会在孩子的成长过程中具体表现出来。因此大人要认真评价自己，完善自己，从而使孩子变得好上加好。"②

（二）关注孩子的非智力因素及我们的体会

在人的成长发展过程中，起重要作用的有智力因素和非智力因素两个

① ［意］玛利亚·蒙台梭利著，高潮、薛杰译：《有吸收力的心灵》，中国发展出版社 2006 年版，第 153 页。

② 邵夏珍编著：《井深大早期教育法——从零岁开始的幼儿教育与潜能开发》，中国发展出版社 2001 年版，第 203 页。

方面。智力因素包括人的观察力、注意力、想象力、记忆力、自控力、思维能力、语言能力、创新能力等。这些能力是先天素质、社会历史遗产、教育影响以及个人努力作用的产物。非智力因素是指那些不直接参与认识过程，但对认识过程起直接制约作用的心理因素。如性格、兴趣、情感、需要、动机、信念、意志、道德等。智力和非智力因素之间的关系不是对立的，是相辅相成的。在家庭教育中，不能只重视一个方面而忽视另一个方面。拿兴趣这一非智力因素来说，如果孩子对某事物没兴趣、不喜欢，其观察力、注意力、想象力等都会受到影响，甚至会听而不闻、视而不见。当今的不少家长，误认为孩子的智力因素才是成才的唯一途径，而对孩子的非智力因素不予重视。然而从某种意义上说，非智力因素对孩子的发展更为关键，家长更应该认真关注。

1. 关注孩子的性格

性格是从待人处事的态度、行为方式等方面表现出来的比较惯常的、稳定的心理特征。有谦虚、傲慢；刚强、懦弱；勇敢、胆怯；豁达大度、小肚鸡肠等不同的表现形式。这些心理特征，在孩子出生后的几年内就会逐渐显现，如果家长认为孩子年龄小，不加以关注，则容易产生不良后果。

孩子的性格的形成，有先天因素的作用，也和后天所处环境、家长的养育有很大关系。一般说，得到科学养育的婴幼儿，往往显现出开朗、大方、勇敢、自信、富有同情心等性格特征。而在溺爱、受冷落等不良家庭环境中成长的幼儿，则显现出懦弱、小气、胆怯、孤僻、冷淡等性格特征。

3 岁前未进入幼儿园的孩子，其性格特征主要受家庭环境影响。进幼儿园之后，随着孩子接触到的人（主要是不同家庭文化背景下成长起来的小朋友）增多，受不同文化背景的社会人群影响，孩子的性格也会发生一定的变化。但从总体上讲，家长的性格和修养、家庭的文化氛围，对孩子的性格形成起主要作用。因此，要让孩子形成良好性格，家长对自身和家庭教育不可不予以重视。比如，孩子还不会说话的时候，家长也要多跟孩子交流，一定不能冷落孩子，要让孩子感受到父母的爱。孩子稍稍懂事的时候，家长不可百依百顺娇惯孩子，那会使孩子变得唯我独尊或很任性。家长要注意自己的养育理念、养育态度、养育方式，要为孩子的身心健康考虑，避免对孩子的性格形成造成不良影响。总的来说，0~3 岁期间是孩子性格形成的关键时期。

孩子的性格，是在其先天素质基础上，在一定的环境和文化教育等因素的作用下形成的，因此，与孩子性格相关的素质也需要家长关注。神经心理学家认为，素质受神经系统影响，孩子出生时就已经具备，包括乐观、友好，生理活动规律比较稳定，能很快适应环境变化等。这类孩子属于“容易养的”，约占婴儿的 40% 以上。有的孩子则好哭、容易发怒，生理活动规律不稳定，对新环境会害怕，拒绝接受任何新的变化。这类孩子属于“难养的”，约占婴儿的 15%。还有，一开始对新人、新环境不容易适应，但反应比较温和。这类孩子介于“容易养”和“难养”两者之间，约占婴儿的 25%。素质也是在社会实践中发育和成熟起来的。如果孩子的先天素质有缺陷，还可以通过后天的生活实践和学习获得不同程度的补偿。

2. 关注孩子的个性

家庭教育还会涉及孩子的个性。个性概念内涵大于性格概念内涵，它是人的性格、兴趣、爱好等相对稳定的心理特征的总称。人的个性构成要素是：①生存态度。如需要、兴趣、动机、理想、信念、世界观等，它们是个性结构中最活跃的因素。新生儿一出生，其人生态度还看不出来，但吮吸、拉撒、睡和醒等本能方面的需要都在有规律地活跃着。随着年龄的增长，孩子对什么有兴趣、对什么没有兴趣的行为动机等也会逐步显现出来。②自我意识。如自我认识、自我体验、自我调节，它们是个性心理结构中的控制因素。随着孩子断奶、行走、学说话等生理活动能力的增强，孩子的独立性也渐渐得到显现。比如，孩子常说：“我要……，我不要……”“我想……”等，其自我意识在逐渐萌生。一般的孩子 1 岁左右开始认识自己。小孩子的自我意识表现常常是，以自己为中心，在和别的小朋友一起玩耍时容易发生争抢玩具等纠纷。家长对小孩子之间的纠纷，要注意疏导，但不可看得过重，不可拿成人的道德标准去评价孩子的行为。③心理特点。如气质、性格、能力这些心理特点，是人的个性差异的主要表现。不同的育儿方法，家庭氛围，会造成婴幼儿的气质、性格、能力等心理特点的差异，孩子不同的个性由此而形成，当然遗传因素也会起微妙的作用。比如，有的孩子天生乐观、平和，有的孩子好哭、对环境适应性差、不好伺候，有的孩子对人、对环境、对任何情况都反应迟缓。对不同个性特点的孩子，家长要采取不同的养育和教育方法。

概括地说，个性是在人的一定的生理基础上，在一定的社会历史条件下，通过社会实践，逐渐形成和发展起来的。不同的人生经历也会铸成不同的个性，不同的社会影响、职业生涯也会使人的个性有所变化，但这是成年人的事。小孩子的人生经验少，其个性还只处于初始状态。个性是自然性与社会性、稳定性与可塑性、独特性与共同性等特性的综合。就小孩子的情况来说，如果某种不良的心理特点是由养育、教育方法不当造成的，家长要及时反思予以纠正。

3. 关注孩子的气质

气质，是受人的神经系统影响而折射在行为上的比较稳定的心理特征。主要表现在情绪体验的快或慢、强或弱，情绪表现的明显或隐蔽，以及动作的灵敏或迟钝等方面。也有人把气质称为秉性或脾性。气质没有好坏之分，只显现出不同的特点而已。不同气质的人，其行为特点是不同的。古希腊医生希波克拉底，把人的气质分为四类：胆汁质——容易激动发怒；多血质——热情、活泼、好动；抑郁质——敏感、抑郁；黏液质——冷静、沉稳。这种分类比较切合实际情况，心理学一直沿用至今。心理学家布雷泽尔顿，将婴儿气质划分为三种类型：活泼型——出生时就喜欢大哭、手脚挥动幅度大的；安静型——出生时就安安静静地躺在小床上，很少哭，动作柔和缓慢，打针时也安静，不哭闹；一般型——介于上面两类之间，大多数婴儿属于这一类。[①]

不同的育儿方式，对孩子的气质形成起一定的作用。不同气质的孩

① 邵夏珍编著：《井深大早期教育法——从零岁开始的幼儿教育与潜能开发》，中国发展出版社2001年版，第203页。

子，反过来又会影响父母的教养方式。一般来说，乐观开朗、注意力持久的孩子，会让父母的育儿方式更为民主。平时爱哭闹的孩子，或适应性差、注意力不能集中的孩子，或淘气、探究活动力强、我行我素的孩子，常常使父母缺乏忍耐心，教养方法会变得不民主，甚至动用惩罚手段。为了科学地养育教育孩子，父母要学会观察孩子，把握孩子的特点，经常反思自己的养育和教育方法，因人制宜地开展养育和教育，不能机械地采用一种模式。

4. 关注孩子的人格

人格的概念有两个：一个是指人的性格、气质、能力等特征的综合。另一个是指个人的道德品质。这里所说的人格是指前者而不是后者。有学者认为，人格取决于成人对无意识时期的胎儿或婴儿的暗示。在胎儿期或出生后的无意识时期，孩子会在父母的暗示下逐渐建立一定的行为模式基准，如反应模式、性格模式，或才华模式。尤其在胎儿期，以及 0 岁这个通常认为什么也不懂的时期，母亲无意识的暗示，会对孩子的人格形成起重要作用。孩子在这个时期，进入无意识中的东西会刻在记忆的基因中，成为身体记忆的一部分。

胎儿或 0 岁儿，并不像一般人认为的那样，毫无信息接受能力。母亲怀孕期间或者说到怀孕后期，胎儿已经具备通过心灵感应感受父母的信息的能力，这种能力在孩子出生后继续保持着，它是孩子性格形成的基础。如果怀孕期间母亲的心灵受到过创伤，孩子受心灵受感应的作用也有可能连带受创伤，并对孩子未来的性格形成造成重大影响。心灵感应是亲子间不需要用语言就可以达到沟通的特殊方式，通过心灵感应建立的亲子关系是良好的，会为孩子的心灵和性格形成奠定良好的基础，孩子出生后的养育也会很顺利。反之，胎儿期不顺利，孩子出生后会有很多问题连带发生，父母也会为纠正孩子扭曲的性格而伤透脑筋。心灵感应，近似于我国古人所说的外感内应，是胎儿和婴儿所具备一种能力，尚需要现代科学去检验证实。

小孩子 1 岁之前还不会说话，无法与他人开展语言交流。不过，孩子的内心需求会逐步明显起来，个性的萌芽也开始生成。比如，有的婴儿尿湿了，就会大声地哭，意思是求育儿者给他换掉；有的婴儿尿湿了，不断皱着眉头、活动四肢，尤其是活动两条小腿，或发出哼哼声，意味着他实在难受。也有这样的婴儿，几乎没有反应，直到母亲喂奶时才发现尿布、睡垫都湿透了，或发现"尿不湿"沉甸甸的，起码尿了好几次了，小屁股又湿又红。这说明，不同个性的婴儿，对相同刺激的反应程度不同。随着孩子的长大，语言交流的通畅，社会交往活动的增强，孩子的性格、气质、能力的差异会渐渐显现出来。3 岁幼儿，性格表现是内向还是外向，是急躁还是平静，自我体验是积极的还是消极的，自我调节是敏锐的还是迟钝的，独立性强还是依赖性强，都表现得比较明显。即便是双胞胎兄弟姐妹，他们性格、气质、能力也会有比较明显的差异。在家庭教育中，家长要关注孩子的人格的差异，要根据孩子的不同气质选取不同的教育方法。

5. 关注孩子的兴趣爱好、意志和意志力

兴趣（或爱好），是指孩子探索某事物，或进行某项活动时的心理倾向，有短暂兴趣和稳定兴趣的区别。稳定的兴趣则属于心理特征了。日本儿童教育专家井深大经研究发现：大凡幼儿对于他感兴趣的东西，都会像海绵那样贪婪地吸收、记忆下来，并从中培养出对大脑机能与个性形成最为重要的东西——"意志"。可以说，兴趣是儿童成长的最佳的促进剂。激活婴幼儿对外界事物的兴趣，引导孩子对某些活动产生兴趣，是提高孩子认知智力的最好方法。兴趣，是学习的促进剂，也是学习的结果。也就是说，兴趣可以促进孩子的学习，学习也能使孩子产生兴趣。如果家长在养育孩子的过程中仔细观察，会发现孩子们的兴趣是因人而异的，男孩和女孩的兴趣也不一样。与兴趣相关的心理因素是意志和意志力。

意志，是人为达到某种目的而产生的一种心理状态，主要通过语言和行动表现出来。行动方式的表现有两种：一种是冲动型，另一种是抑制型。一般来说，意志有多大的生命力，行动就有多强的生命力。意志是在人的社会实践中形成和发展的。

意志力，简单地说就是意志表现出来的力量。是指人为了达到一定的目的，自觉地支配自己的思想和行为的能动性力量。在影响孩子才能充分发挥的一些因素中，真正持续发挥作用的因素是意志力。婴幼儿的能力发展还不协调，会有冲动的行为，但尚不能对自己的冲动行为加以理智性引导，或者说还不能形成意志力。在家庭教育中，家长应有意识地引导孩子，早一点建立起抑制冲动的意志力，促进孩子意志力的锻炼与发展，使孩子形成能体现礼貌、教养等方面的意志力，养成好的习惯。

6. 其他几个需要关注的问题

吃、喝、拉、撒、睡等，是孩子生存本能的需要、生理发育需要；“愉悦、友谊、愿望、兴趣、意向、梦想”等，是孩子精神情感的需要；学习、劳动、交往、鉴赏、自控等是孩子成长发展的需要。这些需要（或需求）都是天然的，是每个孩子的生存发展必需的。

（1）关注孩子的认知需要或需求。

婴幼儿阶段，孩子的某些需求往往被家长忽视。幼儿面对眼前的新世界充满好奇，求知欲望极为强烈，不了解的东西都想放到嘴里尝一尝，没触摸过的东西都想用手去摸一摸。家长担心孩子不卫生，怕孩子受伤害，不让他把东西往嘴里塞，不让他去抓摸触碰，这会限制孩子的认知活动，挫伤孩子的探索兴趣。家长应该在保证孩子的安全卫生前提下，让孩子大胆尝试，以满足他们的求知欲望。

例如夏天为了驱蚊，我们给孩子身上抹了一点清凉油。孩子对清凉油的味道和包装盒都特别感兴趣，想抓到手里往嘴里塞。为满足孩子的好奇心和求知需求，我们把清凉油盒子打开，让他先闻闻味道。孩子眼疾手快，抠了一点就放嘴里了。只见孩子眉头紧皱，显出一副难以忍受的样子。这一下可长知识了，知道清凉油不是好吃的东西。从此，再也不去动清凉油了。

又如，小孩子对家里的电线插座都会感到很神秘，家长不让他触摸，他偏要去触摸。为了不伤害孩子的探索积极性，又要保证安全，我们的做法是：告诉孩子不能触碰到金属插头，否则很危险。孩子还不知道什么是危险，我们就拿干电池连上电线，让他体会触电的感觉。从此之后，孩子再也不坚持要触摸电线插座了。孩子再大一点，还自然地学会了安全使用家用电器连接电源的方法。

稍大一点的幼儿，都不喜欢听成人大声说话，不希望大人强迫他们去睡觉，不愿意照大人的规矩去做某事。孩子想到室外活动，接触新事物，家长把他圈在家里，这也会妨碍孩子的认知事物的积极性发挥。对孩子的合理需求，家长要在保障孩子安全的情况下尽量满足，不能因噎废食。

（2）关注孩子的情感等需要或需求。

情感，是人对外界事物刺激所产生的肯定或否定的心理反应，是不学就会的。如喜欢、愤怒、恐惧、自尊、自信等。自尊是指尊重自我，不允许他人欺侮或歧视的心理状态。自信是坚信自己能力的心理状态。孩子年龄小，但也有自尊、自信等情感。家长要对孩子的情感作合理的纾解、引导，不能去伤害。

像信念、理想、道德等更高层次的心理特征或观念，孩子大一点之后才会逐渐显现。幼儿时期，这些观念还没有，但也需要家长从基础工作做起。比如，在日常生活中，让孩子知道能做什么、不能做什么，该做什么、不该做什么，为什么要这样，等孩子成长到一定年龄段，正确的信念、理想、道德观念就会树立起来。家长尽早给以特别的关注、引导和教育，孩子就会习惯成自然。如果等孩子长大之后再作相关的教育，效果自然会差。

（三）关注孩子的好习惯培养及我们的体会

习惯是由不断地重复而固定下来的，并成为生活所需的行为方式。习惯有好坏之别，孩子的健康成长需要有良好的习惯。有研究证明，习惯统治着人的99%的生活。人是使生活逐渐成为习惯的生物。我国古人很重视孩子良好习惯的培养，孔子说："少成若天性，习惯成自然。"习惯在生活实践中养成。良好的生活习惯如同在轨道上行驶的列车，轨道能从总体上保持列车运行的安全平稳，一般不会出危险。孩子的行为一旦脱离了良好的习惯轨道，麻烦就会出现。让孩子养成好习惯，不仅需要父母家长的持续关注，还需要家长以自己的良好习惯去影响、引导孩子。让孩子沿着正确的习惯轨道发展是父母家长的责任，来不得半点马虎。英国家庭教育专家夏洛特·梅森说："习惯就是让儿童沿着正确的方向，比较轻松地前进；

习惯是父母可以利用的手段；习惯的力量是无价的，但必须依靠父母去引导。”① 儿童有了良好的习惯，可以沿着正确的方向比较轻松地前进，而良好习惯的形成需要父母家长的引导与培养。有的教育家把家长的引导比作制陶，像制作陶器那样给以正确的引导，才能使孩子“成器”。因为在幼儿时期，孩子的是非、对错观念还没有建立，哪些是好习惯，哪些是不好的习惯还分不清。孩子的意志力也没有发展起来，即使有好习惯的苗头，也不能完全自发地成长。

孩子良好习惯的形成，需要父母家长的启发、引导和培养，包括家长的示范等。比如，按时吃、喝、拉、撒、睡、不挑食、讲卫生、勤俭节约、不能什么都依赖别人、爱提问、知道感恩、和小朋友和睦相处等良好习惯，没有父母家长的引导、示范与培养，靠孩子自己则不那么容易形成。随着年龄的增长，孩子进幼儿园了，或上小学了，仍不可放松良好习惯的引导与培养，家长要和幼儿园老师或小学老师配合，不断地促进与孩子年龄段相符的种种好习惯的形成，如注意力集中、爱学习、爱思考、爱集体、守纪律、遵守公共秩序、爱护公共卫生等。

家长们都知道，养成良好习惯对孩子的发展很重要。然而，良好习惯养成不是一蹴而就的，有一个过程，尤其是对那些自我意识强的我行我素的孩子。

例如，小孩子大都喜欢玩水，洗澡的时候会拿着水龙头四处喷洒，觉得很好玩儿，浪费水的现象时有发生。大人说“水很宝贵，不能浪费!”可是孩子不听，因为他还搞不懂“水很宝贵”的意思是什么，节约用水的观念不容易建立起来。到上小学之后，老师给孩子们讲了“南水北调”的故事，说北京是个严重缺水的城市，大家喝的水、洗澡、洗衣服的水 70%都是从很远很远的南方调来的，如果没有调过来的水，我们每天喝水、洗脸、洗衣服就有问题了，所以每个人都要注意节约用水。孩子把故事告诉家长，孩子自己从此也很注意不浪费水，节约用水的好习惯也由此而

① ［英］夏洛特·梅森著，李忠明译：《夏洛特·梅森家庭教育法全书》，陕西师范大学出版社 2010 年版，第 94 页。

形成。

日常生活、学习中的好习惯有很多种，有些是孩子无意识形成的，不用家长太操心。有些则伴随孩子的成熟与明事理达到一定程度才能形成。比如，许多孩子（尤其是男孩子）往往不在意生活或学习中的某些细节，丢三落四的情况经常发生，家长气愤、着急，甚至对孩子发脾气，都无济于事。遇到这种情况，家长要了解习惯形成的规律，培养孩子的好习惯要有耐心，坚持不懈。不能因为孩子的好习惯一时难以形成而放弃积极正面的引导，更不能认为孩子就这样了，随他去吧。

七、家庭教育中忌讳家长这样做事

（一）忌讳家长对孩子唠叨与指责

家庭教育，忌讳家长对孩子唠叨指责。唠叨是没完没了重复说不满意的话。指责是以恶劣的态度，数落别人的缺点或过失。这两种言语行为都是在不顾别人尊严与感受的情况下做出的，传递的都是负能量，会让听话人厌烦、愤怒、抵触，甚至反抗。

许多家长，照顾孩子生活很细心、很周到，唯独不理解孩子的精神需求。尤其是那些对孩子期望值极高的父母，总是看孩子的不足，指责孩子这儿、那儿不如别人。客观地说，每个孩子（甚至成人）在心灵深处都有希望得到他人关怀、赏识、重视的需求。而家长对孩子的关怀、赏识和重视，能激发孩子的自尊和自信。拿幼儿来说，他们最喜欢听夸奖的话、赞美的话，不喜欢听唠叨指责的话。几个月的小孩子，如果父母指责他，不给他好脸色，他会马上伤心地哭。年龄稍大一点的幼儿，做了错事，家长责备他，他同样会很难过。聪明的妈妈对做错事的孩子，会用委婉的语气说："你要是这么做那就好了！"孩子能心领神会，自觉改正。如果家长没完没了地唠叨、指责，孩子反而会拒绝改正错误，甚至还会故意气家长。

家长对孩子的唠叨和指责，本义都是为孩子好，但没有设身处地为孩子想，是否对孩子有伤害。例如，三岁男孩 kk，语言发展比较迟缓，说话不够清晰。两岁半男孩TT，语言发展得早，口齿清晰，日常表达没问题。他们二人常在一起玩耍，有一天，kk的家长当着TT家长的面，指责kk说："瞧人家TT，比你还小半岁，话说得那么好，看你，到现在连一句完整的话都说不出来！"这让kk自尊心大受伤害，从此再也不跟TT一起玩了。

又如，某小学生的妈妈喜欢唠叨，有一天去接放学的儿子，当着路人的面又唠叨开了。孩子实在忍受不了，大声冲妈妈吼叫"我恨你！我讨厌你"，并快速躲开。小孩子也爱面子，也有自尊心，最不能忍受的是家长当着别人的面唠叨指责，这让孩子自尊心大受伤害，大丢"面子"。

唠叨和指责对孩子对伤害，家长往往意识不到。有时即使意识到了，自觉改正也很不容易。这与家长的秉性、文化修养等有密切关系。不管怎么说，当着其他小朋友的面，或当着别的家长的面，唠叨或指责孩子，最让孩子不能忍受，会使亲子关系闹得很僵。要扭转这种局面，家长要注意：家长跟孩子说话，要注意观察孩子的反应，反思自己的行为是否妥当；要努力学会赏识孩子、鼓励孩子。孩子有做得不妥的地方，要学会用适当的方法去引导。6岁前的孩子，稳定地评价自己的能力尚未形成，对自己的认识和评价，大多是依别人对他的评价为据。多赏识孩子，多鼓励孩子，是关爱孩子精神需求的重要行为。幼儿教育专家铃木镇一说：

> "就孩子的无形生命而言，他们仿佛是为了得到赏识而来到人世间的。将赏识当作一种生命的需要，是赏识教育的理论基础，是符合现代心理学关于人性需求层次的原则的。"①

也可以这样认为，赏识、鼓励，是孩子健康成长的营养剂。所有的孩子都希望家长（以及幼儿园老师、小学老师）提供这方面的营养，缺少营养的孩子不可能健康成长。家长（或老师）"在教育孩子时一定要合情合理，不能仅从自己的立场看问题，应该多去了解孩子的内心世界，多多考虑他们的感受。"② 家长对孩子的赏识、鼓励要合情合理，不可不分是非对

---

① 晨曦编著：《铃木镇一教育法》，石油工业出版社2005年版，第110页。

② 晨曦编著：《铃木镇一教育法》，石油工业出版社2005年版，第121页。

错，一味地赏识或一味地鼓励，这对孩子的健康成长同样不利。

（二）忌讳家长表扬、批评孩子没分寸

家庭教育，家长对孩子表扬或赞美没有分寸也是要忌讳的，因为这是对孩子宠爱的表现，对孩子健康成长不但无益，反而有害。表扬的或赞美的话，不论是成人还是孩子都爱听。自己的行为或成绩得到他人认可与肯定，是天生的心理需求。孩子表现得好更希望得到父母的表扬或赞美。对孩了适度地表扬与赞美，是鼓励，是使孩子懂得朝正确方向前进、积极向上的动力。不过，家长的表扬或赞美要有分寸、有理据，要让孩子知道好在什么地方，还有哪些不足。如果家长没有分寸一味地表扬或赞美，孩子习以为常，就会看不到自己的不足，会形成自满、自负等不良心态，或形成只能接受表扬，不能接受批评的心理定式。这种心理定式形成之后，孩子的精神会很脆弱，遇到困难或遭受挫折，就接受不了。这样的孩子显得孤高、不合群，不容易与其他小朋友交往，难以体验与小朋友之间发生矛盾冲突但又能自己和解的快乐。长期下去，孩子长大之后，抗挫折能力会很差，人格会发生扭曲。上了小学、中学，会因为某次考试没考好，或遭遇其他方面挫折、没有得到表扬与赞美而心灰意冷，感到生活无望、精神抑郁，有的甚至产生轻生念头，或做出轻生举动。这样事例在现实生活中并不罕见，需要家长认真吸取教训。

小孩子在生活中犯错误是难免的。比如，把家里的东西弄坏了，跟小朋友玩耍时动作鲁莽把对方弄哭了，说脏话骂人了，或犯了错误不承认而说假话了，如此等等。家长发现时，要及时指出错误；该批评时，要严肃批评；要让孩子能够接受批评，能够承受情绪上某种“打击”。这对提高孩子的抗挫折能力是一种很好的锻炼。不过，家长的批评一定要有理，有据，有分寸，要让孩子心悦诚服。家长批评孩子，忌讳简单粗暴，更不能把其他因素造成的不良情绪转移到孩子身上，不能在工作不顺利、夫妻口角等情绪不好的时候拿孩子当“出气筒”。

传统启蒙教育认为，开蒙阶段的孩子犯了错误，家长可以适度使用惩罚手段。“发蒙，利用刑人，用说桎梏，以往吝。《象》曰：利用刑人，以

正法也。”（《易经·蒙卦》）惩罚如同给违法的人戴上桎梏，但目的是让孩子脱掉“桎梏”。如果处罚分寸掌握不好，处罚失当，结果会适得其反，家长会感到悔恨。家长态度粗暴，批评或处罚不当，会伤害孩子的自尊，会让孩子心里不服，甚至对家长产生怨恨。个性强的孩子还会逆反，仍然我行我素。内向型的孩子会对家长的行为感到恐惧，失去自信，畏首畏尾，人格扭曲。比如，家长本来是要教育孩子不能撒谎，但因方法简单、态度粗暴，孩子感到畏惧，反而更不敢跟父母讲真话了。

总之，批评也好，处罚也罢，都要讲究分寸、合情合理。目的是“正法则”，让孩子沿着正确的轨道发展成长。尤其是那些淘气的，在家长（或老师）眼里常犯错误的孩子，作为教育者的父母（或幼儿教师）不能孤立他们，不能不理睬他们，更不能讽刺挖苦他们，要让孩子从家长（或老师）的批评教育中感受到深切的爱。只有让孩子感受到深爱，才能激发孩子改正错误、积极上进的动力。

（三）忌讳家长违背儿童发展的阶段性规律

家庭教育要把握尺度和分寸，这是古今中外教育家们的共识。养育孩子，如同铸造工艺品，火候不当，就会失败，工艺品就无法成型。凡爱得过度（包括营养过度、干涉过度、顺从过度）都会导致不良后果。在家庭教育中，最忌讳家长违背儿童发展成长的阶段性规律而对孩子过度干涉。儿童成长发展，包括生理、心理等方面的发展，都与孩子的成熟相伴。成熟有一定的阶段性，家长不能性急，不能“拔苗助长”。对孩子要作合理的引导，甚至需要耐心地等待。

从幼儿园到小学低年级，是孩子最淘气的年龄段，孩子时而听话、时而不听话，或我行我素，与家长拧着来，让家长头痛不已。这个年龄段的孩子，似乎不像小的时候那样如饥似渴地求知、探索，在学习上会有懈怠情况，让家长觉得不可思议。如果家长对相关知识有了解，就不会对孩子的淘气、不听话、不服从、没记性、学习懈怠或不自觉等情况感到奇怪，也不会动不动就指责孩子。

脑科学研究表明：孩子出生时所具备的许多潜能，有不少是在0~3岁年龄段被激活的，这个年龄段是儿童智力发展的黄金时段。而让孩子做到能够听从指挥，立刻执行指令，则需要一个漫长的过程。“执行潜能”真正被激活，一般要经过幼儿期、少年期直至青年期（18 岁左右），甚至到成年早期（25~30 岁左右）。0~5 岁敏感期，儿童的许多潜能之所以能被激活，从生理学的角度讲，是因为婴幼儿这个时期大脑的神经细胞在快速成长，并发展出彼此之间传送信息的“轴突”和接受信息的“树突”。同时，对信息进行深入处理的“灰质”也在迅速发展。灰质是学习、吸收知识、思考等能力的物质基础。儿童在 5 岁之前，灰质的功能达到一次顶峰。这时候的幼儿，给家长留下的印象是好提问、爱学习、极聪明、听指挥、能服从。但是，孩子到 5~10 岁期间，大脑会主动消减不常用的神经元之间的连接，以及不需要的灰质之间的连接，由此巩固婴幼儿时期有用的智力技能。大脑的这种生理特点使得 6~10 岁的儿童，变得不爱主动学习，常常跟家长的指令拧着来等。

孩子此时表现出来的行为，虽然常常让家长很烦心，但也应该看到，这也是孩子在逆反中开阔视野，积极主动思维，并由先前的接收性学习变为探索性学习的表现。比如，孩子不主动学习，但不等于他没有思考。家长说东，孩子偏要说西；家长说红，孩子偏要说黑；家长让他学这个，他偏要学那个。孩子跟家长拧着来，表明孩子在做更广、更深的探索，而不局限于家长所教的那些内容。孩子这样做，也是其自主性的智慧表现。这些表现，既可以巩固以前学到的东西，还可以开阔新视野，这是孩子进一步成长发展的规律。

了解儿童发育成长的阶段性规律和特点，尤其是大脑神经发展的阶段性规律和特点，家长就不必为孩子身上发生的新情况感到忧虑，不必为孩子异乎寻常的行为焦躁或纠结，而应该耐心地观察孩子的发展，忌讳逼迫孩子去学这、学那，更不能拔苗助长。家长可以引导孩子在德、体、美、劳等方面养成良好的品格和习惯，也可以侧重非智力因素的引导，让孩子在探索中学习，储备必要的知识，养成良好的学习习惯等，为第二个灰质显著增长期的到来做好切实的铺垫。

孩子成长到十一二岁，变得比以前成熟多了（由于性别与生理机制的差异，一般来说，女孩子成熟相对早一些，男孩子则相对晚一些）。这个年龄段，是孩子另一个快速求知与发展的时期，之后又是一个生理上主动消减过程。家长需要知道，孩子由儿童到少年的阶段性成长发展，在各个方面都是有一定的规律，孩子的学习和进步不是直线式而是波浪式向前的。家长了解了这些知识，在辅导孩子的时候认识会更清醒，会找到更得体的方法。

（四）忌讳家长简单粗暴地强迫孩子服从

强迫是以强势力量迫使他人做某事。服从是顺从指令做某事。在实际生活中，有的小孩子很听话，家长叫他做什么都能乖乖地做，这样的乖孩子让家长省心。然而，大多数孩子并非如此，尤其是男孩，不那么听话，对家长的指令常常不服从，让家长很闹心，性急的家长有时会简单粗暴地强迫孩子服从。强迫服从，是对孩子精神的伤害，是家庭教育的另一大忌。

孩子为什么不服从指令？家长要反思。比如，指令性语言是不是太抽象、太空洞，孩子还不能理解？给孩子的指令或对孩子的要求，是不是与孩子实际需求相符？给孩子的指令或对孩子的要求，与孩子的成熟阶段特点是否一致？都需要反思。因为，孩子对家长指令的服从还是不服从，对家长的要求愿意执行还是置之不理，都是有原因的。如《易经·蒙卦》所言："困蒙之吝，独远实也。"家长的教育指令让孩子感到困惑，不能理解接受，不予执行，家长感到无奈，一定是那些教育指令远离了孩子接受能力的实际。对这样的情况，一般的家长却很少考虑。

从儿童发展成长的角度说，"服从意识"有一个形成与发展过程，一般的家长也不了解，或了解不多。通过反思和自我教育，家长对孩子不服从的原因有了了解，对孩子的服从意识产生过程有了一定的认识，在教育孩子的时候就会选取孩子能接受的指令，孩子也会愉悦地去服从。

一般来说，儿童的服从意识的形成与发展过程有以下三个阶段：

第一个阶段是0~1岁。从生物学的角度讲，这个年龄段的婴幼儿的行为，只受有目的行动所控制。即以生理上的需求为主，基本上还谈不上服从不服从，或者说孩子服从意识还处在未成形状态。

第二个阶段是1~6岁。这个年龄段的孩子，逐渐有了自我意识，具备了一定的自主行为能力（如行走、说话、简单的执行）。孩子的服从主要取决于内心需求。比如，家长的某项指令，是孩子觉得有趣、好玩、能显示自己的能力，或能获得成就感的，他就会愉快地服从或执行，哪怕能力上欠缺些，孩子也会积极地去做。反之，如果家长的指令与孩子的内心需求不符，孩子就不会服从，就不去执行。

这个年龄段孩子的服从行为，往往呈现出时而如家长所愿，时而与家长意愿相悖的特点。孩子在不能理解家长的某项指令的含义时，或虽然理解了却没有能力去执行时，他们都不会服从。有的孩子理解了家长的指令，也想展示一下自己的能力，以获得家长的赞许，他会服从，但效果往往不是很好。发生这种情况时，家长不可误认为孩子没长进、没长性或故意捣乱，不应该用强制手段要求孩子一定要把某事做成什么样，做到什么程度。如果家长以成人的标准评价和要求孩子，或批评指责孩子，则更不应该，那将极大地伤害孩子积极探索、积极锻炼意志的自尊心，还会影响到孩子日后的意识、意志甚至记忆力、执行力、反应力、抑制力等多方面能力的发展与提高。比如，这个年龄段的孩子，会因为把玩具或生活用品放得乱七八糟而常挨家长批评。其实，孩子不是不愿意把东西整理好，可是怎样才算整理好了？怎么才算整齐、有序？孩子还不清楚。或者说，这些抽象的概念在他们的心目中还没有建立起来。这个时候，需要家长以身示范，跟孩子一起把事情做好，让孩子直观地了解怎样才算整齐、有序。如果家长只是口头上说，而不带孩子实际去做，指令就没有效果。

又如，教孩子练习写字，有的家长会严厉地说：“把笔画写端正，不要乱涂抹！”可是怎样写笔画才算端正？孩子还不理解，再加上孩子的手指神经和相关的肌肉活动还不那么灵活，即使成人手把手教，孩子也不一定能把字的笔画写端正。也就是说，在某些概念或观念还没有建立起来，孩子的神经组织、肌肉组织活动还不灵活的时候，强迫孩子做某些事，则毫无意义，甚至适得其反。

有些指令，比如让孩子节约用水、不要浪费粮食、学习努力、做事认真有耐性等，家长在发出指令时，**要么以身示范**，给孩子以实际的引导，要么就耐着性子等待孩子的逐步成熟，让孩子在成熟过程中理解家长指令的含义，并形成服从意识、执行指令意识以及相关的能力。总之，**对这个年龄段的孩子的教育，身教重于言教，家长的指令，要和孩子能理解的直观形象结合起来，让孩子有模仿的范本，要和孩子发展成长的生理、心理阶段性特点相符合。**

第三个阶段是 6~15 岁。一般来说，女孩成熟早些，男孩成熟稍微晚些，成熟早晚跟大脑的机制有关。连接大脑两半球的胼胝体（新皮质纤维），女孩的比男孩的密。在娘胎里就造成了先天的差异。而且女孩和男孩的大脑额叶生长时间早晚不一样，女孩在出生后其额叶就会慢慢生长，男孩则到 3 岁以后才慢慢生长。女孩的额叶生长速度快，男孩的额叶生长速度慢，男孩的额叶生长情况到 12 岁才能跟上女孩。由此，造成了男孩与女孩在语言、空间思维、学习方法、感官、动作、玩具偏好、情感特征、压力承受力、安全意识等诸多方面都有差异。

随着孩子生理发育进一步成熟，学识和社交经验的积累，及多方面能力水平的提高，他们的服从意识和执行能力都会随之提升到新的高度。这个年龄段的孩子，不但有了自己的意志力，也基本上能够领会家长或老师的意志，逐步做到随时服从指令，照指令做事。一般来说，家长或老师都喜欢能服从自己指令的孩子。如果家长或老师的指令，对孩子的尊严未予以足够的重视，或有悖于孩子的意愿时，他们仍然会采取不服从，甚至逆反。

总之，家庭教育要取得良好效果，家长必须关注孩子年龄段和成熟的阶段性规律和特点，关注孩子的认知活动特点、神经与肌体活动的特点，用科学知识指导教育行为，让孩子真正健康成长。要求孩子服从，要有理由，不能以势压人，不能强迫。

后记

教育，国家兴亡与人生发展之大计，国家与社会发展所需合格人才培养的重要途径。随着社会发展和人才需求形势不断变化，人们对教育的重视程度越来越高，对教育概念含义的理解也在深化与扩展，有关人才培养的理论知识、行动措施等也被人们所渴求。

改革开放后，我国翻译出版了许多外国教育家的教育理论著作，有关早期教育的也不少。一般读者可能读过一两本，但受条件限制，难以对不同著作的内容作综合理解。加之民族文化以及时代和教育观念差异，只了解一些外国的东西而对自己的传统文化缺少认识，容易造成“知外而不知内”的尴尬，更甚者会陷入历史虚无泥淖。

早期教育起始在于胎教。说到胎教有国人会认为，那是外国人提出来的，应该重视。其实，这个概念我国古人早在两千多年前就提出来了，有丰富的文献阐述，还有精要的理论概括。“胎教”对象是孕妇腹中的胎儿，“古者胎教，王后腹之七月，而就宴室”《大戴礼记·保傅》。隋唐时期大医家巢元方、孙思邈则说，妊娠一个月名始胚，二月名始膏、三月名始胎。妊娠三个月，人体始成。孕妇从衣食住行、听闻视感、言语心情等方面，对腹中胎儿给予护佑，使其获得良好“外象内感”就是胎教。有外国学者说“生命始于受孕那天，孩子的教育也该从那一天就开始”。也有学者基于“细胞是有知性的”理论，认为从受精后的“孕卵”开始就应该实施胎教，准确地讲是“胎交”（交流）。如果拿我国古人的论断去判断，外国学者所说的还不算严格意义上胎教，因为受孕不久的生命体叫“孕卵”或叫“胚”还不叫“胎”。对这个小生命谨慎护佑，保障其健康发育也很重要，我国古人也有这方面的论述，还向前推及“选择婚配对象”“男女施气”等。本书这方面作了阐述与介绍。

早期教育从胎教开始，重在脏器完整，神经元数值达120亿~150亿打好基础。再到0~3岁婴幼儿教育，3~6岁儿童的幼教，大部分教育活动基本上都在家庭环境中开展，教育责任人是父母家长。父母家长都有教育未成年子女的责任和义务，国家大法有明确规定。教育在家庭内开展，又属于家庭教育。早期教育也是家庭教育的重要组成部分。于是，本书第四部分，对我国传统治家文化、家庭教育及做合格的家长作了专门的讨论。重在培养习惯，为良好个性的德、智、体、美、劳全面发展打好基础。

家治则国治，国治则天下治。治家关键在家长。家长不合格，教出来的孩子问题就多。家长合格，教出来的孩子问题就少，将来都会对国家社会带来影响。家长教育孩子，首先是“立德”或曰“果行育德”，帮助孩子系好人生第一粒扣子。

当今，国家对家庭教育高度重视，出台相关政策文件，对国家发展、人才培养、民族复兴具有重要意义。如全国妇联、教育部等11部门联合印发《关于指导推进家庭教育的五年规划（2021—2025年）》强调完善家庭教育政策措施，推动将家庭教育指导服务纳入城乡社区公共服务、公共文化服务健康教育服务。

在做合格的家长方面，中华优秀传统文化需要继承与弘扬，外国教育家的某些理论和措施也值得学习与借鉴。做合格的家长，家长首先要“正己”，“己不正，焉能正人?”父母家长都要给孩子树立好的表率作用，适时地给孩子予以正确的帮助与引导。

经过近十余年努力，我们查阅研读了古今中外教育家在胎教和儿童早教等方面的文献；对家庭教育，做了多年的研究与思考，又认真对待早教、幼教的实践考查使著作得以完成。

笔者也注意：一、在介绍中华传统胎教和儿童早教历史事实的基础上，概括其不可磨灭的、当今可吸取的精华。在介绍外国教育家的理论思想和教育活动基础上，吸收其为我所用的东西。做到尊重传统文化、尊重先进，避免“只知有汉，无论魏晋”。二、书中的实验报告和案例是理论与实践的结合，不空谈理论。三、对我国传统早教，对外国教育家的早教活动和理论，有自己的研究与评判，有不当之处欢迎批评指正。四、本书内容努力做到具有可读性、可实践性，并兼顾相关内容的趣味性，引用的古代文献做了通俗译解。希望本书能给有兴趣、有意志于早教的家长、幼儿教师，或其他感兴趣的人士以启发与参考。

王魁京　侯玉珍

2022 年 2 月 27 日

图书在版编目（CIP）数据

胎教与早期教育大观/王魁京，侯玉珍著. --北京：开明出版社，2023.10
ISBN 978-7-5131-8482-3

Ⅰ.①胎… Ⅱ.①王… ②侯… Ⅲ.①胎教-基本知识②早期教育-基本知识
Ⅳ.①G61

中国国家版本馆 CIP 数据核字(2023)第 182824 号

责任编辑：程 刚

胎教与早期教育大观

TAIJIAOYUZAOQIJIAOYUDAGUAN

出 版：开明出版社
（北京海淀区西三环北路 25 号 邮编 100089）
印 刷：天津市新科印刷有限公司
开 本：710×1000 1/16
印 张：21
字 数：312 千字
版 次：2023 年 10 月第 1 版
印 次：2023 年 10 月第 1 次印刷
定 价：65.00 元

印刷、装订质量问题，出版社负责调换。联系电话：（010）88817647